Manfred Hutter

DAS EWIGE RAD

Manfred Hutter

Das ewige Rad

Religion und Kultur des Buddhismus

:STYRIA

Die Deutsche Bibliothek – CIP-Einheitsaufnahme

Hutter, Manfred:
Das ewige Rad : Religion und Kultur des Buddhismus / Manfred Hutter. –
Graz ; Wien ; Köln : Verl. Styria, 2001
ISBN 3-222-12862-6

Layout und Umbruch: Helmut Lenhart, Graz
Umschlaggestaltung: Graphik-Design Mag. Kurt Rendl, Wien
Druck und Bindung: Wiener Verlag, Himberg
ISBN 3-222-12862-6

Inhalt

Einleitung

An Büchern über den Buddhismus besteht sicherlich kein Mangel, so dass man sich als Autor durchaus eingangs die Frage stellen muss, was eine neuerliche Behandlung des Themas zu leisten vermag. Dass in einer Reihe über „Religionen und Kulturen" ein Band über den Buddhismus nicht fehlen darf, ist selbstverständlich, dennoch ist zu überlegen, worin das Spezifikum des vorliegenden Bandes gegenüber anderen Buddhismusbüchern liegen sollte, so dass die Leserschaft daraus Gewinn zieht. Durch den dreiteiligen Aufbau soll dabei versucht werden, das Spezifische dieses Buches deutlicher in der Vordergrund zu stellen.

Der erste Teil des Buches über Geschichte und Lehre des Buddhismus ist sicherlich nicht das, was den Band von anderen Buddhismusdarstellungen unterscheiden will. Denn hier wird in Kürze und in durchaus traditioneller Form ein Überblick über das Leben des Buddha, die Grundzüge seiner Lehre und ihrer Entfaltung in einzelnen Schulrichtungen sowie hinsichtlich der schrittweisen geographischen Verbreitung dieser Religion in Asien informiert. Insofern wird der Leser bei einem Vergleich unschwer erkennen können, dass die Darbietung des Stoffes durchaus in einer Weise geschieht, der auch andere Autoren gefolgt sind. Dies hat auch seinen guten Grund, denn dadurch kann ein Grundgerüst an Wissenswertem chronologisch-systematisch geboten werden, das in den beiden folgenden Teilen vertieft und in Detailfragen verdeutlicht wird.

Die Konzeption des Bandes für die Reihe „Religionen und Kulturen" prägt die beiden folgenden Teile. Wie anhand der historischen Entfaltung und Verbreitung des Buddhismus sichtbar ist, gibt es die „buddhistische Welt" eigentlich nicht in einer Form, wie es vielleicht gerechtfertigt ist, von der „islamischen Welt" zu sprechen, so wie es auch keine „buddhistische Kultur" in engerem Sinn gibt. Wohl aber haben Buddhisten in ihren jeweiligen Ländern aus ihrem Menschen- und Weltbild Tag für Tag die

Kultur(en) des Landes mitgestaltet, zwar in vielfältiger Form, aber nie als Selbstzweck, sondern als Ausdruck und Wirkung ihrer Lebenshaltung. Darauf nimmt nicht nur die Darstellung Rücksicht, sondern diese Darstellung legt sich auch vom religionswissenschaftlichen Theorie-Ansatz des Verfassers nahe. Religionswissenschaft ist eine Kulturwissenschaft, da Religionen einen wesentlichen Faktor innerhalb der jeweiligen Kulturen darstellen, d. h. jede einzelne Religion steht immer in einer Wechselwirkung mit ihrer direkten Umgebung und den jeweiligen kulturellen Gegebenheiten. Das gemeinsame Verbindungsglied ist dabei der Mensch – als Gestalter der Kultur und als Träger der Religion. Diese Überlegung erfordert daher, dass jeder Versuch, eine Religion einigermaßen treffend zu beschreiben, bei den Menschen dieser Religion einzusetzen hat. Der zweite Teil des Buches zeigt daher, wie der Buddhismus Menschenbilder und Menschengruppen prägt oder bewertet, mit welchen materiellen oder vergeistigten Hilfsmitteln sich die Menschen dem Immateriell-Transzendenten zu nähern oder es zu verstehen versuchen, aber auch, wie man aus religiöser Überzeugung die konkrete Welt gestaltet. Diese vom Leben der Buddhisten in der Welt ausgehende Beschreibung bringt eventuell die eine oder andere Lücke sowie eine vielleicht gelegentlich fehlende Systematik mit sich, vermag aber dieses Manko durch eine doppelte „Lebendigkeit“ auszugleichen: Einerseits wird dadurch besser sichtbar, weshalb der Buddhismus für viele Menschen im Laufe der Geschichte immer wieder anziehend gewesen und dies bis in die Gegenwart geblieben ist, andererseits werden dadurch auch die kulturgeschichtlichen „Nebenbemerkungen“ – sei es zu kunstgeschichtlichen Erscheinungen, zu Literaturwerken oder zu gesellschaftlichen Entwicklungen – ihres archivarischen Charakters entkleidet und nach Möglichkeit mit der Lebenswirklichkeit in Beziehung gestellt. Denn es ist ein methodisches Anliegen der religionswissenschaftlichen Forschung der Gegenwart, Religionen nicht mehr in abstrahierter Form beinahe als „museale Gegenstände“ darzustellen, sondern in ihrer Vielfältigkeit als Teil von Mensch, Gesellschaft und Kultur.

Auch der letzte Teil des Buches folgt wesentlich diesem kulturwissenschaftlichen und religionswissenschaftlichen Zugang, knüpft aber zugleich an die Beschreibung der historisch-geographischen Entfaltung am Ende des ersten Teils an, wenn hier nochmals – systematisch geographisch geordnet – einige aktuelle Entwicklungen des Buddhismus benannt werden. Dadurch wird deutlich, dass die Religion der Buddhisten lebendig ist und sich solange wandeln wird, als Menschen sich von ihr angezogen fühlen. Was Menschen – seit einigen Jahrzehnten auch vermehrt im Abendland – am Buddhismus inhaltlich anziehend finden können, ist sachlich im zweiten Teil formuliert worden, so dass in diesem Abschnitt zur Aktualität des Buddhismus als Ergänzung und Abrundung des Ganzen lediglich noch die Verbreitung und auch teilweise geistige Auseinandersetzung mit buddhistischem Denken im Abendland zu skizzieren ist.

Die vorliegende Darstellung des Buddhismus kann dem Leser hoffentlich die Vielfalt dieser rund 2500 Jahre alten Religion näherbringen. Dabei sei abschließend nicht verschwiegen, dass die Vielfalt des Buddhismus für jede Darstellung auch eine gewisse Problematik beinhaltet, da sie einen Autor schnell an Grenzen seiner Kompetenz kommen lässt. Es ist daher sicherlich kein Zufall, wenn manche Gesamtdarstellungen des Buddhismus auf Grund der Kooperation mehrerer Autoren entstanden sind. Beispielsweise seien der von Heinz Bechert und Richard Gombrich im Jahr 1989 herausgegebene Buddhismus-Band genannt, aber auch der Anfang des Jahres 2000 erschienene erste Band einer auf drei Bände angelegten Gesamteinführung in den Buddhismus. Für den ersten Band, der den indischen Buddhismus und seine Verzweigungen behandelt, haben Heinz Bechert, Johannes Bronkhorst, Jacob Ensink, Jens-Uwe Hartmann, Petra Kiefer-Pülz, Hans-Joachim Klimkeit, Siegfried Lienhard und Ian William Mabbet jeweils aus ihren Spezialforschungsbereichen die einzelnen Beiträge geschrieben. Der zweite Band wird – ebenfalls unter Beiziehung einer Reihe von spezialisierten Forschern und Forscherinnen – den Buddhismus in den Theravada-Ländern und in Tibet behandeln, der dritte Band ist dem ostasiatischen Buddhismus gewidmet. Mit der Fülle an Material und den Detailstudien dieses großen im Erscheinen begriffenen Werkes kann vorliegendes Buch sicherlich nicht verglichen werden, doch hofft der Verfasser, dass es ihm – bei ungleich bescheidenerem Anspruch – gelungen ist, einen ersten ausgewogenen Einblick in die Vielfalt buddhistischer Schulen und Lehrmeinungen, Kultpraktiken und Organisationsformen, Weltanschauungen und buddhistischen Alltagslebens zu geben.

A. Geschichte und Lehre

1. Leben und Legende des historischen Buddha Gautama

Jede Beschäftigung mit dem Buddhismus hat zunächst von den historischen Fakten des Lebens des Religionsstifters auszugehen, soweit diese durch den Religionshistoriker erhellt werden können. Den Biographen Buddhas ging es nicht so sehr darum, zu beschreiben, wie er gelebt hat, sondern sie haben sein Leben primär als Ideal des von ihm gepredigten Weges und seines *dharma* dargestellt. Dennoch lässt sich der historische Buddha etwa folgendermaßen beschreiben: Wenn wir gewohnt sind, Buddha als „Eigennamen" zu verwenden, so muss daran erinnert werden, dass es sich dabei um einen Ehrentitel handelt, nämlich der „Erleuchtete", ein Titel, der erst nach der Erleuchtung auf den Religionsstifter angewandt werden kann und der eigentlich das „Programm" enthält: Was der „Buddha" bringt, soll alle anderen Wesen zum Erwachen und zur Erleuchtung führen. Für die historische Fragestellung ist diese Beobachtung dabei insofern relevant, als praktisch die ganze Buddha-Vita von seinem „Buddha-Werden" aus beschrieben ist, d. h. die Übermittlung historischer Fakten ist nicht das zentrale Interesse, das unsere Quellen bestimmt. Versucht man dennoch eine Rekonstruktion, so kann man zunächst wenigstens von drei weiteren Namen ausgehen, mit denen in der Überlieferung der Buddha immer wieder bezeichnet wird: Zunächst Siddhartha, was wahrscheinlich der Eigenname Buddhas ist, den er bei der Geburt von seinem Vater bekommen hat. Als Übersetzung dieses Namens kann man etwa „der sein Ziel erreicht hat" angeben; da dieser Name jedoch im Pali-Kanon, d. h. in der Norm-Überlieferung des Theravada-Buddhismus, nur selten verwendet wird, ist es nicht ganz gesichert, ob hierin wirklich ein Eigenname – oder nicht doch ein (späterer) Ehrentitel – zu sehen ist. Häufiger sind zwei andere Namen: Er wird als Gautama (Pali: Gotama) bezeichnet, worin der Clan, dem seine Familie angehört, angesprochen ist; daher kann gelegentlich auch seine (Zieh-)Mutter Gotami heißen. Ebenfalls auf die verwandtschaftliche Herkunft weist die Bezeichnung Shakyamuni (Pali auch Sakyaputta oder einfach Sakka), der „Weise aus dem Shakya-Geschlecht".

Damit gewinnen wir die erste historische Information über Buddha: Er wurde als Sohn eines zur Oberschicht des Geschlechts der Shakya gehörenden Mannes in der Nähe von Kapilavastu am Fuß des Himalaya im Grenzgebiet zwischen dem heutigen Indien und Nepal geboren. Auf Grund dieser Tatsache findet man häufig die verallgemeinernde Aussage, dass Buddha ein Prinz gewesen sei, weshalb hier einige Bemerkungen zur sozialen Situation der Shakyas zur Zeit von Buddhas Geburt notwendig sind: Die Shakyas lebten in einer Adelsrepublik, wobei die politische Führung in der Hand gut situierter, grundbesitzender Familienoberhäupter lag; gleichzeitig muss man aber sagen, dass die hier geübte Herrschaftsform nicht eine Monarchie im Sinne der brahmanischen *varna*-Ordnung war, d. h. es hat hier nicht die vier – aus dem (spät-)vedischen Indien bekannten – sozialen Schichten Brahmanen, Kshatriya (Herrscher), Vaishya (Grundbesitzer) und Shudra gegeben. Was die Texte an sozialen Unterschieden erkennen lassen, ist lediglich eine Gliederung der Gesellschaft in Oberschicht und (dienende) Unterschicht. Die Beobachtung ist insofern erwähnenswert, als sie deutlich macht, dass es religions*historisch* im strengen Sinn verfehlt ist, Buddhas Auftreten als eine Reaktion auf eine brahmanische Welt zu deuten, wie es häufig geschieht.

Buddha hat in seiner Umgebung nur einen Teil der vedisch-brahmanischen Traditionen kennen gelernt, denn er gehört einem anderen Zweig der indischen Geistesgeschichte an, nämlich der von Johannes Bronkhorst „Shramana-Tradition" genannten Strömung, in die etwa auch der Jainismus und manches der Upanishaden einzuordnen ist, wobei die Upanishaden-Stellen zeigen, dass diese ursprünglich von den Brahmanen unabhängige Shramana-Tradition sekundär von der vedisch-brahmanischen Tradition rezipiert wurde. In gleicher Weise wurde auch die Überlieferung über Buddha – *nach* Buddha – an diese brahmanische Sprachweise angepasst. Einige erwähnenswerte Beispiele sind etwa folgende: Nachdem Buddha auf seinen Wanderungen mit den nordindischen Königreichen Magadha und Koshala in Berührung gekommen war, wurde er als Angehöriger des *varna* der Kshatriya dargestellt; denn dies war ein Bezugssystem, das die Brahmanen verstanden und durch das Buddha als „gesellschaftsfähig" hingestellt werden konnte. Dass die Gesellschaft der Shakya ihrerseits unabhängig von der brahmanischen Gesellschaft war, dafür gibt es auch andere Indizien: Die Heiratsform war im Unterschied zu den Brahmanen nicht exogam, sondern es bestand der Brauch der Kreuzkusinenheirat; genauso kann man hier auf einen entscheidenden gesellschaftlichen Aspekt im Buddhismus hinweisen, der ihn – fast revolutionär – an den Rand brahmanischer Gesellschaftsformen stellt, nämlich die Nichtbeachtung des Kastensystems, weil dieses Buddha fremd war.

Weiters zeigt auch die Liste der angeblichen Shakya-Könige kaum echte Berührungspunkte zur brahmanischen Tradition auf; denn obwohl die Liste die Namen des legendären Herrschers Ikshvaku und seiner fünf von der Stiefmutter verbannten Söhne, die ihrem eigenen Sohn die Herrschaft sichern will, kennt, verbindet sie – im wesentlichen Unterschied zur vedisch-brahmanischen Tradition – diesen Ikshvaku genealogisch nicht mit dem Sonnengott. Man kann also durchaus sagen, dass Buddhas Heimat – gedanklich, nicht geographisch – weit weg war vom brahmanischen Indien, wobei Richard Gombrich sogar erwägt, dass Buddhas Muttersprache nicht einmal indoarisch gewesen sein müsste. Auf jeden Fall aber sollte man sich bei einer historischen Betrachtungsweise von der Idee freimachen, Buddha als „Reformer" der vedischen Religion Indiens zu verstehen, weil diese für ihn kein relevantes Bezugssystem war.

1.1 Die Problematik der Datierung

Die offizielle buddhistische Zeitrechnung in Südostasien setzt Buddhas Eingehen ins Nirvana auf das Jahr 543 v. Chr. fest; dementsprechend wurden 1956 auch in der ganzen buddhistischen Welt große Feierlichkeiten anlässlich der 2500. Wiederkehr von Buddhas Erlangen des Nirvana abgehalten. Da diese Tradition der historisch-kritischen Forschung nicht standhält, findet man praktisch in allen westlichen Handbüchern als Zeitpunkt von Buddhas Tod ca. das Jahr 480 v. Chr. bzw. in korrigierter Form das Jahr 486. Dieser chronologische Ansatz lässt sich aus der singhalesischen Überlieferung des Theravada-Buddhismus gewinnen, welche Tradition Buddhas Eingehen ins Parinirvana 218 Jahre vor der Krönung Ashokas im Jahr 268 v. Chr. datiert. Über diese sogenannte „lange Chronologie" hat in den letzten Jahren eine durch Heinz Bechert initiierte intensive Diskussion eingesetzt, wobei für eine „kurze Chronologie" jene Traditionen aufgegriffen werden, nach denen Buddhas Eingehen ins Nirvana lediglich 100 Jahre vor der Krönung Ashokas stattgefunden hat, d. h. im Jahr 368 v. Chr. Obwohl die Diskussion nicht als abgeschlossen gelten kann, zeigt sich, dass Buddha sicher später als im Jahr 480 gestorben ist, wobei noch offen bleibt, um wieviel später. Für Becherts Datierung auf das Jahr 368 sprechen dabei u. a. folgende Argumente:

a) Alle Datierungen, die von der langen Chronologie ausgehen, gehen de facto auf eine einzige Tradition zurück, wie sie die offizielle singhalesische buddhistische Geschichtsschreibung kennt; eine zweite unabhängige Quelle für die lange Chronologie gibt es nicht.
b) Mahavira, der Gründer des Jainismus, einer dem Buddhismus in gewisser Hinsicht durchaus vergleichbaren Strömung innerhalb der indischen Religionsgeschichte, gilt allgemein als etwas älterer Zeitgenosse Buddhas; allerdings herrscht über seine Datierung keine Einstimmigkeit: Während die beiden Hauptströmungen des Jainismus sein Eingehen ins Nirvana auf das Jahr 528 bzw. 510 datieren, ist die moderne Jainismus-Forschung zum weitgehend anerkannten Ergebnis gekommen, dieses Ereignis erst mit dem Jahr 468 zu verbinden. Diese Datierung steht aber im Widerspruch zur ebenfalls einhelligen Forschungsmeinung, dass Mahavira älter als Buddha sei. Im Zusammenhang mit der Buddha-Datierungsproblematik ist aber auch hier wieder alles in Fluss gekommen, so dass Keith R. Norman meint, dass Mahavira und Buddha innerhalb von zehn Jahren um das Jahr 400 gestorben sind.
c) Es gibt auch in der singhalesischen Überlieferung Spuren davon, dass die kurze Chronologie nicht unbekannt war. Denn die vor dem Jahr 450 n. Chr. abgeschlossene „Inselchronik", das *Dipavamsa*, kennt eine Prophetie (ex eventu), dass das dritte buddhistische Konzil 118 Jahre nach Buddhas Nirvana durch Moggaliputta Tissa einberufen werden wird; da aus anderen Quellen gesichert ist, dass dieses Konzil im 18. Regierungsjahr Ashokas stattgefunden hat, liegt hierin ein Synchronismus mit jener Tradition vor, die Ashokas Krönung 100 Jahre nach Buddhas Nirvana ansetzt.
d) Für die weite Akzeptanz der langen Chronologie spricht vorerst die scheinbar präzise Zeitangabe von 218 Jahren gegenüber der runden Zahl mit 100 Jahren der kurzen Chronologie. Allerdings sind diese 218 Jahre eine künstlich errechnete Zahl, die von der singhalesischen

Historiographie geschaffen wurde: Die in Ceylon durchaus bekannte (und historisch richtige) Datierung des dritten Konzils 118 Jahre nach dem Nirvana wurde von der Historiographie exakt auf 236 Jahre verdoppelt; zieht man davon die 18 Regierungsjahre Ashokas ab, so ergibt sich, dass nach dieser Rechnung Ashokas Regierungsantritt exakt 218 Jahre nach Buddhas Nirvana stattfand. Die einmal geschaffene lange Chronologie erlaubt es in der Folge, nicht nur die ceylonesische Geschichte mythologisch besser mit dem Buddhismus zu verbinden, sondern genauso das zweite buddhistische Konzil 100 Jahre nach dem Nirvana anzusetzen, was bei der weiteren Verwendung der kurzen Chronologie für die Historiographen Schwierigkeiten bereitet hätte. Diese „Korrektur" der Chronologie in die Länge wird in Ceylon schließlich offiziell gültig, wobei dies noch vor der Kompilation der ceylonesischen „Nationalgeschichte", dem *Mahavamsa*, die ins letzte Viertel des 5. Jh.s n. Chr. datiert werden kann, geschehen ist.

Neben den aus der Philologie gewonnenen Argumenten zeigt auch die archäologische Hinterlassenschaft, dass es schwierig ist, Buddha bereits an das Ende des 6. bzw. an den Anfang des 5. Jh.s zu datieren. Für die Entstehung des Buddhismus mit seinem Mönchtum ist nämlich erforderlich, dass die Entwicklung des mittleren Gangesgebietes so weit fortgeschritten war, dass die Erwirtschaftung eines ausreichenden Nahrungsüberschusses möglich war; ferner ist das Vorhandensein von städtischen Zentren mit einer Schicht wohlhabender Kaufleute, Grundbesitzer, Ärzten, Hetären etc. vorausgesetzt. Auch auf Grund des archäologischen Befundes in den mit der Buddha-Vita verbundenen Stätten ist es recht wahrscheinlich, dass Buddha erst an der Wende vom 5. zum 4. Jh. gelebt hat. Genauso lassen die frühesten griechischen Nachrichten (um 300 v. Chr.) über den Buddhismus erkennen, dass es sich bei dieser Religion um eine noch relativ junge Strömung handelt, die kaum zwei Jahrhunderte alt gewesen sein kann.

Die Abwägung dieser Argumente lässt die absoluten Daten der buddhistischen Geschichte neu festlegen. Die bisherige Einhelligkeit hinsichtlich des Jahres 480 ist sicher aufzugeben; am plausibelsten erscheint bei der derzeitigen Forschungslage ein Zeitansatz, der für das Auftreten des historischen Buddha mit dem Zeitraum von ca. 448 bis 368 v. Chr. rechnet, eventuell mit einem Spielraum von etwa zehn Jahren. Diese Neudatierung Buddhas hat gravierende Konsequenzen, weil dadurch nicht nur die buddhistische Religions*geschichte* in Bewegung kommt, sondern auch die damit verbundenen Daten der übrigen indischen Kultur- und Religionsgeschichte. Vor diesem Hintergrund ist auch das im Folgenden zum Leben des Buddha Ausgeführte zu sehen.

1.2 Geburt und Jugend

Hinsichtlich der Geburt Buddhas sind die historisch gesicherten Nachrichten bescheiden, doch kann seit Ende des vorigen Jahrhunderts sein Geburtsort lokalisiert werden. Der in den Quellen immer wieder genannte Geburtsort Lumbini ist mit dem nepalesischen Ort Rummindei zu identifizieren, wo eine aus der Zeit Ashokas stammende Säule entdeckt wurde, die den Geburtsort als solchen kennzeichnet. Noch nicht identifiziert ist hingegen Kapilavastu, die eigentliche Heimat der Shakya-Familie. Konkret kommen dafür zwei Orte in Frage, einerseits Tilaurakot auf der nepalesischen bzw. Piprahwa/Ganwaria auf der indischen Seite der gemeinsamen Grenze der beiden Staaten. In der Gewichtung der jeweiligen Argumente spielt dabei in Nepal und Indien verständlicherweise auch Nationalbewusstsein mit, um Buddhas Heimat für den eigenen Staat zu beanspruchen. Neutrale Archäologen müssen eingestehen, dass die archäologische Hinterlassenschaft beider Orte nicht ausreicht, um zu einer definitiven Entscheidung in der Lokalisierungsfrage zu kommen. Was jedoch die archäologische Forschung dem Historiker in diesem Zusammenhang zu bieten vermag, ist die Erkenntnis, dass Kapilavastu zur Zeit Buddhas bei weitem nicht jene großartige Stadt gewesen sein kann, als die sie in den buddhistischen Quellen geschildert wird; wenn dort von Verteidigungsanlagen, Mauern, zahlreichen Toren und Palästen die Rede ist, so ist dies der Wunsch der frommen Legende, Buddhas Herkunft als „Prinz" und zugleich auch die Größe seines Verzichts auf irdische Annehmlichkeiten möglichst auszugestalten.
Diese Tendenz zeigen auch die Geburtslegenden, wobei die Haupttraditionen die Ereignisse im Zusammenhang mit der Geburt in drei Erzählabschnitte gliedern: Zunächst heißt es, dass Buddha aus dem Tushita-Himmel, dem Götterhimmel, herabgestiegen ist; dort hatte er sich als Bodhisattva lange Zeit aufgehalten, ehe er von den Göttern gebeten wurde, in die Welt zu gehen, um ein Buddha zu werden. Bereits *vor* der Geburt – so machen die Erzählungen deutlich – handelt es sich nicht um ein gewöhnliches Kind, sondern um einen zukünftigen Buddha, dessen Weg

zum Erwachen bereits im Himmel beginnt. Dementsprechend zeigt der Buddha etwa die sechs Vollkommenheiten oder überprüft fünf für seine Geburt wichtige Sachverhalte, bevor er aus dem Himmel in den Mutterschoß herabsteigt: den rechten Zeitpunkt des Auftretens, den passenden Kontinent, das passende Land, die passende Familie und schließlich die passende Mutter. Ähnlich wie in der Buddhabiographie im Lalitavistara heißt es auch in den Jatakas (von Glasenapp 1983, 37f):

> *„Er wählte die Weltperiode, während welcher das Leben des Menschen bis zu hundert Jahre dauert. Denn in den Weltperioden, in denen die Menschen hunderttausende von Jahren leben, ist das Verkünden der Lehre von Geburt, Alter und Tod wenig aussichtsvoll, da niemand infolge mangelnder Erfahrung dann Verständnis für sie hat. ... Der Bodhisattva wählte den Rosenapfelbaum-Kontinent ... und in diesem das Mittelland (Nordindien), weil dort alle Buddhas aufzutreten pflegen. Er wählte die Kriegerkaste, weil sie damals unter allen am meisten geehrt wurde, und er wählte Maya zu seiner Mutter, weil sie während ihrer früheren Existenzen hunderttausend Weltalter hindurch alle sittlichen Vollkommenheiten betätigt und seit ihrer Geburt alle fünf Gebote erfüllt hatte, ihr zudem auch nur noch zehn Monate und sieben Tage zu leben vergönnt war (denn die Mutter eines Bodhisattvas stirbt am siebenten Tage, nachdem sie ihn geboren).“*

Der zweite Erzählabschnitt betrifft Empfängnis und Schwangerschaft: In dem Augenblick, in dem Maya schließlich den zukünftigen Buddha empfängt, erleuchtet ein Lichtschein die Welt; die spätere Tradition schmückt dieses Ereignis noch weiter aus, indem sie von einem Traum Mayas erzählt, die einen weißen Elefanten gesehen hat, der in ihren Leib eingeht. Wie schon im zitierten Textstück deutlich geworden ist, betonen alle Texte immer wieder die Vortrefflichkeit Mayas und heben ihre Keuschheit hervor. Gleichzeitig beginnt sich nun die Schwangerschaft positiv auf Maya auszuwirken: Obwohl sie schon von Natur aus fromm war, hielt sie sich von diesem Zeitpunkt noch mehr von Unrecht fern, war aber auch stets gesund und ohne Müdigkeit, wodurch das Wunderbare ihrer Schwangerschaft betont wird. Davon wird schließlich zur wunderbaren Geburt, die in Lumbini stattfindet, übergeleitet; im Majjhima-Nikaya wird dies so beschrieben (von Glasenapp 1983, 39):

„Während andere Frauen die Leibesfrucht neun Monate im Schoße tragen und dann gebären, gebar die Mutter den Bodhisattva nach zehn Monaten, und während andere Frauen die Kinder sitzend oder liegend zur Welt bringen, brachte sie den Bodhisattva zur Welt, während sie aufrecht stand. ... Wie ein Juwel, auf ein Gewand aus feinstem Benarestuch gelegt, weder das Gewand beschmutzt noch durch dieses beschmutzt wird, weil beide rein sind, so kam der Bodhisattva in völliger Reinheit aus dem Mutterschoß hervor, nicht besudelt durch Wasser, Schleim, Blut oder durch irgendetwas Unreines."

Hier wird bereits ein gewisser „Doketismus" sichtbar, indem der Buddha von der „Befleckung" des Mutterleibes unberührt dargestellt wird; gleichzeitig betont die Fortsetzung des Textes bereits das Ziel der Buddhaschaft: Der zukünftige Buddha macht sieben Schritte in jede Himmelsrichtung, um seine (geistige) Weltherrschaft zu symbolisieren, und erklärt, dass es für ihn keine Wiedergeburt mehr geben wird. Alle Überlieferungen haben als Abschluss der Geburtserzählung schließlich gemeinsam, dass Maya nach sieben Tagen stirbt, so dass ihre Schwester zur Ziehmutter Buddhas wird, den sie wie ihren eigenen Sohn liebt. Weshalb Maya sterben muss, dafür werden unterschiedliche Gründe angegeben: Es soll dadurch verhindert werden, dass sie weitere Kinder bekommt oder dass sie sich wieder der sinnlichen Liebe zuwendet oder dass sie erfährt, dass Buddha das Elternhaus verlassen wird. Ebenfalls noch im Kontext der Geburtslegende verdient die Episode mit dem Seher Asita Erwähnung, der mittels seiner magischen Kräfte aus dem Himalayagebiet herbeikommt und das neugeborene Kind anhand von 32 besonderen Merkmalen als Buddha erkennt, aber zugleich beklagt, dass er die Lehre, die Buddha in die Welt bringen wird, nicht mehr erleben wird. Die Begegnung zwischen Asita und Buddha erinnert dabei auch oberflächlich an die Erzählung vom greisen Simeon und dem Jesuskind im Neuen Testament (Lk 2,25–35); mehrfach wurde dabei an einen buddhistischen Einfluss auf diese Stelle im Lukasevangelium gedacht, doch zeigte ein detaillierter Vergleich beider Überlieferungen durch Norbert Klatt, dass die Gemeinsamkeiten nur oberflächlich sind. Die Herabkunft Buddhas vom Himmel, seine wunderbare Empfängnis und Geburt sind Beispiele, die zeigen, wie man versucht hat, die mageren historischen Fakten, die man kannte, im Nachhinein auszu-

gestalten, wobei die älteren Traditionen noch eine gewisse Zurückhaltung bei der Legendenbildung zeigen.
Die Jugend Buddhas verläuft unbeschwert, wobei hier die spätere Tradition reichhaltig ausschmückt. Aus diesem Legendenschatz ist jene Geschichte hervorzuheben, die den Knaben Siddhartha in der Schule zeigt; er kennt bereits alle Lehrbücher und Schriften, so dass sich sein Lehrer ganz erstaunt zu seiner Allwissenheit bekennt; daraufhin begeben sich Buddhas Vater und 84.000 Schüler bei ihm in die Lehre. Diese Geschichte wurde aus der christlich-apokryphen „Kindheitserzählung des Thomas", wo Ähnliches vom Jesusknaben überliefert ist, erst beinahe tausend Jahre nach dem historischen Buddha in die buddhistische Legende übernommen, wie Hans-Joachim Klimkeit zeigen konnte. Die Geschichte dient dazu, den zukünftigen Lehrer Buddha ins rechte Licht zu rücken. Dass die Legende nicht mit dem historischen Buddha verknüpft werden kann, zeigt z. B. auch die Betonung der Schriftlichkeit: Denn kulturgeschichtlich ist zu bemerken, dass vor dem 3. Jh. v. Chr. das Schreiben in Nordindien noch sehr rudimentär verbreitet war, sicherlich hat es noch keine Bücher gegeben, wie die Legende andeutet. Die ersten sicher datierbaren Zeugnisse von Schrift sind nämlich die Inschriften Ashokas.
Eine weitere legendarisch immer stärker entfaltete Überlieferung steht im Zusammenhang mit Buddhas Heirat. Anlässlich seiner Geburt war nämlich prophezeit worden, dass er entweder ein Buddha oder ein Weltenherrscher werden würde, so dass sein Vater sich bemühte, seinen Sohn vom Weg der Buddhaschaft abzuhalten, wobei ihm die Heirat als geeignetes Mittel dafür erschien. Dementsprechend wird Siddhartha mit 16 Jahren verheiratet, ein Alter, das sich durchaus in die sozialen Gegebenheiten einfügt, so dass dies wohl als einziges verlässliches Faktum seiner Jugendzeit angesehen werden muss.

1.3 Die Hauslosigkeit und die Erleuchtung

Aus der weiteren Buddha-Vita sind vier Episoden erwähnenswert, die meist ins 29. Lebensjahr datiert werden und unmittelbar vor seinem Auszug in die „Hauslosigkeit", d. h. seiner Aufnahme einer asketisch orientierten Suche, stehen. Der Gang in die „Hauslosigkeit" nimmt – so die weitgehend übereinstimmenden legendarischen Traditionen z. B. im Majjhima-Nikaya oder im Lalitavistara – mit vier heimlichen Ausfahrten aus dem „Palast" seinen Anfang, die zu vier folgenreichen Begegnungen

führen: Er sieht nacheinander einen Alten, einen Kranken und einen Toten. Die Lösung der aus diesen Begegnungen resultierenden Fragestellungen bringt die vierte Erfahrung, als der zukünftige Buddha einen Mönch trifft. Von seinem Wagenlenker über diese Personen belehrt, werden sie für Buddha zum Sinnbild für die Existenz des Leidens und für das Streben nach der Überwindung des Leidens. Aus dieser Erfahrung beginnt Buddha seine erste Meditation und verlässt danach heimlich seine Frau und seinen kleinen Sohn Rahula. Ein zweiter Erzählstrang der jüngeren Überlieferung illustriert drastisch die Verwerflichkeit der Sinnenfreuden, indem die Götter dem Buddha die Frauen des Harems in entstellter Form zeigen, so dass er sich angeekelt von ihnen abwendet, da er den Eindruck gewinnt, er befinde sich auf einem Leichenacker. Die ganze spätere Legende dient dazu, den Kontrast zwischen dem behaglichen Leben im Palast und dem Leben eines Bettelmönchs zu verdeutlichen; dadurch soll die Größe von Buddhas Entschluss in idealisierter Weise verherrlicht werden.
Von solch legendenhaften Ausschmückungen weiß die älteste Tradition noch nichts, denn hier wird Buddhas Anstoß zur Suche nach Erleuchtung mit einer Meditation unter einem Rosenapfelbaum (Jambu-Baum) verbunden. Dabei wird erzählt, dass Buddha von seinem Vater aufs Land geschickt wird, um die Bestellung der Äcker zu kontrollieren. Dort angekommen sieht er die Mühen der Arbeiter, woraufhin er sie entlässt und sich unter dem Baum zur Meditation setzt. Dass eine solche Meditation als historischer Beginn für die Suche nach der Buddhaschaft gelten kann, darf viel eher angenommen werden; denn es ist bemerkenswert, dass an jenen Stellen, die von Buddhas Erleuchtung berichten, immer wieder auf diese Meditation – und nicht auf die vier Ausfahrten – Bezug genommen wird. Man kann daraus den historischen Schluss ableiten, dass Buddhas Gang in die „Hauslosigkeit" wohl aus einer längeren religiösen Suche resultiert, wobei er das Leben eines Bettelmönches als für ihn ideale Lebensform auf dem Weg zur Erlösung angesehen hat.
Danach beginnt Buddha eine sechs Jahre dauernde Suche nach einem Lehrer, wobei jedoch deren jeweilige Lehren ihm nicht die vollständige Wahrheit zu sein scheinen. Geographisch verlagert sich in dieser Zeit der Schauplatz nach Süden; Buddha befindet sich im Gebiet der beiden Königreiche Koshala und Magadha, in denen der Einfluss der brahmanischen Religion und Gesellschaftsordnung zu spüren ist. Erst hier – was natürlich in der jüngeren Überlieferung rückdatiert wurde – treten brahmani-

sche Werte in Buddhas Blickfeld. Die beiden Lehrer, mit denen Buddha nacheinander zusammentrifft, stehen innerhalb der Yoga-Tradition; Buddha erlangt aber sehr schnell dieselbe Meditationskompetenz wie sie, so dass sie ihm zwar die Leitung ihrer „Schule" anbieten, Buddha aber mit der Begründung ablehnt, dass ihre Lehre nicht zur Leidenschaftslosigkeit, zur Erkenntnis und zum Nirvana führe, sondern lediglich zum Bereich, wo es weder Bewusstsein noch Nichtbewusstsein gibt. Teilweise von ihrem Unterricht enttäuscht, verlässt er sie. Trotzdem hat er das bei den beiden Lehrern hinsichtlich der Meditation Gelernte nicht völlig verworfen, sondern als Methode beibehalten, welche er allerdings nicht als letztes Ziel seines Suchens betrachtet hat. In einem nächsten Schritt wählt er daher den Weg einer extremen Askese: Langes Anhalten des Atems und ausgiebiges Fasten führen dabei beinahe zum Tod, allerdings bringen all diese Kasteiungen ihn nicht weiter; nicht einmal magische Kräfte kann er dadurch gewinnen, wie dies anderen Asketen seiner Zeit gelingt. In dieser Zeit hat Buddha fünf Gefährten, die von seiner Askese begeistert sind, ihn allerdings postwendend verlassen, als Buddha die Nutzlosigkeit seines Hungerfastens erkennt. Nachdem er wieder Nahrung zu sich genommen hat, werden seine Lebensgeister aktiviert, und er begibt sich nach Uruvela am Fluss Nairajana bei Bodh Gaya.

Dies ist der Wendepunkt in der Lebensgeschichte von Gautama, der während einer Meditation in Bodh Gaya Erleuchtung findet, d. h. zu einem Buddha, einem „Erleuchteten", wird. Der Feigenbaum, unter dem die Meditation stattgefunden hat, wird in weiterer Folge sichtbares Symbol der Erleuchtung, so dass er den Namen Bodhi-Baum erhält. Als solcher wird der Baum mit dem dazugehörigen Areal buddhistischer Wallfahrtsort; die ältesten Bausubstanzen des Mahabodhi-Tempels reichen bis in die Maurya-Zeit (3. Jh. v. Chr.) zurück. Der ursprüngliche Bodhi-Baum ist inzwischen nicht mehr vorhanden, doch gibt es Abkömmlinge desselben bis heute im Bodhi-Tempel in Anuradhapura in Sri Lanka, was die enge Beziehung Sri Lankas zum ursprünglichen Buddhismus deutlich macht.

Ehe Buddha jedoch die Erleuchtung erlangt, kennen alle Traditionen seine Versuchung durch Mara, der um seine Herrschaft und die Macht seiner Illusionen zu fürchten beginnt. Zunächst setzt Mara die Naturkräfte gegen Buddha ein, um ihn von seiner Meditation abzuhalten. Regen, Sturm und Finsternis können die Ruhe Buddhas in keiner Weise erschüttern und ihn nicht von der Meditation ablenken. Danach versucht Mara selbst,

Buddha zum Weltgenuss aufzufordern, doch dieser ruft die Erde als Zeugin für die Richtigkeit seiner Beständigkeit auf. Schließlich will Mara seinen letzten Trumpf ausspielen, indem er seine Töchter auffordert, Buddha durch Sinnlichkeit zu verführen und so sein Buddha-Werden zu verhindern. Doch auch dies ist nicht von Erfolg gekrönt, denn sein Gesicht blieb „rein und fleckenlos wie die Mondscheibe, ... wie die aufgehende Sonne, ... wie eine aufgeblühte tausendblättrige Lotosblume. ... Er war unbeweglich wie der Berg Meru ... Die Sinne waren bezähmt, der Geist war gebändigt wie bei einem zahmen Elefanten" (Waldschmidt 1982, 160f). Ähnlich wie bei der Erzählung über den Abscheu, den Buddha im Harem erfahren hat, wird auch in diesem Zusammenhang die Verwerflichkeit der Sinnenfreuden betont. Nach diesen Verführungsversuchen durch Mara und sein Heer gelangt Siddhartha Gautama in der Nacht schließlich zum Ziel seiner Meditation, zur völligen Erleuchtung. Dabei erlangt er v. a. drei Erkenntnisse:

a) Er erinnert sich an seine früheren Existenzen.
b) Er gelangt zum Wissen über Geburt und Tod der Lebewesen und dem Zusammenhang mit dem *karman*.
c) Er gewinnt Einsicht, dass die Unwissenheit und die Leidenschaft zu immer neuen Wiedergeburten führen und die Verkettung der Daseinsfaktoren aufrechterhält.

Gleichzeitig erkennt der nunmehrige Buddha, dass dieses dreifache Wissen zur Erlösung führt, da man dadurch den immerwährenden Kreislauf des Lebens beenden kann. Als Erleuchteter verharrt Buddha noch in weiterer Meditation (die Zeitangaben variieren zwischen sieben Tagen und sieben Wochen), wobei der Anschein entsteht, dass Buddha eigentlich zunächst zufrieden gewesen ist, für sich (und *nur* für sich) einen Weg zur Überwindung des Leidens gefunden zu haben. Denn die anderen Menschen würden seine Lehre nicht verstehen, so dass die ganze Mühe einer Predigt umsonst wäre. Erst auf dreifaches göttliches Drängen Brahmas lässt Buddha sich überzeugen, dass es einige Wesen gibt, die verstehen können, was er lehrt. Als er mit seinem Buddha-Auge die Welten betrachtet, sieht er Wesen, „denen wenig Unreinheit und denen viel Unreinheit anhaftete, von scharfen Sinnen und von stumpfen Sinnen, von guter Art und von böser Art, leicht zu unterweisen und schwer zu unterweisen, manche, die für die Gefahren des Jenseits und der Sünde ein Auge hatten"

(Oldenberg 1993, 91). In diesen der eigenen Erleuchtung folgenden Tagen der Meditation entwickelt sozusagen Buddha seine Lehre, die es ermöglicht, dem Leiden ein Ende zu setzen und Ruhe im Nirvana zu finden. Mit dieser Meditation schließt sich der Kreis zwischen dem Beginn der religiösen Suche unter dem Jambu-Baum in der Heimat in Kapilavastu und dem Erreichen des Ziels der Erleuchtung unter dem Bodhi-Baum.

1.4 Die Lehrtätigkeit

Mit der neuen Erkenntnis ausgestattet, verlässt Buddha Bodh Gaya und geht in die Gangesebene. Unterwegs trifft er einen gewissen Upaka, einen Asketen der Ajivika-Tradition, der den Buddha fragt, weshalb sein Antlitz so leuchtend sei. Buddha berichtet ihm strahlend von seiner Erfahrung, dass er jetzt allwissend sei und den Weg zum Nirvana gefunden hätte, so dass er alles Böse besiegt habe. Upaka hört zwar zu, kommentiert lapidar „Das mag so sein, mein Freund", schüttelt aber den Kopf und geht weiter. Die Episode dient nicht unbedingt als Erfolgsnachweis für Buddha, so dass man darin ein historisches Faktum der ersten misslungenen Verkündigung sehen darf. Erfolgreicher ist Buddha schließlich, als er bei Benares eintrifft; dort predigt er im Tierpark von Sarnath erstmals den mittleren Weg zwischen den Extremen der Hingabe an die Weltlichkeit und der übertriebenen Askese. Diese sogenannte „erste Predigt von Benares" setzt das „Rad der Lehre" in Bewegung. Im Zentrum dieser Lehre stehen die vier edlen Wahrheiten und der berühmte achtteilige Pfad (Mylius 1986, 204):

> *„Dies nun, o Mönche, ist die edle Wahrheit vom Leiden. Geburt ist Leiden, Alter ist Leiden, Krankheit ist Leiden, Sterben ist Leiden, Kummer, Wehklage, Schmerz, Unmut und Unrast sind Leiden; ... kurz gesagt, die fünf Arten des Festhaltens am Sein* (skandhas) *sind Leiden.*
>
> *Dies nun, o Mönche, ist die edle Wahrheit von der Leidensentstehung: Es ist dieser Durst, der zur Wiedergeburt führt, verbunden mit Vergnügen und Lust, an dem und jenem sich befriedigend, nämlich der Liebestrieb, der Selbsterhaltungstrieb, die Sucht nach Reichtum.*
>
> *Dies nun, o Mönche, ist die edle Wahrheit von der Aufhebung des Leidens. Es ist ebendieses Durstes Aufhebung durch (seine) restlose*

Vernichtung, (es ist) das Aufgeben (des Durstes), der Verzicht (auf ihn), die Loslösung (von ihm, seine) Beseitigung.
Dies nun, o Mönche, ist die edle Wahrheit von dem zur Aufhebung des Leidens führenden Pfade. Es ist dieser edle achtgliedrige Weg, nämlich: rechte Einsicht, rechter Entschluss, rechte Rede, rechte Tat, rechter Wandel, rechtes Streben, rechte Wachheit, rechte Versenkung."

Mit der Predigt von Benares, der sogenannten „ersten Drehung des Rades der Lehre", beginnt Buddhas Lehrtätigkeit, die insgesamt 45 Jahre dauert. Trotz der langen Zeit sind historische Episoden nur bedingt exakt in diesem Zeitraum zu datieren, allerdings lassen die Erzählungen erkennen, wie Buddha versucht hat, seine Lehre zu verbreiten, wobei er die Lebensumstände seiner Zeit zu nutzen gewusst hat. Benares selbst war schon zu Buddhas Zeit ein religiöses Zentrum, wobei die Lokalisierung der Predigt Buddhas im Tierpark von Sarnath auch archäologisch gesichert erscheint; eine von Ashoka errichtete Säule erinnert an den Ort des Geschehens, genauso stammt der bekannte Dharmarajika-Stupa aus dieser Zeit. Benares war somit für Buddha ein Ort, an dem er Empfänger der neuen Botschaft erwarten konnte. Zunächst trifft er dort seine fünf ehemaligen Gefährten wieder, die schon in Bodh Gaya bei ihm waren. Die Legende schildert dabei, dass die fünf zunächst eher wenig Lust hatten, sich wieder mit Buddha einzulassen und daher beschlossen, sich ihm gegenüber nicht mit der entsprechenden Ehrfurcht zu verhalten; doch je näher der Buddha kam, desto unwohler wurde ihnen bei ihrer ablehnenden Haltung, so dass sie schließlich in Verehrung ihm gegenübertraten und die ersten Mönche wurden, wie im Lalitavistara beschrieben wird.
Die Wahl dieses Ortes hat nun Konsequenzen: Buddha tritt dadurch endgültig in einen Kontext, der von der brahmanischen Kultur geprägt ist, die im Gangesbecken ihre Blüte hatte; aber auch andere Lehren haben dort ihren Platz. Dementsprechend finden wir immer wieder Überlieferungen, die davon berichten, dass Buddha sich mit Vertretern anderer religiöser Richtungen auseinanderzusetzen hatte. In den entsprechenden Quellentexten geht es dabei weniger darum, die jeweilige Lehrposition der Gegner exakt darzustellen, sondern v. a. die Überlegenheit der buddhistischen Lehre hervorzuheben, d. h. wir sind nicht mit aller wünschenswerten Genauigkeit darüber informiert, mit wem Buddha hier im Gespräch war.

Bekannt ist etwa die Auseinandersetzung zwischen den beiden jungen Brahmanen Vasishtha und Bharadvaja: Beide sind der Veden kundig, sich aber nicht darüber einig, welcher Weg direkt aus dem Kreis der Wiedergeburten hinaus und zur Gemeinschaft mit Brahma führt; jeder beruft sich dabei auf das, was sein Lehrer ihm gesagt hat.
Daraufhin gehen die beiden Brahmanen zu Buddha, um im Gespräch mit ihm eine Lösung ihrer Fragen zu finden. Buddha stellt die Autorität der vedischen Lehrer, die die einzelnen Wege propagieren, in Frage, da keiner von ihnen Brahma von Angesicht zu Angesicht gesehen hat und daher auch nicht den direkten Weg zu ihm kennen kann. Im weiteren Verlauf des Gesprächs stellt Buddha – in einem Frage-und-Antwort-Spiel – die Eigenschaften Brahmas und die Eigenschaften der Brahmanen einander gegenüber; ersterer ist besitzlos, freundlich, nicht übelwollend, allmächtig, letztere sind besitzend, feindselig, übelwollend und nicht allmächtig. Auf Grund dieser Gegensätze ist aber keine Gemeinschaft zwischen Brahma und den Brahmanen möglich, so dass letztere auch nicht den Weg zu Brahma kennen können. An diesem Punkt angelangt, erkennt der junge Brahmane Vasishtha, dass nur Buddha den Weg zur Gemeinschaft mit Brahma weisen kann. Auch buddhistische Mönche besitzen diese Eigenschaften, daher können sie ebenfalls die Vereinigung mit Brahma erreichen. Das Gespräch endet wie folgt (Mylius 1986, 108):

> *„Dass also, o Vasishtha, der besitzlose Mönch nach dem Zerfall des Körpers, nach dem Tode, zur Gemeinschaft mit dem besitzlosen Brahma eingehen wird – dieser Standpunkt gilt! ... Allmächtig ist der Mönch, allmächtig ist Brahma. Kommt da wohl eine Vereinigung des allmächtigen Mönches mit dem allmächtigen Brahma zustande? ‚Jawohl, Herr Gautama.' ... Nachdem er so gesprochen hatte, sagten Vasishtha und Bharadvaja, die jungen Brahmanen, zum Erhabenen dies: ‚Ausgezeichnet, Herr Gautama, ausgezeichnet. ... gerade wie, Herr Gautama, Umgestürztes aufgerichtet, Verborgenes enthüllt worden wäre; als wenn man einem Verirrten den Weg weisen oder in die Dunkelheit eine Öllampe bringen würde, – wer Augen hat, wird die Form sehen – ebenso hat der Erhabene auf mancherlei Art die Lehre erläutert. Wir nehmen zu Herrn Gautama Zuflucht, zur Lehre und zur Mönchsgemeinde. Als Laienanhänger möge uns Herr Gautama betrachten.'"*

Inhaltlich lässt das Gespräch kaum einen echten Standpunkt der Brahmanen erkennen, da es vor allem darum geht, einen im buddhistischen Sinn umgedeuteten Brahma als Chiffre für die Lehre zu verwenden; dementsprechend läuft das Gespräch auch klar darauf hinaus, die dreifache Zufluchtnahme der beiden jungen Brahmanen zu begründen, die sich als Laienanhänger Buddha anschließen.

Die buddhistische Kritik am Brahmanenwesen kommt auch sonst mehrfach zum Durchbruch, wobei ein Kritikpunkt an der sich verfestigenden Kastenhierarchie und deren beginnenden Auswüchsen ansetzt. Buddha schafft dabei dieses Kastenwesen nicht grundsätzlich ab, sondern relativiert es, indem jeder ein Brahmane – in buddhistischer Umdeutung – werden kann. In der „Lehrrede von der Brahmanenweise", um die Buddha von einigen Brahmanen gebeten wird, wird dieses „neue" und wirkliche Brahmanentum so beschrieben (Mylius 1986, 220–224):

> *„Die alten Weisen waren selbstgezügelt, Askese übend; die Begierden der fünf Sinne hatten sie aufgegeben und lebten für das Selbst. Keine Viehherden gab es für Brahmanen, kein Gold, kein Geld. Meditation war (ihr) Geld und Geldeswert; das Brahma hüteten sie als Schatz. ... Frommen Wandel, Tugend, Redlichkeit, Milde, Askese, Güte, Freundlichkeit und Geduld priesen sie. ... Dann gab es bei ihnen einen Wandel (zum Schlechten). Nachdem sie allmählich gewahrten des Königs Pracht und die geschmückten Frauen, wohlgebaute Kriegswagen und angeschirrte edle Rosse, bunte Teppiche ... (da) wurden die Brahmanen gierig. Da dichteten sie Hymnen, begaben sich zu Okkaka und sprachen: ‚Viel Geld und Geldeswert hast du; opfere. Groß ist dein Besitz. Opfere. Groß ist dein Reichtum.' ... Indem sie so Reichtum erlangt hatten, fanden sie am Raffen Gefallen; der von Habsucht Gepackten Gier wuchs immer mehr."*

Das Unheil, das damit seinen Lauf nimmt, führt zur Verschlechterung der Welt, so dass die Begierde überhand nimmt. Dem entgegenzuwirken dient die Lehre Buddhas; die eingangs erwähnten Brahmanen, die Buddha um diese Lehrrede gebeten hatten, bekennen sich als Laienanhänger zu Buddha.

Die Beispiele geben einen ersten Einblick in die Lehre Buddhas, gleichzeitig illustrieren sie wiederum das „Formelhafte" der Lebensbeschreibung: Buddha ist der Lehrer, der nach der Predigt von Benares alle überzeugen

kann; historisch bleibt dabei zu erwähnen, dass solche Texte die lebhafte intellektuelle Auseinandersetzung um mögliche Wege zur Erlösung zur Zeit Buddhas, einschließlich der Kritik an einem starr werdenden bzw. gewordenen brahmanischen Opferkult, dem man keine Erlösungsrelevanz mehr zubilligte, beleuchten.
Dasselbe zeigt auch eine andere Gruppe von Gesprächspartnern Buddhas, die außerhalb der brahmanischen Lehren stehen; traditionell werden dabei sechs „Häretiker" aufgeführt. Am bekanntesten ist dabei jener Text, der den König von Magadha, Ajatasattu, vor Buddha treten lässt, um vom Erhabenen Belehrung zu erhalten: Dabei geht es um die Frage, ob schon in dieser Welt Lohn für das Mönchtum zu erwarten wäre, analog zu dem Lohn, den verschiedene Berufe, z. B. Elefantentreiber, für ihre Tätigkeit erlangen. Zunächst fordert Buddha den König auf, die Antworten zu rekapitulieren, die er auf diese Frage schon bei anderen Lehrern erhalten hat. Als erste wird die Antwort von Purana Kassapa angeführt: Er vertritt die Meinung, dass egal, was man tut, ob gut oder schlecht, keine Verdienste bzw. keine Sünden daraus entstehen; mit dieser Meinung stellt Kassapa ein Grunddogma des Buddhismus, aber auch der Brahmanen, völlig in Frage, so dass seine Antwort Ajatasattu nicht befriedigt hat. Der Nächste ist Makkhali Gosala; er anerkennt zwar die Möglichkeit moralischer Verderbtheit, aber als Weg der Reinigung sah er nur einen (endlosen) Kreislauf von Wiedergeburten; der Mensch selbst hat keine Möglichkeit, sich durch sühnende Taten oder Riten von der Befleckung der Verderbtheit zu reinigen. Auch mit dieser Antwort unzufrieden, geht Ajatasattu zu Ajita Kesekambala. Dieser betont eine völlige Vernichtung im Tod, dementsprechend nützen Almosen oder Opfer nichts (Mylius 1986, 64f):

> *„Wenn der Mensch stirbt, geht das Erdelement in die Erdform ein ...; das Wasserelement geht in die Wasserform ein ...; das Feuerelement geht in die Feuerform ein ...; das Luftelement geht in die Luftform ein ... In den Weltenraum gehen die Sinne über. Zu fünft am Sarg gehen die Menschen mit dem Toten. ... Opferfeuer werden entflammt. (Ergebnis der) Lehre von Narren ist eine solche Gabe. Leer und falsch ist das Geschwätz, wenn irgendwelche (Leute) die Existenzlehre verkünden. Toren und Weise lösen sich beim Zerfall des Körpers auf; sie gehen zugrunde; sie sind nicht mehr nach dem Tode."*

Als vierte Station sucht Ajatasattu Pakudha Kaccayana auf; er vertritt eine Lehre von sieben ungeschaffenen fortwährenden Substanzen, wobei er im Gegensatz zu Buddhas Auffassung steht, dass es nur fünf unbeständige Daseinsfaktoren *(skandhas)* gäbe. Die sieben sind folgende: Erde, Wasser, Feuer, Luft, Glück, Leid, Leben. Sie sind unbeweglich, verändern sich nicht und beeinträchtigen sich nicht; was man daher tut, hat keine existenzielle Wirkung. Anschließend geht Ajatasattu zu Nigantha Nataputta, der dem Jainismus angehört. Dessen Argumente laufen darauf hinaus, dass derjenige frei von allen Fesseln der Welt ist, der sich selbst beherrscht und von den Bindungen der Welt fern hält. Zuletzt befragt Ajatasattu schließlich noch den Lehrer Sanjaya Belatthiputta; dieser lehnt es überhaupt ab, irgendeine Lehre in positiver oder negativer Weise zu bestätigen (Mylius 1986, 67):

> *„Aber so ist es mir nicht bekannt und so auch nicht und anders auch nicht und nicht mit einem Nein und nicht mit einem Nicht-Nein.“*

Für eine buddhistische Fragestellung ist dies ebenfalls unbefriedigend. Nachdem somit diese Meinungen als ungenügend abgelehnt wurden, befragt Ajatasattu den Buddha, ob es schon in dieser Welt einen Lohn für Unrecht wie Foltern, Töten, Stehlen, Ehebrechen, Lügen bzw. für Recht gibt; Buddha bejaht diese Frage, indem er anhand zahlreicher Beispiele ausführt, dass ein tugendhafter Mönch, der der Welt entsagt, diesen Lohn erfährt. – Somit läuft auch dieses Lehrgespräch wiederum darauf hinaus, den buddhistischen *dharma* darzustellen, wobei der Text aber zugleich einen kleinen Einblick gibt, wie zu Buddhas Lebzeiten (Erlösungs-)Lehren mit mehr oder weniger Erfolg vertreten wurden.

Der in den Quellen genannte relativ rasche Erfolg der Lehre Buddhas ist zwar gelegentlich legendarisch überhöht, doch sind einige Fakten aus diesen Jahren wert, angeführt zu werden: Im zehnten Jahr der öffentlichen Tätigkeit kam es wegen des Ausschlusses eines Mönches aus der Gemeinde zu einer ersten Krise und zu Streit; Buddha zieht sich daraufhin für drei Monate von der Gemeinde zurück, bis diese ihren Fehler einsieht und Buddha reumütig um die Rückkehr bittet. Für das 14. Jahr nennt die Pali-Tradition die Aufnahme von Buddhas Sohn Rahula in den Mönchsstand, wobei dieses Datum aber historisch nicht gesichert ist; das Faktum, dass auch Buddhas Sohn sich der Gemeinde angeschlossen hat, sei aber festgehalten. Im 20. Jahr wird der Mönch Ananda zum persönlichen Diener Buddhas, ein Ereignis, das für die Geschichte des Buddhismus wichtig ist: Ananda stimmt nur unter der Bedingung zu, dass ihm alle Belehrungen Buddhas mitgeteilt werden, auch solche, die während seiner Abwesenheit geschehen würden. Dies wird ihm zugesagt, so dass Ananda als einziger, der alle Belehrungen Buddhas kennt, nach Buddhas Tod zur – wenngleich nicht gänzlich unumstrittenen – Autorität in Lehrfragen wird. Schließlich ist aus den letzten Jahren Buddhas noch die Devadatta-Episode zu nennen: Devadatta war ein Vetter Buddhas und ein angesehenes Gemeindemitglied. Als Buddha aber alt geworden ist, fordert er ihn zum Rücktritt auf, was abgelehnt wird und zum Ausschluss Devadattas aus der Mönchsgemeinde führt; daraufhin berichtet die Legende von einem Versuch Devadattas, Buddha zu ermorden. Weitere Aktionen Devadattas zielen auf Versuche, ein Schisma in der Gemeinde herbeizuführen; letztlich bleiben aber seine Versuche erfolglos, wobei es nicht leicht ist, den exakten historischen Wahrheitsgehalt dieser Auseinandersetzungen zu finden, denn für die buddhistische Legende ist Devadatta der Opponent Buddhas schlechthin.

Als Buddha sein irdisches Ende kommen fühlt, verlässt er das Gebiet von Koshala, um nach Kushinagara zu ziehen; man kann vermuten, dass er danach noch weiter zurück ins Gebiet der Shakyas ziehen wollte. Allerdings ist es durch seinen Tod nicht mehr dazu gekommen. Die einzelnen Stationen dieser letzten Wanderung dienen nochmals dazu, einzelne Belehrungen zu geben, so etwa im Haus des Ministers Varshakara oder bei der Hetäre Amrapali, deren Verdienst, Buddha und seine Begleiter bewirtet zu haben, gepriesen wird. In Vaishali weist Buddha seine Jünger erstmals offen auf den bevorstehenden Tod hin; kurz darauf erkrankt er nach einem Mahl, das der Schmied Canda ihm angeboten hat. Eventuell ist der historische Hintergrund ein Anfall von Ruhr, die Tradition sieht in diesem Mahl ein deutliches Zeichen dafür, dass der Tod unwiderstehlich seine Schatten vorauswirft. Als Buddha wieder soweit hergestellt ist, bricht er zur letzten Wanderung auf, wo kurz außerhalb von Kushinagara sein Sterbelager aufgerichtet wird.

Die Texte schmücken das Hinscheiden Buddhas besonders reichhaltig aus, so etwa das Mahaparinirvana-Sutra. Historisch bleibt folgendes: Buddha nimmt Abschied von seinen Jüngern und entblößt seinen Körper, um ihnen die Vergänglichkeit alles Irdischen mit diesem Beispiel nochmals deutlich vor Augen zu führen. Eine letzte Ermahnung zur Vervollkommnung und zur Bewahrung des *dharma* bleibt als Erbe, das Buddha seiner Gemeinde hinterlässt – Nachfolge(r)fragen werden nicht erörtert, weil der *dharma* die einzige Richtschnur bleiben soll. Danach stirbt Buddha und wird verbrannt. Dass sich dabei das Interesse der „Öffentlichkeit" frühzeitig am Buddha orientierte, kommt nicht nur im Streit um die Buddhareliquien zum Ausdruck, da der „Besitz" des Buddha auch ein realpolitischer Wert war, sondern auch durch die Errichtung eines Grabhügels (Stupa), in dem die von der Leichenverbrennung übriggebliebenen Gebeine beigesetzt werden. Der Stupa wurde alsbald ein erster Verehrungsort und ist bis heute in Kushinagara als archäologische und religiöse Stätte zu sehen: Denn spätestens unter Ashoka wurde der Ort des Todes durch ein kleines Heiligtum gekennzeichnet; in weiterer Folge haben sich Kultbauten angefügt, die die letzte Etappe von Buddhas irdischer Existenz kennzeichnen.

1.5 Historische Ursachen für den Erfolg Buddhas

Bei Buddhas Leben und Legende zielen fast alle Beschreibungen darauf ab, die Lehre zu illustrieren. Jede einzelne „Buddha-Vita" bietet daher ein jeweils unterschiedliches, aber lückenhaftes Mosaik einzelner historischer Fakten. Dennoch sei die Frage aufgeworfen, warum gerade Buddha (und Mahavira als Begründer des Jainismus) nachhaltige Wirkung bis heute erzielt haben, die anderen Lehrer und Lehren jedoch in Vergessenheit geraten sind. Sicherlich haben dabei einige Faktoren zusammengewirkt, an erster Stelle dürfte wohl Buddhas persönliches Format als Lehrer gestanden sein, dem es zu verdanken ist, dass im Angebot der Lehren eben Buddhas Auffassung den meisten Zulauf erfahren hat. Daneben spielen aber auch sozio-ökonomische und politische Gründe eine Rolle: Der Buddhismus besteht von Anfang an aus Mönchen und Laien, wobei diese Organisationsform mehrere Voraussetzungen hat, um florieren zu können.

Zunächst ist zu sagen, dass der wirtschaftliche Aufschwung in den Königreichen Koshala und Magadha zu einer verstärkten Urbanisation geführt hat, wobei eventuell verbesserte Landwirtschaftstechniken (Pflüge) und die Ausbeutung der Erzgruben südlich von Rajagriha, der Hauptstadt von Magadha, dies ermöglichten. Die Eisenverarbeitung gibt die Macht, die Landwirtschaft bringt die Überproduktion. Mit dem Städtebau kam es auch zur Betonung neuer Berufsgruppen, wobei v. a. Kaufleute und

„Staatsangestellte" eine wichtige Rolle spielen. Gleichzeitig führen all diese Komponenten zu einer Anhäufung materieller Güter, die im Dienste des Buddhismus verwendet werden konnten. Die Tatsache, dass die buddhistischen Bettel- und Wandermönche während der Regenzeit in festen Unterkünften verweilen, setzt nicht nur die Existenz solcher Unterkunftsmöglichkeiten in Städten oder an deren Peripherie voraus, sondern auch Personen, die den mittellosen Mönchen diese Unterkünfte zur Verfügung stellen. Ferner sind es diese Personen aus dem Laienstand, die für die Ernährung der Mönche aufzukommen haben; die vorhin geschilderten Gespräche mit Brahmanen liefen immer darauf hinaus, dass sich diese Brahmanen als Laienanhänger dem Buddhismus anschlossen – wohl mit ihren materiellen Kapazitäten.

Untersuchungen über die Herkunft früher Buddhisten, so weit die Quellen darüber Auskunft geben, zeigen dabei folgendes Bild: Unter den Laien sind etwa 45 Prozent wohlhabende Kaufleute oder Grundbesitzer aus den unteren Kasten, während bei den Mönchen dies nur 22 Prozent sind; Analoges zeigt auch die Analyse der Herkunftsangaben zu den Texten des Thera- bzw. Therigatha, wo für die Mönche deutlich wird, dass sie zu 50 Prozent aus reichen Familien stammen; verstärkt wird dies noch dahingehend, dass etwa zwei Drittel von ihnen aus großen Städten stammen, v. a. aus Sarnath, Rajagriha und Vaishali. Daraus ergibt sich: Der frühe Buddhismus macht sich die materielle Blüte seiner Zeit zu Nutze, indem es Buddha gelingt, für seine Lehre in großer Zahl Angehörige der materiell besser gestellten Schichten zu gewinnen, die bereit und fähig sind, die nötige Unterstützung für Buddha und seine Anhänger in allen Formen bereitzustellen. Neben dieser materiellen Voraussetzung gelingt es Buddha auch, die politischen Voraussetzungen für die Verbreitung seiner Lehre zu schaffen: Im Kontext der brahmanischen Gesellschaftsordnung (*varna*-System) ordnet er sich als Kshatriya ein, womit er in politischen Kreisen „gesellschaftsfähig" ist. Daher ist es historisch durchaus glaubwürdig, wenn die Texte immer wieder von seinen guten Beziehungen zu Herrschern sprechen, etwa zu Bimbisara und Ajatasattu von Magadha, aber auch zu Prasenajit von Koshala.

Dabei ist zu bedenken, dass zumindest die Duldung durch die politischen Herrscher unabdingbar war, dass der Buddhismus sich ungestört verbreiten konnte, aber schon die gemeinsame Ansammlung der Mönche zur Regenzeit erforderte die „staatliche" Akzeptanz. Diese herzustellen, ist dem Buddha offensichtlich immer gelungen. So stehen wir hier vor der oft unbeachteten Tatsache, dass der Buddha, trotz seiner Lehre, die die Entsagung von der Welt im Mittelpunkt hat, als „Realpolitiker" sich durchaus um die Dinge der Welt für das Wohl seines Anliegens kümmern konnte; man darf darin vielleicht eine sehr praktische Ausformung der Lehre des „mittleren" Weges sehen, den Buddha immer betont hat: die gesunde Mitte zwischen einer Totalaskese und einem Leben, das nur am Weltlichen hängt. Konkret wirkt sich diese Realpolitik zunächst positiv aus, allerdings versuchen die Mächtigen seiner Zeit auch, Buddha für ihre Anliegen zu vereinnahmen; dem kann sich Buddha jedoch immer wieder entziehen, indem er durch seine Wanderungen keinem Herrscher den Eindruck gibt, nur als Handlanger einer (lokalen) Politik nützlich zu sein. Diese „Realpolitik" ist ein wichtiger Grund für den Erfolg Buddhas.

2. Buddhas Lehre vom Leiden und dessen Überwindung

Im Mahaparinirvana-Sutra, dem großen Lehrtext vom Eingehen Buddhas in das Nirvana, heißt es (Waldschmidt 1982, 237):

> *„Es mag sein, o Ananda, dass euch folgender Gedanke kommt: Nun hören wir die Worte unseres Lehrers nicht mehr, und haben nicht länger einen Meister. Aber so, Ananda, sollt ihr nicht denken. Die Lehre* (dharma) *und die Ordenszucht* (vinaya), *in der ich euch unterwiesen und die ich euch gegeben habe, sollen nach meinem Dahinscheiden euer Meister sein."*

Dieses „Testament" unmittelbar vor dem Tod zeigt nochmals, dass es Buddha darum ging, der Welt eine Lehre zu hinterlassen und nicht sich als Religionsstifter in den Mittelpunkt zu stellen. Gleichzeitig klingt aber in diesen Worten auch an, welche Bedeutung der Mönchsgemeinde, die sich an die von Buddha gelehrte Disziplin zu halten hat, zukommt. Nach Buddhas Tod blieben nur noch die Gemeinde *(sangha)* als Hüter der Disziplin und die Lehre *(dharma)* als Leitfaden auf dem Weg zum Nirvana. Der Buddha, der Dharma und der Sangha sind daher die drei Juwelen, die den Buddhismus charakterisieren und die als Grundlage für jeden dienen, der sich zum Buddhismus gehörig fühlt. Nachdem vorhin der historische Buddha behandelt worden ist, sind im Folgenden die Grundzüge der Lehre vom mittleren Pfad darzustellen. Worum es dem

Buddha in seiner Lehre geht, zeigt folgender Text aus dem Mahavagga (Oldenberg 1993, 94f):

> *„Zwei Enden gibt es, ihr Mönche, denen muss, wer dem Weltleben entsagt, fern bleiben. Welche zwei sind das? Hier das Leben in Lüsten, der Lust und dem Genuss ergeben: das ist niedrig, gemein, ungeistlich, unedel, nicht zum Ziele führend. Dort Übung der Selbstquälerei: die ist leidenreich, unedel, nicht zum Ziele führend. Von diesen beiden Enden, ihr Mönche, sich fernhaltend, hat der Vollendete den Weg, der in der Mitte liegt, entdeckt, der Blick schafft und Erkenntnis schafft, der zum Frieden, zum Erkennen, zur Erleuchtung, zum Nirvana führt."*

In der Fortsetzung des Textes wird dieser mittlere Pfad als der achtteilige Pfad beschrieben, den die Zusammenstellung der vier edlen Wahrheiten als Weg zum Nirvana schildert. Man kann daher für Buddhas Lehre durchaus von der Darstellung der vier edlen Wahrheiten ausgehen, allerdings zeigt die im Buddhismus beliebte „Reihenbildung" noch einige weitere solcher Reihen, die zentrale Aussagen enthalten: Neben der Viererreihe der edlen Wahrheiten *(arya-satya)* sind die Fünferreihe der „Daseinsgruppen" *(skandha)*, die Achterreihe des Pfades *(arya-astanga-marga)* und die Zwölferreihe des „Lehrsatzes vom abhängigen Entstehen" *(pratityasamutpada)* zu nennen. Das Nebeneinander dieser Reihen zeigt die Komplexheit der Lehre Buddhas, wobei die Reihen sowohl die Verbundenheit dieser Lehre mit anderen indischen Lehren als auch die Weiterbildung der Aussagen des historischen Buddha erkennen lassen. Aus Strukturierungsgründen ist es dabei am günstigsten, die vier edlen Wahrheiten der Darstellung zugrunde zu legen, die übrigen Reihen zur Erklärung heranzuziehen und abschließend auf die Genese der Reihen einzugehen. Als Textgrundlage der mehrfach überlieferten Reihe der vier edlen Wahrheiten ist im Folgenden nicht die Predigt von Benares gewählt, sondern das große Lehrgespräch über die Grundzüge des Bewusstseins aus dem Dighanikaya.

2.1 Alles ist Leiden

> *„Und was, o Mönche, ist die edle Wahrheit vom Leiden? Geburt ist Leiden, Alter ist Leiden, Krankheit ist Leiden, Sterben ist Leiden, Kummer, Wehklage, Schmerz, Unmut und Unrast sind Leiden; was*

> *man wünscht, nicht zu erlangen, ist Leiden; kurz gesagt, die fünf Arten des Festhaltens am Sein sind Leiden"* (Mylius 1986, 118).

Der weitere Text erläutert, inwiefern die genannten Erscheinungen Leiden sind. Obwohl im Wesentlichen unangenehme Dinge aufgezählt und als Leiden gewertet werden, muss gesagt werden, dass auch Positives als leidhaft charakterisiert wird; man fragt daher unweigerlich nach dem Warum. Die Antwort darauf lautet, dass für Buddha alles, was der Vergänglichkeit unterworfen ist, leidhaft ist. Diese Vorstellung hängt von der *Skandha*-Theorie ab: Jeder Mensch kann dabei als Summe der fünf vergänglichen, leidvollen und unpersönlichen Daseinselemente bzw. Arten des Festhaltens am Sein, eben den sogenannten *skandhas*, betrachtet werden:

a) sinnlich wahrnehmbare Gestalt, Körper *(rupa)*,
b) Empfindung, Gefühl *(vedana)*,
c) Wahrnehmung, Unterscheidung *(samjña)*,
d) Gestaltungen, Willensregungen *(samskara)*,
e) Bewusstsein *(vijñana)*.

Die Unbeständigkeit der fünf Daseinselemente ist die Ursache des Leidens, jedoch strebt der Mensch wegen seiner Unwissenheit *(avidya)* immer nach diesem Vergänglichen und kann es nicht festhalten. Trotz ihrer Vergänglichkeit sind diese Konstituenten objektivierbar und gelten als real, aber sie sind nicht das wahre Selbst. In ihrer Summe machen sie jedoch den Menschen aus. Solche anthropologischen Überlegungen sind zwar nicht das zentrale Interesse der Lehre Buddhas, da er nicht fragt, *was* der Mensch ist, sondern *wie* der Mensch ist. Dennoch ergibt sich daraus auch eine wichtige Aussage für das buddhistische Menschenbild: Jeder Körper ist ein Teil der Natur und somit der Wandlung derselben unterworfen, so dass – analog der Tatsache, dass die fünf *skandhas* nicht das wahre Selbst sind – auch im Menschen keine Substanz festzustellen ist, die als „wahres Selbst" oder „Seele" bezeichnet werden könnte. Zwar lässt sich aus dem frühen Buddhismus keine zuverlässige Belegstelle beibringen, in der ausdrücklich das Selbst geleugnet würde, aber es wird auch nicht bejaht. Das diesbezügliche Schweigen des Buddha hängt mit seinem Interesse an der Praxis der Lebensgestaltung (und nicht an einer Theorie über Erlösung) zusammen. Erst in jüngeren Kommentaren finden sich ausdrücklich Aussagen über das Nicht-Selbst *(anatman; anatta)*, wobei nicht schwer zu sehen ist, dass diese Aussagen der Leugnung des Selbst auch darauf abzielen, diese Lehre bereits als angebliches Buddhawort zu legitimieren. Die Vergänglichkeit der fünf Daseinsfaktoren, die in der Folge betont wird, ist im Majjhima-Nikaya mit der Darlegung der vier edlen Wahrheiten verbunden, wobei es folgerichtig heißt (Neumann 1956, 210):

> *„Und von diesem Körper da, der acht Spannen hoch ist, der ein Gemächte des Durstes, von dem gälte vielleicht ‚Ich' oder ‚Mein' oder ‚Bin'? Vielmehr ‚Nichts ist sein' gilt in Wirklichkeit."*
> *Wer einer falschen Vorstellung von einem „Ich"* (ahamkara) *oder einem „Mein"* (mamakara) *anhängt, verstrickt sich in die Bindung an das Leidvolle. Dem abzuhelfen, darauf zielt die Predigt des Buddha ab.*

Betrachtet man die fünf Daseinselemente noch im Einzelnen, so lässt sich Folgendes bemerken: Das erste Daseinselement, die „Gestalt", setzt sich aus den vier Elementen (Erde, Wasser, Feuer, Wind) bzw. aus feinstofflicher Körperlichkeit, die aus den Elementen abgeleitet wird, zusammen. Die weiteren vier nichtphysischen Daseinselemente werden unter der Bezeichnung *nama* zusammengefasst und stehen in gegenseitiger Beziehung: Die „Empfindung" entsteht aus dem Kontakt der sechs inneren Organe (Auge, Ohr, Nase, Zunge, Körper, Geist) mit den äußeren Objekten, so dass Aussehen, Geräusch, Geruch, Geschmack, Berührung und geistiges Objekt hervorgerufen werden; daraus resultiert wiederum die Zwölferreihe der Sinnesbereiche. Die so beschriebene Empfindung führt bei den Menschen zur „Wahrnehmung", woraus die „Gestaltungen" abgeleitet werden, sofern dies nicht durch Meditation oder buddhistisches Wissen unterbunden werden kann. Gestaltungen als viertes *skandha* sind deswegen wichtig, weil davon die Taten *(karman)* abhängen. „Bewusstsein" ist schließlich die Summe der drei Letzteren. Diese fünf Faktoren machen den Menschen aus und bedingen auch einander. Ihre Bedingtheit und gegenseitige Abhängigkeit definiert sie aber zugleich als veränderliche und vergängliche Größen, so dass auch der Mensch ihren Veränderungen unterworfen ist. Da dies vom Buddha als leidhaft betrachtet wurde, suchte er in seiner Lehre nach einer Möglichkeit, diese Faktoren des Daseins zu überwinden.

2.2 Der Durst als Ursache des Leidens

> *„Und was, o Mönche, ist die edle Wahrheit von der Leidensentstehung? Es ist dieser ‚Durst', der zur Wiedergeburt führt, verbunden mit Vergnügen und Lust, an dem und jenem sich befriedigend, nämlich der Liebestrieb, der Selbsterhaltungstrieb, die Sucht nach Reichtum"* (Mylius 1986, 120).

Durch Empfindung, Wahrnehmung und Willensregung setzt sich dieser Durst wiederum im Bewusstsein fest, wie der Text weiters ausführt. „Durst", so die gängige Übersetzung für *trishna*, ist Umschreibung für Begehren, das zu weiteren Handlungen führt. Mit dieser Lehre greift Buddha dabei die etwa ab dem 7./6. Jh. in Indien aufgekommene Vorstellung vom *karman*, dem Gesetz der Taten und ihrer Folgen, sowie den Glauben an Wiedertod und Wiedergeburt auf. Er macht allerdings einen Unterschied gegenüber der Entfaltung dieser Vorstellung in den Hindu-Religionen; während diese daraus eine moralisch-psychische Kausalität ableiten, da man durch gutes *karman* gut, durch böses *karman* jedoch böse wird, lehnt Buddha ein solche Verknüpfung ab, da er die Existenz beharrender Substanzen (Daseinselemente) in der Welt leugnet. Wie vorhin gesagt, existiert im Buddhismus – im Unterschied zu den Hindu-Religionen – ja kein Selbst *(atman)*, so dass in diesem Sinn der Buddhismus auch keine „Sünde" kennt. Auch eine schlechtere Wiedergeburt gilt nicht als Strafe, die eine göttliche Instanz als Richter über die Taten verhängt hätte, sondern lediglich als Folge solcher Taten.

Es gibt zwar heilsame bzw. unheilsame Taten, allerdings nur in dem Sinn, dass der Mensch mit ihrer Hilfe das „Naturgesetz" des Karma dazu nützen kann, um Leiden zu beenden, wie Buddha durch seinen achtteiligen Pfad zur Leidensaufhebung gezeigt hat. Wenn im Buddhismus nun trotzdem von Wiedergeburt gesprochen wird, dann ist dies deswegen möglich, weil diese Wiedergeburt kein bleibendes Etwas erfordert, sondern allein durch den Konditionismus der Daseinselemente bestehen kann; was bleibt, ist die Bewegung, wofür Buddha folgendes Bild verwendet: Wie eine Kugel eine andere anstößt und sie in Bewegung bringt, so wirken die Taten entsprechend dem Gesetz des *karman* weiter. Allerdings ist bei diesem Bild zu bedenken, dass die Kugel dadurch, dass sie eine andere anstößt, nichts von ihrem „Kugel-Sein" auf diese andere Kugel überträgt; nicht das „Kugel-Sein" existiert dadurch weiter, sondern lediglich die

Folge des Anstoßens, die ihrerseits wieder neues Anstoßen hervorbringt. Um vom Bild zur Lehre zurückzukommen: Die Daseinselemente sind zwar veränderlich, aber als solche den Wirkungen der Tat unterworfen, wodurch sie neu entstehen können.
Als Ursache all dieser Entstehungen, die leidvoll sind, gilt dabei der Durst, das Begehren, so dass sich ein ungebrochener Kreislauf ergibt. Dieser Kreislauf kommt im „Lehrsatz vom abhängigen (bedingten) Entstehen" *(pratityasamutpada)* zum Ausdruck, der gelegentlich als zentrales Thema der ganzen Verkündigung Buddhas angesehen wird. Dabei handelt es sich um zwölf Glieder bzw. Gegebenheiten, wobei das eine jeweils das Nächste bedingt:

1. Nichtwissen
2. karmische Kräfte, Gestaltungen
3. Bewusstsein
4. Name und Form
5. die sechs Sinnesbereiche
6. Berührung
7. Empfindung
8. Gier, Durst
9. Ergreifen
10. Werden
11. Geburt
12. Altern und Sterben

Es fällt auf, dass die Reihe Elemente nennt, die schon zu den fünf *skandhas* gezählt bzw. die auch unter den vier edlen Wahrheiten angesprochen wurden. Jedenfalls ist der in dieser Zwölferreihe dargestellte Kausalkonnex eine Illustration der Grundaussage des Leidens, wobei man vereinfacht diese Zwölferreihe inhaltlich auf drei Dinge reduzieren kann: Die Leidenschaft, d. h. jene seelischen Zustände, die aus Verblendung, Nichtwissen oder Begehren entstehen, führt zur Tat. Diese ist eine Willensregung, die zu körperlichen, sprachlichen und geistigen Handlungen führt; dabei ist es eine Neuerung und philosophische Leistung des Buddha, dass als Ort der Tat auch der Geist angesehen wird, d. h. nicht bloß die materielle Tat hat Folgen. Aus der Tat entsteht schließlich das Ergebnis, das sich in den Daseinselementen vollzieht; da diese aber leidvoll sind, ist das Ergebnis jeder Tat zwangsläufig leidvoll. Daher muss es einen Weg geben, der es ermöglicht, die Tat mitsamt ihren Folgen zu neutralisieren und zu überwinden.

2.3 Die Überwindung des Leidens im Nirvana

> *„Und was, o Mönche, ist die edle Wahrheit von der Aufhebung des Leidens? Es ist ebendieses Durstes Aufhebung durch (seine) restlose Vernichtung; (es ist) das Aufgeben (des Durstes), der Verzicht (auf ihn), die Loslösung (von ihm, seine) Beseitigung. Dieser Durst, o Mönche, woraus vertrieben, verschwindet er? Wo zerstört, löst er sich auf?"* (Mylius 1986, 122)

Auflösen wird sich der Durst, wenn er aus Empfindung, Wahrnehmung, Willensregung und Bewusstsein vertrieben ist – so führt der Text wieder in ziemlicher Analogie zu den ersten beiden Wahrheiten aus. In positiver Formulierung gesagt, heißt dies nichts anderes, als dass die dritte Wahrheit zubilligt, dass es ein Ende des Leidens gibt, nämlich das Nirvana. Worum es im Nirvana geht, deuten die Texte wie folgt: Zunächst ist das Nirvana das Ende des Begehrens und der Leidenschaften, so dass keine Ergebnisse der Taten mehr gezeitigt werden können; das bedeutet aber auch das Vergehen der Daseinselemente und das Ende der Kette der Wiedergeburten. Somit resultiert daraus auch das Ende des Leidens, was gerade im Kontext der vier edlen Wahrheiten das Um und Auf des ganzen Dharma ist. Weiters ist in diesem Kontext zu betonen, dass auch die ganzen Bedingtheiten und Konditionalkonnexe, die das Leben durchziehen, nicht mehr existieren. Diese bisherigen „Definitionen" des Nirvana sind im Wesentlichen negativ formuliert, was auch mit dem Wort *nirvana* selbst zusammenhängt, das ebenfalls eine negative Wortbildung darstellt, nämlich wo „nichts mehr weht".

Positiv kann Nirvana als Ruhe und Beständigkeit umschrieben werden, was v. a. im Zusammenhang mit der Betonung, dass das Leiden eben aus der Veränderlichkeit resultiert, nicht unbeachtet bleiben soll. Betont werden soll aber auch, dass das Nirvana nicht eine Art Paradies im abendländischen Sinn darstellt, auch wenn poetische Ausdrücke in den buddhistischen Texten manchmal derartige Töne anklingen lassen. Dabei handelt es sich nur um Bilder, die einzelne Aspekte illustrieren sollen, wenn Nirvana etwa mit folgenden Ausdrücken beschrieben ist: Hafen der Zuflucht; Ort der Seligkeit; Insel inmitten der Fluten; Überwindung der Abhängigkeiten; das Transzendente; Arznei für alle Übel; das Unerschütterliche; das Verweilende; das jenseitige Ufer; die Heilige Stadt; das Nie-Endende. Wer dieses Nirvana erreicht hat, ist ein *arhant*, ein „Heiliger", was im frühen Buddhismus und im Theravada-Buddhismus das höchste Ziel ist, das ein Mensch anstreben kann, im Unterschied zum Mahayana-Buddhismus, wo demgegenüber das Ideal des Bodhisattva steht, desjenigen, der auf das Eingehen ins Nirvana verzichtet, um allen Lebewesen den Weg zum Nirvana weisen zu können.

Wichtig ist dabei im Theravada, dass es grundsätzlich jedem Menschen möglich ist, ein *arhant* zu werden und schon zu Lebzeiten das Nirvana zu erlangen; die Körperfunktionen eines solchen Heiligen laufen bis zum irdischen Tod nur noch ab, wie der Sand einer Sanduhr, ohne dass durch *karman* neue Bedingtheiten und Ergebnisse der Taten entstehen würden. Um den Status eines *arhant* zu erlangen, ist es notwendig, durch Unterweisung die buddhistische Erkenntnis zu erlangen. Dadurch unterscheidet sich ein Heiliger im frühen Buddhismus von einem, der ein Buddha (ein Erleuchteter) geworden ist. Denn Letzterer kommt von selbst zur Erleuchtung, die ihm den direkten Eintritt ins Nirvana ermöglicht; ein Buddha-Werden ist dabei nur einem Mann möglich. Um den Heilsweg eines Heiligen gehen zu können, dient der achtteilige Pfad, die letzte edle Wahrheit.

2.4 Der Weg zum Nirvana

> *„Und was, o Mönche, ist die edle Wahrheit von dem zur Aufhebung des Leidens führenden Pfad? Es ist dieser edle achtgliedrige Weg, nämlich: rechte Einsicht, rechter Entschluss, rechte Rede, rechte Tat, rechter Wandel, rechtes Streben, rechte Wachheit, rechte Versenkung"* (Mylius 1986, 123).

Daran anschließend werden im Text die einzelnen Glieder kurz erläutert. Inhaltlich und strukturell lässt sich auch diese Reihe wiederum auf drei Grundelemente reduzieren, wobei die Verteilung der acht Glieder z. T. fließend ist, da einzelne Glieder mehreren Bereichen zugeordnet werden können: Wissen (Nr. 1–2) – Sittlichkeit (Nr. 3–5) – Meditation (Nr. 6–8). Entscheidend dabei ist aber, dass die einzelnen Glieder im Wesentlichen gleichzeitig ausgeführt werden müssen, d. h. alle sind gleich notwendig und nicht eine Stufenleiter im eigentlichen Sinn. Eventuell kann man sagen, dass das Wissen insofern eine entscheidende Rolle spielt, als es von der Unwissenheit befreit und somit die Voraussetzung dafür bietet, dass dieser Weg überhaupt beschritten werden kann. Gleichzeitig gilt dieses Wissen auch als jene Komponente, die alle acht Glieder umschließt, denn es liefert die klare Einsicht, durch die man die allgemeinen Eigenschaften der Dinge und ihre Natur (d. h. ihre bedingte Entstehung) durchschauen kann; wer dies erkannt hat, befreit seinen Geist durch Wissen von allen Verblendungen. Zu betonen ist dabei, dass es sich hier nicht um ein intellektuelles Wissen handelt, sondern um eine höhere Erkenntnis, die z. T. aus der Meditation resultiert. Daraus sieht man auch, dass im achtteiligen Pfad keine sukzessive Reihenfolge der einzelnen Glieder zum Ausdruck kommt.

Mit solchem Wissen ausgestattet, gewinnt man Einsicht in die früheren Existenzen, und es ermöglicht auch den Ausstieg aus dem *samsara*, dem Kreislauf der Geburten. Sittlichkeit hat das Ziel, einerseits Handlungen zu vermeiden, die andere verletzen, andererseits dient sie auch dazu, Verdienste zu erwerben, die eine bessere Wiedergeburt ermöglichen; gleichzeitig weisen diese drei Elemente des achtteiligen Pfades aber auch auf den sozialen Konnex des Buddhismus hin, der immer gegeben ist. So resultieren z. B. aus dem fünften Glied (rechter Wandel, Leben) einige unvereinbare Berufe wie Schlächter, Jäger, Fischer, Henker oder Kerkermeister, so dass in buddhistischen Ländern dann meist Christen bzw. Muslime solche Berufe ausüben. Die hier genannten Aspekte werden dadurch der Anknüpfungspunkt für eine buddhistische Ethik, wobei auf folgende Fünferreihe hinzuweisen ist: Nicht-Verletzen, Freigebigkeit, Keuschheit, Wahrhaftigkeit und Meidung des Alkohols.

Die letzte Stufe ist die Meditation, wofür die Sittlichkeit unabdingbare Voraussetzung ist. Dabei dienen Meditationstechniken und Übungen dazu, das letzte Ziel zu erlangen. Betont wird ferner, dass der Meditierende sich von fünf störenden Affekten (Begierde, Hass, Trägheit, Eitelkeit, Zweifel) freimachen muss, um seine Meditation ungefährdet ausführen zu können. Im Detail beschreiben die Texte einzelne Versenkungsstufen in verschiedener Zählweise, wobei als Letztes jeweils angegeben wird, dass ein Zustand erlangt wird, in dem sich der Geist in Gleichmut befindet und die Empfindungen von Lust und Leiden, aber auch die Vorstellung von übersinnlichen Gegenständen geschwunden sind.

Neben dem hier genannten achtgliedrigen Pfad, der positive Gebote formuliert, die den Weg zur Erlösung ermöglichen sollen, hat der Theravada-Buddhismus schon sehr früh auch eine Liste von zehn Verboten gekannt, wobei die ersten fünf für Laien und Mönche, die letzteren fünf nur für Mönche gelten. Die Bedeutung, die auf dieser „praktischen Anleitung", das Heil zu erlangen, in beiden Fällen liegt, versteht man am besten daraus, wenn man bedenkt, dass es im Theravada-Buddhismus jedem Einzelnen selbst überlassen ist, das Nirvana durch eigenes Streben zu erlangen. Ein Beistand auf diesem Weg zum Heil von außen ist ja nur auf dem Weg der Belehrung, nicht aber durch einen (göttlichen oder menschlichen) Mittler zur Erlösung, wie es der spätere Mahayana-Buddhismus kennt, möglich. Somit bleibt die Lehre das, was Buddha hinterlassen hat und was es ermöglicht, den Weg zum Buddha-tum oder *arhant*-tum zu gehen.

2.5 Buddhas Proprium im religiösen Kontext seiner Zeit

Buddhas Lehre vom mittleren Weg zur Leidensüberwindung steht im Kontext zeitgenössischer indischer Lehren, gleichzeitig setzt er sich aber davon ab; daher seien die traditionsgeschichtlichen Komponenten dieser Lehre systematisch dargestellt. Wenn man nochmals auf den unmittelbaren Anfang seiner Lehrtätigkeit zurückgeht, so ist auf eine zunächst unscheinbare Kleinigkeit hinzuweisen; im Mahavagga heißt es (Oldenberg 1993, 93):

> *„Der Vollendete, ihr Mönche, ist der heilige, höchste Buddha. Tut euer Ohr auf, ihr Mönche: die Erlösung vom Tod ist gefunden. Ich unterweise euch; ich predige euch die Lehre."*

Die „Erlösung vom Tod" oder das „Todlose" *(amata)* ist gefunden, wobei dies offensichtlich die erste wesentliche Erkenntnis ist, die verkündet wird; denn davon redet Buddha noch vor den vier edlen Wahrheiten. Worin dieses Todlose besteht, wird kaum umschrieben, aber man darf annehmen, dass damit etwas gemeint ist, was die Furcht vor dem Tod nimmt, d. h. es kommt eine „psychologische" Komponente zum Ausdruck. Denn das „Todlose" bedeutet weder, dass man ewig lebt, noch, dass man nicht mehr sterben wird. Wenn das *amata* dennoch am Beginn der Belehrung angedeutet wird, muss man ihm trotz fehlender Details eine wichtige Rolle zubilligen. Damit ist aber zugleich die Frage von Wiedergeburt und Wiedertod etwas relativiert. Wiedergeburt ist nicht mehr das Um und Auf, sondern wer – wie der Buddha – das *amata* erfährt, kann bereits in seinem jetzigen Leben einen „Glückszustand" erreichen, der nicht mehr von der Angst einer ständigen Wiedergeburt geprägt ist. Dass dies in der Praxis – zur Zeit Buddhas wie in der Gegenwart – nur wenigen gelingt, ist anzunehmen, aber um diese Praxis zu ermöglichen, dient die Verkündigung Buddhas vom achtfachen Pfad, der unmittelbar nach der Erkenntnis des Todlosen erstmals verkündet wird – noch *vor* der Reihe der vier edlen Wahrheiten, die er als vierte Wahrheit nochmals abschließt. Man kann somit durchaus sagen, dass die vier edlen Wahrheiten die Situationsanalyse sind, in der das Todlose eben noch nicht erkannt wurde.

Mit der Lehre vom Leiden und seiner Entstehung und Überwindung steht Buddha im Kontext der gesamtindischen *karman*-Lehre. Allerdings setzt er sich durch die Vorstellung, dass es keine bleibenden Substanzen gibt, davon notwendig ab. Daraus ergibt sich automatisch, dass das buddhistische Heilsziel nicht eine Einheit von *atman* und *brahman* sein kann, sondern das Nirvana sich davon unterscheidet. Dies ist deswegen zu betonen, da Buddha durchaus die Bezeichnung *brahman* aufgreift und sogar davon sprechen kann, dass ein buddhistischer Mönch die Gemeinschaft mit dem *brahman* erlangen soll. Allerdings ist das hinduistische *brahman*, das nur in Korrespondenz zum *atman* voll verständlich wird, nicht mit dem Nirvana vergleichbar. Denn während *brahman* durchaus als Absolutes anzusehen ist, kennt der ältere Buddhismus keine Vorstellung eines transzendenten Absoluten. Buddha trägt somit in seiner Lehre in diesem Punkt zwar dem hinduistischen Konzept und Sprachgebrauch durchaus Rechnung, bricht aber mit seiner Vorstellung zugleich mit diesem Konzept. Eine weitere Nuance des buddhistischen Karman-Verständnisses – gegenüber dem zeitgenössischen Kontext – ist die Psychologisierung des Karman. Ein einfacher Vergleich mit dem Jainismus verdeutlicht dies: Ein Jaina, der unwissentlich eine Ameise tötet, lädt schlechtes Karman auf sich. Bei einem Buddhisten, dem selbiges passiert, hat dies keine Konsequenz. Warum? Buddhistisches Karman wirkt nicht absolut ethisch (an sich), sondern wirkt nur, wenn/weil es auf den Einzelnen wirkt, der davon beeinflusst wird oder dessen „Durst" *(trishna)* dadurch gestärkt wird, was wiederum Leiden vermehrt. Diese psychologische Nuance scheint tatsächlich das Neue zu sein, was der Buddha hinzugefügt hat, als er das indische Karman-Konzept aufgriff.

Auf dem technisch-methodischen Weg zu diesem Heilsziel steht der Buddha ebenfalls in der indischen Tradition; schon bei seiner Lebensbeschreibung konnte darauf hingewiesen werden, dass er von verschiedenen Yogalehrern Techniken erfahren hat, die er als solche bewahrt hat, auch wenn er die damit verbundenen Lehrinhalte selbst verworfen hat. Dass er sich dennoch nicht von Yogapraktiken völlig getrennt hat, zeigt sein achtteiliger Pfad, der in der Anzahl der einzelnen Glieder mit dem achtteiligen Yogaweg – nach dem System, das Patañjali (2. Jh. n. Chr.) kodifiziert hat – übereinstimmt. Sprachlich ist dabei zwar nur das jeweils letzte Element identisch (Versenkung: *samadhi*), doch bleiben inhaltliche Übereinstimmung: Beide Wege betonen die Sittlichkeit, die bei Patañjali mit den beiden ersten Elementen, der inneren und äußeren Disziplin *(yama, niyama)*, umschrieben ist. Eventuell kann man auch die körperlichen Voraussetzungen im Yoga (das dritte bis fünfte Glied, nämlich Sitzhaltung, Atemregelung, Beschränkung der Sinne) mit dem rechten Streben im achtteiligen Pfad vergleichen, das als direkte Voraussetzung zur Meditation gilt. In Hinblick auf die „Technik", die zur Meditation führt, darf daher Buddhas Anteil an hinduistischen Praktiken nicht unberücksichtigt bleiben.

Abschließend kann Buddhas System wie folgt zusammengefasst werden: Buddha geht vom Grundsatz aus, dass die Existenz leidhaft ist, wobei die theoretische Begründung dieser Lehre in der *skandha*-Theorie zu suchen ist: Weil alles veränderlich ist, hat nichts Bestand, solange nicht die endgültige Ruhe im Nirvana erreicht ist. Diese Unbeständigkeit führt zu immer neuem Werden und Vergehen, was die vier edlen Wahrheiten ausdrücken. Buddha als Lehrer kann aber einen Weg weisen, der dem im Nirvana ein Ende setzt. So weit der Kern der Verkündigung des Buddha. Sekundär wurde dieser Kern bereits sehr früh mit einer anderen theoretischen Aussage gekoppelt, nämlich der zwölfgliedrigen „Lehre vom bedingten Entstehen". Allerdings ist unschwer zu erkennen, dass dieser Lehrsatz die *skandha*-Theorie (bei Nr. 1–7) und die Formulierungen in den vier edlen Wahrheiten (bei Nr. 8–12) voraussetzt. Es ist anzunehmen, dass die „dogmatische" Zwölferreihe aus dem Bemühen entstanden ist, die theoretische Begründung der buddhistischen Lehre in der Diskussion mit anderen religiösen Meinungen, deren es in Indien zu Buddhas Zeit viele gegeben hat, besser zu fundieren; denn die vier edlen Wahrheiten waren für die theoretische Diskussion vielleicht in manchen Fällen zu praxisorientiert – und daher nicht immer genügend argumentativ.

3. Vom Ideal der Mönchsgemeinde zur Buddhologie des Mahayana

3.1 Die ersten drei Konzilien

An Stelle eines Nachfolgers hat Buddha vor seinem Tod als einziges Erbe seinen Jüngern nur die Lehre hinterlassen. Was ideal gedacht war, hat allerdings in der Praxis schon recht früh zu Schwierigkeiten geführt. Denn bereits zu Lebzeiten des Buddha selbst war seine Gemeinde kein monolithischer Block, wie etwa die Episode mit Devadatta zeigt, der gerne die Führung der Gemeinde übernommen hätte. Genauso trug die Wanderschaft der Mönche von Anfang an dazu bei, dass die Gemeindemitglieder immer wieder voneinander getrennt waren. Eine lokale Trennung gibt dabei selbstverständlich auch Nuancen in der Lehre Nahrung. Es darf daher nicht verwundern, wenn der Chinese Hsüan-tsang (600–664), der 16 Jahre in Indien studierte und als Übersetzer buddhistischer Sanskrittexte ins Chinesische die Yogacara-Richtung des Mahayana-Buddhismus nach China brachte, davon spricht, dass bereits im Jahr 1 nach dem Nirvana auf dem Konzil von Rajagriha eine erste Spaltung innerhalb der Gemeinde entstanden ist. Es ist an dieser Überlieferung Hsüan-tsangs nur zu kritisieren, dass er offensichtlich Ereignisse des dritten Konzils von Pataliputra aus der Zeit des Königs Ashoka in die Zeit unmittelbar nach Buddhas Nirvana zurückdatiert, um dadurch dem Mahayana-Buddhismus, dem er selbst angehört, ein möglichst hohes Alter zuzusprechen.

Die Datierung des ersten Konzils von Rajagriha, an dem 500 Mönche teilgenommen haben sollen, ist nicht mehr mit Sicherheit festzustellen, auch hinsichtlich der dort behandelten Inhalte gehen unsere Kenntnisse auseinander. Die Theravada-Quellen legen darauf Wert, den Eindruck einer großen und einheitlichen Gemeinde zu vermitteln, von der sich einzelne Gruppen abgespalten haben, die deswegen aus Theravada-Sicht negativ bewertet werden. Die ersten drei Konzile, die in den Texten des Pali-Kanons genannt werden, dienen nach Aussage dieser Texte eben dazu, dogmatische Differenzen (im Sinn der Theravadins) aus der Welt zu schaffen. Demgegenüber betonen Mahayana-Texte, dass die Spaltung unmittelbar nach dem Tod Buddhas eingesetzt hat, so dass die Mahayana-Sichtweise gegenüber den Theravadins keineswegs inferior wäre. Historisch bleibt festzuhalten, dass die ersten Lehrdifferenzen wohl nicht lange auf

sich warten ließen, die „Größe" und historische Bedeutung der ersten beiden Konzile aber fraglich erscheint.
Was vom ersten „Konzil" bleibt, ist Folgendes: Wohl noch in der Regenzeit nach Buddhas Tod haben sich Mönche versammelt, angeblich genau 500 Personen, nämlich 499 *arhant* und Ananda. Dabei wurde anscheinend versucht, die Position Anandas, der als Lieblingsjünger Buddhas und Tradent aller Lehren nicht übergangen werden konnte, zu schwächen. Die auf dieser Mönchsversammlung erörterten Fragen beziehen sich in erster Linie auf die Ordensdisziplin *(vinaya)*, d. h. es ging um jene organisatorischen Belange, deren Klärung für den Bestand einer neuen religiösen Gemeinschaft nach dem Tod des Stifters meist entscheidend ist, die aber für den Buddha selbst weniger zentral gewesen sind. Erst sekundär sind offenbar auch Lehrinhalte zur Diskussion gestanden.
Das zweite Konzil von Vaishali, dessen präzisere Datierung zwischen Buddhas Tod und vor Ashokas Krönung nicht möglich ist, bringt die erste Spaltung des Sangha. Dieses Konzil hat mehr historische Substanz als das erste, wobei der Auslöser dafür Mönche aus Vaishali sind, die hinsichtlich der Befolgung der Ordensregeln nicht allzu große Genauigkeit an den Tag legten, so dass es zu einer neuerlichen Festlegung eines für alle verbindlichen *vinaya* kommt – zum letzten Mal in der buddhistischen Geschichte, da sich die Gemeinde in den ersten Generationen nach Buddha bereits weit über Nordindien und in den Dekkhan ausgebreitet hatte.
Schließlich ist das dritte Konzil von Pataliputra zu nennen, das in das 18. Regierungsjahr König Ashokas (um 250 v. Chr.) datierbar ist. Wichtig ist hinsichtlich der Einschätzung dieses Konzils, dass es nicht mehr von allen Buddhisten als verbindlich angesehen wird, was auch dazu führt, dass wir darüber nur zur Pali-Tradition gehörige Quellen haben; v. a. die Abschnitte des Abhidharma-Pitaka innerhalb des Pali-Kanons, zu denen es keine Entsprechungen in anderen Traditionen gibt, scheinen ein Ergebnis dieses Konzils gewesen zu sein. Für die organisatorische und damit verbunden auch lehrmäßige Entwicklung sind Fragen hinsichtlich der elitären Stellung der Hinayana-Arhant relevant, wobei nach der Tradition in diesem Streit v. a. fünf Thesen eine Rolle spielten, die der Mönch Mahadeva aus Pataliputra formuliert hat:

a) Ein Heiliger *(arhant)* kann von Maras Töchtern verführt werden, so dass er erotische Träume und nächtlichen Samenerguss hat.
b) Er ist noch nicht von Unwissenheit frei.

c) Er kann selbst noch Zweifel haben.
d) Dadurch kann er auch der Hilfe eines anderen auf dem Erlösungsweg bedürfen.
e) Durch das Aussprechen von gewissen Worten kann er die Übung zur (inneren) Sammlung fördern.

Die Zielrichtung der Thesen stellt die privilegierte Position der *arhant* in Frage, wobei die Erlangung der Stufe eines *arhant* im Hinayana als höchstes innerweltliches Ziel gilt, bei dem Befleckung und Leidenschaft bereits ausgelöscht sind, so dass der Eintritt ins Nirvana unmittelbar bevorsteht; einen solchen Zustand zu erlangen, ist dabei nur wenigen Mönchen möglich. Mahadevas Thesen teilten die Gemeinde in zwei Parteien, wobei die Anhänger der Tradition fortan als *sthaviravadin* (= *theravadin*) bezeichnet werden, d. h. sie sind diejenigen, die die „Lehre der Alten" vertreten; die Anhänger der Thesen Mahadevas werden demgegenüber *mahasanghika* genannt, die „Männer der großen Versammlung". Inhaltlich implizieren Mahadevas Thesen verschiedene Konsequenzen: Die indirekte Infragestellung des Status der *arhant* lässt erkennen, dass die quantitative Ausbreitung des Buddhismus die qualitative Seite des Mönchtums überfordert hat. Man erkennt, dass der elitäre Anspruch der *arhant* nicht durchgehalten werden kann, zumindest nicht von allen, die vorgeben, *arhant* zu sein. Die These, dass auch ein *arhant* der Führung eines anderen für seine spirituelle Entwicklung bedürfe, weicht von der strengen Hinayana-Position ab, für die der *dharma* allein Führung zum Nirvana ist. Die Infragestellung des Elite-Buddhismus inkludiert aber zugleich erstmals eine Aufwertung der Laien. Somit sind in der Deutung der Lehre Buddhas durch den Mahasanghika im Umkreis von Mahadeva die ersten Wurzeln gelegt, die mit weiteren Komponenten jene Lehrentfaltung ermöglichen, die zum Mahayana-Buddhismus führen sollte.

Das Konzil von Pataliputra fällt in die Regierungszeit Ashokas, dessen Bedeutung – als Laie (!) – für die Verbreitung des Buddhismus in Indien nicht gering geschätzt werden darf. Als Quellen stehen uns dabei neben der buddhistischen Überlieferung über den König eine Reihe von Inschriften (Edikten) auf Felsen bzw. Säulen des Herrschers selbst zur Verfügung, die er – in Nachahmung der Inschriften der iranischen Achämeniden (6.–4. Jh. v. Chr.) – verfertigen ließ. Fundorte dieser Inschriften reichen von Afghanistan bis weit in den Süden Indiens, teilweise sogar mit griechischen bzw. aramäischen Übersetzungen bzw. Paraphrasen versehen.

Lässt man die Staats- und Herrschaftsideologie, die in den Inschriften greifbar wird, für unseren Zusammenhang beiseite, so wird dennoch deutlich, dass Ashoka die Ausbreitung des Buddhismus als indisches Kulturgut nicht unwesentlich gefördert hat; so heißt es etwa in seinem 13. Felsedikt (Schneider 1978, 119):

> *„Selbst dort, wo die Gesandten des Göttergeliebten [Ashoka] nicht hingelangen, befolgen sie [die Untertanen], nachdem sie das vom Göttergeliebten über den Dharma Gesagte, seine Anordnung, seine Dharma-Unterweisung gehört haben, den Dharma und werden ihn noch weiter befolgen."*

Ashokas „Dharma" ist dabei zwar kaum deckungsgleich mit dem Dharma Buddhas, aber stand diesem auch nicht entgegen, so dass damit die Bahn für den Buddhismus als Kulturgut geöffnet war. Denn für Ashokas Riesenreich war es durchaus von Interesse, wenn Menschen harmonisch in geordneten Bahnen zusammenlebten; zugleich gebot er in seinen Edikten die Freigebigkeit und das Nicht-Töten von Tieren, wobei diese Gebote – obwohl sie im Kontext Ashokas *nicht* eindeutig als buddhistisch motiviert zu bewerten sind – buddhistische Werte verstärken. Kulturgeschichtlich interessant ist eine weitere Bemerkung in den Edikten des Herrschers, wenn darin gesagt wird, dass früher in der königlichen Küche viele hunderttausende Tiere geschlachtet worden wären, inzwischen sind es nur noch zwei oder drei, und in Zukunft werden es gar keine mehr sein. Ashoka bewegt sich hier auf einen Vegetarismus zu, den der Buddhismus am Anfang in einer solchen Form nicht kannte. – Nach Ausweis der Inschriften des Herrschers war dabei die „Förderung" des Buddhismus durch Ashoka eher ein indirektes Nebenprodukt seiner Staatsführung, die buddhistische Tradition hingegen stellt den König als Förderer der Religion schlechthin dar. Zunächst wird er als grausamer Herrscher beschrieben, der nach seiner „Bekehrung" zum idealen Weltherrscher wird, der alle 32 Kennzeichen eines großen Menschen besitzt, der alle Orte des Lebens des historischen Buddha aufsucht (Bodh Gaya, Lumbini, Kapilavastu, Sarnath) und eine rege Missionstätigkeit initiiert; u. a. soll er 84.000 Stupas mit Buddha-Reliquien errichtet sowie den Mönchen Klöster und Zufluchtsorte zur Verfügung gestellt haben. Auch seine dominierende Rolle im Konzil von Pataliputra, seiner Hauptstadt, wird in den buddhistischen Quellen – historisch jedoch zu Unrecht – hervorgehoben.

3.2 Die Shravakayana-Schulen

Die Frage, die sich nun anhand des auf den ersten „Konzilien" etablierten Buddhismus ergibt, ist, von wem welche Lehren verbreitet werden. Von den vorhin schon genannten Sthaviravadins bzw. vom Mahasanghika spalteten sich im Laufe von zwei Jahrhunderten weitere Schulen ab, wobei die Tradition von 18 solchen Schulen spricht, während die verschiedenen Texte ca. 30 mit Namen anführen. Folgt man zunächst noch dem Zweig der „Schule der Alten", d. h. den Sthaviravadins (Theravadins), so ist zu sagen, dass von dieser Richtung nur die Schule der Theravadins überlebt hat, die heute v. a. in Sri Lanka, Burma, Thailand, Kambodscha und Laos verbreitet ist. Wenigstens zwei andere Schulen, die sich vom Sthaviravadin-Zweig abgespalten haben, sind noch erwähnenswert, nämlich die Pudgalavadins und die Sarvastivadins.

Die Schule der Pudgalavadins, die nach ihrem „Schulhaupt" gelegentlich auch Vatsiputriyas genannt werden, trennte sich zeitlich gleich nach dem Mahasanghika von den Sthaviravadins. Streitpunkt war das Verständnis von „Person" *(pudgala)*, das der Vordenker Vatsiputra an den Tag legte. Im Gegensatz zur Grundaussage des älteren Buddhismus, dass Personalität ein Zeichen der Falschheit ist und letztlich kein „Selbst" in Wahrheit existiert, behauptet Vatsiputra, dass es zusätzlich zu den unpersönlichen *dharmas* und zu den *skandhas* auch eine „Person" gibt. Diese sei insofern wirklich, als sie das gemeinsame Element darstelle, das die vielfältigen nacheinander ablaufenden Prozesse über den Lauf der Wiedergeburten verbindet. Somit ist für Vatsiputra der *pudgala* etwas Bleibendes, dessen Verhältnis zu den *skandhas* dahingehend bestimmt wird, dass man glaubt, dass die Person weder mit den *skandha*s identisch ist, noch innerhalb oder außerhalb von ihnen existiert. Vielmehr ist dieser *pudgala* so fein, dass er lediglich vom Buddha erkannt werden kann.

Die Lehre der Pudgalavadins kann dabei als eine erste Reaktion auf die Problematik der Lehre von der Unbeständigkeit der Daseinselemente gesehen werden, die auf Grund der Annahme einer „Person" auch die Vorstellung von der Wiedergeburt erleichtert hat. Spätere buddhistische Lehrentwicklungen innerhalb der Madhyamika- und Yogacara-Philosophie haben mit ihren Vorstellungen von der „Soheit" bzw. dem „Speicherbewusstsein" zwar modifiziert an dieses Personverständnis angeschlossen, dennoch wurde das *pudgala*-Konzept durch die konsequente Betonung des Nicht-Selbst aufs Schärfste bekämpft. Deswegen wurden die Pudgalavadins als unbuddhistisch abgelehnt, doch ist diese Schule bis in die zweite Hälfte des 1. Jt.s n. Chr. lebendig geblieben. Noch im 7. Jh. n. Chr. gehörten 66.000 Mönche, d. h. rund ein Viertel aller buddhistischen Mönche in Indien, dieser Lehre an.

Eine weitere Schule sind die Sarvastivadins, die lehren, dass „alles existiert". Da Vergangenheit und Zukunft sich mit der Gegenwart in einem Kontinuum befinden, sind sie genauso wesenhaft existent wie der Raum oder das Nirvana – lediglich ihre Erscheinung(sform) ist veränderlich und vergänglich. Da auf dem Konzil von Pataliputra diese Schulmeinung nicht favorisiert wurde, mussten sich die Sarvastivadins nach Nordwestindien zurückziehen, wo sie u. a. den Buddhismus in Kashmir und Gandhara einführten und von dort bis nach Zentralasien wirkten. Dadurch blieb diese Richtung für mehr als ein Jahrtausend eine wichtige Geistesströmung, die mit wichtigen Impulsen die Entwicklung der Mahayana-Philosophie beeinflusst hat. Ein auch kulturgeschichtlich erwähnenswerter Vertreter dieser buddhistischen Schule ist der Mönch Nagasena aus der ersten Hälfte des 2. Jh.s v. Chr.; sein Gespräch mit dem graeko-baktrischen König Menander (163–150) über das Nicht-Ich und die Vorzüge des Mönchtums gegenüber den Laien ist unter dem Titel Milindapañha („Fragen des Königs Milinda/Menander") erhalten geblieben, wobei der Text noch im gegenwärtigen Theravada-Buddhismus hohes Ansehen genießt, obwohl Nagasenas Sarvastivadin-Ansicht strengem Theravada-Denken widerspricht.

Diese genannten Richtungen – Sthaviravadins, Pudgalavadins, Sarvastivadins – lassen sich unter dem Begriff „Hinayana-Buddhismus" zusammenfassen, d. h. das „Kleine Fahrzeug". Gegner dieser Schulen haben die Bezeichnung von Anfang an als abwertend konzipiert, um damit die Enge und egozentrische Erlösungshaltung dieser Schulen zu bezeichnen und ihr die Weltoffenheit und altruistische Position der eigenen Zugehörigkeit zum Mahasanghika bzw. Mahayana, d. h. zum „Großen Fahrzeug", gegenüberzustellen. Auch wenn es sich dabei in gewisser Weise um ein Klischee handelt, so ist es nicht völlig falsch. Das „Kleine Fahrzeug" bietet mit seinem elitären Mönchsbuddhismus weniger Menschen Gelegenheit für den Weg zum Nirvana, während das „Große Fahrzeug" beansprucht, durch die Offenheit für Laien und Mönche mehrere Wege zum Nirvana zu eröffnen. Dass sich Angehörige des „Mönchsbuddhismus" gegen die abwertende Terminologie „Hinayana" verwehren, ist verständlich. Dementsprechend favorisieren Buddhisten aus Sri Lanka und Südostasien die Bezeichnung „Theravada", was allerdings historisch den Sachverhalt nicht gänzlich zu erfassen vermag, da Theravada ja nur *eine* dieser Schulen bezeichnet, die allerdings als einzige bis heute existiert. Aus religionshistorischer Perspektive wäre daher die Bezeichnung „Shravakayana", das „Fahrzeug der Hörer (des Buddha-Wortes)", zweifellos treffender, wenn man einen Sammelbegriff für jene Schulen sucht, die sich einerseits in der unmittelbaren Nachfolge Buddhas verstehen, das Mönchsideal gegenüber den Laien höher bewerten und den eigenen Weg zum Nirvana in den Vordergrund rücken.

3.3 Vom Mahasanghika zu den Anfängen des Mahayana

Mit Mahasanghika werden seit dem Konzil von Pataliputra die „Anhänger der großen Gemeinde" bezeichnet, wobei der Name wohl so zu verstehen ist, dass es sich bei dieser Gruppe um die Mehrheit handelt, d. h. die Bezeichnung „groß" zunächst in durchaus quantitativem Sinn und nicht im übertragenen Sinn der Größe der Lehrinterpretation zu verstehen ist. Auf Grund der Größe ist dabei festzuhalten, dass auch die Mahasanghika-Richtungen unter sich in einzelne Gruppen gegliedert sind, wobei hier wiederum der regionale Faktor eine Rolle spielt, der vielleicht sogar wichtiger ist in der Unterscheidung solcher Gruppen als sachlich-inhaltliche Differenzen. Hauptverbreitungsgebiet ist der Osten Indiens mit dem Zentrum um Amaravati (im heutigen Andhra Pradesh), von wo aus zunächst die Ausstrahlung auf den Süden des Subkontinents ausgegangen ist, später verbreiten sich die Mahasanghikas in den Westen und Nordwesten Indiens bis nach Afghanistan, womit sich noch in vorchristlicher Zeit der Weg nach Zentralasien öffnete.

Die lehrmäßige Eigenständigkeit der Mahasanghika-Richtung lässt sich für uns auch in der Literatur erfassen: Dem dreifachen Pitaka *(Sutta-Pitaka, Vinaya-Pitaka, Abhidharma-Pitaka)*, den alle Shravakayana-Richtungen haben, fügen die Mahasanghikas noch zwei weitere Abschnitte hinzu, nämlich den sogenannten Samyukta-Pitaka und den Dharani-Pitaka. Leider ist von diesen speziellen Teilen des Mahasanghika-Kanons wenig erhalten. Besondere Aufmerksamkeit verdient ein anderer Text, das *Mahavastu* („Große Begebenheit"), der nach dem Kolophon aus der Mahasanghika-Schule der Lokottaravadins aus Zentralindien stammt. Der Text blieb deshalb erhalten, weil er in Nepal als

Mahayana-Text weitertradiert worden ist. Inhaltlich handelt es sich dabei um eine der ältesten Buddhabiographien, die bereits Ansätze eines neuen Buddhabildes zeigt: Es ist die Rede vom *lokattara* Buddha, d. h. vom „überweltlichen" Buddha. Es geht dem Text somit nicht mehr primär um Historizität, sondern es wird eine doketische Sprechweise greifbar: Der historische Buddha ist unwesentlich, da es um das Dahinterliegende geht. Dem entspricht ferner, dass in dem Text bereits von den Buddhas in der Mehrzahl die Rede ist, d. h. wir stehen am Beginn der „Theologisierung" und „Transzendierung" des historischen Buddha, was im späteren Mahayana in der Buddhologie, v. a. in der Lehre von den verschiedenen Buddhas, entfaltet wird. Auch die in den Thesen von Mahadeva angesprochene Möglichkeit, dass ein *arhant* auf seinem Heilsweg der Hilfe eines anderen bedürfen könne, ist dem Mahavastu nicht völlig fremd: Denn der Text beschreibt bereits ansatzhaft die Laufbahn eines Bodhisattvas, d. h. eines Wesens, das auf das Erlangen der Buddhaschaft zu Gunsten anderer verzichtet.

Die Buddha-Vita im Mahavastu zeigt somit im Kern die Mahasanghika- und (späteren) Mahayana-Lehren: Der zentrale Punkt ist die Vorstellung, dass alles Persönliche, Historische und Zeitgebundene außerhalb des wahren Buddha liegt. Dadurch wird der wahre Buddha Objekt göttlicher Verehrung, während der historische Buddha nur noch ein Teil der fiktiven Vorstellung ist; letzterer ist zwar wichtig, weil Menschen durch ihn belehrt werden, aber eine größere Bedeutung kommt dem historischen Buddha nicht mehr zu. Als Lehrer voll Mitleid ermuntert der Buddha (bzw. die Buddhas) dabei zugleich andere Wesen, dass sie den Menschen auf dem Weg zum Nirvana in verschiedener Weise helfen. Die von den Mahasanghikas vertretene Transzendierung des Buddha (und seiner Lehre) führt aber zugleich dazu, dass für sie auch das Denken in seiner Substanz völlig rein ist, was einerseits der Bedeutung der „Weisheit" auf dem philosophischen Erkenntnis- und Erleuchtungsweg den Boden bereitet, gleichzeitig führt diese Betonung von der Reinheit des Denkens schrittweise zu einer Skepsis, die Weisheit in Worte oder Begriffe zu fassen; denn wirkliche „Weisheit" ist das, was alles Irdische übersteigt und nur noch als „Leerheit" *(shunyata)* bezeichnet werden kann. Charakteristisch für die Vorstellung von Leerheit bei den Mahasanghikas ist, dass sie zwischen Sein und Nicht-Sein besteht; dies wird nicht nur deswegen betont, damit es nicht zu einer falschen Identifizierung von Leerheit und

Nichts kommt, sondern auch deswegen, weil durch die Hervorhebung, dass die Leerheit weder Sein noch Nicht-Sein ist, in theoretisch-abstrahierter Weise auch Buddhas Anliegen, Extreme immer zu vermeiden und einen „mittleren Weg" zu gehen, fortgesetzt werden kann.

Der Übergang von der Mahasanghika-Richtung zu den Mahayana-Schulen ist fließend und über einen längeren Zeitraum hinweg verlaufen, wobei eine sachliche Abgrenzung nicht exakt gezogen werden kann. Abgegrenzt können Mahasanghika bzw. Mahayana gegenüber dem Shravakayana werden, wobei diese Abgrenzung theologisch und strukturell hinsichtlich der Zusammensetzung der Gemeinde geschieht. Die Frage nach dem Engagement der Laien, die in verschiedenen Schulen diskutiert wurde, darf dabei nicht übersehen werden, da es verstärkt die Laien waren, die entscheidend dazu beitrugen, dass heterogene und – aus der Sicht des ursprünglichen *dharma* des frühen Buddhismus, wie er in Shravakayana-Richtungen verstanden wurde – durchaus auch heterodoxe Anschauungen der Volksfrömmigkeit Eingang gefunden haben. Solche Komponenten führten gemeinsam zu einer Transformation von Teilen des ursprünglichen Buddhismus. Auf Grund der kontinuierlichen Entwicklung mag es mit Edward Conze angebracht sein, etwa die Zeit zwischen 100 v. Chr. und 100 n. Chr. als „Protomahayana" zu bezeichnen, ehe man etwa ab 50 n. Chr. von einem „Frühmahayana" sprechen kann. Ab dem Übergang vom 2. zum 3. Jh. n. Chr. beginnt dann die philosophische und theologische Systematisierung innerhalb des Mahayana-Buddhismus.

Mit dieser fortschreitenden Entwicklung der Mahayana-Theologie werden manche der Shravakayana-Schulen, die gedanklich den neuen Mahayana-Ideen nahestehen, sukzessive von unterschiedlichen Mahayana-Strömungen absorbiert, haben aber gleichzeitig auch die Entwicklung der Theologie und Philosophie befruchtet. Interessant ist in diesem Zusammenhang eine Bemerkung von Hsüan-tsang, der feststellt, dass es zur Zeit seines Indienaufenthaltes Mönche gegeben hat, die beiden Richtungen angehörten, d. h. die inhaltlichen Berührungen mancher Shravakayana-Richtungen und mancher Mahayana-Richtungen machen in dieser Zeit noch die praktischen Grenzen zwischen diesen Strömungen durchlässig. Ferner berichtet Hsüan-tsang, dass zu seiner Zeit von den rund 200.000 indischen Mönchen (in ca. 7000 Klöstern) etwa 65.000 dem Mahayana und rund 120.000 dem Shravakayana zuzuordnen sind, wobei geographisch die Mahayana-Klöster im äußersten Nordwesten, im gesamten Gangesbecken und im nördlichen Dekkhan ihre Zentren hatten. Mahayana-Buddhismus ist somit ein Sammelbegriff, der als Ganzes den Shravakayana-Richtungen gegenübergestellt werden kann, wobei Mahayana als „Großes Fahrzeug" eine Eigenbezeichnung mit einem Überlegenheitsanspruch den anderen Richtungen gegenüber ist. In fünf wesentlichen Punkten hebt sich dabei der Mahayana-Buddhismus von den älteren Shravakayana-Richtungen ab:

a) Wandel vom Arhant- zum Bodhisattva-Ideal in Hinblick auf die Erlangung des Nirvana.
b) Bedeutung von Mitleid (neben „Weisheit") auf dem Erlösungsweg, der graduell durch die sogenannten „sechs Vollkommenheiten" (*paramita*: Geben, Sittlichkeit, Geduld, Energie, Meditation, Wissen) beschritten wird.
c) Aufkommen eines buddhistischen Pantheons und Entstehung der Dreikörperlehre (*dharmakaya* „Dharmaleib, eigentliches Wesen"; *sambhogakaya* „Genussleib; *nirmanakaya* „Erscheinungsleib").
d) Entwicklung der Tugend der „Geschicklichkeit in der Anwendung der Mittel", die über die Weisheit gestellt werden kann.
e) Neue ontologische Lehrentwicklung (Leerheit, Soheit).

Die schrittweise Entstehung des Mahayana, in der die Laienfrömmigkeit eine wichtige Rolle gespielt hat, schlägt sich auch in neuen Literaturwerken nieder, die seit Beginn des 3. Jh.s n. Chr. erstmals ins Chinesische übersetzt werden, so dass ihre Entstehungszeit rund ein bis zwei Jahrhunderte früher anzusetzen ist. Zu diesen wichtigen Werken gehören die sogenannten *Prajñaparamita-Sutren*, d. h. die „Sutren der vollkommenen Einsicht". Die darin beschriebene Einsicht in das Wesen der Dinge ermöglicht, den Kreislauf der Geburten geistig abzustreifen. Die Herkunft dieser Literatur liegt im Gebiet des heutigen Andhra Pradesh. Weitere wichtige Texte sind das berühmte *Saddharmapundarika-Sutra*, das „Sutra vom Lotos des wahren Dharma", das *Avatamsaka-Sutra* und eine schon genannte Buddhabiographie, der *Lalitavistara*. Solche frühe Mahayana-Texte spiegeln dabei – neben der philosophischen Durchdringung der Lehre des Buddha – durchaus auch die religiösen Bedürfnisse der „einfachen" Gläubigen wider, so z. B. in der Vorstellung von den Bodhisattvas des Mitleids. Die drei wichtigsten sind Maitreya, Avalokiteshvara und

Mañjushri. Maitreya, der Buddha der Zukunft, der als solcher schon im frühen Buddhismus bekannt war, bringt mit seinem Namen die Komponente des Mitleides und der Güte *(maitri)* bereits zentral zum Ausdruck und soll in Zukunft aus dem Westen wiederkommen. Avalokiteshvara, der „Herr, der [gnädig] herabschaut", ist der berühmteste Bodhisattva; er wird dem Buddha Amitabha, der im westlichen Sukhavati-Paradies wohnt, zugeordnet. Sein „Aufgabenbereich" ist vielfältig: Er ist beispielsweise Retter in Seenot, Krankheit, Brand oder verhilft Frauen zu Kindersegen. Im tibetischen Buddhismus wird der Dalai-Lama eine Verkörperung des Avalokiteshvara. Mañjushri schließlich, dem der Buddha Akshobhya im östlichen Abhirati-Paradies zugeordnet ist, ist „der von lieblicher Gestalt", weshalb er in jugendlicher Gestalt dargestellt wird. Er gilt als Schutzpatron der Wissenschaften. Damit sind die Anfänge einer Pantheonbildung gegeben, die durch die „Dreikörperlehre" begründet werden kann, die aber zugleich durch Vorbildwirkung das Menschenbild im Mahayana-Buddhismus beeinflusst.

3.4 Die Philosophie der Weisheitslehrer

Eine der neuen Lehrentwicklungen in der Mahayana-Ontologie ist die „Leerheit", die wesentlich die theoretische Entfaltung und philosophische Formung des Mahayana-Buddhismus angeregt hat. Ausgangspunkt ist jene Spannung, dass man einerseits dem Weltlichen/Empirischen einen vorderhand nützlichen Aspekt zuordnet, andererseits aber zugleich weiß, dass letztlich nur die „höhere" Weisheit zum Nirvana führen kann. Weisheit *(prajña)* ist überrational und unterscheidet sich vom praktischen und rationalen Wissen. Dass die Wahrnehmung der empirischen Gegebenheiten nicht dieser Weisheit entspricht, wird dadurch begründet, dass die Dinge der alltäglichen Wahrnehmung „leer" *(shunya)* sind. „Leerheit" *(shunyata)* – ein charakteristischer Begriff im Mahayana – bedeutet, dass ein Selbst (eine Seele, eine Eigennatur: *svabhava*) nicht existiert, weder für die Wesen noch für die bedingten Daseinsfaktoren *(skandhas)*, die in unterschiedlicher Kombination die Wesen und die Welt ergeben; aber auch die unbedingten Daseinsfaktoren des Nirvana sind ohne ein solches Selbst, sind also ebenfalls „leer". Um den Unterschied zum frühen Buddhismus zu verdeutlichen: War in jenem nur das Ich/ Selbst „leer" (= nicht-existent), so erweitert der Mahayana-Buddhismus diese Leerheit auf alle Dinge *(dharma)* der Erscheinungswelt, d. h. die

negative Tendenz wird radikal weiterentwickelt, ohne jedoch deswegen in einem Skeptizismus oder Nihilismus zu enden.
Denn diese Leerheit kann auch „Soheit" genannt werden, wenn man alles so nimmt, „wie es ist", ohne etwas hinzuzufügen bzw. wegzunehmen. Wenn dies geschieht, ergibt sich, dass die mannigfaltige Welt nur Einbildung ist, da es letztlich nur eine einzige Soheit gibt. In letzter Konsequenz heißt dies, dass das Absolute und das Relative im Mahayana identisch sind. Sich über eine (fälschliche) Dualität von Subjekt und Objekt, von Relativem und Absolutem, von Unbedingtem und Bedingtem, von Nirvana und Vergänglichem zu erheben, darin besteht die wahre Erkenntnis. Anders formuliert kann man auch sagen: Die Leerheit ist dasjenige, was allen Gegensätzen gemeinsam ist, so dass Leerheit Synonym für das Absolute (Nirvana) wird, aber auch alle Phänomene durchdringt. Ferner bedeutet dies, dass ein Unterschied zwischen der Einheit und der Vielheit, zwischen dem Samsara und dem Nirvana, lediglich in der Welt des Scheinhaften existiert.

3.4.1 Die Prajñaparamita-Sutren (Weisheitssutren)

Zu den sechs „Vollkommenheiten" *(paramita)* gehört als wichtigste die „Weisheit" bzw. „Erkenntnis" *(prajña)*, wovon die Prajñaparamita-Sutren handeln. Formal sind die Sutren fiktive Prosadialoge des Buddha mit seinen Schülern (z. B. Shariputra) oder mit Bodhisattvas. Obwohl die Entstehungszeit der frühesten dieser Werke noch vor dem voll ausgebildeten Mahayana-Buddhismus liegt, sind die in ihnen angesprochenen Themen für die philosophischen Aspekte der Lehre von der Leerheit entscheidend, wobei die „Weisheitssutren" wesentlich zur Entstehung der Madhyamika-Schule beitragen. Von der Fülle solcher Texte mit unterschiedlicher Länge (von 700 bis 100.000 Slokas, letzteres reicht dem Umfang nach an das Mahabharata im Hinduismus heran) kann man als wichtigstes Sutra die relativ alte *Ashtasahasrika* mit 8000 Slokas (zu je 32 Silben) nennen; das heutige Werk umfasst 32 Kapitel, die angebliche Dialoge des Buddha mit seinen Jüngern Subhuti und Shariputra bzw. mit dem Götterkönig Shakra-Indra wiedergeben.
Die Betonung der Weisheit ist vor dem Hintergrund der schweren Erfassbarkeit der Leerheit zu verstehen. Weisheit, so wird betont, ist geeignet, den Schein der Dinge der Welt zu entlarven. Das höchste Sein ist unfassbar und unbestimmbar, ohne Entstehung und Vergehen, unge-

schaffen und unveränderlich, grenzenlos, d. h. ohne Anfang, Mitte und Ende. Es liegt außerhalb der drei Zeitstufen (Vergangenheit, Gegenwart, Zukunft), weshalb es auch vom Geschehen der Erscheinungswelt unberührt ist. Durch die Bezeichnung „Leerheit" wird die Wichtigkeit, aber zugleich die Unbestimmbarkeit dieses höchsten Seins immer wieder hervorgehoben. Die Leerheit selbst und ihre Betrachtung sind dabei Tore zur Erlösung. Diese Unbestimmbarkeit betrifft auch die Erscheinungswelt, da diese nicht wirklich ist. Die Dinge können losgelöst von ihren Merkmalen ebenfalls nicht bestimmt werden, wobei die „Dinge an sich" als ungeboren und ungeschaffen letztlich mit der einzigen Wirklichkeit der Leerheit zusammenfallen. Wesentlich für den Erleuchtungspfad ist eben, das Verhältnis zwischen den Dingen und der Leerheit richtig zu bestimmen, was nicht problemlos ist, denn die Dinge und die Leerheit sind zwar voneinander verschieden und zugleich nicht voneinander verschieden. Aus diesen Überlegungen ergibt sich für die Weisheitssutren, dass die Erscheinungswelt nur durch die Täuschung bzw. durch die falschen Vorstellungen der Menschen entsteht. Extrem-konsequent weitergedacht kann dies bis zur Formulierung führen, dass auch „die Drehung des Rades der Lehre" durch den Buddha nicht wirklich ist.

Solche für die Lehrentwicklung des Mahayana wichtige Gedanken sind einem volkstümlicheren Buddhismus nicht immer leicht gefallen. Insofern ist es angebracht, auf zwei kurze Weisheitssutren hinzuweisen, die diese komplexen philosophischen Ansätze mit Abstrichen popularisierten: Diamantsutra und Herzsutra. Beide Texte beginnen nicht nur mit einem Lobpreis der transzendenten Weisheit, sondern sie versprechen dem Verehrer auch übergroße Reichtümer an Verdienst. Erwähnenswert ist zweifellos auch die Bedeutung, die das kurze Herzsutra in Ostasien erlangt hat, wenn in japanischen Tempeln von den Besuchern dieser kurze Text immer wieder rezitiert wird. „Hauptperson" des Herzsutra ist der Bodhisattva Avalokiteshvara. Dies erinnert zugleich an die Bedeutung des Mitleids auf dem Erlösungsweg neben der Weisheit, ein Aspekt, der für breitere Schichten des Buddhismus zweifellos nicht unterschätzt werden sollte. – Das philosophische Konzept der Weisheitssutren wird jedoch in den beiden folgenden Mahayana-Schulen entfaltet.

3.4.2 Nagarjunas „Mittlerer Weg" und die Madhyamika-Schule

Einer der ersten großen Lehrer des Mahayana war Nagarjuna aus Südindien, der um die Mitte des 2. Jh.s n. Chr. gelebt haben dürfte. Gemeinsam mit seinen drei Zeitgenossen – seinem unmittelbaren Schüler Aryadeva, dem Dramatiker Ashvaghosha und Kumaralata – zählt er zu den „vier Sonnen", die das damalige Indien erleuchteten. Nagarjuna studierte in Nalanda und wurde zum buddhistischen Mönch ordiniert. Seine Philosophie ist von Mahasanghika-Gedanken mitbeeinflusst worden; deutlich ist seine Abhängigkeit von den Weisheitssutren, deren Lehren er in mancher Weise systematisiert hat. Daher gilt Nagarjuna als Patriarch der Madhyamika-Richtung, so dass ihm neben den authentischen Werken auch eine größere Zahl weiterer Werke zu Unrecht zugeschrieben wird. Nagarjunas Hauptwerk *Mula-Madhyamika-Karika*, die „Merkverse über die Mittlere Lehre", stellt in 27 Kapiteln die Hauptaspekte seines Denkens dar. Wie schon der Name der Schule sagt, geht es um einen mittleren Weg, d. h. ein Weiser soll weder am Sein noch am Nicht-Sein hängen, da beides nicht existiert. Diesen Zentralgedanken bringt Nagarjuna mehrfach zum Ausdruck, wenn er etwa gleich zu Beginn schreibt (Frauwallner 1994, 178f.182f):

> *„Weder aus sich, noch aus anderem, noch aus beiden, noch ohne Grund sind jemals irgendwo irgendwelche Dinge entstanden. Denn das eigene Wesen der Dinge ist in den Ursachen nicht vorhanden. Wenn aber kein eigenes Wesen vorhanden ist, dann ist auch kein fremdes Wesen vorhanden ... Wenn es aber kein Sein gibt, dann kann es auch kein Nichtsein geben. Denn das Anderssein eines Seins nennen die Leute Nichtsein. Diejenigen, welche ein eigenes Wesen und ein fremdes Wesen, ein Sein und ein Nichtsein sehen, sehen nicht die Wahrheit nach der Lehre des Buddha. In der Belehrung des Katyayana hat der Erhabene, der Sein und Nichtsein kennt, beide Aussagen: ‚Es ist' und ‚Es ist nicht', zurückgewiesen."*

Das Zitat zeigt die Methode Nagarjunas: Es geht ihm in seinen Schriften darum, die Irrtümer der anderen zu beweisen, indem er deren Lehren durch eine *reductio ad absurdum* widerlegt. Nagarjunas Argumentation kennt dabei vier Alternativen:

a) Die Dinge existieren.
b) Die Dinge existieren nicht.
c) Die Dinge existieren und existieren gleichzeitig nicht.
d) Die Dinge existieren weder, noch existieren sie nicht.

Mit der Negierung beider Seiten – und auch des „Keines von Beiden" – verleugnet Nagarjuna praktisch alles, so dass nur noch die „Leerheit" übrigbleibt. Man kann sachlich daher durchaus von *shunyatavada* (die „Lehre von der Leerheit") sprechen, denn eigentlich wird kein „mittlerer Weg" beschrieben, gerade im Vergleich mit dem, was der Buddha als mittleren Weg zwischen den Extremen der Askese und der Ausschweifung gelehrt hat. Allerdings bezeichnet Nagarjuna seine Lehre als „Mittleren Weg" *(madhyamika)* zwischen Sein und Nichtsein. Dennoch wurden hier sogar der traditionelle Nirvanabegriff und auch der Buddha in extremer Weise in Frage gestellt, so dass letztlich nur noch Meditation und Schweigen empfohlen werden können. Es trifft sich daher nicht von ungefähr, dass Nagarjuna trotz seiner Philosophie als großer Mystiker der Versenkung gilt. Für Nagarjunas Verständnis von *sunyata* ist daher weiter zu beachten, dass er darin keine Theorie sieht, sondern eben die Aufhebung jeder Theorie. Wer die Leerheit zu einer Theorie macht, gleicht einem Menschen, der zu einem Kaufmann kommt, welcher ihm aber sagt, er habe nichts zu verkaufen; gerade dieses „Nichts" möchte aber der unverständige Mensch kaufen und mit sich nach Hause nehmen. Viel eher kann man Nagarjunas Leerheit mit einer bis ans Unendliche reichenden Leiter vergleichen, die man erklettern, aber nicht diskutieren soll. Für die Praxis resultiert daraus, dass buddhistische Weisheit eben darin besteht, diese Leerheit zu erfassen, wozu die kontinuierliche Meditation hilft.
Dass diese Lehre schon für Zeitgenossen Nagarjunas problematisch war, geht aus folgender Auseinandersetzung im Madhyamika-Karika hervor (Frauwallner 1994, 188f):

> *„(Gegner:) Wenn dies alles leer ist und es kein Entstehen und Vergehen gibt, dann ergibt sich für dich das Nichtvorhandensein der vier heiligen Wahrheiten. ... Gibt es aber die Lehre und die Gemeinde nicht, wie soll es dann einen Buddha geben? Du leugnest also, wenn du die Leerheit behauptest, die drei Edelsteine (den Buddha, die Lehre und die Gemeinde). ...*
> *(Antwort:) Dazu sagen wir. Du kennst den Zweck der Leerheit, die*

Leerheit und den Sinn der Leerheit nicht. Daher nimmst du Anstoß. Die Lehrverkündigung des Buddha stützt sich auf zwei Wahrheiten, auf die beschränkte Wahrheit des gewöhnlichen Lebens und auf die wahrhafte Wahrheit. Wer den Unterschied dieser beiden Wahrheiten nicht erkennt, der erkennt nicht die tiefe Wahrheit in der Lehre des Buddha. Wenn man sich nicht auf die gewöhnliche Auffassung stützt, kann man das Wahrhafte nicht lehren. Und wenn man das Wahrhafte nicht erfasst, kann man das Nirvana nicht erlangen. Falsch aufgefasst stürzt die Leerheit den Toren ins Verderben, wie eine ungeschickt angefasste Schlange oder ein falsch ausgeführter Zauber.“

Die zweifache Wahrheit ermöglicht Nagarjuna, durchaus die empirische Welt (auch den Buddha, die Gemeinde) zu bejahen, so dass er diesen Vorwurf seiner Gegner widerlegt; allerdings ist dies nur eine Voraussetzung für die höhere Wahrheit; wer dies nicht erkennt und schon diese beschränkte Wahrheit des gewöhnlichen Lebens als Eigenwert ansieht und Nagarjunas Philosophie der Leerheit nicht versteht, der gerät ins Verderben. Trotz dieses Beispiels der Gegnerschaft, der sich Nagarjuna ausgesetzt wusste, hat sein mittlerer Weg zahlreiche Nachfolger gefunden. Genannt sei sein Schüler Aryadeva, der das Werk seines Meisters verteidigte und systematisierte. Andere wichtige Madhyamika-Denker sind etwa Shantideva (7./8. Jh.), Shantirakshita und sein Schüler Kamalashila (beide 8. Jh.); letzterer hat im Jahr 792 in einer öffentlichen Disputation zwischen chinesischen und indischen Buddhisten vor dem tibetischen Herrscher den Sieg davongetragen und so der Madhyamika-Richtung und dem indischen Buddhismus Eingang in Tibet verschafft.

3.4.3 Die Yogacara-Schule

Die zweite große Schule der Mahayana-Philosophie ist die Yogacara-Schule, die „Schule der Praxis“. Alternative Namen sind Cittamatra-Schule („Nur-Geist“) oder Vijñanavada-Schule („Bewusstseinsschule“); letztere Bezeichnung ist neben Yogacara weit verbreitet. Als Urheber kann man – neben Maitreyanatha – die beiden Brüder Asanga und Vasubandhu aus Peshawar (im heutigen Pakistan) ansehen, deren unterschiedliche Schwerpunkte in der Lehrentfaltung die beiden Schulnamen Yogacara bzw. Vijñanavada bedingen.

Asanga lebte im 4. Jh. n. Chr., wobei er sich den Mahayana-Lehren anschloss, allerdings konnte er dem Konzept Nagarjunas wenig abgewinnen; er sieht alles in idealistischer Weise, wobei er in diesem Punkt der Shravakayana-Richtung der Sarvastivadins, die sagen, dass „alles ist/existiert", nahesteht. Die Tradition führt Asangas Lehre direkt auf den Buddha Maitreya zurück, doch dürfte dabei eine Verwechslung mit Maitreyanatha vorliegen. In seinem Hauptwerk *Mahayana-samparigraha* („Kompendium des Mahayana") legt er in Prosa und Versen die Grundzüge des Yogacara dar. Neben traditionellen Mahayana-Themen wie Dreikörperlehre, die sechs Vollkommenheiten, Sittlichkeit oder Weisheit kommt die Zentralthematik des Yogacara zur Sprache: das Speicherbewusstsein *(alaya-vijñana)*, d. h. die Theorie, dass alles aus reinem Geist erschaffen ist, d. h. Ideation. Weisheit besteht darin, Einsicht in diese Ideation zu gewinnen. Um zu dieser Einsicht zu gelangen, ist das Mittel der Meditation hilfreich, weshalb Asangas Ausrichtung als Yogacara, d. h. „Wandel in der Yoga-Praxis", bezeichnet wird.

Asangas etwas jüngerer Bruder Vasubandhu wurde von ihm für den Mahayana-Buddhismus gewonnen, wobei sein Hauptwerk *Vimshatika Vijñaptimatratasiddhih* den Nachweis bringen will, dass „(alles) nur Erkenntnis ist", was in zwanzig Versen geschieht. Damit ist auch Vasubandhus Lehre klar am Geist und an der Erkenntnis orientiert, allerdings ist er mehr Theoretiker und Systematiker, so dass sein System als „Bewusstseinslehre" (Vijñanavada) bezeichnet wird. Ausgehend von der Theorie, dass alles Wahrnehmbare nur „Geist" *(citta)* ist, ist Wahrnehmung nur das Produkt schöpferischer Imaginationen; dadurch entsteht in den Menschen das Bild von vermeintlichen Objekten, d. h. alle Dinge existieren nur in unserer Vorstellung. Wenn man dagegen einwendet, dass doch viele unterschiedliche Menschen die gleiche Welt sehen, so wird dem entgegengehalten, dass dies nur deswegen so erscheint, weil die Menschen gleiches (unheilvolles, verblendendes) Karman haben; dieses Karman wird durch den Irrglauben, die Welt sei wirklich und nicht bloß Vorstellung, weiter genährt, so dass daraus wiederum neue (irrige) Vorstellungen entstehen, an denen die Menschen Anteil haben. Die einzig sichere Aussage, die man machen kann, ist, dass die Dinge Bewusstsein und Geist sind. Konsequent weitergedacht heißt dies, dass Subjekt und Objekt lediglich Geist sind, wodurch die Existenz eines Selbst wiederum nicht in Frage kommt.

Die Betonung des Geistes in den Yogacara-Schulen führt dabei dazu, dass „Geist" *(citta)* eine Bezeichnung für das Absolute wird bzw. gelegentlich sogar als Dharmabuddha angesehen wird. Die Theorie des „Speicherbewusstseins" (Grundbewusstsein) umschreibt diesen Geist als Absolutes, das dem Meer vergleichbar ist, aus dem alles stammt und in das alles zurückkehrt. Als Speicherbewusstsein wird es deshalb bezeichnet, weil es alle Samen/Keime *(bija)* des Karman aufnimmt und speichert, die sich daraus wieder individuieren und das Denkbewusstsein *(manas)* hervorbringen. Dadurch kann Vasubandhu nicht nur den Geburtenkreislauf erklären, sondern da jedes Denkbewusstsein aus einer einzigen Quelle stammt, stellen sich auch alle Menschen die Existenzweisen gleich falsch vor. Vom absoluten Speicherbewusstsein, das für Vasubandhu als einziges existiert, hängt dabei das Denkbewusstsein ab, das der Mensch als Ich oder Einbildung erlebt, und daraus resultieren die Objekte als Eingebildetes, aber sie sind eben nicht wesenhaft existent.

3.5 Die transzendenten Buddhas und die Dreikörperlehre

Der auffälligste Unterschied des Mahayana-Buddhismus gegenüber den Anfängen des Buddhismus liegt zweifellos in der Einschätzung des Buddha, so dass man pointiert sagen kann, dass der Mensch Buddha schrittweise transzendiert worden ist. Dadurch entsteht eine Buddhologie, die über das wirkliche Wesen Buddhas nachdenkt. Beispielhaft sei daher auf zwei Mahayana-Texte verwiesen, die die zentrale Frage „Wer ist der Buddha?" aus ihrer je spezifischen Sicht thematisieren: der *Lalitavistara* und das *Lotos-Sutra*. Der Lalitavistara ist literarisch eine Mischung von Prosa und Lyrik, wobei der heutige Text eine Kompilation verschiedener Überlieferungsstufen und mehrerer „Autoren" darstellt. Die schrittweise Entstehung und Überarbeitung zwischen dem 2. Jh. v. Chr. und dem 2. Jh. n. Chr. lässt die Mahayana-Sichtweise immer deutlicher werden. Der Titel „Die ausführliche Darstellung des Spiels", d. h. das Leben Buddhas, ist programmatisch: Was darin geschildert wird, ist ein Spiel *(lalita)* bzw. eine Vorspiegelung des wesenhaft überirdischen Buddha, wobei sein ganzes Leben letztlich nur den Zweck hat, seine übernatürlichen Kräfte zu beschreiben. Bereits im Mutterleib ist der Buddha überweltlich und hält seine erste Predigt, auch Schwangerschaft und Geburt illustrieren dies (Winternitz 1930, 7f):

„Nicht aber, ihr Mönche, empfand da die Königin Maya, während sich der Bodhisattva in ihrem Schoße befand, irgendeine Schwere des Körpers, sondern vielmehr nur Leichtigkeit, Weichheit und Behagen. Sie fühlte keinerlei Schmerzen im Unterleib und wurde weder von der Qual der Leidenschaft, noch von der Qual des Hasses noch von der Qual der Verblendung heimgesucht. ... Sie wusste nichts und sah nichts von Kälte oder Hitze, Hunger oder Durst, Finsternis oder Düsterkeit oder irgendwelcher Beschwerde. Unangenehme Gestalten, Laute, Gerüche, Geschmäcke und Tastgefühle kamen ihr nie zum Bewusstsein. ... Nachdem also, ihr Mönche, zehn Monate verflossen waren und die Zeit der Geburt des Bodhisattva gekommen war, da erschienen im Garten des Shuddhodana wie früher die zweiunddreißig guten Vorzeichen. ... Von solcher Art waren also die Wundererscheinungen, von denen der Bodhisattva im Schoß seiner Mutter umgeben war. Und nach Verlauf von vollen zehn Monaten trat er aus der rechten Seite seiner Mutter heraus, besonnen und klar bewusst, unbefleckt von jeglicher Unreinheit des Mutterleibes.“

Das kurze Textstück lässt schon gut die Tendenz des Lalitavistara erkennen: Irdische Realitäten (z. B. Beschwerden der Schwangerschaft oder Blut und Befleckung bei der Geburt) haben bei Buddha letztlich keinen Platz. – Analoges findet man im *Saddharmapundarika*, dem „Lotos des guten Gesetzes“", kurz Lotos-Sutra genannt. Buddha war nie im Zustand der Unerleuchtetheit, sondern sein Erdenleben und sein Eingehen ins Nirvana sind nur Vorspiegelungen aus pädagogischen Gründen, um dadurch den Menschen zu zeigen, dass sie selbst ein Buddha werden können. Das Lotos-Sutra ist einer der klassischen Mahayana-Texte, der im 1. oder 2. Jh. n. Chr. schriftlich fixiert worden sein dürfte; eine erste Übersetzung ins Chinesische soll bereits 223 entstanden sein, erhalten geblieben ist nur eine Version aus dem Jahr 286; eine weitere (bessere) chinesische Übersetzung verfertigte Kumarajiva im Jahr 406. Formal ist auch dieser Text wiederum eine Mischung von Prosa und Strophen in gebundener Rede, wobei die gebundene Redeform wahrscheinlich den älteren Textbestand ausmacht, der im Laufe der Zeit durch Texteinschübe in Prosa immer stärker erweitert wurde.

Trotzdem ist der innere Zusammenhang besser bewahrt, als dies etwa im

Mahavastu oder im Lalitavistara der Fall ist. Diese Kohärenz hat auch dazu beigetragen, dass dieser Text im ostasiatischen Buddhismus zu einem grundlegenden Text schlechthin geworden ist. Inhaltlich ist der Text eine Belehrung der Mönche durch Buddha, wobei teilweise die Form von Parabeln gewählt wurde, was ebenfalls zur Wertschätzung des Textes beigetragen hat. Buddha wird z. B. mit einem Arzt verglichen, der die Menschen von ihren Leiden befreit, oder mit einem Augenarzt, der die Blinden sehend macht; genauso sorgt er wie ein liebender Vater für seine Kinder. Dabei sieht man immer die Tendenz, die Wandlung Buddhas vom historischen zum überzeitlich-überweltlichen Lehrer und Leiter der Menschen zu beschreiben.

Für beide Texte ist der historische Buddha nicht Zentrum der Überlegungen, wobei zusätzlich betont wird, dass der historische Buddha Gautama weder der erste noch der letzte Buddha ist. Für diese Vorstellung kann sich der Mahayana-Buddhismus auf Aussagen von Buddha Gautama stützen, der selbst betont hat, dass er nicht gekommen ist, etwas Neues zu bringen, sondern dass er ein „Wiederentdecker des alten, von früheren Buddhas gewandelten Pfades" ist (Samyukta-Nikaya 12,65). Daraus konnte bereits der frühe Buddhismus ableiten, dass Buddha Gautama wenigstens sechs Vorgänger gehabt hat, von denen drei aus vergangenen Zeitaltern und drei aus dem gegenwärtigen Zeitalter stammen; diese Zahl wurde schon im späteren Shravakayana erweitert. Es ist aber dem Mahayana vorbehalten, daraus die Lehre von der unendlichen Zahl der Buddhas zu entwickeln. Jede Weltgegend hat ihren eigenen Buddha, jedes Zeitalter ebenfalls, so dass letztlich Buddhas zahlreich werden wie die Sandkörner am Ganges. Dass sie aber doch nur *eine* Lehre verkünden, darüber belehrt Buddha Gautama im 2. Kapitel des Lotos-Sutra seinen Jünger Shariputra (Winternitz 1930, 17):

> *„Alle die Tathagatas, die Heiligen, Vollkommenerleucheteten, o Shariputra, die in der Vergangenheit in den zehn Weltgegenden in den unermesslichen unzähligen Welten zum Heil vieler Menschen, zum Glück vieler Menschen, aus Mitleid mit der Welt, zum Nutzen, zum Heil und zum Glück einer großen Masse von Leuten erschienen sind, und die in Kenntnis der Anlagen der nach Neigung und Anlagen so verschiedenartigen Wesen den Göttern und Menschen mit verschiedenen Auslegungen und Hinweisen, mit mannigfachen*

klugen Mitteln der Erklärung auf Grund der Anführung von Beweisen und Gründen, die Lehre gepredigt haben, – alle diese erhabenen Buddhas, o Shariputra, haben den Wesen, nur auf ein *Fahrzeug gestützt, die Lehre gepredigt, nämlich das Buddha-Fahrzeug, das schließlich zur Allwissenheit führt, d. h. sie haben den Wesen die Lehre gepredigt als Anregung zum Verständnis des Tathagata-Wissens, als Hinweis auf das Verständnis des Tathagata-Wissens, als Mittel zur Herbeiführung des Verständnisses des Tathagata-Wissens für alle Wesen. Und alle die Wesen, o Shariputra, von denen die gute Lehre von Seiten der vergangenen Tathagatas, der Heiligen, der Vollkommenerleuchteten gehört wurde, die alle wurden der allerhöchsten vollkommenen Erleuchtung teilhaftig."*

Das Ende des Textes zeigt, dass im Lotos-Sutra die Lehrverkündigung der Buddhas darauf abzielt, alle Wesen zu einem Buddha werden zu lassen. Damit ist zugleich die Frage nach dem Wesen Buddhas beantwortet: Der Buddha ist für dieses Denken nicht mehr eine einmalige historische Persönlichkeit, sondern eine transzendente Gestalt, die wegen der Beschränktheit den Menschen in unterschiedlicher Weise „vorspielt", einer der ihren zu sein, um sie zur Erleuchtung zu führen. Diese Grundauffassung des Mahayana vom Buddha wird dogmatisch in der „Dreikörperlehre" und in der Vorstellung der transzendenten Buddhas systematisiert.

Die endgültige Formulierung der Dreikörperlehre *(trikaya)* geht auf die Yogacara-Schule zurück. Seither spricht man von einem *dharmakaya*, einem *sambhogakaya* und einem *nirmanakaya*. Dadurch wird es im Mahayana möglich, den Buddha und die Buddhas sowohl weltenthoben als auch innerweltlich tätig darzustellen; scheinbare Widersprüche entstehen dabei dadurch, dass innerhalb eines Textes die Bezugsebene auf einen Buddhakörper mehrfach wechseln kann, wodurch es für Uneingeweihte zu Paradoxien kommen mag. Die stufenweise Entwicklung der Lehre nimmt den Ausgangspunkt beim Buddha Gautama als Mensch mit einem Körper, eine Vorstellung, die mit der Weiterentwicklung des Buddhismus allerdings nicht mehr immer selbstverständlich war. Dazu trug u. a. bei, dass schon der frühe Buddhismus metaphorisch von einem *dharmakaya* sprechen konnte, d. h. einem „Körper der Lehre", womit zunächst lediglich ein Ehrentitel für Buddha gemeint war, weil er als

„fleischgewordene Lehre" betrachtet wurde. Je stärker die Metaphorik von *dharmakaya* zurücktrat, umso mehr gewann die theologisch-philosophische Spekulation über diesen Körper Platz.

Berücksichtigt man, dass der Begriff Dharma eine vielfältige Bedeutungsbreite hat, von der in diesem Zusammenhang vor allem Dharma als „kosmische Ordnung" und als „Lehre des Buddha" hervorzuheben ist, so ergibt sich, dass der Dharmakörper selbst kosmische Aspekte gewinnt. Man kann ihn daher als die in sich ruhende transzendente Wahrheit aller Erscheinungsformen bezeichnen. Da auch das Buddha-Sein darin seine Wurzel hat, ist ein solcher Dharmakörper allen Buddhas gemeinsam. Innerhalb des Mahayana-Denkens ist dieser Dharmakörper des Buddha bzw. der Buddhas zugleich das Absolute, wobei tantrisch ausgerichtete Strömungen dieses Absolute persönlich auffassen und es als „Urbuddha" *(Adibuddha)* oder als „Großer Buddha" bezeichnen. Die Vorstellung von einem solchen Absoluten (personal oder impersonal) ist in gewisser Weise analog zur in vishnuitischen Kreisen des Hinduismus vertretenen Lehre, dass aus dem transzendenten allumfassenden Brahman Gestalten *(rupa)* hervorgehen können. Auf Grund einer solchen Analogie war es möglich, auch vom *dharmakaya* „Emanationen" oder „Projektionen" abzuleiten, nämlich den *nirmanakaya* als „Körper der magischen Projektion" oder als „Körper der (irdischen) Manifestation".

In dieser Körpergestalt erscheinen die einzelnen Buddhas in der Welt. Im Unterschied zum einmaligen Dharmakörper gibt es dabei unendlich viele *nirmanakaya*, bekannte und unerkannte Buddhas, da jeder im Mahayana ein Buddha werden kann. Der dadurch erreichte Status einer „Zweikörperlehre" ist eine Entwicklungsstufe auf dem Weg vom Shravakayana zum Mahayana, wobei es charakteristisch für den Mahayana-Buddhismus ist, dass eine Zwischenstufe mit dem sogenannten *sambhogakaya*, dem „Körper des Genusses", eingeschoben wurde. Ulrich Schneider vermutet, dass diese Modifizierung der Zweikörperlehre eine buddhistische Reaktion auf Bhakti-Vorstellungen war, denenzufolge die gläubige Hingabe an Gott (das hieße im buddhistischen Kontext an einen personal gedachten *dharmakaya*) schon die Erlösung bringt. Mit der Einführung des *sambhogakaya* sollten Auswüchse der Bhaktifrömmigkeit insofern gebremst werden, als die verehrten personalen Buddhas auf der Ebene des *sambhogakaya* noch nicht das Absolute darstellen. Auch wenn der Volksglaube in den *sambhogakaya*-Buddhas hilfreiche götterartige

Himmelswesen sieht, so betont die Mahayana-Lehre doch verstärkt, dass diese Buddhas nicht sinnlich, sondern nur spirituell erfassbar sind; allerdings besitzen sie eine feinstoffliche-überirdische Natur.
In ihrer Art wirken sie dabei auf dreifache Weise an der Erlösung der Lebewesen mit: Sie sind die Lehrer der Bodhisattvas, die Herren der einzelnen Paradiese und die spirituellen Väter der irdischen *nirmanakaya*-Buddhas. Dabei ist zu sehen, dass es inhaltlich gerade diese offizielle Lehre und der Aufgabenbereich der *sambhogakaya*-Buddhas sind, die besonders dazu geeignet sind, die Buddhas – keineswegs nur auf der Ebene der Volksfrömmigkeit – zu konkretisieren und zu personalisieren. Dementsprechend finden wir eine anschauliche Zahl von solchen Buddhas, die das Mahayana-Pantheon nach und nach bevölkert haben.
Zusammenfassend kann man sagen, dass die Dreikörperlehre die Überzeugung formuliert, derzufolge der Buddha eins ist mit dem Absoluten und sich in der Welt der Realität manifestiert, um sich hier aktiv für das Heil aller Wesen einsetzen zu können. Für die Ausformung der Lehre hat dabei auch die Kosmologie mit einer Vielzahl von Welten, von denen jede einen Buddha „braucht", mitgespielt. Eine solche Transzendenz der Buddhas ist ein „Doketismus", d. h. die historischen Buddhas *(nirmanakaya)* existieren nur zum Schein, wobei dieser Doketismus letztlich auch für die Menschen gilt; dadurch ist zugleich ein Unterschied zum gnostisch-christlichen Doketismus gegeben: Nach der Mahayana-Theologie existiert nicht nur der historische Buddha zum Schein, sondern auch die Menschen sind nur scheinbar Mensch, denn in Wirklichkeit ist jeder Mensch ein Buddha, auch wenn diese Buddhanatur häufig kaum erkennbar ist.
Diese Lehre ist im klassischen Mahayana schließlich weitgehend systematisiert worden: Neben der Yogacara-Schule haben seit dem 4. Jh. tantrische Vajrayana-Richtungen die Lehre in ein hierarchisches System gebracht, etwa seit dem 7. Jh. ist die Lehre im Mahayana allgemein akzeptiert. Neben dem einzigen Dharmakörper gibt es fünf transzendente Buddhas *(sambhogakaya)*, denen je ein historischer Buddha *(nirmanakaya)* zugeordnet ist; zu letzteren gehört in der irdischen Welt jeweils auch ein besonderer Bodhisattva als „Nothelfer". Die Systematisierung auf die Fünfzahl hängt einerseits mit der Vorliebe für Zahlenreihen zusammen, die konkrete Zahl ist mit dem Makro- und Mikrokosmos gekoppelt. An der Spitze des Systems steht dabei – in personaler Deutung – der Adibuddha, der „Urbuddha", aus dem die fünf transzendenten Buddhas

hervorgehen; diese werden auch als „Dhyani-Buddhas" (Meditationsbuddhas) bezeichnet, weil sie dem Meditierenden visuell fassbar werden. Die Reihenfolge ihrer Namen ist nicht exakt fixiert, in geographischer Reihenfolge ergibt sich folgende Aufzählung:

a) Der Herr des Ostens ist Akshobhya, der „Unerschütterliche". Als Symbol trägt er den Vajra, den Donnerkeil, und in Bilddarstellungen berührt er mit seiner rechten Hand die Erde; dadurch kommt zum Ausdruck, dass er das unzerstörbar-ewige Prinzip und die Erlöstheit symbolisiert. Auch der Elefant als sein Begleittier deutet auf die Unerschütterlichkeit. Die ihm zugeordnete Farbe ist Blau, sein Paradies trägt den Namen Abhirati.
b) Der Herr des Südens ist Ratnasambhava, der „mit dem Edelstein Geborene", der zugleich als Herr der Freigebigkeit gilt. Mit seinem Edelstein Cintamani kann er jeden Gläubigen aus der materiellen Not befreien, begleitet wird er von einem Pferd; seine Farbe ist Gelb, sein Paradies Prabhavati.
c) Der Herr des Westens ist Amitabha, der „mit dem unermesslichen Glanz"; er gilt als ältester transzendenter Buddha und ist zugleich derjenige, der die größte Verehrung all dieser Buddhas empfängt. Bildlich wird er in Meditationshaltung mit ineinandergelegten Händen dargestellt, zu seinen Füßen sieht man Lotos; beide Darstellungsweisen rücken ihn nahe an Abbildungen Buddha Gautamas heran, was mit dem Alter der Verehrung Amitabhas zusammenhängt; sein Tier ist der Pfau, seine Farbe ist – analog zur im Westen untergehenden Sonne – Rot, sein Paradies heißt Sukhavati.
d) Als Herr des Nordens gilt Amoghasiddhi, der „mit unfehlbarer Wunderkraft". Seine rechte Hand hält er furchtvertreibend erhoben, als Attribut trägt er oft einen Doppelvajra, wobei als Begleittier der Vogel Garuda auftritt; seine Farbe ist Grün, sein Paradies liegt im Norden, spielt aber keine große Rolle.
e) Der Herr der Mitte ist Vairocana, der „Sonnengleiche". Durch seine Stellung in der Mitte aller Himmelsrichtungen besitzt er die Qualitäten aller anderen Buddhas, wobei er gelegentlich mit vier Gesichtern ausgestattet wird. In seinen Händen hält er ein Rad als Sonnensymbol, seine weiße Farbe steht ebenfalls mit der Sonne im Zusammenhang; begleitet wird er von einem Löwen. Abweichend von den vier anderen Buddhas wird er nicht als Herr eines Paradieses verehrt.

Aus der weiteren oben angesprochenen Systembildung seien nur noch drei Namen genannt: Dem Buddha Amitabha ist der historische Buddha Gautama zugeordnet. Der dazugehörige Bodhisattva ist Avalokiteshvara. Für viele Mahayana-Buddhisten ist er die wichtigste Gestalt des Mahayana-Pantheons, seine Hilfsbereitschaft aus Mitleid mit allen Wesen kennt keine Grenzen. Dabei tritt er immer wieder in den unterschiedlichsten Formen auf, so dass die Handbücher traditionell 108 Erscheinungsformen Avalokiteshvaras anführen. Am bekanntesten ist dabei sicher seine ostasiatische Erscheinungsform als chinesisch Kuan-Yin bzw. als japanisch Kannon; diese Gestalt ist insofern hervorzuheben, als sie als weiblich aufgefasst wird, die eine Art „Madonna" des ostasiatischen Buddhismus ist. Ebenfalls zu nennen ist Maitreya, der zukünftige historische Buddha, der Amoghasiddhi zugeordnet ist. Er wird 5000 Jahre nach dem Nirvana Buddha Gautamas in die Welt kommen, um dann erneut die inzwischen vergessene Lehre zu offenbaren; bis zu diesem Zeitpunkt ist er im Tushita-Himmel, im Himmel der „freudigen Götter". Dieser Himmel war zeitweilig auch Objekt der Sehnsucht der Gläubigen, die dort vorübergehend wiedergeboren zu werden wünschten, allerdings hat der Tushita-Himmel später diese Funktion zu Gunsten des Paradieses Sukhavati weitgehend verloren. Maitreya wird als Brahmanenkind geboren werden, wobei er in Bodh Gaya als Buddha eingesetzt werden wird, indem ihm magisch das einstige Gewand Gautamas zufliegen wird, als Zeichen, dass er dessen Lehrverkündigung fortsetzt. In jüngeren bildlichen Darstellungen wird der Zukunftsaspekt Maitreyas auch dahingehend ausgedrückt, dass er in europäischer Weise sitzt, d. h. auf einem Thron, wobei die Beine auf den Boden gestellt sind.

Dieser Überblick zur Buddhologie zeigt einige Aspekte, wie im Mahayana aus dem historischen Buddha schrittweise ein System entwickelt wurde, dessen Endprodukt sich vordergründig nur wenig von einem polytheistischen Pantheon unterscheidet. Auf der Ebene der Dogmatik unterscheidet die Dreikörperlehre den Mahayana-Buddhismus zwar von einem Polytheismus, für die Volksreligion und Volksfrömmigkeit sind solche Übergänge aber fließend.

4. Geschichtlich-geographische Entwicklung

Der historische Buddha Gautama, die ersten Konzilien und die Entwicklung der Lehre hin zu ersten Schulbildungen verbreitet den Buddhismus immer stärker über den indischen Subkontinent. Über unterschiedliche Routen geschieht die Verbreitung der Religion über Süd- und Südostasien, Zentralasien und Ostasien. Für rund eineinhalb Jahrtausende buddhistischer Geschichte bleibt Indien dabei zwar geographischer Bezugspunkt der „buddhistischen Welt", wovon Impulse ausgehen, zugleich aber gewinnen die einzelnen Länder und Gebiete auch ihre eigenständige Prägung. Vom indischen Subkontinent öffnet sich bereits in der zweiten Hälfte des 3. Jh.s v. Chr. der Weg zunächst über Sri Lanka nach Südostasien ins Gebiet der heutigen Theravada-Länder; im insularen Südostasien hingegen ist der Buddhismus heute nicht mehr verbreitet, doch gab es im Laufe der Geschichte auch in diesen Gebieten blühende buddhistische Zentren: Im Reich von Shrivijaya (Sumatra, malayische Halbinsel) sind im 7./8. Jh. Shravakayana- und Mahayana-Schulen vertreten, zwischen dem 8. und 10. Jh. entfaltet der Mahayana-Buddhismus in Mitteljava eine Blüte, von der bis in die Gegenwart die Überreste des weltweit größten buddhistischen Kultbaus in Borobudur Zeugnis ablegen.

In der ersten Hälfte des 2. Jt.s beginnen im insularen Südostasien jedoch shivaitische Kulte den Buddhismus zunächst zu durchdringen und anschließend zu überlagern, ehe ab der Mitte des 2. Jt.s muslimische Fürstentümer den malayischen Archipel religiös erneut umgestalten. – Ebenfalls schon in vorchristlicher Zeit hat die Verbreitung einzelner buddhistischer Richtungen über das heutige Pakistan und über Ostiran bis nach Zentralasien eingesetzt, die folgenden Jahrhunderte führen die Religion einerseits nach Tibet und davon abhängig weiter in die Mongolei, andererseits nach China, wodurch sich der buddhistische Weg in den weiteren ostasiatischen Raum öffnet. Die Länder dieses „nördlichen" Buddhismus gehören heute alle zu Mahayana-Schulen. Diese heute existierende geographische Verteilung von Theravada- und Mahayana-Ländern ist dabei erst Ergebnis von Entwicklungen des letzten halben Jahrtausends.

4.1 Indien und Nepal

Die frühen Etappen indischer buddhistischer Geschichte wurden schon vorhin anhand der ersten Konzilien, der Entwicklung der Shravakayana-Richtungen und der Entstehung des Mahasanghika bis hin zu den großen

Mahayana-Wegen der Madhyamika- bzw. Yogacara-Schule benannt. Diese Entwicklungen zeigen die Lebendigkeit des indischen Buddhismus in den ersten Jahrhunderten n. Chr., als einer der großen Inder dieser Zeit sei hier noch Ashvaghosha (1./2. Jh.) genannt, dessen *Buddhacarita* eine vom Geist des Mahayana inspirierte Lebensbeschreibung des Buddha ist. Ferner wird ihm eine Lehrschrift zugeschrieben, das *Mahayana-shraddhotapada-shastra*, die „Abhandlung über die Erweckung des Mahayana-Glaubens"; dadurch macht ihn die Tradition – historisch jedoch unzulässig – zum Vorläufer der Yogacara-Schule.

Seit der ersten Hälfte des 5. Jh.s wird die Klostergründung von Nalanda im heutigen Bundesstaat Bihar unweit des alten Rajagriha zum Zentrum der Gelehrsamkeit. Aus diesem Kloster ging die für die folgenden Jahrhunderte wichtigste buddhistische Universität Indiens hervor. An ihr waren die meisten großen Lehrer der Madhyamika-Tradition genauso tätig, wie wir auch Yogacara-Lehrer in Nalanda finden, so etwa Vasubandhus Schüler Dignaga (Mitte 5. Jh.) und seine beiden Nachfolger Dharmapala bzw. Dharmakirti, die im 6. und 7. Jh. wirkten; der Logiker Dharmakirti ist der letzte große Yogacara-Lehrer. Gegen Ende des 6. Jh.s wirkte hier auch Candrakirti, der die Madhyamika-Schule erfolgreich weiterentwickelte. Etwa ein Jahrhundert später ist Shantideva zu datieren, dessen Werk *Bodhicaryavatara* die Aspekte der Schulung und Entwicklung eines Bodhisattvas wiedergibt und insofern ein Kompendium der Bodhisattva-Theorie und -Praxis darstellt. Das Nebeneinander und die befruchtende Konkurrenz beider Richtungen dieser Universität in Nalanda hat entscheidend die philosophische Entfaltung des Mahayana im 6. und 7. Jh. geprägt, da der „offene" Geist von Nalanda die Disputation förderte, wodurch in der ersten Hälfte des 7. Jh.s der indische Mahayana-Buddhismus seinen Höhepunkt erlangte.

Mit dem beginnenden Aufschwung des tantrischen Buddhismus setzt aber zugleich der Rückgang des Mahayana ein; bis zum Verschwinden des Buddhismus aus Indien im 12. Jh. treten praktisch kaum mehr überragende Mahayana-Lehrer auf. Da einige Grundlagen des Tantra in der Yogacara-Richtung angelegt sind, kann man den buddhistischen Tantrismus als einen verselbstständigten Seitenstrang des Mahayana ansehen. Diese sogenannte „dritte Drehung des Rades der Lehre" ist die jüngste Entwicklung, die in den nordwest- bzw. nordostindischen Randzonen (Kashmir, Bengalen) ihren Ausgang genommen hat. Diese Tradition kann dabei v. a. seit dem 8. Jh. durch Padmasambhava in Tibet Fuß fassen, wodurch der tibetische Buddhismus – trotz aller eigenständigen Entwicklung – der direkte Fortsetzer des späten indischen Buddhismus wird, wodurch der „indische" Buddhismus bis in die Gegenwart weiterlebt.

Seit dem Beginn des 2. Jt.s verliert die Lehre Buddhas in ihrem Mutterland an Strahlkraft, so dass sie einerseits von Hindu-Strömungen absorbiert, aber auch durch das Eindringen des Islam in Nordindien empfindlich geschwächt wird. Die Vernichtung der – für eindringende muslimische Herrscher leicht fassbaren – Klosterzentren beseitigt die buddhistische Oberschicht, so dass der Buddhismus auf Dauer kein Leben mehr hat. Erst im 19. Jh. setzt von Sri Lanka ausgehend der Versuch ein, den Buddhismus in seiner Heimat wiederum einzupflanzen. Symbolisch ist dies im Namen der Maha-Bodhi-Society (1892) fassbar, die sich die buddhistische „Neumissionierung" Indiens an ihre Fahnen heftete. Trotz dieser Bemühungen machen die knapp sieben Millionen Buddhisten heute weniger als ein Prozent der Bevölkerung Indiens aus, so dass der Buddhismus in seinem Ursprungsland eine Minderheit ist.

Obwohl der Buddha aus dem Grenzgebiet des heutigen Nepal stammt und das Land für den kulturellen Einfluss aus Indien offen war, sind wir über die frühe buddhistische Geschichte in Nepal eher schlecht unterrichtet. Die Existenz des Buddhismus im Süden Nepals ist seit der Zeit Ashokas nachgewiesen, wobei man Nepal in den folgenden Jahrhunderten als eine Art Randgebiet des nordindischen Buddhismus betrachten kann. Auch die im Laufe des 1. Jt.s aus dem Nordosten nach Nepal eingewanderten Newar mit ihrer tibeto-birmanischen Sprache haben sich anscheinend schnell dem Kultureinfluss aus Nordindien geöffnet. Die politische Erstarkung Nepals seit dem 13. Jh. durch die frühen Malla-Herrscher und die daran anschließende Zeit der drei Malla-Reiche (1482–1768) lässt im Katmandu-Tal neue Zentren entstehen, die religiös unterschiedlich geprägt waren: Patan als zeitweilige Hauptstadt war stark buddhistisch ausgerichtet, in der im Westen des Tales liegenden Stadt Bhatgaon dominierte der Hinduismus, während in Katmandu selbst sich Hinduistisches und Buddhistisches die Waage hielten.

Besonders auf der Ebene des Volksglaubens lässt sich dabei ab der Mitte des 2. Jt.s feststellen, dass es zu synkretistischen Überlappungen zwischen hinduistischen und buddhistischen Vorstellungen kommt, so dass sich ein spezifischer „Newar-Buddhismus" entwickelt, d. h. eine auf Mahayana und Tantrayana begründete Form, deren Gottheiten und Riten allerdings oft weitgehend mit hinduistischen Vorstellungen identifiziert worden sind. Zur weiteren Entwicklung dieser spezifischen Form des Buddhismus in Nepal trägt auch bei, dass im Jahr 1768 die Herrschaft der ursprünglich aus Rajasthan stammenden Gurkhas beginnt, die bis in die Gegenwart andauert.

Dadurch kam es nicht nur zu einer tiefergehenden „Hinduisierung" des Landes, sondern auch der Buddhismus der zeitweilig unterdrückten Newars wurde durch hinduistische Riten weiter bereichert bzw. „verfremdet", wobei diese Wechselwirkungen bis in die Gegenwart andauern. Dadurch ergibt sich für den Newar-Buddhismus einerseits, dass zwar das klösterliche Leben im Kern buddhistisch geblieben ist, andererseits von Laien auf die Frage, ob jemand Buddhist oder Hindu sei, durchaus zweimal bestätigend mit „Ja" geantwortet werden kann, denn Buddha und Shiva lassen sich ohne größere Glaubenskonflikte auch gemeinsam verehren. Neben den Newar-Buddhisten als gegenwärtig dominierender Form leben in Westnepal (im Gebiet ehemaliger selbstständiger Königreiche wie Mustang oder Spiti) auch rund 60.000 tibetischstämmige Buddhisten, in den letzten Jahrzehnten wird diese Form des Buddhismus auch durch etwa 18.000 tibetische Flüchtlinge in Nepal praktiziert. Insgesamt gibt es heute etwa eine Million Buddhisten unter den knapp 19 Millionen Einwohnern dieses Himalayastaates, in dem der Hinduismus den Status einer Staatsreligion besitzt.

4.2 Der Buddha in den Theravada-Ländern

Von den Shravakayana-Richtungen existiert lediglich der Theravada-Zweig bis in die Gegenwart weiter; die Anhänger dieser Richtung des „südlichen" Buddhismus sind heute in Sri Lanka, Burma, Thailand, Kambodscha und Laos verbreitet. Trotz einer tendenziell apolitischen Haltung des Buddhismus zeigt sich, dass Buddhismus und Staat doch auch eng miteinander verbunden sein können, so dass man von den „fünf Ländern des Theravada-Buddhismus" sprechen kann. Charakteristisch ist die Rolle des Mönchtums: Mönche waren beispielsweise in Sri Lanka und Burma zeitweise Ratgeber des Königs, in Thailand ist der Sangha nach dem Vorbild der Staatsverwaltung hierarchisch geordnet. Für solche staatlich-religiöse Verbindungen beruft man sich z. T. auf Buddhas Umgang mit den

Mächtigen seiner Zeit, obwohl diese weltliche Verflechtung auch immer wieder Kritik herausfordert.

4.2.1 Sri Lanka

Die Betrachtung der Verbreitung des Buddhismus in den Theravada-Ländern hat von Sri Lanka auszugehen. Obwohl die singhalesische Geschichtsschreibung den Ursprung des Buddhismus auf der Insel mit den Besuchen des historischen Buddha verknüpft, um so die Nationalgeschichte als buddhistische Geschichte darzustellen, ist als historischer Anknüpfungspunkt die Mission Mahindas zur Zeit des Herrschers Devanampiyatissa anzunehmen. In der buddhistischen Tradition gilt der Mönch Mahinda als ein Sohn Ashokas, der im Gefolge des Konzils von Pataliputra die Missionierung der Insel begann und dort das erste Mönchskloster gründete; im Kontext der systematischen Idealisierung des indischen Herrschers betont die Tradition schließlich auch, dass Ashokas Tochter Sanghamitta das erste Nonnenkloster auf der Insel gegründet habe. Ebenfalls eng mit der Frühgeschichte der Religion auf Sri Lanka ist ein symbolträchtiges Zeichen verbunden: Ein Ableger des Bodhi-Baumes aus Bodh Gaya, unter dem Buddha seine Erleuchtung empfangen hat, ist auf der Insel gepflanzt worden und wird noch heute in der alten Hauptstadt Anuradhapura verehrt.

Das äußere Zeichen der Verpflanzung der Lehre Buddhas auf die Insel wird dabei Symbol für die Bewahrung von Buddhas Erbe. Für das Selbstverständnis Sri Lankas heißt dies, dass die Insel Buddha selbst gehört, so dass ceylonesische Staatsgründungen oft vollkommen vom Buddhismus durchdrungen werden. Bereits im 2. Jh. v. Chr. beginnen Mönche nationale Tendenzen der Könige zu unterstützen, was so weit gehen kann, dass etwa der König Dutthagaman (101–77 v. Chr.) seine kriegerischen Aktionen dadurch rechtfertigt, dass er sagt, dass die Tötung der Feinde im Krieg nicht gegen das buddhistische Tötungsverbot verstößt, da diese Feinde keine Buddhisten seien. Sri Lanka ist somit einer der ältesten Nationalstaaten mit gemeinsamer Religion, Sprache und Kultur, die in einem geschlossenen Territorium zusammenwirken. Ein solches Verständnis schränkt zweifellos kulturelle und religiöse Alternativen ein, was bereits in den ersten Jahrhunderten n. Chr. aus Südindien eingewanderte tamilische Hindus spüren mussten; auch jene tamilischen Südinder, die am Ende des 19. und zu Beginn des 20. Jh.s als Arbeiter auf die Teeplantagen der Insel kamen, wurden nicht in die buddhistisch-singhalesische Gesellschaft der Insel integriert.

Das „Erbe der Lehre Buddhas" spiegelt sich aber auch in anderer Hinsicht wider: Schon am Ende des 1. Jh.s v. Chr. wurde im Kloster von Alu Vihara (im zentralen Hochland der Insel) die Überlieferung schriftlich niedergelegt, sowohl als Kanon in mittelindischer Pali- als auch in einem Kommentar in der singhalesischen Volkssprache. Diese Verschriftlichung des Kanons hat „Schutzfunktion", damit der *dhamma* (so die Pali-Form für Sanskrit *dharma*) in Krisenzeiten bewahrt werden kann. Die Mönche im Kloster von Alu Vihara sind noch heute darum bemüht, immer wieder den Pali-Kanons handschriftlich zu reproduzieren. Die Texte des Pali-Kanons haben für den Theravada-Buddhismus zentrale Bedeutung, ohne dass diese Texte ausschließliche Geltung hätten. Denn man muss sich immer bewusst bleiben, dass es sich dabei um eine zwar sehr alte Tradition, aber eben nur um die Tradition *einer* Schule, eben der Theravadins, handelt. Für Sri Lanka stehen die beiden Nationalchroniken, das *Dipavamsa* („Inselchronik") und das *Mahavamsa* („große Chronik"), genauso hoch im Kurs. Zwar greifen alle buddhistischen Richtungen immer wieder auf den Pali-Kanon zurück, Mahayana und Tantrayana haben aber ihre eigenen – höher eingeschätzten – Schriften.

Diese Einschränkung darf nicht übersehen werden, wenn von einem buddhistischen „Kanon" gesprochen wird. Die zum Pali-Kanon gehörigen Texte werden in drei große Abschnitte eingeteilt, weshalb auch die Bezeichnung *tripitaka* (Pali: *tipitaka*), die „drei Körbe", geläufig ist: Der erste Korb ist das so genannte *Vinaya-Pitaka*, der „Korb der Ordenszucht". Hierin sind die Vorschriften und Regeln der Ordensdisziplin enthalten, z. B. ausführliche Abschnitte, die die Ordination von Mönchen und Nonnen behandeln. Für die Geschichte des frühen Sangha ist das Material im Vinaya-Pitaka eine reichhaltige Fundgrube. Der umfangreichste Teil ist der „zweite Korb", das *Sutta-Pitaka*, das die eigentliche Lehre enthält; der Länge nach wird das Sutta-Pitaka in fünf Einzelsammlungen gegliedert:

a) Digha-Nikaya, die Sammlung der langen Reden.
b) Majjhima-Nikaya, die Sammlung der mittleren Reden.
c) Samyutta-Nikaya, die Sammlung der thematisch zusammengestellten Sutren.

d) Anguttara-Nikaya, die Sammlung der nach der Zahl des behandelten Gegenstands gestaffelten Sutren.
e) Khuddaka-Nikaya, die Sammlung der kleineren Texte.

Die ersten vier Nikayas sind uniform, viele Sutren könnten dabei in jedem dieser vier Nikaya stehen. Davon hebt sich das Khuddaka-Nikaya deutlich ab, dessen einzelne Werke der Form nach stark differenzieren; teilweise sind die Texte in Versen verfasst, wie der *Dhammapada* mit 423 Versen oder die *Theragathas* bzw. *Therigathas*, die „Lieder der Mönche" bzw. „Nonnen"; letztere sind – neben den buddhistischen Inhalten – auch eine wertvolle Quelle für die sozialgeschichtliche Erforschung der Stellung von Frauen im alten Indien. Andere Texte sind in Prosa gehalten, z. B. das *Udana*, wobei die Prosaabschnitte in der Regel meist jünger sind als die metrischen Partien. Hervorzuheben aus diesem Nikaya ist ferner die heute 547 Erzählungen umfassende Sammlung der *Jatakas*, der Geschichten der „Geburten", d. h. der früheren Existenzen des Buddha, der sich auf dem Weg zur Buddhaschaft befindet. Die Erzählungen der Jatakas haben Vorbildcharakter und sind als solche der Verbreitung buddhistischen Gedankengutes bis in die Gegenwart äußerst hilfreich. Die Reichhaltigkeit und Unterschiedlichkeit des Khuddaka-Nikaya mit verschiedenen Gedichten, Fabeln und Märchen lässt den Schluss zu, das hierin sicherlich der jüngste Teil des Sutta-Pitaka zu sehen ist.
Der „dritte Korb" ist das *Abhidharma-Pitaka*, der „Korb der Scholastik"; dieser Teil entspricht formal der in der indischen Literatur beliebten Klassifizierung und Dogmatisierung einzelner Themen, die teilweise in einem Frage-Antwort-Schema behandelt werden. Literarisch erreicht dieser Korb nicht das Niveau der beiden anderen Abteilungen des Pali-Kanons. Von diesen jüngeren Teilen des Kanons wird die Grenze zu den „nichtkanonischen" Pali-Werken fließend. Dazu gehören auf Sri Lanka etwa die beiden schon genannten Nationalchroniken; das Dipavamsa dürfte noch vor 450 n. Chr. abgeschlossen worden sein, das Mahavamsa wurde im letzten Viertel des 5. Jh.s von einem Mönch namens Mahanama verfasst. Beide epischen Darstellungen behandeln die Geschichte Sri Lankas bis ins 4. Jh.
Die Pflege des Pali-Kanons hat für die Geschichte des Theravada-Buddhismus auf Sri Lanka eine doppelte Konsequenz: Einerseits führt sie zu einer „Buchgelehrsamkeit" der Mönche; nicht nur der Text des Tripitaka wird

von ihnen gepflegt, sondern sie entwickeln zugleich eine hohe Kompetenz in den „Hilfswissenschaften", nämlich Sprache und Grammatik, aber darüber hinaus auch in buddhistischer Geschichte, Logik und Mathematik. Auf diese Weise gilt Sri Lanka in der ersten Hälfte des 1. Jt.s n. Chr. als das buddhistische Zentrum schlechthin, das zeitweilig sogar Indien übertroffen hat. Chinesische Pilger wie z. B. Fahsien oder Hsüan-tsang, die im 5. bzw. 7. Jh. die Stätten von Buddhas Erdenwandel aufsuchen, sprechen voll Lobes über die Buddhisten auf Sri Lanka als Wahrer des alten Erbes. Für die Rolle Sri Lankas als Zentrum des Theravada ist der Mönch Buddhaghosa zu nennen, der sich im frühen 5. Jh. in Anuradhapura niederließ. Seine Bedeutung besteht darin, dass er auch für die Kommentare Pali an Stelle der singhalesischen Volkssprache einführte; ferner schrieb er ein Werk mit Namen *Visuddhimagga*, den „Weg zur Reinheit". Dieses Werk kann man als Kompendium der ganzen Theravada-Lehre ansehen, wodurch Buddhaghosa der Systematiker des Theravada schlechthin wurde, der für die weiteren Jahrhunderte ausschlaggebend sein sollte. Inhaltlich ordnet Buddhaghosa seinen „Weg zur Reinheit" nach den drei Themenkreisen Sittlichkeit, Konzentration (Meditation) und Weisheit, so dass man das Werk durchaus als „Leitfaden zur Meditation" ansehen kann.

Neben der inhaltlichen Bedeutung Buddhaghosas als Systematiker ist auch der formale Aspekt in der Wirkungsgeschichte nicht zu übersehen: Durch Buddhaghosa wird Pali endgültig die „Sakralsprache" der Theravadins, vergleichbar dem Kirchenlatein für das vor- bzw. nicht-reformatorische Abendland. In der Praxis bedeutet dies eine wesentliche Erleichterung der Kommunikation zwischen Theravada-Mönchen in ganz Süd- und Südostasien über Sprach- und Volksgrenzen hinweg. Genauso wirkt sich als vorteilhaft aus, dass immer wieder problemlos Mönche aus einem anderen Theravada-Land herbeigeholt werden konnten, um den Orden zu sanieren. Trotz aller ethnischen und kulturellen Verschiedenartigkeit bleibt daher der Theravada-Buddhismus durch dieses einigende Band der Sprache wesentlich homogener als dies etwa innerhalb des Mahayana-Buddhismus der Fall ist. Trotz der Betonung der Theravada-Traditionen in Sri Lanka darf nicht übersehen werden, dass in der zweiten Hälfte des 1. Jt.s n. Chr. auch mahayana-geprägte Weisheitsschulen *(prajñaparamita)* und buddhistisches Tantra Anhänger auf der Insel hatten, seit dem 8. Jh. lassen sich auch hinduistische Einflüsse auf den buddhistischen Kult feststellen.

Die hohe Gelehrsamkeit der ceylonesischen Mönche entwickelte aber auch eine Kehrseite: Als Lehrer und Spezialisten für Religion gewannen die buddhistischen Mönche eine Sonderstellung, indem sie zur *einzigen* Anlaufstelle in religiösen Fragen wurden. Das dabei grundsätzlich vorgesehene Verhältnis der Beziehung von Mönchen zu Laien, wobei erstere spirituelles Gut gegen materielle Unterstützung von Seiten Letzterer anbieten, führte dazu, dass die Lehr-Mönche zu einer eigenen Gesellschaftsklasse als Selbstzweck wurden; einen interessanten Niederschlag fand dies in den Mönchen als Großgrundbesitzern. Die Wirtschaft der Insel floriert im Wesentlichen durch die Anlage und Pflege von Stauseen, was bis heute zu beobachten ist. Während in den ersten nachchristlichen Jahrhunderten diese Anlagen noch klein waren, nahmen sie bis zum Beginn des 2. Jt.s an Umfang zu; Klöster und Mönche sind dabei von den besitzenden Laien-Grundherren kaum mehr zu unterscheiden, wobei ihnen natürlich auch die Pflege und Erhaltung dieser Anlagen zukommt – auf Kosten der Pflege der Spiritualität. Wenn daher die Ordensregeln des Kanons immer wieder darauf Bezug nehmen, dass Mönchen Landarbeit oder überhaupt wirtschaftliche Aktivitäten verboten sind, so sind solche Vorschriften unschwer vor dem zeitgeschichtlichen Hintergrund als Versuch zu erklären, solche Missstände abzustellen. Dass dies wenig genützt hat, sieht man darin, dass zwischen dem 9. und 12. Jh. die Sanghas die größten Grundbesitzer auf Sri Lanka waren.

Als zu Beginn des 13. Jh.s der südindische Herrscher Magha in Sri Lanka einfiel, hat er mit der Zerstörung der wirtschaftlichen Grundlagen zugleich den Buddhismus empfindlich getroffen. Die erneute Renaissance unter König Parakramabahu II. (1236–1270) konnte schließlich nur mehr zum Teil an die frühere Blüte anschließen. Seit dieser Zeit ist ein Rückgang des Mönchtums unübersehbar, die Vorschriften des Vinaya-Pitaka wurden nicht mehr von den verweltlichten „Klostermönchen", die z. T. auch Frauen und Kinder hatten, sondern nur noch von den sogenannten „Waldmönchen" befolgt. Die europäische Kolonialherrschaft zunächst durch die Portugiesen und Holländer (16.–17. Jh.) und schließlich durch Engländer (1798–1948) führte zu einem weiteren Rückgang des Buddhismus. Obwohl das Landesinnere bis 1815 mit der Hauptstadt Kandy noch unter unabhängiger ceylonesischer Herrschaft stand, waren die Klöster nur noch „weltliche" Institutionen. Grundbesitz wurde in der Regel im Kloster vom Onkel auf den Neffen weitervererbt, d. h. in jeder Generation

musste wenigstens ein Familienmitglied in den Sangha eintreten, um das „Familienerbe" zu retten.
In religiöser Hinsicht waren aber Orthodoxie und Tradition weitgehend abgebrochen, eine ordnungsgemäße Ordination neuer Mönche war längst nicht mehr möglich. Dieser Missstand im Mönchswesen führte seit der Mitte des 18. Jh.s zu ersten Reformen mit Hilfe von Mönchen aus Burma und Siam (Thailand). Die erste Reform mündet dabei in die Gründung des Siyam-Nikaya im Jahr 1753, d. h. Mönche aus Siam wurden herbeigeholt, um wiederum eine ununterbrochene Sukzessionskette der Ordination der Mönche herzustellen und gleichzeitig eine neue Lehrtradition zu begründen. Als weitere Reformgründungen im Bereich des Ordens sind das Amarapura-Nikaya (1803) und das Ramañña-Nikaya (1865) zu nennen; diese beiden Reformen wurden durch Mönche aus Burma durchgeführt. Ein besonderes Verdienst für den Wiederaufschwung des ceylonesischen Buddhismus kommt Anagarika Dharmapala (1864–1933) zu, der auch die Maha-Bodhi-Society zur Wiedererstarkung des Buddhismus in Indien aktiv unterstützte. Diese Wiederbelebung des Sangha, die bis heute anhält, schließt somit den Kreis: Sri Lanka war zunächst der Mutterboden für den südostasiatischen Theravada-Buddhismus, muss allerdings von dort wieder reformiert werden. Dass dies relativ leicht möglich war, ist u. a. in der Verwendung von Pali als einigendem Band des Theravada begründet. Insgesamt sind heute rund 70 Prozent der Bevölkerung Sri Lankas Buddhisten (13 Millionen).

4.2.2 Burma

Nach einer ceylonesischen Tradition soll Ashoka auch in Burma und in Thailand missioniert haben, indem das Volk der Mon für den Buddhismus gewonnen werden konnte; gesichert ist die buddhistische Präsenz in diesen Ländern aber erst seit dem frühen 1. Jt. n. Chr. Dennoch zeigt diese Tradition zu Recht, dass Südostasien von Sri Lanka beeinflusst wurde. Allerdings liefern nicht nur Theravada-Traditionen, sondern auch Mahayana-Richtungen sowie die Hindu-Kultur wesentliche Anstöße für die kulturgeschichtliche Entwicklung in Südostasien. Spätestens seit dem 3. Jh. n. Chr. legen lokale Dynastien Wert darauf, ihre indische Abkunft zu betonen oder sich an der Hindu-Kultur als Vorbild zu orientieren. Die Missionierung des Mon-Volkes in Niederburma, Nord- und Zentralthailand, das ethnisch und sprachlich mit den Khmer in Kambodscha verwandt ist, kann dabei als Drehscheibe für die weitere Verbreitung des Buddhismus in diesem Raum gelten, zumal die Mon als Träger einer höheren Kultur von den nachfolgenden Einwanderern (Burmanen und Thai) nie zur Gänze ignoriert werden konnten.

Burma als Siedlungsgebiet der Mon zeigt die frühesten Einflüsse des Theravada. Der Legende nach soll Ashoka die beiden Mönche Sona und Uttara nach Suvannabhumi („Goldland"), das gewöhnlich mit den Mon-Fürstentümern identifiziert wird, geschickt haben, um den Buddhismus dort zu verbreiten. Direkt wird die Geschichte des Buddhismus aber erst später fassbar. Die ältesten Inschriften der Mon stammen aus dem 5. Jh. n. Chr. aus Lopburi bzw. aus dem 6. Jh. aus Nakhon Pakhom (60 km westlich von Bangkok). Diese Inschriften zeigen, dass die – durch die Geschichte hindurch fast immer in kleinere Fürstentümer aufgesplitterten – Mon dem Theravada angehörten. Lopburi, die Hauptstadt des Fürstentums von Dvaravati, hatte einen gewissen Führungsanspruch über alle Mon, der sich kulturell über Niederburma und Thailand erstreckte.

Die Zeit von Lopburi (6.–8. Jh.) gilt als Blüte der Mon, wobei während dieser Zeit auch hinduistische Richtungen neben dem Theravada existierten. Parallel dazu war ab dem 3. Jh. das Gebiet von Zentralburma von den Pyu-Fürstentümern besiedelt. Die Pyu sind sprachlich mit den eigentlichen Burmanen (und den Newar in Nepal) verwandt, wobei die Burmanen (Mranma, wovon sich auch die heutige offizielle Landesbezeichnung Myanmar herleitet) seit Beginn des 9. Jh.s an Macht gewannen und 849 mit der Gründung der Hauptstadt Pagan ein neues politisches Zentrum bildeten. Religiös war dieses Gebiet durch einen Synkretismus von Theravada, tantrischem Buddhismus und hinduistischen Richtungen gekennzeichnet. In der Mitte des 11. Jh.s ereignete sich für die Religionsgeschichte von Burma insofern ein Einschnitt, als sich in der Hauptstadt Pagan der König Anuruddha (1044–1077) unter dem Einfluss eines Mon-Mönches zum Theravada bekehrt und – nicht gänzlich ohne Widerstand – aus dem Mon-Gebiet Mönche und heilige Schriften in seinen Bereich importierte.

Seit jener Zeit übernimmt der Buddhismus in Burma die Funktion als Wahrer der Pali-Tradition, wobei hinsichtlich der Qualität der Textüberlieferung in der Folge das „Mutterland" Sri Lanka übertroffen wird, wie zumindest burmesische Chroniken des 17. bis 19. Jh.s betonen. Historisch ist dem wohl entgegenzuhalten, dass nach Ausweis von Inschriften und Malereien in Tempeln bis ins 13. Jh. auch Mahayana- und tantrische Richtungen neben dem Theravada weiter existierten. Gegen Ende des 13. Jh.s verliert Pagan nach einem Mongoleneinfall die politische Führung, die an die inzwischen aus Südchina eingewanderten Thai übergeht; gleichzeitig kann sich in Südburma das Mon-Gebiet wieder unabhängig machen. In den folgenden Jahrhunderten standen mit den Burmanen, Mon und Thai drei Kontrahenten auf der politischen Bühne, deren gegenseitige Kriege das Land schwächten, an der grundsätzlichen geographischen Verteilung – Burmanen in Zentralburma, Mon im Süden, Thai in Nordburma und Zentralthailand – aber nicht allzu viel änderten. Die Mon-Hauptstadt war inzwischen Pegu, und ihr Herrscher Dhammaceti (1472–1492) schickte bald nach seinem Regierungsantritt 22 Mönche nach Sri Lanka, damit sie dort in regulärer Weise ordiniert wurden. Mit dieser Ordination in den Theravada-Sangha verstärkte sich die Theravada-Position Burmas; bis in die Gegenwart führen die burmesischen Mönche ihre Ordination über diese 22 Mönche bis auf Buddha selbst zurück – als Ausdruck der (ideellen, wohl kaum reellen) Bewahrung der Sukzession und „reinen" Tradition.

Wie geschätzt der burmesische Buddhismus seit damals ist, zeigen die vorhin genannten Ordensreformen in Sri Lanka (Amarapura-Nikaya; Ramañña-Nikaya). Genauso führte die Pflege der Pali-Texte dazu, dass das – in der Theravada-Zählung – 5. Buddhistische Konzil (1868–1871) nach Mandalay, das seit 1857 die neue Hauptstadt war, einberufen wurde; Hauptzweck des Konzils war eine Revision des Kanons, um „unechte" Texte auszuscheiden und um sich wieder auf die ursprüngliche „Lehre der Alten" zu besinnen. In Burma genießt das Abhidhamma-Pitaka das höchste Ansehen; im Vergleich dazu bevorzugen die Mönche auf Sri Lanka das Vinaya-Pitaka, während in Thailand das Sutta-Pitaka am meisten geschätzt wird. Als sichtbares Ergebnis des Konzils wurden die Pali-Texte auf 729 Marmortafeln eingraviert und in Mandalay aufgestellt. Politisch parallel ging diesen Ereignissen des 19. Jh.s die schrittweise Eingliederung Burmas in das britische Kolonialgebiet in den drei anglo-burmesischen Kriegen einher, wobei als letztes Ober-Burma mit der Hauptstadt Mandalay 1885 die Unabhängigkeit verlor; damit war ganz Burma Indien zugeschlagen. Religionspolitisch führte die verlorene Selbstständigkeit zum Erwachen des Nationalbewusstseins in Verbindung mit einer buddhistischen Erneuerung. Als Folge dieser politischen Ereignisse lebt seither auch etwa eine halbe Million (meist burma-stämmiger) Buddhisten im Osten von Bangladesh, die in ihrer muslimischen Umgebung gelegentlich unter religiöser Repression zu leiden haben. In Burma selbst sind 88 Prozent der Bevölkerung Buddhisten (ca. 39 Millionen).

4.2.3 Thailand, Laos und Kambodscha

Eng mit Burma verbunden ist die Verbreitung des Theravada im Gebiet des heutigen Thailand, was seinerseits auf Laos und Kambodscha wirkt. Der geographische Raum Thailands war im 1. Jt. n. Chr. durch die Mon-Fürstentümer bestimmt, deren Zentrum um Lopburi war. Während dieser Zeit waren die eigentlichen Thai noch nicht ins Blickfeld der Geschichte dieses Raumes getreten, da sie bis ins 8. Jh. noch in Westyunan auf dem Territorium des heutigen Süd-China siedelten. Ethnisch und kulturell sind die Thai mit den Vietnamesen verwandt, wobei der chinesische Einfluss auf die Vietnamesen ihre Orientierung zum Mahayana-Buddhismus bewirkte. Das Weltbild der Thai in Yunan war durch Naturreligionen bestimmt. Zu Beginn des 2. Jt.s änderte sich jedoch die Lage: Entlang des Mekong zogen sie südwärts, was durch die Berührung mit der Mon-Kultur zur langsamen Annahme des Theravada-Buddhismus führte.

Der eigentliche Aufstieg zur Macht begann in der Mitte des 13. Jh.s: Zunächst wurde Sukhotai, das bislang unter der politischen Führung der Khmer aus Kambodscha stand, unter einem Thai-König unabhängig, bald darauf ging Lopburi aus der Mon- in die Thai-Herrschaft über. Sukhotai wurde als Zentrum seit der Mitte des 14. Jh.s von der neugegründeten Hauptstadt Ayutthya abgelöst; 1767 wurde Ayutthya zerstört. Politisch und religiös war Ayutthya Erbe von Sukhotai und den Mon-Staaten, ein Erbe, das ab 1782 auf die neue Hauptstadt Bangkok und die dort bis heute regierende Dynastie überging. Seit der Vorrangstellung von Ayutthya ist der Theravada-Buddhismus Staatsreligion in Thailand, dem heute rund 57 Millionen Menschen, das sind 91 Prozent der Bevölkerung, angehören. Ungefähr zeitgleich traten auch die den Thai verwandten Laoten erstmals deutlich in Erscheinung, die Schwächung von Sukhotai und der Khmer in Kambodscha ermöglichte ihnen die Gründung eines eigenen Staatswesens. Um die Mitte des 14. Jh.s soll dabei der Herrscher des neuen Laoten-Reiches durch die Heirat mit einer Prinzessin aus Kambodscha den Theravada-Buddhismus angenommen haben. Nachdem Laos 1707 in mehrere Teilstaaten aufgesplittert wurde, verfiel der Buddhismus zusehends, und der Glaube an Schutzgeister (Phi) und Ahnenkulte wurde religiös bestimmend. Erst mit der Überführung von Laos in den Status eines französischen Protektorats (1893) setzte wiederum ein Aufschwung des Buddhismus ein. Von den insgesamt rund fünf Millionen Einwohnern von Laos gehören heute 58 Prozent dem Buddhismus an.

Die Khmer-Zentren in Kambodscha mit ihrer Blüte vom 9. bis zum 13. Jh. waren durch Mahayana und Tantrayana bestimmt, verbunden mit einem *devaraja*-Kult (vergöttlichtes Königtum) hinduistisch-shivaitischer Provenienz. Jayavarman VII. (1181–1218) erneuerte nach einer militärischen Niederlage gegen die Cham aus Vietnam das Khmer-Reich, wobei er nicht nur die Hauptstadt Angkor großartig ausbauen ließ, sondern auch den *devaraja*-Kult durch einen „Buddha-Raja-Kult" ersetzte. Allerdings bremste der Aufstieg Thailands die neuerliche Machtentfaltung der Khmer noch im 13. Jh., und recht schnell wandten sich die Khmer dem Theravada-Buddhismus zu. Spätestens unter König Jayavarman IX. Parameshvara (1327–1336) wurde der Theravada-Buddhismus auch die Religion des Herrscherhauses und Pali die Sprache der religiösen Rituale; wahrscheinlich wurde der Herrscher dabei von Thai-Mönchen unterstützt. Mit der Zerstörung von Angkor (1431) und der Verlegung der Hauptstadt nach Phnom Penh ist die Herrschaft der Khmer endgültig vorbei, und Kambodscha gelangt immer stärker unter den Einfluss bzw. in Abhängigkeit von Thailand, wobei auch die Klöster und Mönche in Kambodscha von Thailand aus reformiert wurden. Rund 88 Prozent der gegenwärtig elf Millionen Einwohner Kambodschas sind heute Buddhisten.

4.3 Der Weg nach Zentralasien und Tibet

4.3.1 Vom Ostiran zur Seidenstraße

Eine Tradition, derzufolge ein Kaufmann namens Bhallika bereits in Bodh Gaya einer der ersten Laienanhänger Buddhas geworden sein soll, möchte den Beginn des Buddhismus in Ostiran und Baktrien bis in die Zeit Buddhas rückdatieren. Erste Spuren dafür, dass Buddhistisches ins iranische Blickfeld geraten ist, finden sich jedoch erst in einigen Inschriften Ashokas, deutlichere Hinweise setzen unter den Kushana-Herrschern seit dem 1. Jh. v. Chr. ein; die buddhistische Tradition hält den Kushana-Herrscher Kanishka – vergleichbar mit Ashoka – für einen der großen Förderer des Buddhismus. Da aber der Beginn der Kanishka-Ära nach wie vor

umstritten ist (Beginn entweder 78 oder 128 n. Chr.), bleibt hier eine Lücke in unserer Kenntnis. Zweifellos hat aber der Weg des Buddhismus aus Nordwestindien nach Ostiran entlang des Verkehrweges von Taxila über Bamyan und Balch bis an die heutige uzbekisch-afghanische Grenze geführt, wobei die Linie von Kandahar nach Balch die westliche Grenze bildet. Im nördlich an dieses baktrische Gebiet anschließenden Sogdien gibt es hingegen in der ersten Hälfte des 1. Jt.s praktisch keine nennenswerten buddhistischen Gemeinden, die buddhistisch-sogdischen Texte datieren erst aus dem 7./8. Jh. und sind Übersetzungen aus dem Chinesischen.
Dass sich einzelne Sogdier bereits in früheren Jahrhunderten dem Buddhismus zugewandt haben, wird allerdings aus chinesischen Quellen deutlich. Hinsichtlich der Schulrichtungen steht der ostiranische Buddhismus in Beziehung zu jenen nordwestindischen Strömungen, die für die Entwicklung des Mahayana-Buddhismus eine wichtige Rolle spielen. Weit verbreitet war offenbar die Sarvastivadin-Schule, die von den Shravakayana-Schulen das größte Nahverhältnis zum Mahayana aufweist. Ein wichtiges Sarvastivadin-Kloster existierte in der Nähe von Peshawar (Pakistan), auch für Balch kann die Existenz eines Sarvastivadin-Zweiges nachgewiesen werden, während in Bamyan (Afghanistan) Mahasanghika-Texte aus den ersten Jahrhunderten n. Chr. gefunden wurden.
Für mehr als ein halbes Jahrtausend – vom 1./2. Jh. bis ins 7./8. Jh. n. Chr. – war der Buddhismus in Ostiran ein wesentlicher kultureller Faktor, wobei auch die wichtige Rolle, die Buddhisten aus ostiranischen Gebieten für die weitere Verbreitung des Buddhismus im östlichen Zentralasien bis nach China gespielt haben, hervorzuheben ist, was sich v. a. in ihrer Übersetzertätigkeit widerspiegelt. In einer Liste von 87 buddhistischen Übersetzern, die zwischen 67 und 420 n. Chr. in China tätig waren, sind beispielsweise sieben Parther, 21 allgemein aus dem „Westen" stammende und sieben Buddhisten aus Kabul genannt, eine andere Liste von 43 Übersetzern aus der Zeit zwischen 420 und 550 n. Chr. nennt zehn Übersetzer aus Kabul bzw. aus dem Westen. Genauso ist darauf zu verweisen, dass buddhistisches Gedankengut entlang der Seidenstraße bis in die Turfan-Oase in der chinesischen Provinz Sinkiang gelangt ist, wobei die Existenz buddhistischer Gruppen seit dem 5. Jh. fassbar wird.
Als frühe wichtige Zentren im östlichen Bereich der Seidenstraße sind etwa Dunhuang oder Kocho zu nennen, weiter im Westen liegt das bud-

dhistische Kloster Khotan, dessen Bedeutung auch hinsichtlich der Übersetzung buddhistischer Texte aus dem Sanskrit ins Sakische oder ins Tibetische nicht unterschätzt werden darf. Entlang der Seidenstraße kamen dabei – v. a. vom 7. bis zum 9. Jh. im Reich der turksprachigen Uiguren – auch Turkvölker mit dem Buddhismus in Berührung, wie archäologische Hinterlassenschaften und uigurisch-buddhistische Texte aus dieser Zeit zeigen. Auf Grund sprachlicher Indizien scheinen diese Turkvölker den Buddhismus primär über ostiranische Vermittler (Sogdier) kennengelernt zu haben, nach Ausweis der Texte sind verschiedene Schulen vertreten, Sarvastivadins genauso wie Anhänger der Yogacara- und Madhyamika-Tradition. Im Laufe des 10. Jh.s setzt entlang der Seidenstraße die Islamisierung ein, wodurch der Buddhismus schrittweise zurückgedrängt wurde. Erst archäologische Entdeckungen von Kloster- und Kultbauten und umfangreiche Handschriftenfunde seit dem Ende des 19. Jh.s haben zur Kenntnis über die Blüte des Buddhismus entlang der Seidenstraße beigetragen.

4.3.2 Tibet

Nach buddhistischer Überlieferung ist Tibet von Avalokiteshvara geschaffen worden, und die Tibeter stammen von einer seiner Inkarnationen und einer Steindämonin ab. Historisch ist eine erste größere überregionale Staatsbildung für das Jahr 443 n. Chr. bezeugt, im 6. Jh. erstreckt sich der tibetische Einflussbereich vom Manasarovar-See im Westen bis in die Provinz Sechuan im Osten sowie von Lhasa mit seinem nördlichen Hinterland bis zur Südseite des Himalaya. Der Herrscher Songtsangambo (ca. 620–647) erweiterte Tibet bis in die chinesische Provinz Kansu, was bis ins 13. Jh. einen latenten Kriegszustand mit China bewirkte. Auch die buddhistische Geschichte Tibets begann mit Songtsangambo: Er holte erstmals buddhistische Mönche aus Nepal und Nordindien, aber auch aus Zentralasien und China ins Land. Der Legende nach war er mit einer Nepalesin und einer Chinesin verheiratet, was wohl die unterschiedlichen buddhistischen Einflüsse auf das Herrscherhaus und die Oberschicht illustrieren soll; denn hinsichtlich einer landesweiten Verbreitung spielte der Buddhismus zu jener Zeit noch eine klare nachrangige Rolle gegenüber der autochthonen Bon-Religion.

Dies änderte sich in der Mitte des 8. Jh.s, als der Buddhismus zur Staatsideologie wurde, indem sich der König als Cakravartin, d. h. als Weltherrscher mit politischem und religiösem Status, verstand. Die Gründung des Klosters Samye in Südtibet, in dem 779 erstmals tibetische Mönche ordiniert wurden, machte den Buddhismus zu einer lebendigen Religion in Tibet, wobei es allerdings auch galt, die traditionelle Bon-Religion zu überwinden. Dazu wurde der nordwestindische Tantriker Padmasambhava ins Land gerufen, der im Ruf stand, als Exorzist und Spezialist für magische Riten besondere Fertigkeiten zur Überwindung dämonischer Kräfte zu besitzen. Offensichtlich ist es Padmasambhava gelungen, die Götter und Dämonen der Bon-Religion zu besänftigen, so dass ein wesentliches Argument gegen die Verbreitung des Buddhismus beseitigt war. Auf Grund der in den folgenden Jahrhunderten legendenhaft ausgeschmückten Padmasambhava-Überlieferung ist sein tatsächlicher Beitrag zum Heimischwerden des Buddhismus in Tibet im späten 8. Jh. nicht mehr präzise zu bestimmen.

Das eine „typische" Charakteristikum des tibetischen Buddhismus, nämlich die völlige Integration magisch-tantrischer Praktiken, dürfte aber der entscheidende Beitrag Padmasambhavas für Tibet sein. Das andere Charakteristikum Tibets, nämlich die Bewahrung des indischen Mahayana in Verbindung mit der Mönchsdisziplin, ist die Konsequenz eines kurz nach Padmasambhavas Wirken im Jahr 792 in Samye durchgeführten „Religionsgespräches", in dem es um die für Tibet passende Form des Buddhismus ging: Ein im Land weilender chinesischer Mönch favorisierte den Chan-Buddhismus, sein Widersacher war Kamalashila aus Nalanda als Vertreter der Madhyamika-Schule. Zentraler inhaltlicher Streitpunkt war die Erlangung von Buddhaschaft und Erleuchtung: Während die Chan-Tradition die plötzliche Erleuchtung betont, für die zwar Meditation hilfreich ist, die aber dadurch nicht bewusst gesteuert werden kann, hebt Kamalashila hervor, dass die Erlangung der Buddhaschaft das Ergebnis eines langwierigen Prozesses ist, in dessen Verlauf der Praktizierende schrittweise geläutert und von seiner Unwissenheit frei wird.

In der zwei Jahre andauernden Disputation setzte sich die indische Position Kamalashilas durch, wodurch es zur schulmäßigen Anbindung Tibets an Indien kam. Dabei haben wohl kaum inhaltliche Gründe allein den Ausschlag gegeben, sondern die politische Antipathie China gegenüber sollte für die Entscheidung nicht unterschätzt werden, zumal der König Initiator dieser Disputation war. Trotz dieser Entscheidung hatte die chinesische Chan-Tradition noch im 9. Jh. Anhänger in Tibet, verlor

aber zusehends an Bedeutung. Im Gefolge von Padmasambhava gewannen während des 9. Jh.s zunächst – v. a. auch in den einfacheren Bevölkerungsschichten – jene tantrischen Buddhisten, deren magische Rituale, Beschwörungen und Heilpraktiken den religiösen Bedürfnissen breiter Kreise entgegenkamen, große Bedeutung. In diese Traditionslinie stellte sich die Nyingmapa, die „Schule der Alten", die besonders Wert auf tantrische Visualisierungen und die Beschwörung von unheilsamen geistigen Energien legt und ferner auch magische Praktiken integriert. Historisch nicht vollkommen zu Recht wird Padmasambhava als der direkte Urheber dieser Richtung angesehen. Als um die Mitte des 9. Jh.s Tibet politisch in Kleinfürstertümer zerfiel, kam die weitere – bislang vom Herrscherhaus geförderte – Entwicklung des Buddhismus ins Stocken.
Ein Neuansatz, der manchmal als „zweite Einführung des Buddhismus in Tibet" bezeichnet wird und der Ausgangspunkt für die Herausbildung der eigenständigen Schulen des tibetischen Buddhismus wird, fällt in das Jahr 1042. Damals kam der bengalische Gelehrte und Mönch Atisha (982 bis 1054) nach Tibet, um die Religion neu zu organisieren, unterstützt von Rinchen-Sangpo, der in Kashmir die Mahayana-Lehren und die indischen Ordensregeln kennen gelernt hatte. Atishas zentraler Beitrag für den tibetischen Buddhismus lag darin, dass er erstmals die Bedeutung Avalokiteshvaras in den Mittelpunkt des Buddhismus in Tibet rückte; seither ist Avalokiteshvara in Tibet die wichtigste Gestalt des buddhistischen Pantheons. Ferner war Atisha über seinen Schüler Dromtön der Urheber der ersten eigentlichen Schulbildung Tibets, der Kadampa-Schule, die 1056 vom Kloster Reting nördlich von Lhasa ihren Ausgang nahm. Diese „an die Gebote gebundene" Schule ist durch die Einhaltung der strengen Mönchsregeln des Vinaya-Pitaka charakterisiert, d. h. Enthaltung von Heirat, Alkohol und materiellem Besitz sind genauso wesentlich für einen Mönch wie die Betonung der Notwendigkeit des Studiums der religiösen Texte und der Meditation.
Zeitgleich sind weitere Schulen entstanden: Die Sakyapa ist eine kleinere, aber bis heute noch bestehende Richtung, die im 13. Jh. ihren Höhepunkt hatte, als ihre Anführer unter der Mongolenherrschaft auch eine politische Rolle spielten. Eines der Charakteristika dieser Schule ist, dass die Äbte der Klöster heiraten konnten. Die Kagyüpa, die Schule der „Anhänger der übermittelten Gebote", geht auf Marpa (1012–1096) zurück, der in den alten buddhistischen Zentren in Bihar studierte und als

Übersetzer tätig war. Noch bedeutsamer für die Schulentwicklung wurde sein Schüler Milarepa (1052–1135), der lange als Yogi und Asket im Himalaya lebte. Sowohl Milarepa als auch Marpa waren Laien, wodurch die Kagyüpa bis in die Gegenwart neben der Nyingmapa jene tibetische Richtung ist, die – trotz der Klosterstruktur – den Laien eine wichtige Position zubilligt. Eines der Hauptklöster der Schule ist Tsurphu, von den verschiedenen Untergruppen dieser Schule kann man besonders die Drukpa in Bhutan und die Karma-Kagyü-Richtung nennen, letztere findet seit einigen Jahrzehnten in Europa und Nordamerika zunehmend Anhänger.

Solchen Schulbildungen übergeordnet sind noch zwei Besonderheiten des tibetischen Buddhismus zu erwähnen: Die im Westen eingebürgerte Bezeichnung „Lamaismus" als Überbegriff für den tibetischen Buddhismus hat zwar keine Entsprechung in Tibet selbst, ist in gewisser Weise jedoch insofern gerechtfertigt, als dieser Begriff die Bedeutung des Lehrers, des „Lama", in diesen buddhistischen Richtungen hervorhebt. Ferner ist auf Grund der Bedeutung der Ordensregeln, die deren Wertschätzung im Theravada-Buddhismus vergleichbar ist, sowie der Betonung der Mahayana-Lehren und Dogmatik und der Integration tantrischer Praxis in den gelebten Buddhismus das Selbstverständnis tibetischer Buddhisten nicht vollkommen falsch, wenn sie betonen, dass der tibetische Buddhismus die „umfassendste" Form des Buddhismus sei.

Ab dem 13. Jh. traten Mongolen ins Blickfeld Tibets. Die mongolische Vorherrschaft, die z. T. auch China erfasste, was den latenten Konflikt zwischen Tibet und China vorerst beendete, blieb in den Folgejahrhunderten bestehen. Bis zur Mitte des 14. Jh.s lag die weltliche Macht Tibets in den Händen der Führer der Sakyapa, die von den Mongolen als Oberhaupt Tibets geduldet wurden. Im 14. Jh. setzten auch die umfangreichen tibetischen Literatursammlungen ein, nämlich die Sammlung der religiösen Traditionen im Kanjur und die Kommentarsammlungen im Tanjur; zum Kanjur gehören rund 800 Einzelwerke, zum Tanjur etwa 4000. Religiös kam es zu Beginn des 15. Jh.s zu einer Reform unter Tsongkhapa (1357–1419), der die Gelugpa („Tugend-Schule") errichtete. Tsongkhapa war zunächst Kadampa-Mönch, wobei er Organisation und Ausbildung des Mönchtums neu gestaltete, indem er die Vinaya-Regeln erneut zur Geltung brachte und die Mahayana-Lehren Nagarjunas, Asangas und Dignagas in seinem Werk „Große Darlegung des Stufenweges" aktualisierte; mit der Einführung des „Neujahrsfestes" (Mön-Lam), der Errichtung des Klosters Ganden (1409) in der Nähe von Lhasa und der Bestimmung, dass kultische Handlungen der Gelugpa nur noch von Mönchen ausgeführt werden dürfen, legte er den Grundstock für die weitere Entfaltung der Gelugpa. Für die politische Machtentfaltung der Gelugpa war entscheidend, dass es – nachdem die politische Rolle der Sakyapa geschwunden war, die Mongolen aber noch immer die Vorherrschaft über Tibet ausübten – dem Gelugpa-Oberhaupt Sodnam Gyatso im Jahr 1578 gelang, den Mongolenführer Altan Khan zum Buddhismus zu bekehren.

Damit traten nicht nur die Mongolen in der Gefolgschaft ihres Anführers geschlossen der Gelugpa bei, sondern Altan Khan verlieh Sodnam Gyatso auch den Titel Dalai-Lama, „Ozean des Wissens"; posthum wurde der Titel auch auf seine beiden Vorgänger übertragen. Die hiermit begonnene erneute politisch-religiöse Verbindung zwischen einer tibetischen Schulrichtung und mongolischen Herrschern führte schließlich unter dem fünften Dalai-Lama Ngawang Lozang Gyatso (1617–1682) zur Verselbstständigung Tibets von der mongolischen Vorherrschaft und zur Etablierung der Macht der Gelugpa als politisch einigender Kraft Tibets, an deren Spitze der Dalai-Lama steht, als politisches Oberhaupt des weltlichen Staates und als religiöses Oberhaupt Tibets als Inkarnation Avalokiteshvaras, des Beschützers Tibets; die endgültige Erhebung von Lhasa zur Hauptstadt und zum Wohnsitz des Dalai-Lama im Jahr 1653 verstärkte diese Entwicklung.

Ab dem 17. Jh. entstanden auch außerhalb des eigentlichen Tibet einige kleine tibetische Fürstentümer, so in Bhutan, wo die Drugpa die dominierende buddhistische Schule ist, die sich nicht nur bis in die Gegenwart bewahrt hat, sondern heute in diesem Himalaya-Staat auch Staatsreligion mit blühenden Klöstern ist, in denen oft bis zu 500 Mönche leben. Auch Sikkim war seit dem 17. Jh. ein kleines tibetisches Königreich, bis es 1890 britisches Protektorat und nach einer kurzen Phase der Unabhängigkeit 1975 von Indien annektiert wurde. Bereits seit 1834 ist Ladakh ein Teil Indiens, hauptsächlich vertreten sind in Ladakh Gelugpa- und Drugpa-Klöster, z. B. in Spituk und Tiktse bzw. in Hemis. Auch im benachbarten westlichen Nepal gab es mit Mustang ein rein tibetisches Siedlungsgebiet. Die Entwicklung innerhalb Tibets selbst ist im 18. und 19. Jh. dadurch gekennzeichnet, dass einige der Dalai-Lamas politisch und religiös ihren Aufgaben kaum gewachsen waren. Dadurch geriet Tibet von 1720 bis 1912 zumindest nominell unter chinesisch-mandschurische Oberherrschaft; erst der 13. Dalai-Lama (1876–1933) konnte sich von der chinesischen Bevormundung befreien und nach dem Sturz des chinesischen Kaiserreichs im Jahr 1912 auch formell die Unabhängigkeit Tibets wiederherstellen, deren Ende er allerdings kurz vor seinem Tod 1933 prophetisch kommen sah. Eine Gesamtzahl tibetischer Buddhisten ist heute wegen der von der politischen Situation bedingten weltweiten Verbreitung tibetischer Flüchtlinge schwer zu benennen; eventuell kann man vielleicht mit rund 1,8 Millionen Anhängern rechnen, von denen außerhalb des heutigen Tibet etwa 390.000 in Bhutan und 60.000 in Nepal leben, dazu kommen rund 130.000 tibetische Flüchtlinge (Indien, Nepal).

4.3.3 Mongolen

Die mongolischen Il-Khane, die in der zweiten Hälfte des 13. Jh.s bis in den Iran herrschten, waren vor ihrer Bekehrung zum Islam im Jahr 1295 Buddhisten; diese Religion hatten sie von Chinesen kennen gelernt. Für die Verbreitung des Buddhismus unter den mongolischen Anhängern von schamanistisch geprägten Stammesreligionen waren jedoch zwei Impulse aus Tibet wirksamer, nämlich in der Mitte des 13. Jh.s Kontakte mit der Sakyapa-Tradition und schließlich die Bekehrung des Altan Khan durch den Dalai-Lama im Jahr 1578. Angeblich spielte bei solchen Bekehrungen die „magische" Kompetenz tibetischer Buddhisten eine beeindruckende Rolle, da die Fähigkeit der Buddhisten derjeniger mongolischer Schamanen äußerlich teilweise vergleichbar war, so dass für die Verbreitung des Buddhismus ein gewisser Anknüpfungspunkt gegeben war. In Blütezeiten lebte dabei fast die Hälfte der männlichen Bevölkerung in Klöstern. Bedingt durch die nomadische Lebensweise großer Teile der Mongolen verbreitete sich der mongolische Buddhismus ab dem 17. Jh. weit über die Grenzen der heutigen Mongolei hinaus, der Stamm der Kalmücken brachte im 17. Jh. den Buddhismus erstmals auf europäisches Territorium, als sich Kalmücken an der unteren Wolga innerhalb des zaristischen Russland ansiedelten. Durch Benachteiligung im 18. Jh. zog ein Teil dieser mongolisch-buddhistischen Nomaden 1771 wieder in die östlichen zentralasiatischen Steppen, aber noch zu Beginn der Sowjetherrschaft im Jahr 1917 gab es rund 2800 kalmülckische Mönche, die in der Folge jedoch nachhaltig unterdrückt wurden.

Östlich des Baikalsees wurden die Burjaten im Laufe des 18. Jh.s durch mongolische Wandermönche mit dem Buddhismus bekannt, am Ende des 19. Jh.s hatte jeder Nomadenstamm sein eigenes Kloster, das wichtigste Zentrum war das Kloster Iwolginsk, rund 40 Kilometer von der burjatischen Hauptstadt Ulan Ude entfernt. Bis zu Beginn des 20. Jh.s gehörte etwa ein Fünftel der Burjaten dem Buddhismus an, die nach Möglichkeit auch Wallfahrten zu buddhistischen Stätten in Tibet oder in der inneren Mongolei unternahmen. Die Sowjetherrschaft bedeutete auch für die Burjaten einen Rückschlag, erst Anfang der 70er Jahre des 20. Jh.s begann die sowjetische Propaganda, das Kloster von Iwolginsk für eigene Zwecke zu nutzen, seit dem Ende der Sowjetunion ist das Kloster zu einem Zentrum zur Wiederbelebung des Buddhismus unter den zentralasiatischen Völkern auf dem Gebiet der ehemaligen Sowjetunion geworden. Die von Tibet geprägten Buddhisten auf dem Gebiet der eigentlichen Mongolei kamen ab dem 18. Jh. unter chinesische Vorherrschaft, wobei von China aus zwar die Klöster kontrolliert, aber auch finanziell unterstützt wurden, so dass die Mönche zu den größten Grundbesitzern auf mongolischem Gebiet wurden. Das Zentrum und der Hauptsitz des religiösen Oberhaupts der mongolischen Buddhisten war in Ulan Bator, wobei das Ende des chinesischen Kaiserreichs im Jahr 1912 der äußeren Mongolei die Erlangung der Unabhängigkeit ermöglichte. Ein Jahrzehnt später leitete die kommunistische Machtübernahme jedoch auch für die mongolischen Buddhisten eine Zeit der Verfolgung ein, die erst zu Beginn des letzten Jahrzehntes des 20. Jh.s endete. Inzwischen bekennen sich wiederum rund 90 Prozent der zweieinhalb Millionen Einwohner der Mongolei zum Buddhismus.

4.4 Wandlungen des Buddhismus in Ostasien

4.4.1 China und Vietnam

Die Verbreitung des Buddhismus in China begann nach der Legende mit einem Traum des Han-Kaisers Liu Zhuang (57–75 n. Chr.), der darin aufgefordert wurde, aus Zentralasien buddhistische Mönche in seine Hauptstadt Luoyang holen zu lassen, die dort danach den „Tempel des Weißen Pferdes" gründeten. Diese Schilderung der Anfänge der Religion deutet darauf hin, dass der Buddhismus schrittweise durch Händler, Gesandte und Mönche in der Hauptstadt bekannt wurde und zunächst auf solche

nicht-chinesische Randschichten beschränkt war. Einer breiteren Akzeptanz des Buddhismus unter Chinesen stand der Konfuzianismus als gesellschaftsprägende Komponente entgegen. Denn Werte konfuzianischer Ethik wie Loyalität zu Höhergestellten, Ahnenkult und eine Orientierung auf Diesseitiges entsprechen nicht den Idealen buddhistischer Weltsicht mit einer Hinwendung zum Geistigen und der Nicht-Integration von Mönchen in ein Erwerbs- und Arbeitsleben. Diese Spannung zwischen konfuzianischer Tradition und Buddhismus ist dabei ein kontinuierlicher Faktor der chinesischen Geschichte, der v. a. in den Anfängen des Buddhismus spürbar blieb. Leichter ließen sich von Anfang an Berührungspunkte zwischen Anhängern des (religiösen) Daoismus und dem Buddhismus finden: Das Dao als mystisch-absolute Größe, die nur individuell erfahrbar, aber nicht intellektuell beschreibbar ist, ist in dieser Hinsicht dem Nirvana vergleichbar; auch legte man Wert auf ein einfaches Leben im Einklang mit der Natur, was vordergründig mit buddhistischer Askese korreliert.
Somit konnten Anhänger des Daoismus den Buddhismus durchaus als neue Technik der Lebensgestaltung und -verlängerung auffassen. Dennoch muss aber festgehalten werden, dass der Buddhismus während der Han-Zeit (206 v. Chr. bis 220 n. Chr.) nur langsam Fuß fasste, getragen von ausländischen Missionaren (z. B. 148 n. Chr.: An Shih-kao aus Parthien; zwischen 166 und 188: Lokakshema aus Kushana), die allerdings bereits frühzeitig mit der Übersetzungsarbeit buddhistischer Texte ins Chinesische begannen. Zu den frühen Übersetzungen gehörten die Prajñaparamita-Sutren, und um die Mitte des 3. Jh.s wurden auch Vinaya-Texte übersetzt. Angeblich waren bis zum Jahr 400 bereits 1300 buddhistische Texte übersetzt. Diese Übersetzungen orientierten sich von Anfang an am chinesischen literarischen Stil, weshalb in „Übersetzerteams" gearbeitet wurde. Der ausländische Missionar trug den Text vor, von dem ein zweisprachiger Dolmetscher eine Rohübersetzung anfertigte, die schließlich sprachlich redigiert wurde, um literarischen Ansprüchen und Formen zu genügen.
Diese Übersetzungsteams, die im 5. Jh. bis zu mehreren Dutzend Personen umfassen konnten, schufen ein besonderes buddhistisches Übersetzungschinesisch, das literarisch nicht ganz das Niveau der Literatursprache erreichte und mit volkssprachlichen Elementen und daoistischen Lehnwörtern durchsetzt war. Die Notwendigkeit, auf daoistisch geprägte

Ausdrücke zur Übersetzung von buddhistischen Fachbegriffen zurückzugreifen, trug von Anfang an auch dazu bei, die daoistische Weltsicht in den chinesischen Buddhismus einzubringen. Mahayana-Erbauungsschriften, die die Erlösungskraft der Buddhas und Bodhisattvas behandeln, und Lehrschriften über die Leerheit der Phänomene gehören zu den frühen Übersetzungen. Beliebt waren aber auch kurze Texte, die sich auf *dhyana* (Meditation) bezogen, wobei diese buddhistische Praxis äußerlich daoistischen Praktiken der Trance und Atemkontrolle glich. Dadurch ist der chinesische Buddhismus von Beginn an gewissen Wandlungen unterworfen. Ein treffendes Beispiel dafür ist die „Seelenvorstellung". Die indisch-buddhistische Vorstellung, dass es keine bleibenden Substanzen gibt und alles veränderlich ist, läuft den chinesischen Traditionen zuwider, wo es heißt, dass zwar der Körper Vernichtung erfährt, die Seele aber nicht, sondern in den Himmel gelangt. In dieser Auseinandersetzung konzedieren chinesische Buddhisten unabhängig von vergleichbaren indischen Traditionen, dass es ein geistiges Etwas aus feinster Materie gebe, das von Existenz zu Existenz wandert und so bestehen bleibt. Man muss hierin eine Neuinterpretation der eigenen Lehren auf Grund der chinesischen Umwelt sehen.

Die auf das Ende der Han-Dynastie folgende Zersplitterung des riesigen Landes bot dem Buddhismus Chancen der Erstarkung. Ausdruck dafür war nicht nur die in der Mitte des 4. Jh.s entstandene Legende, dass bereits Ashoka in China Buddhareliquien in großer Zahl verbreitet habe, sondern auch die im Jahr 355 in Ostchina erstmals gegebene Erlaubnis, dass Chinesen buddhistische Mönche werden konnten. Seit dem Ende der Han-Dynastie gewann der Buddhismus vom Süden her ebenfalls Eingang nach China, nämlich über Sri Lanka und Südostasien nach Kanton und dann weiter entlang der Küste an den unteren Yangtse, genauso gelangte von Südchina aus Vietnam in den Einflussbereich des Mahayana-Buddhismus. Allerdings war die südliche Missionsroute ungleich unbedeutender als der Zuzug buddhistischer Missionare und Gedanken aus Zentralasien. In der zweiten Hälfte des 4. Jh.s kam durch Kumarajiva (344/50–413) aus Kutscha die Madhyamika-Philosophie Nagarjunas nach China. Die Förderung der Religion durch Herrscher in Nordchina führte in der Folge auch zur Zunahme der Zahl der buddhistischen Mönche und Nonnen, ferner wurden die Klöster staatlich organisiert, indem die Vorsteher der Klöster „Staatsbeamte" wurden, was Vorteile und staatliche Unterstützung bedeutete. Als Nordchina in der Mitte des 5. Jh.s durch die Wei-Dynastie (396–535) politisch geeint wurde, war der Buddhismus eine etablierte Religion, wie einige Zahlen verdeutlichen: Im Jahr 477 gab es 6500 Klöster mit 77.000 Mönchen und Nonnen, 40 Jahre später bereits 30.000 Klöster mit mehr als zwei Millionen Mönchen und Nonnen. Südchina war um diese Zeit politisch vom Norden unabhängig, allerdings nahm auch hier die Zahl der Mönche und Laienanhänger durchaus zu. Wie sehr der Buddhismus auch in weltlichen Belangen bereits eine wesentliche Komponente zu spielen begann, zeigt sich beispielsweise daran, dass im 5. Jh. manche Laienanhänger den buddhistischen Klöstern gegenüber verschuldet waren, die als „Bank" und Wirtschaftsfaktor fungierten. Zu Beginn des 6. Jh.s wollte Kaiser Wu (502–549) den Buddhismus in Südchina zur Staatsreligion machen, wozu er 518 die daoistischen Klöster und Tempel schließen, ordinierte Daoisten in den Laienstand zurückversetzen und blutige Opfer aus dem Kult entfernen ließ.

Die offizielle Förderung des Buddhismus blieb jedoch hauptsächlich auf die Hauptstadt und die großen Klöster beschränkt, während die „Dorfbuddhisten" philosophisch kaum gebildet waren und eine Symbiose mit lokalen nichtbuddhistischen Kulten, mit daoistischen Anschauungen, Magie und Ahnenkult zu bilden begannen. Als am Ende des 6. Jh.s die politische Trennung zwischen Nord- und Südchina überwunden wurde, war der Buddhismus neben dem volkstümlicheren Daoismus und dem staatsideologischen Konfuzianismus zur dritten großen religiösen Komponente aufgestiegen. Während der folgenden Tang-Dynastie (618–907) erreichte der chinesische Buddhismus seine größte Blüte, wobei der daraus resultierende Wohlstand der Klöster aber die wirtschaftlichen Grundlagen des chinesischen Staates schwächte, weil die Klöster zwar reich, aber wirtschaftlich unproduktiv waren und von der Bevölkerung erhalten werden mussten. Diese Entwicklung bedingte eine Verfolgung des Buddhismus im Jahr 845, bei der das Klostereigentum vom Staat konfisziert, Mönche und Nonnen „zwangslaisiert" und rund 15.000 Tempelsklaven freigelassen wurden, um sie so wieder in ein konfuzianischer Ethik entsprechendes, „produktives" Wirtschaftsleben einzugliedern. Obwohl diese Verfolgung gegen die organisierte Geistlichkeit gerichtet war, deren Position gebrochen werden sollte, während buddhistische Laien bzw. der Buddhismus als religiöses System nicht direkt behelligt wurden, illustriert sie ein Charakteristikum der chinesischen Religions- und Kulturgeschichte: Prägende Kraft der chinesischen Gesellschaft ist die konfuzianische Tradition, was letztlich verhindert hat, dass China ein durchgehend „buddhistisches" Land werden sollte.

Während der Tang-Zeit kam es zur systematischen Bildung einer Reihe von Schulen, die teilweise direkt von Indien beeinflusst waren oder neu in China entstanden, wobei diese Schulen die weitere Verbreitung des Buddhismus nach Korea und Japan mitbestimmten und in unterschiedlicher Vitalität bis heute vorhanden sind. Insgesamt kann man von wenigstens fünf großen chinesischen Schulen sprechen: Tiantai, Huayan, Zhenyan, Chan, Jingtu.

Die Tiantai-Schule (japanisch: Tendai) geht auf Zhiyi (538–597) zurück, eine hervorragende Stellung nimmt in dieser Schule das Avatamsaka-Sutra ein, das aber vom Lotos-Sutra noch übertroffen wird, deshalb gelegentlich auch „Lotosschule" genannt. Das Lotos-Sutra ist einer der klassischen Sanskrit-Texte des Mahayana-Buddhismus, der als Lehrunterweisung des Buddha für alle Lebewesen gilt. Ausführlich wird die Mahayana-Lehre von den transzendenten Buddhas und der Möglichkeit der Erlösung für alle Wesen formuliert, wobei gläubiges Vertrauen *(shraddha)* auf den Buddha und die Bodhisattvas – v. a. auf Avalokiteshvara, dem ein eigenes Kapitel gewidmet ist – eine wesentliche Methode auf dem Weg zur Erlösung ist. Eine erste chinesische Übersetzung soll im Jahr 223 angefertigt worden sein, die Übersetzung durch Kumarajiva (406) hat dabei wesentlich zur Popularisierung des Mahayana-Buddhismus in China und Ostasien beigetragen. Inhaltlich verbindet die Tiantai-Schule unterschiedliche Mahayana-Lehren durch die Vorstellung des *pan-chiao*, der „Abstufung der Lehren", d. h. der Idee, dass eine bestimmte Schrift die höchste Wahrheit enthält, während andere Texte lediglich vorläufig gültige Aussagen für bestimmte Zuhörer beinhalten: Nach Zhiyi enthält das Avatamsaka-Sutra zwar die Lehre der reinen Wahrheit, die der Buddha bei seiner Erleuchtung erkannt und den Menschen gezeigt hat, aber diese Lehre sei für die Menschen zu schwierig, so dass der Buddha ihnen auch die leichtere Hinayana-Lehre dargelegt habe, die jedoch nur eine Einführung in die wahre Lehre des Mahayana darstellt.

Erst am Ende seines Lebens habe der Buddha seinen Jüngern schließlich die volle Wahrheit im Lotos-Sutra vermitteln können, d. h. die Tiantai-Schule hat ihr Ziel im „Einen Fahrzeug" des Lotos-Sutra. Die Tiantai-

Schule neigte dazu, die Zusammenarbeit mit weltlichen Behörden zu fördern, was zeitweilig den Tiantai-Klöstern durchaus materiellen Wohlstand brachte, der von Chan-Mönchen kritisiert wurde. Möglich wurde dies deswegen, weil die Schule den Erscheinungen der Welt einen höheren Grad an Realität zubilligte, als dies bei anderen Schulen der Fall war. Begründet ist dies durch eine dualistische Theorie als Besonderheit der Tiantai-Schule, die vom Absoluten (der „wahren Soheit" oder dem „Mutterleib des Tathagatha", wie beliebte Tiantai-Termini lauten) annimmt, dass es fähig ist, die Dinge in dieser und in der transzendenten Welt hervorzubringen, wodurch auch die unbelebte Welt Anteil hat an der Buddhanatur.

Die Huayan-Schule, die „Blütengirlandenschule", kann als Weiterentwickung der Tiantai-Richtung verstanden werden; auch hier finden wir das Prinzip des *pan-chiao*, allerdings wird im Avatamsaka-Sutra die höchste Lehrebene beschrieben. Die Schule ist um 630 entstanden, neben dem Patriarchen Tu-shun ist einer der wichtigsten Lehrer Fatsang (643–721). Wie in der Tiantai-Schule wird absolut die Wirklichkeit bejaht, wobei alles in der Welt von Buddha wie in einem Spiegel angestrahlt wird, so dass alles Seiende – Gutes und Böses, Großes und Kleines – harmonisiert wird. Diese Harmonisierung aller Dinge bedeutet eine Gleichheit, die durch die gegenseitige Durchdringung von allem mit jedem interpretiert wird, wobei das eine kosmische Prinzip in allen Dingen und Wesen vorhanden ist.

Anders formuliert heißt das, dass dieser harmonische Zustand von jedem erreichbar ist, weil er nicht transzendent ist, sondern jede Seele eigentlich Buddhanatur hat, so wie der ganze Mensch und auch die Welt Buddhanatur haben. Die Betrachtung dieser Harmonie und Schönheit sowie des Wechselspiels der gegenseitigen Durchdringung trägt dazu bei, dass man sich der eigenen Buddhanatur bewusst werden kann und den Zustand des Erwachens erreicht. Die Vorstellung, dass alles Buddhanatur hat, hat die Stellung zur Natur in Ostasien („Naturfrömmigkeit") beeinflusst, wobei die Huayan-Schule in China um 1000 zu Ende gekommen ist.

Als esoterischer bzw. tantrischer Buddhismus kann die Zhenyan-Schule (bzw. *mizong*) gelten, die im 8. Jh. durch drei Inder an den chinesischen Hof gebracht wurde. Eine wichtige Rolle in dieser Schule spielt ein reichhaltiger Ritualismus, z. T. mit Zauberpraktiken, der zwar dem absoluten Buddha untergeordnet ist, aber als praktische Handhabe gilt, Katastrophen vom Staat abzuwehren und das Schicksal der Menschen nach dem Tod günstig zu beeinflussen. Nach einem Jahrhundert ist diese Form des tantrischen Buddhismus aus China wieder verschwunden, lebt aber z. T. in Japan weiter. Erst in späterer Zeit fanden gelegentlich tantrische Strömungen des tibetischen Buddhismus in China wiederum einzelne Anhänger.

Der Chan-Buddhismus geht legendär auf Bodhidharma (6. Jh.) zurück, der in der Hauptstadt Luoyang neun Jahre damit verbrachte, die „Wand anzustarren"; darin klingt bereits die überaus große Bedeutung der Meditation in dieser Schule an. Ab dem 9. Jh. fand Chan weite Verbreitung, wobei er sich vom Tiantai- und Huayan-Buddhismus und dessen Philosophie dahingehend unterscheidet, dass man unabhängig von begrifflicher Spekulation und Lehrdiskussion Erleuchtung erstrebt. Da die Buddhanatur in jedem Einzelnen immanent ist, kann diese auf direktem Weg durch die „Geist-zu-Geist-Übertragung" vom Meister auf den Schüler verwirklicht werden, ohne dass man dazu der kanonischen Texte bedarf. Um sich vom Konventionellen zu lösen, greift man dabei auf Ungewohntes zurück: widersprüchliche Behauptungen, paradoxe Antworten, Schreien und Schlagen. Der Meditierende soll dadurch in den Zustand des „Nicht-Denkens" versetzt werden, um so zur plötzlichen Erfahrung der Erleuchtung zu gelangen.

Ebenfalls charakteristisch für den Chan-Buddhismus ist die erstmals deutlich formulierte Aufhebung der Grenzen zwischen profan und religiös sowie die Einordnung des Alltagslebens in den buddhistischen Weg, bildlich formuliert sind Holzhacken oder Wassertragen genauso „heilbringend" wie Meditation. Hervorzuheben ist der Mönch Pai-chang (um 800), der für die zu seiner Zeit noch kleine Chan-Gemeinde neue Klosterregeln formulierte und dadurch der Gemeinde eine wirksame Organisationsform gab. Er hob den Wert der Arbeit hervor, betonte die Schlichtheit der Lebensbedingungen, die bewusst an die frühe buddhistische Mönchstradition anknüpfen wollte. Damit wurde nicht nur gegen die reichen Tiantai-Klöster opponiert, sondern auch der konfuzianische Vorwurf des Schmarotzertums der Mönche konnte deutlich entkräftet werden, was das soziale Ansehen der Mönche steigerte.

Die Jingtu-Schule („Reines Land") stellt die Frömmigkeit und die glaubende Hingabe an den Buddha Amitabha in den Mittelpunkt der Lehre und kultischen Praxis, um dadurch Erlösung zu erlangen. Die Anfänge dieser Schulrichtung gehen bereits auf den Mönch Huiyuan (334–416) zurück, stärker organisiert und ausgebaut wird sie jedoch erst durch Daochuo (562–645) und Shandao (613–681). Die Schule basiert auf der indischen Amitabha-Legende und dem *Sukhavativyuha-Sutra*, worin von den 48 Gelübden des Bodhisattva Dharmakara die Rede ist, der später zum Buddha Amitabha wurde. Eines seiner Gelübde betont, dass jeder, der seinen Namen vertrauensvoll anruft, gerettet und im „Reinen Land" bzw. im „Westlichen Paradies" wiedergeboren wird, um danach ins Nirvana einzugehen. Die Stärke der Schule liegt darin, dass sie für Massen anziehend wirkt, weil die einzige notwendige Tugend nach Auffassung ihrer Vertreter der Glaube ist. Obwohl die Schule als eigenes System bereits im 9. Jh. zu existieren aufhört, bleibt sie wirkungsgeschichtlich bedeutsam, weil die Betonung des Vertrauens auf Buddha in der Folge praktisch von allen anderen chinesischen Schulen aufgegriffen und in die eigene Lehre integriert wurde.

Die Geschichte des Buddhismus in China im 2. Jt. ist weitaus weniger ertragreich als im ersten Jahrtausend. Unter der Song-Dynastie (960 bis 1279) konnte sich der Buddhismus zunächst mit einer gewissen Unterstützung des Kaiserhauses erholen, doch unübersehbar nahmen die Bevorzugung des Konfuzianismus zu und das Interesse am Buddhismus ab. Die mongolische Herrschaft über China bis 1368 unterstützte zwar den tibetischen Buddhismus, ohne jedoch den chinesischen Buddhismus zu fördern. Während der Ming- (1368–1644) und Qing-Dynastie (1644–1912) kam es wiederholt zur Unterdrückung von Buddhisten und Daoisten, v. a. Klöster wurden vieler ihrer Privilegien beraubt und staatlich kontrolliert, so dass auch das Mönchtum deutlich abnahm. Erst zu Beginn des 20. Jh.s setzte eine Erneuerung des chinesischen Buddhismus ein, die jedoch durch den Chinesisch-Japanischen Krieg (1937–1945) und die Machtübernahme durch Mao Zedong vor ihrer wirklichen Entfaltung gestoppt wurde. Erst in den beiden letzten Jahrzehnten kam es zu einem gewissen Nachlassen der Repressalien gegen den Buddhismus, so dass Schätzungen derzeit von etwa 100 Millionen Buddhisten in China ausgehen, d. h. etwa acht Prozent der Gesamtbevölkerung des Landes.

Der Rückgang des Buddhismus in China ermöglichte eine stärkere von China unabhängige Entwicklung in Vietnam; denn während des 1. Jt.s war der Norden Vietnams chinesische Provinz, so dass immer wieder chinesische Mönche ins Land kamen. Erst im Jahr 939 konnte sich der Norden

politisch von China unabhängig machen, und während der Regierungszeit des Kaisers Dinh Tien Hoang (968–979) wurde der Buddhismus mit staatlicher Unterstützung hierarchisch neu organisiert; das kaiserliche Wohlwollen für die Religion hielt einige Jahrhunderte an, obgleich seit der zweiten Hälfte des 12. Jh.s der daoistische Einfluss insofern ein beträchtliches Ausmaß erhielt, als magische Praktiken und Versuche mit daoistischen Elixieren zur Verlängerung des Lebens auch von buddhistischen Mönchen ausgeübt wurden. Während des 15. Jh.s kam es zur vorübergehenden Beeinträchtigung des Buddhismus durch die Förderung konfuzianischer Gedanken, im darauffolgenden Jahrhundert wurde jedoch mit Hilfe chinesischer Mönche eine Renaissance des Buddhismus eingeleitet, die in großen Zügen bis zum Einsetzen der französischen Kolonialherrschaft seit der Mitte des 19. Jh.s andauerte. Diese brachte einerseits einen spürbaren Aufschwung für das katholische Christentum, verbunden mit dem Rückgang des Buddhismus, bildete andererseits aber auch den Nährboden für einen seit den 20er Jahren des 20. Jh.s einsetzenden vietnamesischen Nationalismus gepaart mit buddhistischen Reformbemühungen.
In diesem Zusammenhang begann – v. a. im Süden Vietnams, zumeist getragen von den Khmer – auch der Theravada-Buddhismus neben dem Mahayana-Buddhismus Fuß zu fassen. Die politische Teilung Vietnams im Jahr 1954 in einen kommunistisch ausgerichten Norden und einen autoritär gelenkten Staat im Süden drängte in beiden Landesteilen den Großteil der buddhistischen Mönche in politische Opposition, die auch während des Vietnamkrieges (1964–1975) anhielt. Ausdruck der Proteste gegen die politischen Verhältnisse waren mehrere Selbstverbrennungen buddhistischer Nonnen und Mönche, einer der bekanntesten Führer solcher Proteste war der 1926 geborene und bis heute aktive Rinzai-Mönch Thich Nhat Hanh. Mit dem Sieg des Vietkong und der Vereinigung der beiden Staaten unter der Führung des kommunistischen Nordens wurde der Buddhismus als Religion zwar nicht verboten, aber doch Repressalien ausgesetzt, die sich v. a. gegen politisch aktive Buddhisten wandten. Vor etwas mehr als einem Jahrzehnt setzte eine langsame Verbesserung der Situation ein, indem die Kultausübung erleichtert und auch buddhistische Klöster- und Tempelanlagen – z. T. auch aus touristischem Interesse von Seiten des Staates – wiederum erneuert wurden. Allerdings bleiben bis in die jüngste Vergangenheit buddhistische Mönchsorden die einzige organisierte Oppositionskraft, die sich in Vietnam für Meinungsfreiheit,

Demokratie und Beachtung der Menschenrechte einzusetzen vermag. Derzeit machen die Buddhisten etwa 55 Prozent der Gesamtbevölkerung von 70 Millionen Menschen aus.

4.4.2 Korea als Vermittler zwischen China und Japan

Der Aufschwung des Buddhismus in Nordchina im 4.–6. Jh. ermöglichte zugleich die weitere Verbreitung dieser Religion auf die koreanische Halbinsel, die zu jener Zeit in drei rivalisierende Königreiche geteilt war. Offizielle Daten nennen 392 als das Jahr, in dem der Buddhismus im nördlichen Reich, in Koguryo, zur Staatsreligion erhoben wurde, nach Paekje brachten Gesandte aus Südchina die Religion im Jahr 384, während das damals unbedeutendere Königreich Silla erst 528 vom Buddhismus erfasst wurde. Die Daten sind dabei lediglich Ausdruck diplomatischer Kontaktaufnahmen; die eigentliche Verbreitung des Buddhismus geschah wohl allmählich. Mit dem Buddhismus gelangten chinesische Kultur und Schrift nach Korea, d. h. der Buddhismus besaß für Korea eine kulturell prägende Kraft, zumal Korea zu jener Zeit noch in einfach entwickelte Stammesgesellschaften gegliedert war. Ferner ist hinsichtlich der kulturgeschichtlichen Bedeutung des koreanischen Buddhismus hervorzuheben, dass er Drehscheibe und Vermittler des Buddhismus (und chinesischer Kultur) nach Japan wurde.

Nach den ersten Anfängen gewann mit dem Aufstieg von Silla im 7. Jh., als Korea politisch praktisch geeinigt war, der Buddhismus an Bedeutung, wobei die vorhin genannten chinesischen Schulen auch in Korea Fuß fassten, am stärksten vertreten war die Chan-Schule (in der koreanischen Bezeichnung Son). In der Silla-Periode unterschied man in Korea zwischen zwei Formen des Buddhismus: Die „Fünf Lehren", womit die fünf chinesischen Hauptschulen gemeint waren, und die „Neun Berge", womit die neun in Korea damals vorhandenen Son-Klöster bezeichnet wurden. Beide Begriffe, die sich im Bereich des Son überlappten, machen unübersehbar die enge Verflechtung mit China deutlich. Einer der wichtigsten koreanischen Denker dieser Zeit war Wonhyo (617–686), der sein Mönchsleben aufgab, um auf populäre Art den Buddhismus (erstmals in Korea) allgemein verständlich zu machen; die Tradition sagt von ihm, dass er sich keineswegs scheute, mit dem „gemeinen Volk" auf der Straße zu trinken, zu tanzen und zu singen, um die Religion unter die Leute zu bringen.

Für sein buddhistisches Denken aufschlussreich ist folgende „Bekehrungslegende": Wonhyo ist mit dem etwas jüngeren Mönch Uisang (625–702) auf dem Weg nach China, wobei sie in einer leerstehenden Unterkunft übernachteten. Da es bereits dunkel war, tappte Wonhyo nach einem Topf, aus dem er frisches Wasser trank. Am nächsten Morgen sah er, dass dieser Topf ein Totenschädel war. Angewidert erbrach er das Wasser, erlangte aber im selben Augenblick die Erkenntnis, dass unterschiedliche Phänomene wie Reinheit/Unreinheit, Wonne/Ekel, Friede/Unfriede nur im Bewusstsein entstehen und mit dem Bewusstsein auch schwinden; Phänomene existieren nur im Bewusstsein, nicht jedoch in den Gegenständen an sich. Wenn man dies erkennt, kann man sich auch – als Mönch oder unter Aufgabe der Mönchsgelübde – unter das „gemeine Volk" mischen, ohne auf dem Weg zur Erleuchtung behindert zu werden. Mit dieser Erkenntnis bricht Wonhyo seine geplante Chinareise ab, um in Korea zu wirken. Sein Begleiter Uisang brachte von einer weiteren Chinareise die Huayan-Schule (koreanisch: Hwaom-jong) mit dem Avatamsaka-Sutra nach Korea.

Auch im nachfolgenden Koryo-Reich (936–1392), unter dem Korea zeitweilig ebenfalls politisch geeint war, war der Buddhismus Staatsreligion, in der Mitte des 10. Jh.s wurden auch staatliche Prüfungen (als Form der offiziellen Anerkennung) für Priester eingeführt, wobei die meisten Könige ihren eigenen buddhistischen „Berater" hatten, der ihnen auf Reisen aus den heiligen Schriften vorlas. Dadurch geriet für längere Zeit die Regierungsgewalt weitgehend in die Hände buddhistischer Berater. Der staatlich unterstützte Status brachte dem Buddhismus materielle Vorteile in Form von Tempelgründungen und Steuerbefreiungen, teilweise zog die Steuerbefreiung auch ärmere Bevölkerungsschichten als Mönche in die Klöster. In dieser Zeit wurden nicht nur zahlreiche Klöster im chinesischen Stil errichtet, sondern koreanische Mönche reisten auch ins Tang-zeitliche China bzw. teilweise bis nach Indien, um die Religion zu studieren. Allerdings bedeutete diese enge Verflechtung zugleich, dass bis ins 12. Jh. der Buddhismus weitgehend auf die adeligen Oberschichten beschränkt blieb, während die allgemeine Bevölkerung bis zu dieser Zeit v. a. schamanistisch geprägten Stammesreligionen angehörte.

Dieses langsame Fußfassen und Nebeneinander mit schamanistischen Praktiken bringt dabei auch mit sich, dass buddhistische Mönche oder Tempelpriester zugleich Experten zur Verlängerung des Lebens, zur Wirkung von Wundern, zur Beschwörung von Geistern oder zur orakelbezogenen Bestimmung günstiger oder ungünstiger Tage wurden. Kulturgeschichtlich hervorzuheben ist der erste Druck der – ins Koreanische übersetzten – buddhistisch-kanonischen Texte des Tripitaka in der ersten Hälfte des 11. Jh.s, in den Jahren 1237–1251 erfolgte ein zweiter Druck, von dem die 80.000 hölzernen Druckstöcke bis heute im Haein-Kloster bei Taegu aufbewahrt werden. Dass die erste Version v. a. als Beschwörungsmittel gegen militärische Einfälle dienen sollte, zeigt die enge Verflechtung von Buddhismus und magischen Vorstellungen.

In der Entwicklung typisch koreanischer Schulen ist festzustellen, dass 1097 mit der Chontae-Schule eine politisch einflussreiche Variante der Tiantai-Schule entstand, auch die neun zentralen Son-Klöster (mit ihren leicht unterschiedlichen Ausrichtungen) schlossen sich zur Chogye-Schule zusammen, wobei neben der Vereinheitlichung der Meditation(s-praxis) auch die Lehre des Avatamsaka-Sutra in diese Form des Son eingegliedert wurde, wodurch der koreanische Son-Buddhismus sein besonderes Gepräge erhielt: Seither spricht man im koreanischen Buddhismus von den „Fünf Lehren" und den „Zwei Sekten", wobei die Hwaom-jong und die Chontae-jong die wichtigsten waren. Ab dem 14. Jh. ist ein Rückgang des Buddhismus festzustellen, da während der Yi-Dynastie (1392–1910) bis zu Beginn des 20. Jh.s der Konfuzianismus zur Staatsideologie erhoben wurde; eine der Ursachen für diesen Wandel war zweifellos die privilegierte Stellung der buddhistischen Gemeinschaft, was in der Folge nicht nur zur Benachteiligung, sondern auch teilweisen Verfolgung der Buddhisten führte, so dass erst ab dem Ende des 19. Jh.s eine gewisse Renaissance einsetzte.

Obwohl die japanische Kolonialherrschaft von 1910 bis 1945 den Buddhismus zu fördern versuchte, blieb dieser ausländische Versuch für die meisten Koreaner unattraktiv. Im Jahr 1911 hob die japanische Regierung jedoch die Einschränkungen der Yi-Zeit auf und ermöglichte den Buddhisten wiederum ihre ungehinderte Religionsausübung. Erfolge konnte eine bis in die Gegenwart aktive Neugründung erzielen, nämlich die in den 20er Jahren entstandene und nach 1946 als Won-Buddhismus bezeichnete Bewegung. Am weitesten verbreitet ist aber im gegenwärtigen Korea (teils als indirektes Ergebnis des Einflusses des japanischen Zen-Buddhismus während der Kolonialzeit) die Chogye-jong. Insgesamt leben in Südkorea rund 11,5 Millionen Buddhisten bei einer Gesamtbevölkerung von knapp 46 Millionen, für Nordkorea sind derzeit keine Angaben möglich.

4.4.3 Buddhismus in Japan

Die beiden frühesten Darstellungen japanischer Nationalgeschichte, das *Kojiki* („Bericht über alte Begebenheiten") aus dem Jahr 712 und das *Nihon-shoki* („Japanische Annalen") aus dem Jahr 720 sammeln in mythologischer, legendarischer und historischer Erzählweise die Anfänge Japans, wobei die Thronbesteigung des ersten japanischen Kaisers auf das Jahr 660 v. Chr. datiert wird, was einer historisch-kritischen Forschung jedoch nicht standhält. Mit größter Wahrscheinlichkeit ist es erst im Übergang vom 3. zum 4. Jh. n. Chr. zu einer ersten politischen Einigung Japans gekommen, was durch Quellen aus China bzw. Korea bestätigt werden kann. Die Adelsschicht dominierte das Land, religiös stand der Glaube an die Götter *(kami)* mit der Sonnengottheit Amaterasu an der Spitze, wobei das Staatsoberhaupt aus dem Sonnengeschlecht stammte. Anders als Korea war Japan durchaus ein entwickeltes Staatswesen, als der Buddhismus von Korea her auf die Inseln kam. Kulturell kam damit auch die chinesische Schrift nach Japan, was einerseits zur Entwicklung eines eigenen japanischen Schriftsystems führte, andererseits eröffnete die chinesische Sprache zugleich den Zugang zur buddhistischen und konfuzianischen chinesischen Literatur. Anders als in China und Korea ist für Japan jedoch zu betonen, dass chinesisch-buddhistische Texte nicht übersetzt wurden; man gab den Texten zwar Hilfszeichen und Glossen bei, die eine jeweilige Ad-hoc-Übertragung ins Japanische beim Lesen bzw. Studium ermöglichten, in der Rezitation der Texte im rituellen Gebrauch blieb man jedoch beim chinesischen Wortlaut, z. T. bis heute. Erst zu Beginn des 20. Jh.s ist nämlich eine eigene japanische Version des buddhistischen Kanons geschaffen worden.

Im Jahr 552 brachte eine koreanische Gesandtschaft aus Paekje den Buddhismus an den japanischen Kaiserhof, obwohl sich die Adelskreise dagegen wandten, weil sie vor dem Zorn der einheimischen *kami* warnten. Da nach der Errichtung eines Tempels mit einer Buddhastatue eine Epidemie ausbrach, schienen diese Kreise zunächst auch bestätigt zu werden, woraufhin der Tempel zerstört wurde. Gegen Ende des 6. Jh.s kamen neuerlich Mönche und Nonnen nach Japan, und es gelang langsam, den Buddhismus neben den einheimischen Religionen am Hof einzuführen.

Terminologisch erwähnenswert ist, dass nun – in Analogie zu *butsudo* „Weg des Buddha" – für die einheimische Lehre der Name *shinto* „Weg der Götter" aufkam, eine Bezeichnung, die bis heute Gültigkeit bewahrt hat. Die Erwartungen der Hofkreise an die neue Religion waren – in gewisser Weise vergleichbar mit der anfänglichen Situation in China und Korea – magischer Schutz des Landes, die Hoffnung auf Fruchtbarkeit oder die Heilung von Krankheiten. Gleichzeitig ging der Buddhismus in Japan von Beginn an eine Symbiose mit dem Glauben an die *kami* ein, die die diesseitige Welt durchdringen und nicht nur im Jenseits sind. Durch diese Diesseitsbezogenheit gewinnt der Buddhismus in Japan eine eigene Prägung, indem Erfüllung und höchste Wahrheit nicht in der Transzendenz, sondern innerhalb der irdischen Strukturen zu erstreben sind, wobei menschliche Wünsche und Gewohnheiten weder zu unterdrücken noch zu verneinen sind; diese Sicht sollte später zu buddhistisch geprägter Kunst und Lebensform führen.

Im Jahr 604 erließ der Prinz Shotoku eine Verfassung, deren zweiter Artikel zur Verehrung der „drei Juwelen" (Buddha, Dharma, Sangha) aufrief. Seit 607 regelmäßig stattfindende diplomatische Beziehungen zu China förderten die Zunahme des chinesischen und buddhistischen Kultureinflusses auf Japan, so dass im Jahr 623 bereits 46 buddhistische Tempel mit 816 Mönchen und 569 Nonnen vorhanden waren. Während der Nara-Dynastie im 8. Jh. etablierten sich verschiedene chinesische Schulen in Japan, wobei die buddhistischen Klöster und Tempel Steuerfreiheit und Landschenkungen vom Staat erhielten, im Gegenzug die Mönche aber für das Wohl des Staates zu sorgen hatten. Man kann durchaus sagen, dass der Buddhismus dieser Zeit weniger eine praktische Religion als vielmehr eine Sache der gelehrten Priester war. Neben diesem höfischen Buddhismus entwickelte sich auch eine Laienreligiosität; der Mönch Gyogi (668–749) ist dabei eine wichtige Gestalt, indem er unter der einfachen Bevölkerung nicht nur die Mahayana-Lehre vom Mitleid mit allen Wesen popularisierte, sondern dies auch konkret im Engagement für den Bau von Straßen, Brücken und Dämmen umsetzte. Sein Vorbild wurde von vielen Laien (oft mit sehr geringen formalen buddhistischen Kenntnissen) nicht nur nachgeahmt, sondern zugleich mit schamanistischen und daoistischen Elementen verbunden, so dass ein Volksbuddhismus mit Askese, Magie und konkreter Nächstenhilfe entstand; auch die *kami* wurden in diesen Buddhismus insofern integriert, als in ihren Tempeln buddhistische Schreine errichtet wurden, um ihnen – zugleich gedeutet als Erscheinungsform von Buddhas oder Bodhisattvas – ebenfalls Erlösung zukommen zu lassen.

Anfang des 9. Jh.s ist ein neuer Einschnitt anzusetzen, indem in der Umgebung der damaligen Hauptstadt Heian (heute Kyoto) zwei Mönche, die 804 mit einer Gesandtschaft nach China gereist waren und von dort „frisches" buddhistisches Gedankengut mitbrachten, tätig wurden: Saicho und Kukai. Saicho (767–822), später als Dengyo Daishi „Großmeister der Lehrübertragung" bezeichnet, begründete auf dem Berg Hiei die japanische Tendai-Schule, einerseits nach dem Vorbild der chinesischen Tiantai, aber zugleich angereichert mit Elementen des Chan, der esoterischen Zhenyan-Schule und der Reinen-Land-Schule. Ein wesentliches Element der Tendai-Lehre liegt in der Betonung der Erlösungsmöglichkeit für alle Menschen (nach dem Lotos-Sutra), wodurch sie sich gegenüber älteren in Japan fassbaren Schulen mit ihrer einschränkenden Erlösungsmöglichkeit unterscheidet. Der Berg Hiei wurde daraufhin das japanisch-buddhistische Zentrum für die kommende Zeit mit rund 3000 Tempeln und Gebetshallen, wobei auch die meisten späteren Gründer bedeutsamer Richtungen zumindest eine Zeitlang in den Tempeln auf dem Berg Hiei tätig waren. Die Bedeutung des esoterischen Zhenyan-Elements im Tendai nahm im Laufe der Zeit dabei so weit zu, dass die Praxis der Tendai-Schule z. T. immer oberflächlicher wurde und nicht selten zu einer käuflichen Magie verkam.

Die unterschiedlichen Tendai-Tempel entwickelten einen weiteren besonderen Zug des japanischen Buddhismus: Sie stellten Mönchsarmeen auf, die sich nicht nur gelegentlich gegenseitig heftig bekämpften, sondern auch politisch-militärisch agierten; die Armee von Hiei besetzte z. B. 1039 die Hauptstadt Heian. Solche kriegerischen Auseinandersetzungen sind insofern möglich, als japanischer Buddhismus weniger die „Schulzugehörigkeit" als die „Tempelzugehörigkeit" betont, wohl als eine Folge des starken Diesseitsbezuges. – Der Mönch Kukai (774–835), mit dem Ehrentitel Kobo Daishi „Großmeister der Verbreitung des Dharma" belegt, wird in China zunächst als achter Patriarch der Zhenyan-Schule (japanisch: *Shingon*) eingesetzt, kommt dann 806 nach Japan zurück, wo er den esoterischen Buddhismus auf dem Berg Koya (816) etabliert. Dass es hier wie bei Saicho zu einer neuen „Zentrumsgründung" abseits des politischen Zentrums in der Abgeschiedenheit eines Berges kommt, drückt zugleich „programmatisch" die Naturverbundenheit aus. Kukais Ruhm in Japan ist v. a. dadurch begründet, dass er es durch die Durchführung esoterischer Riten 824 und 827 geschafft hat, Regen herbeizubringen. Der Popularisierung Kukais entspricht durchaus auch die Entstehung eines Kultes um ihn, so dass seine Anhänger glauben, dass er 835 in Meditation nicht gestorben sei, sondern in dieser Meditation bis heute hinter den verschlossenen Türen seines Heiligtums auf dem Berg Koya verharrt. Erfolgreiche Grundidee dieses Buddhismus ist, dass der Mensch in einer durchaus realen Welt lebt, die nicht zu fliehen, sondern zu bejahen ist und in der man sich selbst als Buddha erkennen kann. Diese Erkenntnis soll durch die Praxis der Ritualdurchführung erlangt werden.

Gegen Ende des 11. Jh.s verfiel die Zentralgewalt der Heian-Dynastie immer stärker, viele Menschen glaubten, dass seit 1052 die Endzeit *(mappo)* angebrochen sei. Diese Endzeitstimmung begünstigte zweifellos das Aufkommen und Erstarken verschiedener buddhistischer Richtungen, v. a. der Amida-Buddhismus, der Zen-Buddhismus oder die Nichiren-Schule sind hervorzuheben. In der folgenden Kamakura-Epoche (1185–1333) kamen sie – gerade als Laienrichtungen – zu ihrer Blüte, wobei diese Richtungen mit „Subschulen" bis heute den japanischen Buddhismus bestimmen. Beim japanischen Amida- und Zen-Buddhismus handelt es sich um Weiterentwicklungen der beiden chinesischen Schulen.

Die erste Schule, die populär wurde, war der Amida-Buddhismus. Zwar waren die chinesischen Jingtu-Schriften von Shandao bereits in der Nara-Zeit im 8. Jh. in Japan bekannt gewesen, und auch in der Heian-Zeit (10./11. Jh.) gab es kleine Anhängergruppen. Zur Bekanntmachung dieser Richtung trug zweifellos der Mönch Kuya (903–972) bei, der singend durchs Land zog, durch Engagement in sozialen Projekten Wertschätzung fand und dabei das Rezitieren des Namu-Amida-Butsu („Verehrung dem Buddha des Lichtes", als Nembutsu-Formel bezeichnet) propagierte. Damit war ein Nährboden gelegt, auf den der eigentliche Begründer des japanischen Amida-Buddhismus, nämlich Genku (1133–1212), der als Honen Shonin bekannt wurde, aufbauen konnte. Honen hatte als Mönch an den traditionellen japanischen Ausbildungsstätten studiert, lernte dort die Werke Shandaos (japanisch: Zendo) kennen, gab alle anderen buddhistischen Übungen auf und praktizierte nur noch die Namensrezitation. Nach der Tradition geschah dies im Jahr 1175, was als Gründung des Jodo-(nembutsu-)Shu, der „Schule des Reinen Landes", gilt.

Honen unterschied dabei einen „schwierigen“ und einen „leichten“ Buddhismus, ersterer für Heilige, aber für seine Zeit kaum verwirklichbar, letzterer für die Massen. Zentrale Begriffe, die Honen wieder aktivierte (sie gehen bereits auf den chinesischen Jingtu-Mönch Tanluan zurück), sind die Erlösung durch die andere Kraft *(tariki)* anstelle einer Erlösung durch die eigene Kraft *(jiriki)*. Heilbringend ist allein das Rezitieren von Namu-Amida-Butsu, wobei die Neuakzentuierung darin besteht, dass Honen betont, das Rezitieren der Formel allein reicht für die Erlösung, die von der „anderen Kraft“ (d. h. durch Amida) gewährt wird; denn sowohl in China (Jingtu) als auch in anderen Richtungen war das Rezitieren eben nur eine Übung neben anderen Praktiken, die gemeinsam angewandt wurden, d. h. hier liegt in der Tat ein „leichter“ Weg vor.

Der Amida-Buddhismus wurde mit wachsendem Zulauf der Massen der Regierung und der vom Staat unterstützten Tendai-Richtung verdächtig, v. a. auch deswegen, weil das Individualheil dem Staatsheil vorgezogen wurde, so dass im Jahr 1207 der 74jährige Honen gemeinsam mit seinem Schüler Shinran Shonin (1173–1262) verbannt und das Rezitieren des Nembutsu verboten wurde; 1212 starb Honen in Kyoto, wo der Amida-Tempel bis in die Gegenwart Zentrum des Jodo-Shu ist. Shinran selbst studierte zunächst wie Honen bei der Tendai-Richtung auf dem Berg Hiei bei Kyoto, wobei er dort eine Zeitlang im Tempel als „Doso“ tätig war, d. h. er hatte als Mönch die Kultaufgabe, die Amida-Statue zu umschreiten und das Nembutsu zu rezitieren – eben als integraler Teil der („staatlichen“) Tendai-Praktiken. 1201 verließ Shinran das Kloster und zog sich in ein kleines Kloster zurück, wo er sein Mönchsgelübde zurücklegte und heiratete, ein biographischer Aspekt, der wesentliche Folgen für die Entwicklung des japanischen Amida-Buddhismus haben sollte: Gelebte Sexualität behindert nun nicht mehr die Erlösungsmöglichkeit, wobei diese Neuorientierung im Amida-Buddhismus auch zu einer Aufwertung der Frau führte. Shinran schloss sich kurz danach Honen an, musste diesen in die Verbannung begleiten, wo er – in späteren Jahren freiwillig – insgesamt 30 Jahre blieb, um seine Lehre dem „gewöhnlichen Volk“ mitzuteilen, ehe er als über 60jähriger wieder nach Kyoto zurückkehrte.

Dass Shinran den Weg Honens weiterentwickelte, zeigt sein „Kunstname“: *shin* ist das zweite Element von Se-Shin, der japanischen Namensform von Vasubandhu, dem Lehrer der indischen Yogacara-Tradition, *ran* ist das zweite Element von Don-ran, der japanischen Form des

Chinesen Tanluan, mit dem er die Akzentuierung der „anderen Kraft" betont. Über Honen hinausgehend akzentuierte Shinran, dass bereits die Fähigkeit der gläubigen Hingabe an Amida von diesem dem Menschen geschenkt wird und dass die Rezitation des Nembutsu nicht erst Bedingung für eine Geburt im „Reinen Land" bzw. im „Westlichen Paradies" ist, sondern bereits eine Wirkung des Gelübdes des Bodhisattva Dharmakara. Deutlicher ist es kaum möglich, die vollkommene Abhängigkeit des Menschen von Amida und der „anderen Kraft" auszudrücken. Dazu kommt noch, dass Shinran – in Vermeidung jedes Anscheins der eigenen Leistung – betont, dass bereits eine einmalige Anrufung Amidas mit gläubigem Herzen für die Geburt im Reinen Land genüge. Neben dieser Neuakzentuierung ist auch das Aufgeben des Mönchtums im Amida-Buddhismus jene Neuerung gegenüber China und Honen, die Shinran gebracht hat, so dass ab dem 15. Jh. die Bezeichnung „Wahre Schule des Reinen Landes" (Jodo-Shin-Shu) für diejenigen Buddhisten aufkommt, die der Weiterinterpretation Shinrans gegenüber Honen folgen, wobei Jodo-Shin-Shu zahlenmäßig etwas geringer vertreten ist als Jodo-Shu.
Eine dritte Richtung des Amida-Buddhismus geht auf Ippen Shonin (1239–1289) zurück, wobei die von ihm initiierte Richtung als „Schule der Stunden" (Jishu) bezeichnet wird. Er wird im Jodo-Shu groß und hat in einer „Berufungsvision" die Bedeutung der Namensanrufung erkannt. Lehrmäßig unterscheidet er sich wenig von den anderen Amida-Richtungen, wohl aber hinsichtlich der Praxis: Angeregt durch das Beispiel des Mönches Kuya koppelt er ebenfalls die Rezitation des Nembutsu mit Tanz, um damit alle Stunden eines Tages auszufüllen, wovon diese Richtung auch ihren Namen hat. Die Betonung, alle Stunden des Tages mit der Rezitation auszufüllen, hängt mit der Vorstellung zusammen, dass jede Stunde die Todesstunde sein kann, so dass man die Gewähr hat, auch in der Todesstunde das Nembutsu zu tanzen, um dadurch von der „anderen Kraft" im Augenblick des Todes zur Wiedergeburt im Reinen Land geführt zu werden. Die Bedeutung der „Stunden" hängt mit der „Endzeitstimmung" *(mappo)* zusammen, indem Ippen betont, dass das Nembutsu in dieser Zeit eben die einzig angemessene Form buddhistischer Praxis sei. Auch theologisch treibt Ippen die Idee von *tariki* noch weiter, indem er sogar die Notwendigkeit des Glaubens (als letzten Rest einer *jiriki*-Deutung) negiert, so dass Amidas Name allein durch den Klang bereits erlösungswirksam wird.

Nachdem bereits im 9. Jh. der Mönch Saicho den von ihm nach Japan gebrachten chinesischen Tiantai-Buddhismus um chinesische Chan-Elemente angereichert hatte, was man als „Vorgeschichte" des japanischen Zen bewerten kann, kam es im 12. Jh. durch den Tendai-Mönch Eisai (1141–1215) zur systematischen und dauerhaften Etablierung des Zen. Es ist charakteristisch für die japanische Umbruchszeit des 12./13. Jh.s, dass diese buddhistischen „Denker" alle aus dem Tendai-Umfeld des Berges Hiei stammen: die vorhin genannten Honen und Shinran, Eisai und sein Zeitgenosse Dogen sowie der noch zu behandelnde Nichiren. Mit Eisai ging erstmals nach 100 Jahren im Jahr 1168 wieder ein japanischer Mönch nach China, um den Tiantai-Buddhismus kennenzulernen; wirkungsgeschichtlich wichtiger ist seine zweite Chinareise 1187, die ihn mit dem Chan-Weg vertraut machte; von dieser Reise brachte er nicht nur Teepflanzen nach Japan mit, was die „Kunst der Teezeremonien" in der japanischen Religions- und Kulturgeschichte heimisch machte, sondern auch die Technik der Chan-Meditation im Hocksitz und der Rezitation von Koans, letztere in der Folge als typisches Charakteristikum der auf Eisai zurückgehenden Richtung weiterentwickelt. Eisai orientierte sich dabei an der Lehre und Praxis des Chan-Meisters Linji, der in Japan als Rinzai bezeichnet wurde, wovon diese Richtung die Bezeichnung Rinzai-Schule bekam.

Der durchschlagende Erfolg blieb Eisai zwar versagt, weil die Zen-Riten im Vergleich zur reichhaltigen Ritualistik der Tendai-Schule fremd und bescheiden wirkten, dennoch hat er zweifellos den Grundstock für die Entfaltung des Zen-Buddhismus in Japan gelegt. Da die Meditation ermöglichte, durch die gewonnene Ruhe und Ausgeglichenheit sowie durch die Disziplin dem Tod gleichmütig gegenüberzutreten, gewann der Zen-Buddhismus zunächst in Kriegerkreisen Zulauf, wobei auch Kampftechniken als Meditationspraxis für Krieger kultiviert wurden. Über diesen „Umweg" über die Krieger konnte Eisai gewisse Zustimmung auch von der herrschenden Schicht – v. a. in Kamakura und der dortigen Militärregierung – gewinnen, was sich auch im späteren Sprichwort „Rinzai ist für einen General und Soto ist für einen Bauern" niederschlägt.

Sein Zeitgenosse Dogen (1200–1253), der ebenfalls im Tendai-Kloster auf dem Berg Hiei erzogen wurde, unternahm 1223 eine Chinareise, wo er mit der sogenannten Tsao-tung-Richtung des Chan in Berührung kam und diese Zen-Form nach Japan brachte; die chinesische Bezeichnung wurde japanisch als Soto beibehalten. Dogens Zen-Praxis (d. h. Soto-Zen) ist charakterisiert durch die Betonung von Disziplin und die Übung von Zazen, d. h. die rechte Art des Niederhockens; für Dogen bedeutet Zazen die Erfüllung des ganzen Gesetzes des Buddha, und die Sitzhaltung gilt ihm als so natürlich, dass der „Rest" zur Erleuchtung von selbst kommt. Pointiert heißt dies, dass bei Dogen das Üben von Zazen – und nicht mehr das Erwachen – das Ziel ist. Deswegen favorisiert Dogen das Üben an abgelegenen Orten. Wer richtig sitzt, kommt zur Ruhe – ein prägnanter Ausdruck auch der Betonung von *jiriki*, der eigenen Kraft, die zur Erleuchtung führt, was ein Hauptunterschied des gesamten Zen-Buddhismus gegenüber dem Amida-Buddhismus ist.

Im Zusammenhang mit der Wertschätzung von Disziplin favorisierte Dogen das Mönchtum, da seiner Meinung nach Laien durch ihre weltlichen Verstrickungen zu sehr behindert würden, um in ihren Übungen wirklich weiterzukommen, weil sie im alltäglichen Leben zu wenig die „eigene Kraft" entfalten können. Gleichzeitig muss aber gesehen werden, dass – trotz der Bedeutung von Zazen – der Soto-Zen auch einen philosophischen Hintergrund entwickelte, weil Dogen von der Kegon-Schule (chinesisch: Huayan) und dem Avatamsaka-Sutra beeinflusst ist. Insgesamt spielen Zen-Priester und Zen-Mönche ab der späten Kamakura-Zeit und den folgenden Jahrhunderten eine wichtige Rolle in der Förderung japanischer Kultur. Wichtige Zen-Klöster entstanden in der Nähe der Hauptstädte Kyoto und Kamakura, aber auch in Provinzzentren, weitgehend hielten sich die Zen-Klöster – im Unterschied etwa zur Tendai-Richtung der Nara-Zeit – aber von politischen Verflechtungen fern.

Die dritte buddhistische Strömung dieser Zeit geht auf Nichiren (1222 bis 1282) zurück, der als Sohn eines Fischers von niederer Herkunft geboren wurde. Er war vom endzeitlichen Zeitgeist der beginnenden Kamakura-Periode geprägt und wurde ebenfalls in der Tendai-Tradition des Berges Hiei groß. Wichtig für seine Entwicklung ist die Erfahrung und Beobachtung der Diskrepanzen innerhalb seiner buddhistischen Umwelt: die alten chinesisch-japanischen Schulen taugten nicht mehr viel, die neu entstehenden Richtungen standen in Konkurrenz zueinander. Nach längerer Beschäftigung mit der Tendai-Tradition rückte er zwar ebenfalls das Lotos-Sutra (japanisch: *myoho-renge-kyo*) als die beste Darlegung der höchsten Wahrheit in den Mittelpunkt seiner Lehrtätigkeit, allerdings ließ seine Erfahrung in ihm die Überzeugung entstehen, dass die Lektüre

des Lotos-Sutra und die Auslegung der Tendai-Richtung als Ganzes in dieser Endzeit zu schwierig für einfache Menschen sei. Deshalb genüge es, den „Titel" des Lotos-Sutra auszusprechen: *namu myoho-renge-kyo* „Gehuldigt sei dem Lotos-Sutra des wunderbaren Dharma". Dadurch gelange man in den Zustand des Erwachtseins – analog zu Buddha Shakyamuni, und aus dieser Erwachtheit resultiere dann von selbst die richtige Lebensführung.
Daraus schlussfolgert Nichiren, dass es für Staat und Gesellschaft am nützlichsten sei, die Praxis der „Titelrezitation" allgemein einzuführen. Obwohl die Verehrungsformel und ihre Wirkung durchaus gewisse Analogien zum Nembutsu aufweisen, ist interessant, dass Nichiren den Amida-Buddhismus als „unjapanisch" betrachtet und bekämpft, was so weit geht, dass er viel daransetzt, dass diese Richtung von der japanischen Regierung verboten wird. Damit ist bereits ein weiteres Charakteristikum des Nichiren-Buddhismus genannt: Diese ab 1253 existente Schulrichtung zeichnet sich durch japanischen Nationalismus und Fanatismus aus: Die Verbreitung der Lehren des Lotos-Sutra muss von Japan aus alle Länder erreichen, wobei die Lehren des Lotos-Sutra konkret in der eigenen Welt und nicht im transzendenten Bereich umgesetzt werden müssen. Seine eigene Berufung für diese Glaubensverbreitung leitet Nichiren aus dem Lotos-Sutra selbst ab, da er sich für die Manifestation des im Sutra genannten Bodhisattva Jogyo-bosatsu hält. Aus diesem konkret-weltlichen Engagement Nichirens für das Lotos-Sutra entsteht ein permanenter Kampf gegen andere buddhistische Richtungen, nicht nur als „Wettstreit" um die „bessere" Interpretation des Dharma des Buddha, sondern durchaus mit der Tendenz, andere Richtungen als Häretiker zu brandmarken. Für Nichiren führt z. B. das Rezitieren des Nembutsu in die Hölle, die Praxis des Zen gilt ihm nicht als Lehre Buddhas, sondern als Erfindung der Dämonen und Maras, und die umfangreichen Rituale des Shingon stürzen das Land in finanziellen Ruin. Diese Sichtweise kann im Nichiren-Shu bis zur realen Verfolgung anderer Richtungen führen, ein eher seltenes Phänomen in der buddhistischen Religionsgeschichte. Nichirens Fanatismus ist schon zu seinen Lebzeiten auf Kritik und Widerstand von Seiten der japanischen Regierung gestoßen, Nichiren selbst wurde verfolgt und zum Tode verurteilt, konnte aber der Vollstreckung des Todesurteils entgehen. Daraufhin verbannt, hat er in den letzten Lebensjahren auf dem Berg Minobe (in der Nähe des Fujiyama) den Haupt-

tempel seiner Schule gegründet, wo er nicht nur seine Schüler ausbildete, sondern auch seine Buddhismus-Interpretation schriftlich fixierte.

Die Titelanrufung führt im „Kult" der Nichiren-Schule zur Verehrung des *honzon*; damit ist die kalligraphische Gestaltung des Titels des Lotos-Sutra gemeint, die als großes Mandala (formal umgeben auch von Namen der Buddhas, Bodhisattvas und Shinto-Gottheiten) dargestellt wird. Wer das *honzon* als Mittelpunkt seines Glaubens sieht bzw. liest oder verehrt, der realisiert für sich die höchste Wahrheit des Lotos-Sutra und kommt dadurch zum Erwachen. – Trotz der von Nichiren angewandten fanatischen Mittel in der Bekämpfung anderer buddhistischer Lehren in der Durchsetzung seiner Vorstellung darf nicht der konkret-weltliche Bezug der Richtung übersehen werden: Nichiren kommt sicherlich das Verdienst zu, dass er am konsequentesten den Buddhismus zur „japanischen" Religion machen wollte, dabei aber zugleich – stärker als Zen und Amida – auch ganz bewusst sozial-religiöse Reformen konkretisieren wollte. Diese Ausrichtung auf die Gesellschaft unterscheidet ihn dabei von der wesentlich stärkeren Individuum-bezogenen Praxis von Zen und Amida.

Als nach dem Ende der Kamakura-Zeit die Zentralgewalt wiederum zerfiel, setzte unter Militärmachthabern ab der Mitte des 16. Jh.s eine verschärfte Kontrolle und Beendigung der militärischen und politischen Macht der Klöster und ihrer Mönchsarmeen ein. Die Neuerrichtung buddhistischer Tempel musste staatlich bewilligt werden, Haushalte mussten sich an einem bestimmten Tempel registrieren lassen, damit der Nachweis erbracht werden konnte, dass man nicht dem Christentum – als Religion der Portugiesen, gegen die sich Japan wie gegen alles Ausländische vom 17. bis in die Mitte des 19. Jh.s hermetisch abriegelte – angehörte. Bedeutete schon diese staatliche Kontrolle und Reglementierung des Buddhismus eine Einschränkung, so brachten die ersten Jahre der Meiji-Zeit (1873–1912) Verfolgungen des Buddhismus, weil dieser als Fremdreligion eingestuft und der Shintoismus zum Staatskult erhoben wurde. Im Jahr 1871 erreichten die Verfolgungen ihren Höhepunkt in der Zerstörung zahlreicher buddhistischer Tempel und Kultgegenstände, die noch lange nachwirkte, obwohl bereits 1875 allen Religionen (einschließlich des „ausländischen" Christentums) Glaubensfreiheit gewährt wurde. Unter dieser neuen Bedingung konnte sich auch der in den drei großen japanischen Schulen je unterschiedlich ausgeprägte „Weltbezug" weiterentfalten; zwar zielt der Buddhismus auf Transzendentes, aber er ist zugleich immanent und konkret-weltlich zu verwirklichen; dies ist sicherlich ein Aspekt, der in Japan früher entfaltet wurde als in anderen buddhistischen Ländern, sei es in kultureller, v. a. aber in gesellschaftlicher Hinsicht. Darauf konnte die seit dem Beginn des 20. Jh.s entstehende Konfrontation mit dem Modernismus reagieren, wodurch es zu zahlreichen Erneuerungsbewegungen und Neugründungen von Schulen gekommen ist, als Zeichen einer Vitalität, die bis heute nicht geschwunden ist. Zuverlässige Statistiken zur Religionszugehörigkeit in Japan sind kaum möglich, da Mehrfachzugehörigkeit (zu einzelnen buddhistischen Schulen und zum Shintoismus) die absoluten Zahlen verfälscht. So ist lediglich festzuhalten, dass alle Nichiren-Gruppen gemeinsam die größte Schulrichtung in Japan darstellen, gefolgt von den Jodo-Richtungen und den Zen- und Shingon-Richtungen. In additiver Weise kann man zwar rund 92 Millionen Buddhisten und 108 Millionen Anhänger des Shintoismus zählen, was jedoch Japans Gesamtbevölkerung von 126 Millionen bei weitem übersteigt.

B. Buddhisten in der alltäglichen Welt

1. Menschenbilder

Menschen sind die „Hauptdarsteller" jeder Religion innerhalb einer Gesellschaft und Kultur, wobei unterschiedliche Menschenbilder und Rollen teils aus religiösen Gründen, teils von gesellschaftlichen Gewohnheiten definiert werden, mit wechselseitigen Wirkweisen. Auf den Buddhismus übertragen, heißt dies einerseits, dass die frühbuddhistische „Mönchselite" gegenüber den Laien ein gesellschaftlich und religiös „höher bewertetes" Menschenbild beansprucht und dass vom patriarchalisch ausgerichteten zeitgeschichtlichen Kontext des historischen Buddha Männer gegenüber Frauen bevorzugt wurden. Andererseits ermöglicht die buddhistische Grundannahme, dass alle körperlichen Formen vergänglich seien, die Überwindung von Dualitäten zwischen Mönchen und Laien, zwischen Männern und Frauen. Solange aber als letztes Ziel Buddhaschaft und Nirvana nicht erlangt sind, bleiben auch konkret-weltliche Menschenbilder existent, die gesellschaftlich zu Bevorzugung oder Benachteiligung, aber auch zur Verwirklichung altruistischer Ideale durch irdische Bodhisattvas führen können. Einzelne buddhistische Schulen, unterschiedliche gesellschaftliche Kontexte und zeitliche Epochen setzen dabei je andere Akzente in den im Folgenden skizzierten Menschenbildern.

1.1 Mönche und Nonnen

Mit den ersten fünf Anhängern, die sich dem Buddha angeschlossen haben, ist praktisch von Beginn an auch die „Organisation" des Mönchsbuddhismus angedeutet, d. h. die buddhistische Gemeinde besteht aus Mönchen und Laien, eine Strukturierung, die v. a. die Theravada-Tradition bis in die Gegenwart bewahrt, innerhalb der Mahayana-Tradition hat diese Struktur besonders im tibetischen Buddhismus bis heute ihre Bedeutung behalten, weil der tibetische Buddhismus die Vinaya-Regeln für das Mönchtum übernommen hat. Nach buddhistischer Tradition gilt das Vinaya-Pitaka als ältester Teil des Pali-Kanons, was gut die Bedeutung von Ordenspflichten und Ordensordnungen illustriert. Wichtige Abschnitte im Vinaya-Pitaka sind der *Mahavagga* und der *Cullavagga* mit Richtlinien u. a. für die Aufnahme in den Orden und über die Art der Lebensführung, im 10. Abschnitt des Cullavagga werden Lebensregeln für Nonnen behandelt. Im *Pratimoksha*-Abschnitt findet sich eine lange Liste von Aufzählungen von Vergehen, die sich Ordensmitglieder zu Schulden kommen lassen können und die dem Zusammenleben der Mönchsgemeinschaft abträglich sind. Solche Quellen geben Einblick in das Wesen eines am Mönchtum ausgerichteten Menschenbildes.

Auf Grund zeitbedingter gesellschaftlicher Umstände kamen für den Buddha zunächst nur Männer als Mönche in Frage, die sich beim Eintritt in die Gemeinschaft auf die Einhaltung der zehn Gebote *(dasashila)* verpflichten mussten (Winternitz 1929, 131f):

> *„Das Gebot der Enthaltung von dem Töten lebender Wesen nehme ich auf mich. Das Gebot der Enthaltung von dem Nehmen des Nichtgegebenen nehme ich auf mich. Das Gebot der Enthaltung von der Unkeuschheit nehme ich auf mich. Das Gebot der Enthaltung von der Lüge nehme ich auf mich. Das Gebot der Enthaltung von ... allen Berauschungsmitteln nehme ich auf mich. Das Gebot der Enthaltung vom Essen zur Unzeit nehme ich auf mich. Das Gebot der Enthaltung von Tanz, Gesang, Musik und Schauspielen nehme ich auf mich. Das Gebot der Enthaltung von allen Arten des Schmückens und Verzierens durch Kränze, Wohlgerüche und Salben nehme ich auf mich. Das Gebot der Enthaltung von dem Liegen auf hohen oder großen Betten nehme ich auf mich. Das Gebot der Enthaltung von dem Annehmen von Gold und Silber nehme ich auf mich."*

Die ersten fünf Gebote werden auch von (männlichen) Laien befolgt, wodurch „Ideal"-Laien in gewisser Weise den Mönchen nahestanden; dies vermag zugleich das Streben von Frauen zu erklären, ebenfalls in die buddhistische Klostergemeinde Eingang finden zu dürfen. Diesem Ansinnen stand der Buddha zunächst ablehnend gegenüber, als seine Ziehmutter Mahaprajapati mit angeblich 500 vornehmen Shakya-Frauen fünf Jahre nach Buddhas Erleuchtung mit der Bitte an ihn herantrat, ihnen ebenfalls Ordensregeln zu geben, damit sie als Nonnengemeinschaft leben könnten. Dreimal verweigerte der Buddha zunächst die Zustimmung, bis Ananda vermittelnd eintrat; unter der Auferlegung zusätzlicher Regeln wurde schließlich die Aufnahme von Frauen in die Klostergemeinschaft ermöglicht. In der Praxis bedeuten diese Zusatzregeln, dass die Nonnen (und Nonnenorden) nur jeweils auf Grund des Mönchsordens ihre Daseinsberechtigung und Legitimität erhalten und hierarchisch klar unter den Mönchen stehen.

Insofern hat die vom Buddha ermöglichte Gleichheit von Nonnen und Mönchen im konkreten buddhistischen Klosterwesen doch sehr unterschiedliche Ausformungen erfahren. Als Gründe, weshalb Frauen nicht für eine Klostergemeinschaft geeignet sein sollten, werden u. a. mehrfach genannt, dass sie weder einer zölibatären Lebensführung noch der Besitz- und Heimatlosigkeit gewachsen wären – einerseits zwar Vorurteile der zeitgenössischen Gesellschaft des brahmanischen Indien, andererseits aber wirkmächtige Annahmen, die z. T. noch im heutigen Theravada-Buddhismus nicht völlig geschwunden sind, wenn Nonnen lediglich als „besonders fromme Laiinnen" betrachtet werden, die zwar alle Vorschriften beachten, die aber dennoch nicht voll zum – eben nur männlichen – Orden gerechnet werden.

1.1.1 Die Lebensführung von Mönchen und Nonnen

Die Entscheidung, das Leben als Mönch oder Nonne zu führen, geschieht individuell, wobei bei der Aufnahme in den Sangha, d. h. die buddhistische Mönchsgemeinschaft, zwei Etappen zu unterscheiden sind: In der Regel kann ein Junge mit acht Jahren als Novize in den Orden aufgenommen werden, was nur die Zustimmung der Eltern veraussetzt, doch wird ein astrologisch günstiger Tag für dieses Ereignis gewählt. Bekannte und Freunde werden vom zukünftigen Mönch eingeladen, heutzutage wird das Ereignis auch in Tageszeitungen annonciert. Äußeres Merkmal dieser „Weltflucht" (sanskrit: *pravajya*; pali: *pabbajja*) ist das Scheren des Kopfes, der Junge meditiert danach über seine Haarlocke, um sich die „Weltflucht" zu vergegenwärtigen. Ferner erhält er das gelbe Mönchskleid und spricht die dreifache Zuflucht(sformel) aus, nämlich die Zuflucht zum

Buddha, zur Lehre und zur Mönchsgemeinde. Die Zeit als Novize dient v. a. dazu, dass er langsam in das Mönchtum hineinwächst, indem er die zehn Gebote für Mönche einhalten soll, und durch Meditation und Rezitation der Sutren diese Lebensweise kennenlernt.
Waren „klassische" Theravada-Mönche eher kontemplativ ausgerichtet, so wird durch den Einfluss des Chan-/Zen-Buddhismus der Wert der Arbeit in neuerer Zeit auch in dieser Tradition höher eingeschätzt; dementsprechend verrichten Novizen auch kleine Arbeiten. „Eigentlicher" Mönch *(bhikshu)* wird man in der Theravada-Tradition aber erst durch die Mönchsweihe *(upasampada)*; dies ist frühestens mit 20 Jahren möglich. Für die feierliche Zeremonie der Mönchsweihe ist die Anwesenheit von zehn gültig ordinierten Mönchen erforderlich. Der Lehrer, der den Novizen während der Jahre vorbereitet hat, stellt ihn der Gemeinschaft vor und bittet um Aufnahme. Ein ritualisierter Fragenkatalog, der die geistige und körperliche Eignung des Kandidaten feststellen soll, führt zur Aufnahme, vorausgesetzt, es gibt dagegen keinen Einspruch. Damit ist der Novize zum vollen Mitglied des lokalen Sangha geworden, aber zugleich auch „offizieller Repräsentant" des Buddhismus gegenüber den Laien, d. h. sein Leben betrifft die Mönchsgemeinschaft genauso wie die Laien. Verstößt der Mönch daher gegen die Ordensregeln oder lässt er sich ein Vergehen gegen Laien zu Schulden kommen, kann er aus dem Orden ausgeschlossen werden. Im Vinaya-Pitaka sind vier ausschlusswürdige Vergehen festgeschrieben (Mylius 1986, 315):

> *„Hier kommen nun die Regeln über die vier (Vergehen), die (jegliches Erlösungsstreben) vereiteln, zur Rezitation: Welcher Mönch auch, der die Übung und die Lebensweise der Mönche auf sich genommen hat und der sich von (dieser) Übung nicht zurückgezogen und sein Unvermögen kundgetan hat, (obwohl) er sich dem Geschlechtsverkehr, auch sogar mit einem Tier, hingibt, (dessen Erlösungsstreben) ist vereitelt; er ist ausgestoßen. Welcher Mönch auch, der aus dem Dorf oder aus dem Wald etwas Nichtgegebenes nimmt, was man als Diebstahl bezeichnet, ... er ist ausgestoßen. Welcher Mönch auch absichtlich ein Menschenwesen des Lebens beraubt oder einen gedungenen Mörder dafür aussucht oder den Tod verherrlicht oder (jemand) zum Sterben aufstachelt, ... er ist ausgestoßen. Welcher Mönch auch ohne Kenntnis übermenschlicher*

Fähigkeit in Bezug auf sich selbst Einsicht in das echte, heilige Wissen vorgäbe, ... wenn es (Selbstbetrug durch) Hochmut war, so ist auch dessen (Erlösungsstreben) vereitelt; er ist ausgestoßen.“

Die Aufnahme von Frauen in den Nonnenstand verläuft ähnlich, denn auch sie scheren sich die Haare, nehmen jedoch eine weiße Robe und beginnen ein zweijähriges Noviziat; da das nötige Alter dafür 15 Jahre beträgt und die volle Aufnahme ebenfalls erst mit 20 geschieht, ergibt sich in der Praxis meist eine längere Noviziatszeit. Dass die Theravada-Tradition Nonnen nicht ganz ernst nimmt, sieht man sowohl daran, dass Novizinnen nur die fünf Gebote für Laien einzuhalten brauchen, zuzüglich des Verzichts auf Nahrungsaufnahme von Mittag bis zum Morgen; ferner geschieht die Ordination zweimal: Zunächst wird die Novizin von ihrer Lehrerin der Gemeinschaft vorgestellt und einem vergleichbaren Fragenkatalog unterworfen, allerdings um einige „Spezialfragen“ erweitert, die z. T. eine frauenfeindliche Einstellung nicht übersehen lassen. Denn eine Frage zielt etwa darauf ab, ob die Kandidatin wirklich ein menschliches Wesen ist oder eventuell eine Schlange in bloß menschlicher Gestalt, eine andere Frage, ob die Novizin wirklich eine Frau – und nicht vielleicht ein Eunuch – ist.

Wenn sich gegen die Fragen kein Widerspruch meldet, gilt die Novizin als Nonne *(bhikshuni)* angenommen. Damit dies aber akzeptiert wird, wird die Prozedur vor einem Mönch bzw. dem Männer-Sangha wiederholt, und erst danach gilt die Nonnenweihe als abgeschlossen. Mit der Ordination übernimmt die Nonne eine Reihe von Regeln, deren Missachtung zum Ausschluss führt; neben den vier auch für Mönche gültigen Vergehen ist einer Nonne folgendes untersagt: Berühren eines Mannes zwischen den Schultern und den Knien; physischen Kontakt mit einem Mann anzustreben; Verstöße anderer Nonnen zu verheimlichen; bei einem suspendierten Mönch verweilen. Die Belehrung hinsichtlich ihrer Aufgaben und Pflichten beendet die Aufnahmezeremonie für Nonnen.

Vergleicht man die beiden Theravada-Traditionen bezüglich Mönchen und Nonnen, so ist unübersehbar, dass Frauen nicht nur benachteiligt werden, sondern dass sie nur Ordensangehörige zweiten Ranges sind. Die Lebensführung von Mönchen und Nonnen im Theravada-Buddhismus ist auf die Verwirklichung der Lehre vom mittleren Pfad ausgerichtet. Obwohl der Buddhismus Besitzlosigkeit betont, haben jeder Mönch und jede

Nonne einige Dinge zu Eigen, die für das tägliche Leben notwendig sind: drei Gewänder, die entweder von Laien gespendet (z. B. bei der *kathina*-Zeremonie) bzw. aus Lumpen hergestellt werden und gelb eingefärbt sind; die Einfärbigkeit entspricht dem Verbot des Sich-Schmückens und vermeidet zugleich, dass unterschiedliche Gewänder auch unterschiedlich bewertet würden. Nonnen haben dabei zusätzlich noch einen Gürtel und einen Unterrock.

Als weitere Ausrüstungsgegenstände sind noch folgende anzuführen: Almosenschale und Wasserfilter, wobei letzterer neben hygienischen Gründen v. a. den Zweck erfüllt, dass damit verhindert werden kann, dass versehentlich kleine Lebewesen verschluckt werden; ferner gehören Schermesser für die Haare, Nadel, Stab und Zahnstocher zu diesem Besitz. Die Ausrüstungsgegenstände sind eng auf die Lebensführung abgestimmt, wobei der Tag mit Meditation, Rezitation von Sutren und Studium ca. um 4 Uhr morgens beginnt. Danach ist der Vormittag ausgefüllt mit dem Almosengang, indem von Tür zu Tür gegangen wird, um Essen zu sammeln. Es darf dabei weder ein Haus bevorzugt noch eines ausgelassen werden, um die Unberührtheit von den „Dingen der Welt" zu verdeutlichen.

Was auf dem Almosengang als Speise gegeben wird, ist zu nehmen; in der modernen buddhistischen Welt bzw. in Gegenden, wo Buddhisten in der Minderheit leben und daher unproportional lange Wege zurückzulegen wären, unterliegt die Lebensführung inzwischen insofern einem Wandel, als sich beobachten lässt, dass Laien vermehrt Nahrung (bzw. Geld) zum Kloster bringen, um so für die Speisung der Mönche aufzukommen. Erwähnenswert ist, dass dabei nicht der Mönch oder die Nonne zu Dank verpflichtet sind, sondern dass dem Laien Dankbarkeit ansteht, da er dadurch, dass seine Gabe angenommen wurde, die Möglichkeit hatte, Freigebigkeit zu praktizieren und Verdienst für sich zu erwerben. Kurz vor Mittag wird das gesammelte Essen gemeinsam verzehrt, wobei jene, die weniger erhalten haben, von den anderen Mitgliedern des Sangha versorgt werden. Ab dem Nachmittag gibt es in den Theravada-Klöstern keine Nahrungsaufnahme mehr; in Mahayana-Klöstern hingegen nehmen Mönche bzw. Nonnen am Abend nochmals eine kleine Mahlzeit zu sich. Der weitere Tagesverlauf dient im traditionellen Kloster wiederum der Meditation und dem Studium sowie der Unterweisung der Laien, was bis zur Nachtruhe um spätestens 22 Uhr fortgesetzt wird.

Ein religiöser und gemeinschaftlich bedeutsamer Fixpunkt in jedem Kloster ist das *uposatha*-Ritual, das jeweils zu Neumond und Vollmond und auch an den beiden dazwischenliegenden Tagen des entsprechenden Mondviertels durchgeführt wird. Herzstück dieses Rituals ist die Rezitation der *pratimoksha*-Abschnitte des Vinaya-Pitaka, d. h. einer Liste von 227 möglichen Vergehen (in der chinesischen Fassung werden 250, in der tibetischen Fassung 253 Gebote gezählt), die den Mönchen vor Augen geführt werden, damit sie rekapitulieren, ob sie dagegen verstoßen haben oder ob sie rein sind. Die Einleitung der Litanei lautet (Mylius 1986, 314):

> *„Verehrung dem Erhabenen, dem Heiligen, dem vollkommen Erwachten! Es höre mich, o Ehrwürdige, das Ordenskapitel. Heute ist der Weihetag, der fünfzehnte (Tag des Halbmonats). Wenn es dem Ordenskapitel genehm ist, möge das Ordenskapitel den Weihetag begehen und das Verzeichnis der Ordensvorschriften rezitieren. ... Wer eine Verfehlung (aufzuweisen) hat, der möge es kundtun! Wenn keine Verfehlung vorliegt, ist Schweigen zu bewahren. Durch das Schweigen weiß ich nun, dass die Ehrwürdigen rein sind. Wie nun auf jede Frage eine Erklärung (erforderlich) ist, so wird sie, einer solchen Versammlung entsprechend, dreimal vorgetragen. Derjenige Mönch nun, der bei dreimaligem Vorbringen (der Frage) sich an eine Verfehlung erinnert und sie nicht bekennt, begeht eine wissentliche Lüge. ... Diesbezüglich frage ich die Ehrwürdigen: Seid ihr rein in dieser Hinsicht? Auch ein zweites Mal frage ich: Seid ihr rein in dieser Hinsicht? Auch ein drittes Mal frage ich: Seid ihr rein in dieser Hinsicht? Rein sind in dieser Hinsicht die Ehrwürdigen; darum (herrscht) Schweigen. So fasse ich es auf."*

Die Fragen hinsichtlich der Vergehen sind danach nur noch Formsache; denn das feierliche Ritual ist sozusagen der formale Abschluss, da in der Praxis dem bereits eine „Beichte" vorangegangen ist, in der die Mönche paarweise einander ihre Vergehen bekannt haben. Das Pratimoksha-Ritual dient also mehr der feierlichen Erinnerung an die Ordensvorschriften als einem wirklichen Eingestehen von Fehlern vor der Gemeinschaft, wie es ursprünglich wohl der Fall war. Der offizielle Charakter des Bekenntnisses ist aber darin bewahrt geblieben, dass wenigstens vier vollordinierte Mönche anwesend sein müssen, um das Ritual durchzuführen. Prinzipiell sind alle Mitglieder des Sangha verpflichtet, daran teilzunehmen, so dass ein solches Ritual theoretisch auch am Krankenbett eines Mönches abgehalten werden kann.

Die Verpflichtung zur Teilnahme am *uposatha*-Tag hat aber auch eine Konsequenz für die Definition der Zugehörigkeit zu einem Kloster bzw. Sangha: Ausschlaggebend sind die räumliche und zeitliche Komponente: Wer sich innerhalb des Klosterbereichs befindet, ist während dieses Zeitraums zugleich Mitglied des Sangha und in die Hierarchie des konkreten Klosters einzuordnen. – Im aktuellen Buddhismus Südostasiens ist ein Rückgang der Praxis unübersehbar, da oft nur noch der Vollmondtag als Feiertag begangen wird. Dass dabei der Mönchsbuddhismus mit diesem Ritual zugleich auch auf Laien ausstrahlt, zeigt sich daran, dass Laien versuchen, an den ursprünglich vier *uposatha*-Tagen über ihre eigenen Laienpflichten hinaus auch die Mönchsregeln zu befolgen, wodurch sich Laien analog zu den ordinierten Mönchen verhalten, allerdings nur für jeweils einen Tag. Für westliche am Theravada orientierte Buddhisten kann dies teilweise zu einer Art „Wochenend-Askese" führen, wie es Martin Baumann benennt; dies wird noch dadurch verstärkt, dass v. a. Vollmond-*uposatha*-Feiern gerne auf einen Sonntag verlegt werden. Die Praxis, sich mit Hilfe von *uposatha* der Ordensvorschriften für Mönche als „Elite-Buddhisten" zu erinnern, die bereits der traditionelle Theravada-Buddhismus gekannt hat, gewinnt somit eine neue Nuance, indem auch Laien durch Teilnahme am Ritual buddhistisches Leben besonders einüben.

Das gemeinsame Leben der ersten (Mönchs-)Jünger des Buddha während der Regenzeit brachte von Beginn an Formen der Institutionalisierung der Klöster und des Mönchtums hervor, die über religiöse Belange hinausgingen, indem Klöster Architektureinrichtungen, aber auch Wirtschafts- und Kulturzentren wurden. Ausgangspunkt buddhistischer Klosterbauten ist der sogenannte *arama*, „Ruhegarten, Ruheplatz", d. h. eine Unterkunft für die Regenzeit, die von Laien gestiftet wurde. Eine ätiologische Legende berichtet, dass der Buddha 19 Regenzeiten jeweils am Ort Jetavanarama verbracht haben soll, so dass ein Kaufmann noch zu Lebzeiten des Buddha die einfache Unterkunft verbessert und ausgebaut haben soll – mit Räumen für die Mönche, mit Küche, Promenadengängen, Versammlungsraum, Hallen, Magazinen und Baderäumen. Die Legende will zwar die etablierten „Großklöster" in die Anfangszeit zurückprojizieren, zeigt aber doch den frühzeitigen Übergang zum „sesshaften" Mönch; den Ausgangspunkt bilden wohl jene Mönche, die aus Alters- oder Krankheitsgründen nach der Regenzeit nicht im Stande waren, wiederum wandernd umherzuziehen, so dass das „Kloster" als Bau-Institution entstand.

Eine Art Überbegriff für das Kloster als „Wohnort" der Mönche bzw. für den Kloster*bau* – im Unterschied zur Bezeichnung *sangha* für die Kloster*gemeinde* – ist der Terminus *vihara*. Auf diese Bezeichnung geht auch der Name des heutigen indischen Bundesstaates Bihar zurück, worin die Erinnerung bewahrt ist, dass dieses Gebiet altes buddhistisches Siedlungsgebiet darstellt. Ein anderer altindischer Klosterbegriff ist *sangha-arama* „Ruhegarten der Klostergemeinschaft", der noch in der japanischen Bezeichnung *garan* für buddhistische Tempel(klöster) weiterlebt. Architektonisch ist der *vihara* eine Neuerung des Buddhismus für die indische Religions- und Kulturgeschichte. Als Versammlungsort für Mönche bzw. Nonnen wird der Bau durch einen großen Innenhof geprägt, um den herum sich weitere Gebäude gruppieren, wobei auch (Wohn-)Höhlen miteinbezogen werden können. Ebenfalls wichtig für die Klosterarchitektur, aber auch für das Klosterverständnis ist die Entwicklung von Klostermauern und -zäunen. Sie schließen das Klosterareal symbolisch von der Welt der „Anhaftung" ab, sind aber als „Klostergrenze" *(sima)* auch organisatorisch bedeutsam. Wer sich innerhalb des Klosterareals befindet, gehört zur Klostergemeinde *(sangha)*, wobei die exakte Festlegung einer solchen Klosterzugehörigkeit sowohl hinsichtlich der verpflichtenden Teilnahme an den *uposatha*-Riten als auch bei der Ordination eines neuen Mönches entscheidend ist.

Die bauliche Entfaltung von Klostermauern und -zäunen dient aber auch der „Lehrunterweisung", indem auf Reliefs Szenen aus dem Leben des Buddha dargestellt werden, symbolisch das Rad der Lehre abgebildet wird oder die v. a. im indo-tibetischen Buddhismus beliebten Gazellen zu sehen sind, als Erinnerung an die erste Predigt im Tierpark von Sarnath. Mahayana-Richtungen können dabei hinsichtlich der ikonographischen Ausgestaltung von Kloster- und Tempelmauern auf einen noch ungleich größeren Motivschatz zurückgreifen. Der Bedeutung der „Lehrunterweisung" im Kloster trägt ferner Rechnung, dass bereits frühe buddhistische Klosterbauten ein Bauensemble aufweisen, das als „Lehrhalle" fungiert. Als „Bildungsstätten" reichen buddhistische Klöster dabei bis in die Zeit Ashokas zurück, die ersten Klosteruniversitäten entstanden in den ersten nachchristlichen Jahrhunderten.

Die buddhistischen Klosteruniversitäten sind als Kulturträger dem abendländisch-mittelalterlichen Mönchtum vergleichbar. Wie die europäische Mönchstradition durch die Bewahrung, Tradierung und Adaptierung des Bildungsgutes der klassischen Antike wesentlich zur Formung eines „christlichen Abendlandes" als Kulturraum beigetragen hat, so haben auch buddhistische Mönche ihren Beitrag zur Prägung der südostasiatischen bzw. ostasiatischen Kulturen geleistet. Genauso waren Klöster wesentliche Orte der innerbuddhistischen Lehrentwicklung und Gelehrsamkeit. Als eines der ganz hervorragenden diesbezüglichen Beispiele sei die „Klosteruniversität" Nalanda genannt; bereits in buddhistischer Frühzeit hat Nalanda als Handelszentrum in der Nähe der Hauptstadt Rajagriha gewisse Bedeutung, Bildungszentrum wird es durch die erste Klostergründung zwischen 413 und 455, im Laufe des 6. Jh.s wird Nalanda zu einem Großkloster ausgebaut, wobei organisatorisch einzelne kleine Klosteranlagen zusammengefasst und durch eine Klostermauer auch äußerlich gegenüber der Umwelt hervorgehoben werden.
Die chinesischen Pilger Hsüan-tsang und I-tsing beschreiben die Klosteranlage; ersterer überliefert auch eine Entstehungslegende, die den Ruhm Nalandas vermehren soll, wenn es heißt, dass 500 Kaufleute für 100 Goldstücke den Platz für Buddha als Lehrstätte gekauft und nach Buddhas Erlangung des Nirvana dort ein erstes Kloster errichtet hätten. In der Blütezeit der Klosteruniversität (7. und 8. Jh.) haben 1000 Mönche rund 10.000 Studenten unterrichtet; zwischen 100 und 200 umliegende Dörfer haben den ganzen Klosterkomplex mit Lebensmitteln als Steuerabgaben versorgt. Wie überragend die Bedeutung Nalandas als Lehrzentrum war, zeigt wohl auch die Tatsache, dass die beiden chinesischen Pilger mit 520 bzw. rund 400 buddhistischen Manuskripten den Ort verließen, um sie nach China zu bringen.
Aus der reichhaltigen, Nalanda betreffenden Überlieferung gewinnen wir Einblick in die Struktur einer solchen Bildungsstätte, an deren Spitze der Gelehrteste der Mönche stand, gefolgt vom *karmadana*, d. h. jenem Mönch, der für die tägliche Organisation des Lehrbetriebes zuständig war. Ein weiterer Mönch hatte die Aufgabe, Kandidaten für das Kloster einer Aufnahmsprüfung zu unterziehen, die gewährleisten sollte, dass das Bildungsniveau entsprechend hoch blieb. Von zehn Kandidaten haben dabei sieben bis acht jeweils die Aufnahme nicht geschafft, was den elitären Charakter der Bildungsstätte Nalanda verdeutlicht. Wenn man die Lehr-

inhalte von Nalanda ansieht, so darf man zu Recht von einer „Universität" sprechen.
Die Unterrichtssprache war Sanskrit (eine im Alltag längst nicht mehr gesprochene Sprache), so dass die Sprachgrundausbildung die Voraussetzung für jedes weitere Studium darstellte. Für Mönche umfasste das Curriculum zunächst die Ordenstexte, dann die buddhistischen Lehrtexte und philosophischen Abhandlungen, wobei für den Lehrplan, aber auch für die Zusammensetzung der Lehrenden und Studierenden in Nalanda charakteristisch war, dass auch die Traditionen der Mahayana-Philosophie studiert wurden. Die universelle Offenheit von Nalanda hat dabei wesentlich zur philosophischen Entwicklung des indischen Buddhismus und durch den Ruhm der Klosteruniversität auch von Teilen des außerindischen Buddhismus beigetragen; die namentlich bezeugten Schüler stammen zum Großteil aus China, Tibet, Korea und Afghanistan. Das Studium hat sich keineswegs auf buddhistische Lehrinhalte beschränkt, sondern es wurden genauso brahmanische Texte studiert, analysiert und in der Disputation widerlegt, ferner spielten – und auf dieses Lehrangebot konnten auch Laien zurückgreifen – „weltlich-traditionelle" Wissenschaften eine Rolle: Grammatik, Lexikographie, Architektur und Kunsthandwerk, Medizin. Für astronomische Studien gab es in Nalanda auch ein eigenes Observatorium.
So war Nalanda für das 7. und 8. Jh. das Zentrum des indischen Buddhismus, dessen Blüte in den folgenden Jahrhunderten allerdings zurückging und im 12. Jh. nach Überfällen durch muslimische Turkstämme zum endgültigen Erliegen kam. Nalanda war keineswegs die einzige „Klosteruniversität", beispielhaft seien einige Klöster entlang der Seidenstraße (z. B. in Kaschgar/Khotan, in der Turfan-Oase, in Hami oder Dunhuang) in vorislamischer Zeit genannt. Diese Klöster dienten nicht nur als Unterkünfte für Pilger oder Reisende, sondern sind besonders wegen ihrer Übersetzungstätigkeit im mehrsprachigen Milieu entlang der Seidenstraße erwähnenswert; u. a. wurden buddhistische Texte aus dem Sanskrit z. T. ins Tibetische, Tocharische oder Sakische, aber auch aus dem Chinesischen ins Sogdische und weiter ins Uigurische übersetzt. Funde von Handschriften (aus der zweiten Hälfte des 1. bis in die erste Hälfte des 2. Jt.s n. Chr.) seit Ende des 19. Jh.s werfen Licht auf die in den Klöstern gepflegte Gelehrsamkeit. Dass auch tibetische Klosterbibliotheken hinsichtlich der Wertschätzung des Studiums im Kloster nicht nachstehen, zeigt sich

sowohl daran, dass die Ausstattung der Bibliotheken genauso sorgfältig ausgeführt wird wie die des Haupttempels und dass eine tibetische Klosterbibliothek wenigstens 108 Bände des Kanjur und 225 Bände des Tanjur enthalten muss.

Gelehrsamkeit und Lebensweise machen dabei – v. a. in den Theravada-Ländern – das Mönchtum bis heute zu einem wichtigen gesellschaftlichen Faktor. Schätzungen bezüglich der Zahlen von Mönchen und Nonnen sind schwierig, Statistikversuche aus den 70er Jahren des 20. Jh.s nennen folgende Zahlen: In Sri Lanka dürfte es damals rund 18.000 Klostermönche gegeben haben, dazu kamen 500 Waldmönche und 400 Nonnen. Thailand hat mit 350.000 Mönchen zweifellos die größte Zahl, wozu man noch etwa 100.000 Mönche auf Zeit rechnen kann; demgegenüber sind die etwa 2000 Nonnen eine Minderheit. Für Burma belaufen sich diesbezügliche Schätzungen auf etwa 90.000 Mönche. Die gesellschaftliche Relevanz des Mönchtums wird dabei v. a. auch dadurch gesteigert, dass bis in die Gegenwart Laien immer wieder für eine Zeitlang in einem Kloster nach den Vorschriften der Mönche zu leben versuchen. Die Folgen einer solchen Lebensweise wirken sich insofern auf die Gesellschaft der buddhistischen Länder in Südostasien aus, als dadurch buddhistische Werte auch von Laien ins Alltagsleben umgesetzt werden. Dadurch sind bis in die Gegenwart diese Länder stärker vom Buddhismus geprägt als dies im Abendland durch das Christentum der Fall ist.

Da der Quellenwert des Pali-Kanons im ostasiatischen Mahayana sekundär ist, sind Mönchtum und Klosterwesen hier hinsichtlich der Ordensregeln anders ausgeprägt. Aufschlussreich in dieser Hinsicht ist bereits der Begriff *sangha*, der im Mahayana-Sprachgebrauch nicht auf Mönche und Nonnen beschränkt wird, sondern die Gemeinschaft aller Buddhisten – einschließlich der Laien – bezeichnet. Diese Begrifflichkeit zeigt, dass Mönche und Nonnen im Mahayana-Buddhismus nicht jene theoretische Bedeutung haben, die ihnen in den Theravada-Ländern zugekommen ist. Zwar findet man auch hier die Institutionen „Kloster" und „Mönchtum" weit verbreitet, allerdings mit unterschiedlichen Wertungen: Die Frage der Ehelosigkeit teilen manche Mahayana-Richtungen nicht mit dem Theravada-Buddhismus, einige tibetische sowie japanische Schulen kennen dementsprechend auch verheiratete Mönche.

In Tibet wird das Konzept „Mönch" dabei insofern relativ weit innerhalb des „Volksbuddhismus" gefasst, als auch Yogis, Tantriker oder Einsiedler zum Sangha gerechnet werden, auch wenn sie verheiratet sind oder keine formale Mönchsordination erhalten haben. In dieser Hinsicht und Weite hat das tibetische Mönchtum zweifellos eine gewisse Sonderposition, andererseits betonen aber v. a. die Kadampa- und Gelugpa-Schule hinsichtlich des Mönchtums die strikte Ausrichtung nach den Vinaya-Vorschriften. Auch innerhalb des chinesischen Buddhismus gilt das zölibatäre Mönchtum nicht als Ideal, da Fortbestand der Familie und Tätigkeit höher eingeschätzt werden. Damit hängt zusammen, dass in China im 8. Jh. die Wertschätzung der manuellen Arbeit in den Chan-Buddhismus Eingang gefunden hat, zumindest unbewusst durch die Wertschätzung von Arbeit und Pflichterfüllung im Konfuzianismus beeinflusst. Indirekt mag die Wertschätzung der Familie in der chinesischen Kultur noch einen zweiten Einfluss auf den chinesischen Klosterbuddhismus ausgeübt haben, indem in China zu beobachten ist, dass Nonnen ein ungleich höheres Ansehen genießen als in den benachbarten Theravada-Gebieten.

Der Tagesablauf eines japanischen Zen-Mönches unterscheidet sich von den Theravadins besonders dahingehend, dass das Erbitten von Almosen deutlich in den Hintergrund rückt. Zwar sind gelegentlich auch Zen-Mönche mit ihrer Almosenschale unterwegs, doch sind sie hinsichtlich des Unterhalts nicht von den gegebenen Almosen abhängig. Der größere Teil des Tages ist dabei auch in solchen Klöstern mit Meditation, Rezitation von Sutren und Studien ausgefüllt. Den regelmäßigen Ablauf des Klosteralltags unterbrechen die einmal im Monat durchgeführten „retreats": Während dieser Zeit soll der Mönch durch intensivere Meditation nach Erleuchtung streben, so dass andere Klosteraktivitäten zurückgestellt werden.

1.1.2 Nonnen in den gegenwärtigen Theravada-Ländern

Der Theravada-Buddhismus sieht bis in die Gegenwart Nonnen lediglich als „besonders fromme Laiinnen" an. Wo es in den Theravada-Ländern von Männerklöstern hierarchisch abhängige Frauenklöster gibt, wird dadurch lediglich der Zustand der Ungleichheit gefestigt: Nonnen übernehmen die in den Klöstern anfallenden Hausfrauenpflichten, reinigen die Häuser, kochen für die Mönche und sind den Mönchen untertan.

In Sri Lanka heißen solche Frauen *silmatavaru*, „hochgeehrte Mütter, welche die Gebote beachten" bzw. *das-silamata*, die „Zehn-Regeln-Mütter". Diese Bewegung ist am Ende des 19. Jh.s entstanden, wobei sich teilweise solche Frauen zu Wohngemeinschaften zusammenschlossen. Ihr Status hat sich erst in den letzten Jahrzehnten etwas verbessert. Zu erwähnen ist dabei die am 2. November 1997 verstorbene deutsche Theravada-Nonne Ayya Khema, die im Jahr 1984 das International Women's Center auf der Insel Parappuduwa gründete, wobei die internationale Verbindung den Status von Nonnen gehoben hat; heute gibt es dadurch rund 2500 *silamatas* auf Sri Lanka, was einen deutlichen Anstieg gegenüber den 70er Jahren zeigt. Erwähnenswert ist ferner, dass auch Europäerinnen und Nordamerikanerinnen in solche Klöster in Sri Lanka eintreten, wobei dieser „westliche Import" teilweise das Ansehen der Nonnen hebt.

In Thailand werden Nonnen als *mae ji* „Mütter, die ordiniert sind" bezeichnet. Obwohl es solche Frauen in der buddhistischen Geschichte Thailands immer gegeben hat, sind sie erst seit 1960 in größerer Zahl aufgetreten, wobei ihre weißen Roben (im Unterschied zu den orangen oder ockerfarbenen der Mönche) auch optisch ihre Existenz verdeutlichen. Obwohl sie meist ungebildet sind und vom Land stammen und ihr Leben als Nonnen im Vergleich zu Mönchen materiell schlechter gestellt ist, werden sie durch ihre Lebensweise langsam zu einer besser angesehenen Gruppe, die eine Gleichberechtigung buddhistischer Frauen sowie die Gründung eigener Nonnenklöster eventuell in die Nähe rücken lassen. Neben der Gruppe der *mae ji* gab es im 20. Jh. noch weitere vereinzelte Versuche, eigene Nonnenklöster zu errichten, deren Nonnen von chinesischen Mahayana-Mönchen ordiniert wurden. Denn die Theravada-Mönche hatten sich geweigert, die Frauen zu ordinieren. Deshalb werden diese Frauen jedoch bislang kaum von den Theravada-Mönchen als Nonnen akzeptiert.

1.1.3 Nonnen in den gegenwärtigen Mahayana-Ländern

Die Stellung von Nonnen in den Mahayana-Ländern ist von der Mahayana-Lehre der Leerheit *(shunyata)* positiv beeinflusst, derzufolge es in der letzten Wirklichkeit keine Unterschiede zwischen den Geschlechtern gibt, was eine – wenngleich in der weltlichen Praxis nicht immer verwirklichte – neue Sichtweise im Verhältnis der Geschlechter zueinander ermöglicht. Davon können Laienfrauen und Nonnen theoretisch in gleicher Weise profitieren. Es ist daher durchaus verständlich, dass die erste Internationale Konferenz Buddhistischer Nonnen in Bodh Gaya im

Jahr 1987 von Mahayana-Nonnen initiiert worden ist, deren gesellschaftliche Position im Vergleich mit Theravada-Nonnen ungleich höher ist. Am besten unterrichtet sind wir über Mahayana-Nonnen in Japan. Im Zusammenhang mit der Einführung des Buddhismus nach Japan wird legendarisch berichtet, dass die ersten ordinierten Personen in Japan Frauen waren, d. h. die japanischen Frauenorden sind gleich alt wie der japanische Buddhismus selbst. Allerdings ist bereits weniger als ein Jahrhundert später festzustellen, dass die Mönche an Zahl (und Macht) die anfängliche Dominanz der Nonnen übertroffen haben. Ebenfalls erwähnenswert ist, dass sich spätestens seit dem 8. Jh. die Rezeption der Vinaya-Vorschriften zum Nachteil der Nonnen ausgewirkt hat. – Mitte der 80er Jahre des 20. Jh.s gab es in Japan rund 2000 Zen-Nonnen und rund 700 Shin-Nonnen. Die jeweilige Zuordnung zu einem Tempel, in dem diese Nonnen häufig allein leben, zeigt ihre intensive Einbettung in den buddhistischen Kult. Dieser ausgeprägte „Tempel- bzw. Kultbezug" japanischer Nonnen (und auch der Mönche) ist ein Spezifikum im japanischen Buddhismus. Hervorzuheben ist, dass ein Großteil der Nonnen bereits über 60 Jahre alt ist und kaum junge Frauen ein Leben als Nonne anstreben. Eine Ursache dafür liegt in der Familienstruktur Japans: Mit dem Schwinden der traditionellen Großfamilie seit dem Ende des Zweiten Weltkriegs tendiert man eher dazu, nur einen Sohn für den „Mönchsweg" auszuwählen, denn Mönche dürfen in den japanischen Mahayana-Richtungen heiraten und das Familienerbe weitertradieren. Die den Nonnen vorgeschriebene zölibatäre Lebensweise ist dem Familienbezug und dem traditionellen Ahnenkult weniger zuträglich, weshalb das Nonnewerden wenig propagiert wird.

Chinesische Nonnenklöster sind hinsichtlich ihrer Organisation von den Männerklöstern unabhängig. Dadurch haben sie sich nicht nur der männlichen Kontrolle entziehen und die Erlösungsmöglichkeit für Frauen verwirklichen können, sondern sie sind dadurch auch zu einem (politischen) Machtfaktor geworden. Mit der kommunistischen Machtübernahme und der Kulturrevolution haben die buddhistischen Klöster jedoch Schaden erlitten, vorsichtige Restaurationsversuche seit den 80er Jahren eröffnen nun wieder die Möglichkeit, dass Frauen in (wenige) Nonnenklöster eintreten. In einem der größten Klöster in Shanghai lebten Ende der 80er Jahre 26 Nonnen, elf davon waren nach der Wiederzulassung des Klosters 1982 neu eingetreten; sie sind zwischen 13 und 38 Jahren, die

anderen Nonnen sind über 60 Jahre alt. In anderen Klöstern ist die Situation vergleichbar, wobei für die nächste Zukunft nicht zu erwarten ist, dass sich der Zuzug zu Klöstern signifikant erhöhen dürfte, wobei die Situation beim Mönchtum vergleichbar ist.
Eine einzigartige Position haben die chinesischen Nonnen in Taiwan, denn dies ist das einzige Land, in dem die Zahl der Nonnen die der Mönche übertrifft. Taiwanesische Nonnen besitzen zumindest eine Grundschulausbildung, viele haben aber auch einen höheren Schulabschluss (z. T. mit Auslandsstudien). Dies bringt den Nonnen Ansehen, was einerseits dazu führt, dass das Leben als Nonne anziehend wirkt, so dass in der Regel in einem Tempel ca. 20 bis 30 Nonnen leben. Andererseits ermöglicht es die gute Ausbildung den Nonnen auch, in der Öffentlichkeit v. a. im Erziehungsbereich (vom Kindergarten bis zur Universität) und im Sozialwesen aktiv tätig zu sein, so dass Nonnen bei anhaltender Entwicklung auch in Zukunft eine prägende Kraft der taiwanesischen Gesellschaft bleiben werden.
Das erste Frauenkloster in Tibet wurde im 8. Jh. errichtet; bis zur chinesischen Invasion im Jahr 1959 gehörte die Gemeinde der tibetischen Nonnen mit rund 12.000 Personen zu den größten innerhalb der buddhistischen Welt. Seit der Flucht vieler Tibeter(innen) gibt es auch im Westen Frauen, die sich als Nonnen einer tibetischen Richtung ordinieren ließen, derzeit dürfte diese Zahl bei rund 250 liegen. Die Klöster in Tibet selbst sind heute praktisch völlig zerstört, seit den 80er Jahren gibt es in Rumtek (Sikkim) bzw. Dharamsala zwei größere Klöster, letzteres hat hauptsächlich Nonnen unter 30 Jahren und profitiert bezüglich seines Images auch von der lokalen Nähe zur derzeitigen Residenz des Dalai-Lama.

1.2 Das Bodhisattva-Ideal im Mahayana-Buddhismus

Ähnlich wie Mönchtum und Mönchsregeln Vorbildwirkung für das Menschenbild im Theravada-Buddhismus haben und von daher auch die Mahayana-Schulen beeinflusst haben, umfasst das Ideal eines irdischen Bodhisattvas wesentliche Komponenten der Anthropologie im Mahayana, v. a. hinsichtlich der Bedeutung dieses Ideals für die Verwirklichung buddhistischer Werthaltungen. Da Ansätze eines Bodhisattvatums bereits in den Shravakayana-Schulen vorhanden waren, kam es bei fortschreitender Entwicklung der Theologie und Anthropologie des Bodhisattvas im Mahayana-Buddhismus zugleich auch zu Rückwirkungen auf Nicht-

Mahayana-Schulen. Charakteristisch für einen Bodhisattva sind die Entwicklung von sozialen Tugenden und das Mitleid mit allen Lebewesen, wobei ursprünglich in den Shravakayana-Schulen das Bemühen eines Bodhisattvas v. a. darauf gerichtet war, selbst aus dem Wesenskreislauf herauszukommen und das Nirvana zu erreichen, während das Bodhisattva-Ideal im Mahayana durch einen ausgeprägten Altruismus gekennzeichnet ist, d. h. das eigene Bemühen soll andere Wesen zur Erlösung führen.

Definitorisch ist der Bodhisattva ein Wesen *(sattva)*, das sich systematisch um Erleuchtung *(bodhi)* bemüht und diese auch erfolgreich erlangt hat. Die als „Erleuchtungswesen" dabei grundsätzlich bereits erreichte Buddhaschaft mit dem Eintreten ins Nirvana wird jedoch in der Praxis so lange aufgeschoben, bis der Bodhisattva alle anderen Wesen erlöst hat. Diese altruistische Gesinnung macht die Bodhisattvas auf der Stufe der Volksreligion zu Gottheiten, an die man sich hilfesuchend auf dem Weg zur eigenen Erleuchtung wenden kann; zugleich werden auf dogmatischer Ebene solche Bodhisattvas in die Dreikörperlehre eingebaut. Dadurch kann man seit dem 1. Jh. n. Chr. zwei Klassen von Bodhisattvas unterscheiden, nämlich irdische und transzendente. „Transzendente" Bodhisattvas stehen dabei auf einer so vollkommenen Stufe der erlösenden Weisheit, aus der sie praktisch nicht mehr auf eine „irdische" Stufe zurückfallen können, so dass sie in ihrem völlig spirituellen Zustand als „Große Wesen" *(mahasattva)* den irdischen Bodhisattvas überlegen sind. Die Mahayana-Sutren kennen etwa 50 solche transzendente Bodhisattvas: Einige von ihnen wurden schon gelegentlich genannt, so etwa Avalokiteshvara und Maitreya im Zusammenhang mit der Dreikörperlehre. Ein anderer wichtiger transzendenter Bodhisattva ist Mañjushri, der mit „lieblicher Schönheit". Als Herr der Weisheit hat er hohes Ansehen; wer die Lehre Buddhas in der Welt bekannt machen will, erhält von ihm Inspiration; ferner verleiht er das Verständnis der Schriften und ein gutes Gedächtnis, so dass es gut ist, vor jeder geistigen Unternehmung an ihn zu denken. Solche transzendente Bodhisattvas bilden das Mahayana-Pantheon, und ihre Anrufung und Verehrung in einem „passiven" Bodhisattva-Weg hilft den Menschen auf ihrem Weg zur Erlösung aus dem Kreislauf der Wiedergeburten.

Für das Menschenbild aufschlussreicher sind aber die „irdischen" Bodhisattvas, da jeder Einzelne sich bemühen soll, selbst ein solcher

Bodhisattva zu werden, indem er den „aktiven" Bodhisattva-Weg geht, der soziale und ethische Auswirkungen auf die Mitwelt hat. Wirken und Eigenschaften eines solchen Bodhisattva beschreibt Shantideva im Shikshamuccaya (Winternitz 1930, 37):

> *„Vor allen Wesen verneigt er sein Haupt und lässt seinen Stolz nicht aufkommen. Mit den schwachen Wesen hat er Geduld und bereitet ihnen kein Hindernis. Den Wesen, die Hunger leiden, gibt er die beste vortreffliche Speise. Den Wesen, die Furcht haben, gewährt er Sicherheit. Er ist eifrig bemüht um die völlige Heilung der Kranken und befriedigt die Armen durch Reichtümer. An einem Heiligtum des Tathagata besorgt er das Bestreichen mit Mörtel. Frohe Botschaft verkündet er den Wesen. Mit den Armen und Unglücklichen teilt er seinen Besitz, und er trägt die Last derer, die müde und erschöpft sind."*

Aus der Sicht des bereits voll entwickelten Mahayana-Denkens der ersten Hälfte des 8. Jh.s beschreibt Shantideva die Aufgaben, das Wesen, aber auch das stufenweise Bemühen, sich in der irdischen Bodhisattvaschaft zu üben, in den zwei bekannten Texten *Shikshamuccaya* („Sammlung der Regeln") und *Bodhicaryavatara* („Eintritt in das Leben zur Erleuchtung"). Im Shikshamuccaya wird die Praxis in 27 Merkversen zusammengefasst, die durch ausführliche Kommentare erläutert werden; dabei geht es Shantideva darum, die in den Versen gebotenen Aussagen durch ausführliche Zitate aus dem Mahayana-Schrifttum zu stützen. Literarisch anspruchsvoller ist das Bodhicaryavatara, worin der Werdegang eines Bodhisattva geschildert wird, beginnend mit der Aufnahme des Erleuchtungsgedankens bis zur Gewinnung der Weisheit/Einsicht *(prajña)* aufgrund der sechs Vollkommenheitsstufen. Dieses Werk ist somit ein Leitfaden für angehende Bodhisattvas.
Wer den Weg eines Bodhisattvas einschlägt, soll ein Leben in der Einsamkeit anstreben; dazu gehört etwa der Gang in die „Hauslosigkeit", genauso preist man die Waldeinsamkeit, wobei nicht jeder Ort gleich gut geeignet ist. Vielmehr soll man sich niederlassen, wo es einen Bereich für das Almosensammeln und reines Wasser gibt. Ferner soll der Platz mit Bäumen ausgestattet und vor gefährlichen Raubtieren sicher sein. Die Beschreibung Shantidevas schließt durchaus an traditionelle altindische und buddhistische Meditations- und Yogapraktiken an, indem die äußere

Umgebung eine förderliche Komponente für die spirituelle Entfaltung ist. Entscheidender ist jedoch, dass der zukünftige Bodhisattva die richtige Gesinnung hegt, nämlich *bodhicitta*, d. h. sein Erleuchtungsdenken muss erweckt werden, da nur diese Geisteshaltung Leitfaden für den zu gehenden Weg sein kann; dementsprechend behandeln die ersten vier Kapitel des Bodhicaryavatara ausführlich diese Thematik.
Wer das Leiden überwinden will, darf niemals das Erleuchtungsdenken aufgeben (I 8), sondern man muss es als Heilselixier festhalten wie einen Juwel (I 10f), denn der Baum des Erleuchtungsdenkens trägt immer Frucht (I 12). Durch *bodhicitta* entkommt man auch augenblicklich allen schrecklichen Sünden (I 13). Ist man zu dieser Erkenntnis gelangt, so liegt es nahe, dass man bemüht ist, zugleich dieses Heil an alle anderen Wesen weiterzugeben, was einerseits eine große Verantwortung des Bodhisattvas bedeutet, da sein Versagen auch das Heil anderer Wesen zerstört (IV 8–12); andererseits betont das Gelübde, d. h. die öffentliche Erklärung, den Bodhisattva-Weg auf sich zu nehmen, auch die heilvolle Absicht, den Weg stufenweise zu beschreiten; Shantideva beschreibt dies im 4. Kapitel so (Steinkellner 1981, 39):

> *„Möge ich den Schutzlosen ein Beschützer sein, ein Führer den Reisenden, denen, die zum anderen Ufer wollen, ein Boot, ein Damm, eine Brücke, eine Lampe für die, die eine Lampe brauchen, ein Bett für die, die ein Bett brauchen, ein Diener für alle Lebewesen, die einen Diener brauchen. Möge ich den Lebewesen ein Wunschjuwel sein, ein Glückskrug, eine Zauberformel, ein Wunderheilkraut, ein Wunschbaum und eine Wunschkuh. Wie die Erde und die anderen Elemente in vielfacher Weise den unermesslich vielen Wesen von Nutzen sind, die den endlosen Äther bevölkern, so möge auch ich in vielfacher Weise allen Wesen nützen, die der Äther birgt, solange noch nicht alle erlöst sind. Wie die früheren Buddhas das Erleuchtungsdenken erfasst haben, und wie sie in der Praxis eines Bodhisattvas fortschreitend fest geblieben sind, so will ich zum Heile der Welt das Erleuchtungsdenken hervorbringen, und gerade so will ich diese Praktiken der Reihe nach üben."*

Die praktische Karriere eines Bodhisattvas verläuft dabei in sechs bzw. zehn Stufen *(bhumi)*, die parallel mit der Erwerbung der sechs bzw. zehn „Vollkommenheiten" *(paramita)* stehen, wobei die Lehre von den

Vollkommenheiten bereits zwischen 100 und 300 entstanden ist. Die unterschiedlichen Zahlen, aber auch die Harmonisierung zwischen den „Stufen" und den „Vollkommenheiten" spiegeln zweifellos die historische Entwicklung dieser Vorstellung wider, wobei die sechs *paramitas* wesentliche menschliche Grundhaltungen und ethische Werte bezeichnen: *dana* „Freigebigkeit, Hingabe"; *shila* „Sittlichkeit"; *kshanti* „Geduld, Nachsicht"; *virya* „(Willens-)Stärke, Anstrengung"; *dhyana* „Versenkung" und *prajña* „Einsicht, Weisheit". Diese Vollkommenheiten sind hierarchisch geordnet.

Ausgangspunkt für jedes Streben eines Bodhisattvas muss „Freigebigkeit" sein. Im Bodhicaryavatara kommt dies in den ersten drei Kapiteln bereits dadurch zum Ausdruck, dass ohne diesbezügliche Bereitschaft sich kein „Erleuchtungsdenken" einstellt. Dabei bedeutet *dana* zwar die Vermeidung von Besitz, da Besitz der Freigebigkeit nachgeordnet ist. Entscheidender ist jedoch, dass *dana* mehr als das bloße Hergeben von etwas ist, sondern darüber hinausgeht: Freundlichkeit, Gefälligkeit oder die Anteilnahme an Freud und Leid eines anderen gehören genauso dazu, so dass darin schon das altruistische Bemühen um die Erlösung aller Wesen sichtbar wird. Man muss wissen, warum man die Dinge weggibt, wobei weder eine Belohnung für solches Tun erwartet werden darf, noch darf ein solches Verhalten einem im Nachhinein leid tun.

Sittlichkeit ist jener Aspekt, der häufig als Voraussetzung spiritueller Bemühungen erwähnt wird; bereits im achtteiligen Pfad gehören die drei Glieder „rechte Rede, rechtes Handeln, rechte Lebensführung" eindeutig zu diesem Bereich. In konkreten Handlungsweisen wird dabei *shila* sichtbar, und die Befolgung von Sittlichkeit ist auch für die Bewahrung des Erleuchtungsdenkens notwendig. Einen Bodhisattva soll man an seinem Verhalten erkennen können (V 57–102), seien es Zufriedenheit oder Respekt, aber auch sehr konkrete Anweisungen werden von Shantideva gegeben, etwa das Verbot, in der Öffentlichkeit auszuspucken, ins Wasser zu urinieren oder schmatzend zu essen.

Geduld als dritte Vollkommenheit wird dreifach verwirklicht: Ertragen von Leiden; Ertragen von Unrecht bzw. Kränkung; Erwerb von Ausdauer. Wer dies nicht kann und übt, wird von Hass übermannt, wodurch Hilfe für die Wesen nicht mehr möglich ist; denn „all der gute Wandel, die Hingabe, die Verehrung der Buddhas, die man durch Tausende von Zeitaltern geübt hat, der Hass macht sie zunichte. Es gibt kein Böses gleich dem

Hass, es gibt keine Buße gleich der Geduld. Darum möge er mit ganzer Kraft auf verschiedene Weisen die Geduld üben" (Steinkellner 1981, 63). Stärke bzw. Anstrengung unterscheidet sich von den drei erstgenannten *paramitas* insofern, als es sich hierbei nicht mehr um eine „natürliche" Fähigkeit des Menschen wie bei den ersten drei Vollkommenheiten handelt, die lediglich geübt werden müssen, sondern Stärke muss erst erworben werden. Wie es ohne Wind keine Bewegung gibt, so gibt es ohne Stärke kein Verdienst, so dass der Bodhisattva sich so lange darum bemühen muss, bis er – wie eine Baumwollflocke dem Gehen und Kommen des Windes – der Kraft im Guten gehorcht (VII 1.75).

Die fünfte Vollkommenheit ist Versenkung; um sie erfolgreich zu praktizieren, sind äußere Lebensbedingungen (VIII 2–4.26ff) wichtig, aber zugleich ist Versenkung nur möglich, wenn auch Qualitäten wie Freundlichkeit oder Mitleid bereits im ausreichenden Maße dem Bodhisattva eigen geworden sind. Im Zustand dieser Versenkung wird dem Bodhisattva auch klar, dass die Fleischeslust und der Körper nicht nur keinen Bestand haben, sondern genauso Kot und Unrat sind wie jene Dinge, vor denen man Ekel empfindet. Mit Leichenfeldmeditation soll dabei eine Lösung von der Verblendung durch die Leidenschaft erreicht werden, was Shantideva im 8. Kapitel mit drastischen Bildern beschreibt (Steinkellner 1981, 96–101):

> *„Du hast den von Geiern und anderen gefressenen Haufen von Fleisch gesehen: die Atzung anderer bedenkst du mit Kränzen, Sandel und Schmuck. Obwohl es sich nicht bewegt, entsetzt du dich vor dem in diesem Zustand gewahrten Skelett. ... Speichel und Kot dieser Fleischhaufen entstehen aus ein und derselben Nahrung. Der Kot ist dir da widerlich. Warum ist dir der Speicheltrank [Kuss] lieb? ... Wenn du das Unreine nicht begehrst, warum umarmst du dann den anderen mit Fleischunrat zugeschmierten, durch Sehnen verknüpften Knochenhaufen? ... Den aus Kot entstandenen Wurm, weil er klein ist, willst du nicht; den aus viel Kot bestehenden Leib, der auch aus Kot entstanden ist, hast du gern. ... Natürlich graut dir auf dem Leichenacker beim Anblick einiger Skelette; im Leichenacker des Dorfes, in dem die wandelnden Skelette sich drängen, bist du vergnügt. ... In solchem Schauder vor den Lüsten möge man sich in den von Streit und Mühsal freien, friedvollen Gefilden der Wildnis entzücken an der Abgeschiedenheit."*

Solche Meditationen sollen zur letzten Überwindung der Leidenschaft durch den angehenden Bodhisattva beitragen, so dass er endgültig von den Lebensweisen der Welt ablässt und seinen Geist von allen schlechten Wegen abzieht, um in meditativer Versenkung die letzte Vollkommenheit zu erreichen, die „Einsicht" *(prajña)*, d. h. die Erkenntnis von *shunyata* („Leerheit") als Überwindung der falschen Ansicht über die Existenz eines Selbst. An diesem Punkt angelangt, könnte der Bodhisattva ins Nirvana eingehen, doch verzichtet er darauf, um andere Wesen in derselben Laufbahn zu unterweisen.
Die stufenweise Umsetzung der sechs Vollkommenheiten zum Heil der anderen Wesen geschieht durch Güte *(maitri)* und Mitleid *(karuna)*, wobei dieses Mitempfinden und die Solidarität mit allen Wesen daraus entstehen. Ein Bodhisattva weiß, dass alle das gleiche Leid und das gleiche Glück haben, so dass der Bodhisattva sie beschützen muss wie sich selbst. Das Leid des anderen muss also beseitigt werden, weil es auch eigenes Leid ist. Im Wissen um diese Identität mit den anderen ist das ethische Handeln zugunsten der Wesen eines Bodhisattvas begründet, wobei Mitleid und Güte seinen Weg von Anfang an bestimmt haben. Es ist daher nicht übertrieben, wenn das große Mitleid überhaupt als einzige Tugend eines Bodhisattva hingestellt wird (Winternitz 1930, 35):

> *„Da sprach nun einmal der Bodhisattva Mahasattva Avalokiteshvara zum Herrn wie folgt: Ein Bodhisattva sollte, o Herr, nicht in allzu vielen Tugenden unterwiesen werden.* Einer *Tugend, o Herr, sollte ein Bodhisattva sich ganz hingeben und ganz in ihr aufgehen. Dann sind alle Buddhatugenden von selbst vorhanden. Welches ist diese* eine *Tugend? Es ist das große Mitleid. Durch das große Mitleid, o Herr, sind alle Buddhatugenden bei den Bodhisattvas von selbst vorhanden. ... Gleichwie, o Herr, wenn jedes einzelne Sinnesorgan mit der Erfassung* eines *Gegenstandes eifrig am Werk ist, ebenso sind, o Herr, die anderen Erleuchtung bewirkenden Tugenden, wenn sie von dem großen Mitleid beherrscht sind, jede in ihrem Tätigkeitsbereich eifrig am Werk. Sowie, o Herr, wenn das Lebensorgan vorhanden ist, alle anderen Organe sich betätigen, so, o Herr, betätigen sich, wenn das große Mitleid vorhanden ist, alle anderen die Erleuchtung bewirkenden Tugenden."*

Aus dieser Haltung ergibt sich, dass ein Bodhisattva seine eigenen Verdienste *(punya)* an andere übertragen soll oder ein (transzendenter) Bodhisattva sich sogar in niedrigen Existenzbereichen reinkarniert, um das Leiden anderer stellvertretend auf sich zu nehmen. Genauso kann als Verdienstübertragung angesehen werden, wenn ein Bodhisattva andere Wesen materiell unterstützt, damit diese – auf Grund der Notwendigkeit der Erfüllung von materiellen Bedürfnissen – nicht vom Streben nach Weisheit abgehalten werden.
Obgleich das hier – in weitgehender Anlehnung an Shantideva – beschriebene Bodhisattva-Ideal nicht von jedem Einzelnen befolgt wird, prägt es das Menschenbild und zumindest auch ansatzhaft das Bemühen, das Leben nach den hierin angesprochenen Werten zu gestalten. Insofern kommt diesem Ideal – analog zum Mönchswesen – eine bis in die Gegenwart bestehende gesellschaftliche Relevanz überall dort zu, wo Buddhisten leben.

1.3 Ambivalente Einstellungen zu Frauen

Das deutlich ausgeprägte patriarchale soziale Milieu Nordindiens zur Zeit der Entstehung des Buddhismus war für die Rolle und Wertschätzung von Frauen nicht förderlich, wie frühe buddhistische Texte deutlich machen. Ein wesentliches Motiv für die Ablehnung der Frauen in der Mönchsgemeinde war anscheinend die Angst vor der Macht der Verführung, die von Frauen ausgeht, so dass sie das Erlösungsstreben des Mönchs verhindern, wenn es heißt (Gerlitz 1995, 151):

> *„Durch acht Dinge fesselt die Frau den Mann: durch ihr Weinen, Lachen und Sprechen, durch ihre Kleidung, durch einen aus Waldblumen gebundenen Strauß, durch ihren Duft, ihren Geschmack und ihre Berührung.“*

Die Frau, durch die der Mann an der Welt des materiellen Scheins anhaftet, ist für Erlösung hinderlich und kann als Gebärerin auch das Leiden verlängern; denn die ersten beiden edlen Wahrheiten betonen ja, dass Geburt Leiden ist und dass die Begierde Ursache des Leidens ist. Bildliche Darstellungen zeigen das ewige Leiden im Bild einer schwangeren Frau – eine deutliche und frauenfeindliche Ikonographie. Daraus leitet der frühe Buddhismus ab, dass Sexualität unrein und Gefährdung des Heils ist, womit die Vorstellung und Abwertung der Frau als Lustobjekt für den Mann gekoppelt ist. Von solchen Vorstellungen ist es nicht weit zu dem Schluss, dass Frauen mit Sexualität und Sinnlichkeit identifiziert oder als das „leibhaftige Böse", als „unkontrollierte Sinnlichkeit" oder als „Ursprung der Hölle" bezeichnet werden, wie Isabelle My Hanh schreibt.

Eine solche wenig frauenfreundliche Haltung begründete dabei auch die Abwertung der Stellung der Nonnen in der männlich dominierten Klostergemeinde. Relativiert wird dieses Frauenbild nur in Bezug auf die Rolle als Hausfrau und Mutter. Dabei ist festzustellen, dass misogyne Züge im Buddhismus aus der gesellschaftlichen Verflechtung mit der Hindu-Welt und Hindu-Mythologie stammen. Wenn man versucht, diese gesellschaftliche Verflechtung zu überwinden, so kann der Buddhismus von seinem Grundanliegen, dass Weltliches leidvoll und deshalb zu überwinden ist, nie eine vollkommen theoretisch begründete Minderbewertung von Frauen entwickeln. Zwar sind buddhistische Texte und das Denken buddhistischer Männer (und z. T. davon abhängig auch buddhistischer Frauen) geprägt von der Vorstellung der Minderbewertung der Frau wegen ihrer weiblichen Körperlichkeit: Mit dem weiblichen Körper werden Leiden verbunden, wobei stillschweigend der männliche Körper als „vollkommen(er)" zum Vergleich herangezogen wird. Einen deutlichen Niederschlag dieses Denkens finden wir in solchen Texten, die die Wiedergeburt von Frauen in einem gemeinsamen Kontext mit der Wiedergeburt von Behinderten oder Kranken formulieren. Dass solche Formulierungen geeignet sind, die weltlich-menschliche Unterdrückung und Ausbeutung von Frauen zu fördern, ist unübersehbar.

Die buddhistische Entwicklung im Mahayana lässt eine gewisse „Liberalisierung" erkennen, doch bleiben auch hier die Heilsmöglichkeiten für die Frau eingeschränkt, wie das Motiv der „Fünf Hindernisse" zeigt: Fünf Existenzformen sind für eine Frau nicht erreichbar, nämlich Brahma, Indra, Mara, *cakravartin* (Weltenherrscher) und Buddha; die Fünferreihe variiert gelegentlich, so dass manchmal statt dem Buddha ein Bodhisattva genannt ist, bleibt aber in allen Mahayana-Ländern gültig und wird in dieser Form auch nach China und Japan transferiert. Solche Vorstellungen führen in extremer Konsequenz zur Aussage des Lotos-Sutra (Kap. 25), dass es im Reinen Land des Amida-Buddhismus weder Frauen noch Geschlechtsverkehr geben darf. Eine andere Konsequenz solcher Vorstellungen ist das Motiv der „Geschlechtsumwandlung", d. h. Frauen müssen in einer neuerlichen Wiedergeburt zunächst Männer werden, um auf diesem Umweg zur Erlösung zu gelangen; literarisch ist dieses Motiv in der Erzählung der Tochter eines Naga-Königs im Lotos-Sutra erhalten: Das Mädchen war klug und mitleidsvoll und hatte den Erleuchtungsgedanken erweckt. Ihre Fähigkeiten wurden dabei von anderen wegen ihres Frauseins bezweifelt, so dass sie sich vor aller Augen in einen Mann verwandelte; daraufhin erlangte sie vollkommene Erleuchtung, wurde ein Buddha und verkündete allen Lebewesen den Dharma.

Andere Erzählungen laufen darauf hinaus, dass noch bei einem Fötus das schon festliegende weibliche Geschlecht verändert wird oder dass eine solche Umwandlung für die Zukunft prophezeit wird. Eine weitere Version der Betonung der Notwendigkeit, männlich zu werden, akzentuiert die Vorstellung, dass bei der Hineingeburt in ein Buddha-Land die Frau zu einem Mann wird. Insgesamt dienen solche Erzählungen immer als (männlicher) „Beweis" dafür, dass eine Frau eben nicht Buddha werden kann. Solche für den Eigenwert von Frauen wenig positive Traditionen werden im Mahyana-Buddhismus jedoch durch eine andere Auffassung auch in Frage gestellt: Geschlechterunterschiede sind irrelevant, weil *shunyata* weder männlich noch weiblich ist. Darin liegt sicherlich ein Potential zu Gunsten der Wertschätzung von Frauen, allerdings sind der innerweltlichen Umsetzung dieser Überwindung von Unterschieden zwischen Männern und Frauen auch in den Mahayana-Ländern noch Grenzen gesetzt.

Auch die weiblichen transzendenten Bodhisattvas sind hinsichtlich ihrer Funktion für das Frauenbild zu erwähnen. Die *prajñaparamita*, die „Höchste/Vollendete Weisheit" erhält ausgehend von tantrischen Richtungen des Mahayana-Buddhismus etwa seit dem 2. Jh. n. Chr. den Status einer Göttin; in der Gestalt der volkstümlichen Tarà wird sie Retterin und Heilandin, die durch ihre Barmherzigkeit den Menschen hilft, zum Nirvana zu gelangen. Die Gestalt der Prajñaparamita bzw. Tara gibt dabei den Anstoß, dass man sowohl ledigen Nonnen als auch verheirateten Laiinnen die Möglichkeit zum Nirvana nicht mehr grundsätzlich abspricht; am weitesten in dieser Hinsicht ist dabei der tantrische Buddhismus Tibets gegangen, wo gläubige Frauen auch zu Bodhisattvas werden können und Tibet immer wieder auch angesehene Lehrerinnen hervorgebracht hat. Für den ostasiatischen Mahayana-Bereich ist auch auf den Bodhisattva Avalokiteshvara zu verweisen, der hier eine weibliche

Form hat, als Quan Am in Vietnam, Kuan-Yin in China und Kannon in Japan.

Die Mehrheit der Forscher(innen) geht dabei davon aus, dass Avalokiteshvara sein weibliches Geschlecht in China bekommen hat, wobei Bodhisattva-Eigenschaften wie Geduld, Sanftmut oder Herzenswärme diese Neubestimmung des Geschlechts bedingt hätten. Erwähnenswert sind aber sicherlich auch synkretistische Einflüsse, so z. B. in Vietnam, wo eine Angleichung an nichtbuddhistische Lokalgöttinnen geschehen ist, bzw. in Japan, wo eine Beeinflussung durch Kishi-mojin, eine die Kinder und Mütter schützende Göttin des Shintoismus, bzw. durch Benzaiten, eine Meeres- und Liebesgöttin, nicht ausgeschlossen ist. Die Bedeutung von Kuan-Yin und ihrer vietnamesischen bzw. japanischen Entsprechungen liegt in der Tatsache, dass es dadurch zu einer Umwertung gegenüber dem eingangs genannten Frauenbild gekommen ist: Das Weibliche ist nicht mehr gefährlich oder verführerisch, sondern heilig und göttlich. Kuan-Yin als populäre göttliche Gestalt des volkstümlichen ostasiatischen Buddhismus wird dabei für Frauen ein eigentümliches Identitätssymbol.

Frauen wenden sich an Kuan-Yin, um Kinder zu bekommen, aber gleichzeitig auch darum, durch sie von ihrer Weiblichkeit gereinigt zu werden, damit sie wie die Göttin „asexuell" werden; gewisse Analogien zur Marienfrömmigkeit sind dabei nicht zu übersehen, so dass es in Japan im 17./18. Jh. zur Verehrung einer Maria-Kannon als Mischgestalt gekommen ist, die in ihrem jeweils religionsspezifischen Aspekt sowohl von Christinnen als auch von Buddhistinnen verehrt wurde. Trotz dieser „Umwertung" der Sichtweise von tranzendentaler Weiblichkeit mit Hilfe einer weiblichen Bodhisattva-Gestalt verändert sich die patriarchale innerweltliche Rollenzuordnung an Frauen nicht.

Die einzelnen Facetten des Frauenbildes – angefangen von der Polarität zwischen Mönchen und Nonnen über ausdrückliche Abwertungen von Frauen bis hin zu Versuchen einer tranzendenten Aufwertung von Frauen – haben auf weltlich-gesellschaftlicher Ebene oft Kehrseiten gezeigt. „Frau sein" wurde (und wird) nicht selten als selbstverschuldetes Schicksal bewertet, weil „frau" in einem früheren Leben jenes Karman angesammelt hat, das nun dazu beiträgt, dass der neue Körper weiblich geworden ist. Da aber manche buddhistische Texte in der Theorie deutlich machen, dass die „Gefahr" von Frauen lediglich auf der weltlichen Ebene besteht und keineswegs grundsätzlich ist, liefern solche Texte eine Handhabe und religiöse Begründung für die Notwendigkeit der Beseitigung oder zumindest Verminderung von innerweltlicher Benachteiligung von Frauen.

2. Weltbilder

2.1 Kosmologie

Die Beschreibung des Kosmos ist für den Buddhisten eine „weltliche" Disziplin, die – etwa im Unterschied zu Hindus oder Jainas – nicht allzu viel Aufmerksamkeit auf sich ziehen sollte, um sich nicht dadurch in den Kosmos zu verstricken. Denn der Buddha wollte die Welt weder erklären noch verändern, sondern einen Weg zeigen, um die Welt zu überwinden. Für den Buddhisten sind kosmologische Ausführungen insofern interessant, als sie für den Heilsweg nützlich sind, d. h. Kosmologie ist der Anthropologie und Soteriologie jeweils untergeordnet. So wundert es nicht, dass ausführliche Darstellungen von Kosmologie erst relativ spät in der buddhistischen Überlieferung fassbar werden, zunächst im 5. Jh. in Buddhaghosas *Visuddhimagga* bzw. in Vasubandhus *Abhidharmakosha*, die z. T. altindische Vorstellungen adaptieren. Genauso greift die Volksfrömmigkeit nicht-buddhistische Bilder auf, was mit der Verbreitung nach China und Japan bzw. Tibet durch weitere autochthone Traditionen erweitert wird. Dadurch ergeben sich unterschiedliche Akzentuierungen bei einzelnen Kosmologien, wobei sich der buddhistische Kosmos in seiner einfachen Grundstruktur in Oberwelt, Mittelwelt (Erde) und Unterwelt einteilen lässt.

Die frühen buddhistischen Anschauungen rechnen damit, dass die Erde eine Scheibe ist, deren Mitte durch den Himavat (Himalaya) bzw. den Weltberg Sumeru (Meru) markiert wird, um den herum als Ergebnis einer ersten Systematisierung vier Kontinente liegen: Purvavideha, Jambudvipa, Aparagodana und Uttarakuru. Dementsprechend wird auch das Weltmeer in vier Teilozeane eingeteilt. Meru und Jambudvipa ziehen dabei in Einzelbeschreibungen das größte Interesse auf sich, ersterer als Verbindung zwischen den Welten, letzterer als Mittelpunkt der bewohnten kultivierten Welt. Der Meru wird in überwältigender Größe geschildert, wobei der Berg bis in die Tiefen des Ozeans hinabreicht und dadurch indirekt auch die Erde stützt, seine Höhe bringt mit sich, dass der Gipfelbereich bis in die Götterwelt und die unteren Regionen des Himmels reicht.

Der Hauptkontinent Jambudvipa liegt – als Ergebnis der Realerfahrung des nordindischen Tieflandes mit den Himalayabergen im Norden – südlich des Meru. Eine sekundäre Erweiterung und Verkomplizierung des Weltbildes geschieht durch die Vorstellung, dass der Meru im Mittelpunkt des Kosmos von insgesamt sieben Ringgebirgen aus Gold und Edelsteinen sowie von Ringmeeren umgeben sei, wobei diese Zahl im chinesischen Buddhismus bis zehn erhöht wurde. Auch das Bild der Kontinente wurde insofern erweitert, als man sie sich von kleineren Inseln umgeben dachte. Das ganze Weltall schließlich galt als von einem Außenwall, dem Cakravala, umgeben und zusammengehalten. Mit der Verbreitung des Buddhismus außerhalb des geographischen Horizontes Indiens stieß die „Mittelpunkt-Stellung" von Jambudvipa v. a. seit der Mitte des 1. Jt.s n. Chr. in China auf ein konkurrierendes Konzept, da Chinesen sich selbst als Bewohner des „Reiches der Mitte" sahen. Chinesische Buddhisten hatten dabei die Wahl, entweder einzugestehen, dass China nicht die Mitte der Welt sei, oder anzunehmen, dass die buddhistische Kosmologie mit Jambudvipa als Mitte der Welt falsch sei.

Die Lösung, die chinesische Buddhisten gegenüber möglichen konfuzianistischen Vorwürfen, die chinesische Tradition zu verleugnen, finden, liegt in einer Theologisierung und Transzendierung des Konfliktes: Der Mittelpunkt der Welt ist der Buddha. Wo man seiner Lehre folgt, ist das Zentrum des Kosmos, so dass die reale Lokalisierung nicht mehr zur Diskussion steht. Damit war es möglich, im Ansatz zu einer Harmonisierung zu kommen, deren weitere Entfaltung oder eventuelle Verlagerung des Mittelpunktes des Kosmos ganz nach China durch den Rückgang der Lebendigkeit des chinesischen Buddhismus am Ende des 1. Jt.s unterblieben ist.

Unter der Erde befindet sich die Unterwelt mit sieben Höllen, die als Straforte gelten, doch sind die Höllenqualen, auch wenn sie beinahe unendlich dauern können, begrenzt. Schilderungen der Höllenstrafen ergehen sich dabei in fast allen nur erdenklichen Details, die Haupthölle ist Avici; nach jüngeren Schilderungen bricht aus ihren Wänden Feuer hervor, das die Verdammten verbrennt. Avici ist der besondere Strafort für Elternmörder oder diejenigen, die einen Arhant getötet haben. Andere Höllenstrafen in Avici und ihren Nebenhöllen sind Raubvögel, die mit ehernen Schnäbeln ihre Opfer zerfleischen, die Höllenbewohner müssen glühende Eisenkugeln als Speise verzehren; in weiteren Nebenhöllen quält übergroße Kälte deren Bewohner. Hinsichtlich der historischen Entwicklung ist dabei festzustellen, dass die detaillierten Höllenvorstellungen ihren Ausgangspunkt im chinesischen Buddhismus nehmen, inspiriert von Moralvorstellungen des Konfuzianismus, wobei der volkstümliche Buddhismus diese konfuzianistischen Werthaltungen aufnahm, die schließlich wiederum in den indischen Bereich zurückflossen, aber auch ins weitere Ostasien tradiert wurden.

Als angenehmes Pendant stehen den Höllen die sieben Himmel gegenüber; auch in ihnen kann der Aufenthalt lange dauern, ist aber ebenfalls nicht ewig, sondern die Götter und anderen Himmelsbewohner unterliegen genauso der Wiedergeburt, da nach buddhistischer Anthropologie und Soteriologie nur der Zustand als Mensch die Erlangung des Nirvana ermöglicht. Mit fortschreitender Differenzierung und der Entwicklung der Buddhologie nahm auch die Zahl der Himmel zu, indem einzelne (frühere oder zukünftige) Buddhas und Bodhisattvas in unterschiedlichen Himmeln bzw. Buddha-Ländern residierten. Das bekannteste Buddha-Land ist das Sukhavati-Paradies des Buddha Amitayur, des „Buddha des unermesslichen Lebens", bzw. des Buddha Amitabha, des „Buddha des unermesslichen Glanzes". Diese beiden zunächst zu unterscheidenden Buddha-Gestalten sind v. a. im ostasiatischen Buddhismus im Buddha Amida zusammengeflossen, das Sukhavati-Paradies ist auf Grund seines guten Karman entstanden, so wie die Welt der Menschen auf Grund von schlechtem Karman der Menschen entsteht.

Strittig in der buddhistischen Diskussion war dabei immer wieder die Frage, ob dieses Buddha-Land innerhalb des Kosmos (und somit selbst der Vergänglichkeit unterworfen wäre) oder jenseits desselben läge, wobei letztere Position im Laufe der Zeit mehr Akzeptanz erlangte. Für die Bedeutung im volksnahen Buddhismus spielen solche Diskussionen eine geringe Rolle, hier ist das Sukhavati-Paradies jener Ort, in dem die Wiedergeburt als äußerst erstrebenswert galt, da von diesem „Reinen Land" aus das Eingehen in das Nirvana in einer der unmittelbar folgenden Wiedergeburten erwartet wurde. Im *Sukhavativyuha-Sutra* wird dies wie folgt beschrieben (Winternitz 1930, 23–25):

„Und wahrlich, Ananda, diese Welt Sukhavati ist von allerlei wohlriechenden Düften durchweht, reich an allerlei Blumen und Früchten, geschmückt mit Edelsteinbäumen und bewohnt von Scharen lieblich singender Vögel, die der Tathagata durch seine Wunderkraft hervorgebracht hat. Und diese Edelsteinbäume, o Ananda, sind von mannigfachen Farben, von vielen Farben, von vielen hunderttausend Farben. ... Es gibt dort Lotosblumen von einer halben Meile im Umfang, und es gibt solche von einer Meile, von zwei, drei, vier, fünf bis zu zehn Meilen im Umfang. Von jedem Edelsteinlotos gehen sechsunddreißighunderttausend Millionen von Strahlen aus. Und aus der Spitze eines jeden Edelsteinlotos gehen sechsunddreißighunderttausend Millionen von Buddhas hervor, mit goldenen, goldfarbenen Leibern, mit den zweiunddreißig Merkmalen eines Großen Mannes, die in unermessliche, unzählige Weltteile im Osten hinausgehen und den Wesen die Lehre predigen. Ebenso gehen sie im Süden, Westen und Norden, unten und oben, entlang und in den Zwischengegenden in unermessliche, unzählige Weltteile hinaus und predigen in der ganzen von Hindernissen freien Welt den Wesen die Lehre. ... Dieses Buddha-Land ist nach allen Seiten eben, lieblich, wie die Fläche einer Hand, und die Erde ist in allen Teilen mit verschiedenartigen Edelsteinen und Kleinodien besät. ... Und nirgends, Ananda, hört man in der Welt Sukhavati etwas von Bösem, nirgends etwas von Hindernissen, nirgends etwas von schlechten Daseinsformen (in Hölle, Geisterwelt oder Dämonenwelt), nirgends etwas von Leiden. Nicht einmal hört man, Ananda, dort etwas von Gefühlen der Leidlosigkeit oder Freudlosigkeit, geschweige denn etwas vom Leiden. Das ist der Grund, Ananda, weshalb dieser Weltteil kurz ‚das gesegnete Land' (Sukhavati) genannt wird."

Im weiteren Verlauf des Sutra, das in zwei unterschiedlich langen Versionen erhalten ist, die am Ende des 1. Jh.s n. Chr. entstanden und erstmals im folgenden Jahrhundert ins Chinesische übersetzt worden sein dürften, wird auch die Lage von Sukhavati beschrieben: Es befindet sich im Westen, aber unendlich weit von den anderen Buddha-Ländern entfernt. Diese Westlage und die Lichtsymbolik des Landes und des Buddha Amitabha zeigen, dass diese „Paradiesvorstellung" innerhalb der buddhistischen Kosmologie wahrscheinlich im iranisch-indischen Grenzbereich entstanden sein dürfte; die Übersetzung des Sutra ins Chinesische hat dieses Paradies dabei in der Kosmologie des ostasiatischen Buddhismus beliebt gemacht, die wahrscheinliche Entstehung der Vorstellung nordwestlich von Indien hat aber auch die günstige geographische Voraussetzung für die Popularität des Buddha des unermesslichen Lichtes im zentralasiatischen Buddhismus geboten. Der Beliebtheit der Vorstellung von Sukhavati trägt auch die Tatsache Rechnung, dass im *Amitayurdhyana-Sutra*, dem „Sutra der Meditation über den Buddha des unermesslichen Lebens", ebenfalls eine detailreiche Schilderung dieses lichtvollen Buddha-Landes gegeben wird.

Diese in ihren Grundzügen dreiteilige Kosmologie hat mit ihren mythologisch gefärbten Bildern in der Volksfrömmigkeit eine bedeutende Rolle. Man lebte in der Mittelwelt und hoffte, sollte man das Nirvana nicht schon in diesem Leben erreichen, entsprechend des Karman auf eine Wiedergeburt in einem glücklichen Himmel oder einem Buddha-Land; zugleich aber fürchtete man die Geburt in einer der Höllen. Insofern ist im Volksglauben Kosmologie in gewisser Weise auch „Moral". Philosophisch ausgearbeitet liegt diese Vorstellung, dass der Kosmos eine „moralische" Stufenleiter zum Nirvana wäre, im Abhidharmakosha vor. Ausgangspunkt ist eine andere Dreiteilung des Kosmos: *Kamavacara*, die „Welt der Sinnlichkeit", reicht von der untersten Hölle bis zum sechsten Götterhimmel, wobei alle Wesen, die diesen Bereich bevölkern, aus den fünf Daseinselementen *(skandhas)* bestehen und dadurch auch der Sinnlichkeit unterworfen sind.

Die nächste Stufe ist *Rupavacara*, die „Welt der Form", in der die Sinnlichkeit bereits überwunden ist und die die höheren Göttersphären betrifft. In der dritten Stufe *Arupavacara*, der „Welt der Formlosigkeit", ist auch die körperliche Form überwunden, so dass die Vergänglichkeit der *skandhas* beinahe geschwunden ist. Es ist der Bereich des obersten Himmels, über dem sich nur noch eine „Welt des Nichts", d. h. das Nirvana, befindet. In dieser Sphäre der Formlosigkeit leben Geistwesen, die bei ihrer Verwirklichung von Nirvana gestorben sind, und nur noch kurz in Meditation verweilen, ehe sie endgültig den Geburtenkreislauf verlassen. Dieses philosophische Modell spiegelt dabei weniger einen Kosmos als vielmehr das Konzept der spirituellen Nähe zum Nirvana wider. Wenn „Sinnlichkeit" *(kama)* dabei in der ersten dieser drei „Welten" das entscheidende Kriterium für die Definition der Welten ist, so zeigt dies deutlich den soteriologischen Zweck des Weltbildes. Denn der Begriff *kama* kann als Entsprechung zum „Durst“ *(trishna)* verstanden werden, der die Triebkraft von Leiden und Vergänglichkeit ist.

Wenn es in den beiden „höheren“ Welten *kama* nicht mehr gibt, so ist man dem Nirvana hier „räumlich“ näher, so wie die Überwindung des „Durstes“ in der dritten edlen Wahrheit Buddhas die Vorbereitung zum achtfachen Pfad zum Nirvana darstellt. Aus der Darstellung im Abhidharmakosha wird daher nochmals die Funktion buddhistischer Kosmologie deutlich: Die Bereiche des Kosmos sind zwar räumlich beschrieben, und die Liebe zu Details ist in manchen Darstellungen nicht zu übersehen. Dennoch geht es nicht um kosmische Geographie, sondern um ein Weltsystem, dessen Bereiche als mögliche Wiedergeburtsorte zwar nicht gänzlich irrelevant sind, aber ihre Funktion eigentlich nur darin haben, als Stufenleiter zum Nirvana dienlich zu sein.

2.2 Kosmische Symbolik als Heilssymbolik

Die „Welt der Sinnlichkeit“ repräsentiert im Abhidharmakosha die unterste Sphäre im „kosmischen Heilsweg“. Materielle Zeugnisse buddhistischer Kultur – seien es Bereiche wie Kunst, Malerei oder Architektur – gehören dabei zweifellos diesem kosmischen Bereich an. Was daher für die Sinne wahrnehmbar ist und diese auch erfreut, ist somit weniger als „Kunst an sich“, sondern innerhalb einer Kulturgeschichte des Buddhismus in Hinblick auf die Heilssymbolik zu betrachten. Dies soll anhand einiger ausgewählter Beispiele geschehen.

2.2.1 Der Stupa – Vom Grabhügel zur Abbildung des Kosmos

Der Stupa hat kulturgeschichtlich seinen Ausgangspunkt in einem Grabhügel, d. h. es handelt sich dabei ursprünglich weder um eine buddhistische Einrichtung noch um ein buddhistisches Symbol, sondern um die Markierung des Grabes von hervorragenden Persönlichkeiten (mit Erinnerungsfunktion). Auch die frühen buddhistischen Texte charakterisieren den Stupa lediglich als Grabmal. Das Wort *stupa* ist von *stup-* „aufrichten, erhöhen“ abzuleiten und bezeichnet als Terminus technicus eben den über den Reliquien errichteten Hügel; ursprünglich davon unterschieden war der Begriff *caitya* (pali: *cetiya*, thai: *chedi*), der einfach „Heiligtum“ bedeutet. Zunächst war *caitya* ein von der Funktion unabhängiger Begriff der Architektur, doch begannen diese inhaltlichen Unterschiede bereits um die Zeitenwende zu verschmelzen. Dass sie spätestens gegen Ende des 1. Jt.s völlig synonym verwendet wurden, zeigt die tibetische Übersetzung beider Wörter als *chörten*. Chinesische Texte unterschieden im 5. Jh. n. Chr. noch zwischen Stupa und Chedi, allerdings schwand in der Folge auch dort diese Differenzierung. Ein dritter Terminus ist *dhatugarbha*, der „Schoß der Elemente", bzw. die in Sri Lanka verwendete sprachliche Form *dagoba*. Der ebenfalls geläufige Begriff Pagode für (süd)ostasiatische Stupas scheint auf die Portugiesen zurückzugehen, wobei der Ursprung des Ausdrucks nicht eindeutig geklärt ist. Die Symbolik und Funktion des Grabhügels und des damit verbundenen Reliquienkults fördert die Errichtung von Stupas und wird zugleich Ausgangspunkt der Transzendierung und Kosmisierung des Grabhügels. Wenn Ashoka der Legende nach 84.000 Stupas errichtet haben soll, so macht dies zwar bereits die Popularisierung deutlich, allerdings lässt sich die Kritik gegen solch „weltliche" Formen von Frömmigkeit nicht überhören. Nagasena betont in seinen Antworten auf die Fragen des Königs Milinda rund ein Jahrhundert später, dass es für Mönche nützlicher sei, sich der Kontemplation zu widmen, als sich an der Stupa-Verehrung zu beteiligen. Das Nebeneinander der Meinungen und Praktiken zeigt noch deutlich die richtungsspezifischen Positionen hinsichtlich der Heilsbedeutung eines Stupas. Eine völlige Umgehung der Verehrung des Buddha durch einen Stupa (als Gedächtnis- und Reliquienschrein) war aber den Mönchen von Anfang an nicht gelungen, da der Buddha nach dem Mahaparinirvana-Sutra selbst auf die Errichtung eines Stupa für sich nach seinem Tod als traditionelle Bestattungssitte verwiesen hat (Franke 1913, 234):

> *„Auch ein Stupa ist für den Tathagata zu errichten auf einem Platz, auf den vier Straßen münden. Und denen, die bei einem solchen Stupa einen Kranz oder etwas Wohlriechendes oder Buntes niederlegen oder (auch nur) ehrfurchtsvoll sich verneigen oder gläubigen Herzens werden, denen wird das lange zu Heil und Glück gereichen."*

Nach Buddhas Tod und Einäscherung des Leichnams waren an acht Orten Reliquienstupas errichtet worden, wobei es noch nicht um die Verehrung des „übernatürlichen" Buddhas wie später im Mahayana gegangen ist.

Dennoch wurden diese Stupas für die Volksfrömmigkeit zum wichtigen Anhaltspunkt dafür, diese Stupas als nützlich für das Heil zu sehen. „Elite-Mönche" haben darin hingegen ein Anhaften an die materielle Welt gesehen, weshalb für sie der Stupa-Kult zunächst kaum eine Rolle gespielt hat. Frühe Stupas wurden von Laien als Sakralanlagen errichtet und finanziert, auch bildliche Darstellungen von Stupas auf Reliefs von Bharhut, Sanci, Amaravati oder Nagarjunakonda (2. Jh. v. bis 2. Jh. n. Chr.) bestätigen die Rolle der Laien. Im frommen Überschwang mit Tanz, Gesang und Musik (Trommeln, Blasinstrumente) bringen Personen eine festliche, wenn nicht sogar ausgelassene Atmosphäre zum Ausdruck, die dem Mönchsideal wohl fremd war, da sich das Dargestellte kaum mit den Mönchsregeln und Geboten vereinbaren lässt. Die Kraft solcher Laienfrömmigkeit vermochte dabei die Religion zu wandeln und weiterzuentwickeln, wobei im Lotos-Sutra die Heilsbedeutung eines Stupa treffend formuliert wird (von Brück 1989, 76):

> *„Wenn sie Hunderttausende von Arten von Stupas errichten, wenn sie dieselben mit Gold, Silber und Kristall, mit Korallen, Achaten und Lapislazuli rein und schön schmücken ... sind sie bereits auf dem Buddha-Weg angelangt. ... Sogar spielende Kinder, die Sand aufhäufen und dem Buddha einen Stupa bauen, sind bereits auf dem Buddha-Weg angelangt. ... Wenn Menschen mit verworrenem Sinn einen Stupa oder Schrein betreten und nur einmal ‚Preis dem Buddha' rufen, sind sie bereits auf dem Buddha-Weg angelangt."*

Diese Heilssymbolik des Stupa nimmt von drei Funktionen ihren Ausgang: Als Reliquienschrein und Grabhügel verwahrt ein Stupa die Überreste Buddhas als Lehrer. Als Erinnerungsmal markiert er Orte von Buddhas Erdenwandel, wobei vier traditionelle Orte mit ihren Stupas zu nennen sind: Lumbini für die Geburt, Bodh Gaya für die Erleuchtung, Sarnath für die erste Predigt und Kushinagara für das Eingehen ins Nirvana. Als Votivstupa macht er v. a. den individuellen Mahayana-Glauben sichtbar, denn die Errichtung eines Stupas ist verdienstvoll – für denjenigen, der den Stupa errichtet, und für andere, die durch einen solchen Votivstupa auf Buddhas Lehre aufmerksam werden.

Für die Grundstruktur eines Stupas entscheidend sind der Sockel *(medhi)*, der halbkugelförmige Stupa-„Hügel" *(anda)* und der krönende Aufsatz *(harmika)*, erweitert durch maximal 13 Schirme *(chattra)* und einem va-

senförmigen Abschluss *(kalasha)* mit einer Flamme als Symbol des universellen Bewusstseins. Architektonisch unsichtbar ist die Mittelachse *(yupa-yashti)*. Diese Mittelachse wird mikrokosmisch als Wirbelsäule des (meditierenden) Menschen, makrokosmisch als Berg Meru gedeutet, der die drei kosmischen Bereiche so miteinander verbindet, wie die Mittelachse tief im Sockel steckt und im Abschluss des Stupa endet. Dadurch spiegelt der Stupa äußerlich das bildliche Modell des Kosmos wider, wobei die runde Form des „Hügels" *(anda)* in ihrer Harmonie die Vollkommenheit und Endlosigkeit des Kosmos zu symbolisieren vermag. Vor dieser Symbolik lässt sich auch die Bezeichnung als *dhatugarbha* besser verstehen, der Stupa ist eben der Schoß der Elemente (*dhatu*); diese Symbolik wird noch deutlicher, wenn man bedenkt, dass im Abhidharmakosha die drei „Welten" der Sinnlichkeit, der Form bzw. der Formlosigkeit ebenfalls jeweils mit dem Begriff *dhatu* bezeichnet werden können.
Damit wird aber auch hinsichtlich des Stupa deutlich, dass es hierbei nicht um die Abbildung einer „kosmischen Geographie" geht, sondern um die Abbildung des Heilswegs. Wer einen Stupa kultisch umwandelt, anhand eines Stupa meditiert, will letztlich zur Welt der Formlosigkeit und darüber hinaus gelangen. Dem trägt auch Rechnung, dass ein Stupa überhaupt als *dharmakaya* des Buddha interpretiert wird. Hält man sich die hier im Wesentlichen geschilderte Symbolik vor Augen, so ist deutlich, dass ein Stupa als Veranschaulichung buddhistischer Lehre gelten soll; dem dient nicht nur der Symbolcharakter der einzelnen Teile, sondern genauso bildliche Darstellungen: Stupa-Zäune und Stupa-Wände sind ein geeignetes Medium, manche Lehrinhalte für Laien abzubilden, seien es Szenen des kultischen Lebens wie die vorhin erwähnte Darstellung der Stupa-Verehrung, seien es Szenen von Erzählungen über den historischen Buddha oder frühere Buddhas, wie sie beispielsweise in den Jatakas überliefert sind. Die fortschreitende architektonische Gestaltung, auch wenn sie der symbolischen Bedeutung des Stupa entsprechen musste, hat diese anschaulichen Lehraspekte vielfältig zu integrieren gewusst.
Das Verbreitungsgebiet solcher Stupas sind das buddhistische Mutterland Indien sowie der indisch beeinflusste Bereich Süd- und Südostasiens bzw. Nepals und Tibets. Obwohl kunstgeschichtliche Veränderungen des Anda nicht ausbleiben, ist die Gesamtstruktur dennoch leicht erkennbar. Der Anda in Südostasien nimmt z. T. die Form einer Glocke an, dadurch

verlieren solche Stupas manchmal etwas vom Eindruck einer schweren Monumentalität. Eine andere Entwicklung lässt sich in Tibet beobachten, wenn der Anda die Form einer Almosenschale zeigt, ein Ausdruck für den tibetischen „klösterlichen Buddhismus".

Ein anderer Stupa-Typ sind die turmförmigen Stupas in ganz Ostasien, für die in der Alltagssprache die Bezeichnung Pagode üblich ist. Die vorhin angesprochene Grundstruktur eines Stupa bleibt zwar erhalten, ist aber ungleich schwieriger zu erkennen. Die Entwicklung dieser Stupas setzte in den ersten Jahrhunderten n. Chr. in Zentralasien ein, indem die quadratischen Formen vermehrt und stärker akzentuiert wurden. Das Übereinandersetzen von einzelnen Bestandteilen führte dabei zur Entstehung von Stockwerken, wobei das Bauensemble nach oben hin schmäler wurde bzw. spitz zulief; die Zahl der Stockwerke ist ungerade. Parallel mit dieser Entwicklung ging die Reduzierung der Anda-Halbkugel, die schließlich – über den einzelnen Stockwerken – direkt unter den Rest des Mastes mit den zu bloßen Scheiben reduzierten Schirmen *(chattra)* verlegt wurde.

Zwar blieben dadurch die Grundelemente des Stupa erhalten, doch haben sich die Proportionen gegenüber dem ursprünglichen kuppelförmigen Stupa vollkommen verändert; die einzelnen „Stockwerke" stellten dabei den nach außen hin vervielfältigten Sockel dar, aus dem dominierenden Anda war ein optisch kaum noch auffälliges Element geworden. Trotz dieser architektonischen Veränderung ging aber die Symbolik nicht verloren, so dass die Pagode den dominierenden Kultbau Ostasiens darstellt, der auch häufig die Landschaft optisch bestimmt. Mit der baulichen Gestaltung der Stockwerke ist eine Verdeutlichung der Mittelsäule möglich, die in den chinesischen Pagoden sichtbar und umwandelbar wird; manchmal bergen solche Pagoden in ihrem Innern auch eine Buddha-Statue. Genauso schaffen die einzelnen Stockwerke an ihren Außen- und Innenwänden Raum für Bilder mit dem Buddha als Zentrum, um den herum sich Bodhisattvas scharen, so dass die Funktion als Mittel der optischen Lehrverkündigung bewahrt blieb.

Der vielleicht berühmteste Stupa Südostasiens ist hier als Beispiel noch gesondert zu nennen, nämlich Borobudur, wo die Bauweise ein Mandala integriert und somit zu einem anderen kosmischen Symbol überleiten kann. Die ganze Tempelanlage von Borobudur auf Zentraljava ist auf das Ende des 8. Jh.s zu datieren. Die Anlage umfasst sechs quadratische und vier runde Terrassen; die unterste Terrasse hat eine Seitenlänge von

108 Metern, die Gesamthöhe bis zur Spitze des Stupa beträgt 32,5 Meter. Vier Tore in den vier Haupthimmelsrichtungen ermöglichen den Zugang zu den Terrassen, und ein Umwandlungspfad führt über die Terrassen zum Stupa auf der höchsten Stelle und im Zentrum der Anlage. Die Wände der Terrassen sind von zahlreichen Reliefs geschmückt, die v. a. die „Welt der Sinnlichkeit" *(kamadhatu)* abbilden. Dargestellt sind die Folgen der Taten, die kurzes oder langes Leben, Gesundheit oder Krankheit, Reichtum oder Missernte bewirken können; ferner werden Episoden aus den Jatakas und dem Erdenleben des Buddha dargestellt, wie dies im Lalitavistara beschrieben wird, genauso sieht man das Wirken des zukünftigen Buddha Maitreya und weiterer Buddhas und Bodhisattvas.
Am Ende des Umwandlungsweges auf der letzten Terrasse befinden sich schließlich insgesamt 72 glockenförmige Stupas; diese umgeben in drei konzentrischen Kreisen (von außen nach innen 32, 24 und 16 Stupas) den großen Stupa als Mittelpunkt der ganzen Anlage. Wer somit den Weg bis zum zentralen Stupa durchschreitet, entfernt sich schrittweise von der „Welt der Sinnlichkeit" und gelangt auf diesem Pfad immer weiter zur Erleuchtung. Setzt man in der Betrachtung der Anlage beim zentralen Stupa ein, so ist klar, dass die Form des Stupa dem spirituellen Kosmos entspricht. Gleichzeitig kombiniert jedoch die Einbettung des Stupa in die Gesamtarchitektur diese Form des Heilssymbols mit einem anderen, nämlich einem Mandala. Denn der Umwandlungsweg führt den Pilger oder Meditierenden vom „Außen" des Mandala immer stärker zum „Innern", so dass die kosmisch-spirituelle Struktur letztlich in der Architektur von Borobudur verdoppelt ist; aus diesem Grund wird Borobudur manchmal als Höhepunkt der Stupa-Architektur, manchmal aber auch als überdimensionales steingewordenes Mandala interpretiert. Wahrscheinlich wird man der Symbolik der Anlage jedoch mehr gerecht, wenn man sie nicht in einem Entweder-Oder, sondern in einem Sowohl-als-auch sieht.

2.2.2 Raum und Zeit im Mandala und im Bhava-Cakra

Der Ausdruck „Mandala" bedeutet wörtlich „Kreis", wobei er als Fachausdruck ein Kosmogramm bezeichnet, das helfen soll, in der Betrachtung oder Meditation die äußere und innere Weltordnung zu erkennen. Mandalas als Abbilder des Kosmos sind für die hinduistische Tempelarchitektur genauso bedeutsam wie für den buddhistischen Erleuchtungs-

weg. Als kosmische Diagramme in runder oder quadratischer Form sind Mandalas teilweise ein zweidimensionales Pendant zum dreidimensionalen Stupa oder wie ein von oben in die Zweidimensionalität gebrachter Stupa als Abbildung des Kosmos. Die Betrachtung eines Mandala erfolgt dabei von außen nach innen: Drei äußere Kreise halten zunächst den Meditierenden vom Aufstieg in die höheren Sphären fern: Ganz außen wird das Mandala von einem ringförmigen Feuergebirge umschlossen, das das profane Bewusstsein bei der Betrachtung verbrennen soll. Daran schließt sich ein „Diamant-Ring" als Symbol der Unwandelbarkeit der Erleuchtung an, ehe ein Kreis von weißen Lotosblüten als Symbol der geistigen Wiedergeburt folgt; manchmal ist dazwischen noch ein Ring mit der Darstellung von acht Leichenverbrennungsstätten eingeschoben.
Die Durchquerung dieser drei oder vier Kreise soll dem Menschen die notwendige Läuterung und geistige Entwicklung bringen, ehe er sich dem zentralen quadratischen Teil des Mandala, dem sogenannten „Palast", nähern kann. In den vier Haupthimmelsrichtungen liegen vier Tore, jeweils vom „Rad der Lehre" und zwei Gazellen als Reminiszenz an die erste Predigt Buddhas im Tierpark von Benares gekrönt. Im Innern des „Palastes" sind der Weltberg Meru und die jeweilige Meditationsgottheit dargestellt; letztere führt den Praktizierenden auf seinem Erlösungsweg durch die kosmischen Sphären. – Wenn somit ein Stupa ein dreidimensionales Modell von unten nach oben darstellt, so führt die Zielrichtung des Mandalas von außen nach innen, wobei der Palast mit dem Weltberg aber den „vertikalen" Bezug der Kosmologie nicht völlig verschwinden hat lassen. Man kann das Mandala als „geistige Landkarte" charakterisieren. Sie orientiert sich zwar am kosmischen Raum, erschöpft sich aber nicht in der Darstellung dieses Raumes, sondern ist eine Hilfe, die Raumgebundenheit zu überwinden. Als diesbezügliches Hilfsmittel sind Mandala-Darstellungen v. a. im tibetischen Buddhismus weit verbreitet, aber keineswegs darauf beschränkt.
Der vorhin genannte „Mandala-Aspekt" von Borobudur, aber auch der Name der Hauptstadt von Burma im 19. Jh., Mandalay, zeigen den Heilswert dieses Symbols. Die Überwindung der kosmischen Stufen, wie sie im Abhidharmakosha beschrieben werden, wird in der Betrachtung des Mandala möglich, genauso auch in der Meditationspraxis des Streuens eines Sandmandalas oder des Malens eines Mandalas, was beliebte Motive v. a. der tibetischen Thangka-Malerei sind, d. h. von Rollbildern, deren

Ikonographie der meditativen Visualisierung von Bewusstseinsfortschritten oder Erlösungsgottheiten dienlich ist. Mit der Vergegenwärtigung der materiellen Welt und des Raumes werden diese dabei durch die Darstellung zugleich überwunden, um so das Chaos und Leid der Welt hinter sich zu lassen.

Während im Mandala stärker die Raum-Komponente anklingt, akzentuiert das Bhava-Cakra, das „Rad des Werdens", die Zeitkomponente des Kosmos, aber zugleich die Möglichkeit der Wiedergeburt in unterschiedlichen kosmischen Bereichen, einschließlich der Ursachen, die solche Wiedergeburten begründen. Am weitesten sind Darstellungen des Bhava-Cakra im tibetischen Buddhismus verbreitet, haben dort aber nicht ihren Ursprung. Der Legende nach soll es auf Buddha selbst zurückgehen, der nach der Höllenreise seines Schülers Maudgalyayana den Auftrag gegeben haben soll, die einzelnen Seinsbereiche und Existenzformen darzustellen. Die ältesten Bhava-Cakras sind in Resten von Wandmalereien in den Höhlen von Ajanta in Zentralindien (6. Jh. n. Chr.) erhalten. Die ikonographisch in den Grundzügen festgelegte Darstellung sieht wie folgt aus: Das Rad wird von einer dämonischen Figur gehalten, wahrscheinlich handelt es sich dabei um Mara, den Gott des Todes und Versucher Buddhas, der diesen von seinem Streben nach Erleuchtung abbringen wollte.

Das Rad selbst hat sechs Speichen, auf der Radnabe sind drei Tiere abgebildet, Hahn, Schlange und Schwein, die für Torheit *(moha)*, Hass *(dvesha)* und Gier *(raga)* stehen; da sich die Tiere gegenseitig in den Schwanz beißen, wird nicht nur die kausale Zusammengehörigkeit dieser Tiere (bzw. Eigenschaften) bildlich treffend ausgedrückt, sondern die Position der Tiere in der Radmitte zeigt auch, dass vom Ausmaß dieser Eigenschaften die jeweilige Wiedergeburt in einer der möglichen Existenzformen *(gati)* abhängt. Die sechs möglichen Existenzen werden im Rad des Werdens zwischen den sechs Speichen des Rades dargestellt: Die obere Hälfte des Rades wird in der Mitte von der Darstellung der Götter im Himmel geprägt, ihr Zustand des Glücks ist jedoch für ihre Erlösungsfähigkeit weniger hilfreich, da diese Existenzform frei aller Sorgen verhindert, über die Notwendigkeit der Erlösung nachzudenken. Im rechten oberen Kreissegment sind die Asuras (Halbgötter) dargestellt, die in der hinduistischen und buddhistischen Mythologie als Feinde der Götter dargestellt werden, mit denen sie sich andauernd im Streit befinden. Links von den Göttern ist die Sphäre der Menschen, die, obwohl sie Geburt,

Leiden, Alter und Tod unterworfen sind, für die Erlösung am besten geeignet sind. Die untere Hälfte des Bhava-Cakra zeigt in der Mitte die Darstellung der Hölle, mit heißen und kalten Höllen und den darin zu erfahrenden Qualen. Rechts ist die Sphäre der Tiere abgebildet, links der Bereich der Totengeister, deren unendlicher Hunger und Durst sie z. T. zu Skeletten hat abmagern lassen.

Häufig ist in jedem *gati* eine Buddhafigur dargestellt, die den Wesen dieser Seinsbereiche die buddhistische Lehre verkündet, außerhalb der Menschenwelt allerdings mit recht bescheidenem Erfolg. Das ganze Rad des Werdens wird von einem äußeren Ring umgeben, in dem die zwölf gegenseitigen Abhängigkeiten *(pratityasamutpada)* dargestellt werden. – Insgesamt bietet das Bhava-Cakra somit ein Abbild von Kosmologie und Anthropologie in ihrer gegenseitigen Verbundenheit: Die psychologische Komponente der buddhistischen Anthropologie prägt – auch hinsichtlich der Zeit – das Rad des Werdens, das zugleich den Raum mit der Bezugnahme auf die *gatis* darstellt, wobei das Bild, ohne es explizit darzustellen, zugleich deutlich zu machen vermag, dass der dreistufige Kosmos (eben einschließlich der Himmelswelt der Götter) überwunden werden muss. Da ein Bhava-Cakra hinsichtlich seiner Funktion den vorhin genannten Mandalas entspricht, ist es verständlich, dass in der „sakralen" Kunst des Buddhismus Darstellungen eines Bhava-Cakra als Wandbilder besonders in Tempeln beliebte Motive sind.

2.3 Kalligraphische Ästhetik als Gestaltung des Kosmos

Die chinesische Schrift, die als Kulturgut mit der Verbreitung des Buddhismus nach Korea und Japan gekommen ist, ist eine Bilderschrift, wobei der „Bildcharakter" bis in die Gegenwart kalligraphisch gestaltet werden kann. Nach längerer Vorgeschichte erlangte die chinesische Kalligraphie in der Tang-Zeit (7.–9. Jh.) ihren Höhepunkt, als sie in erster Linie als eine Kunst gesehen wurde, die die Gefühle und den Charakter eines Menschen auszudrücken vermochte. Vergleichbar der Lyrik galt somit kalligraphische Ästhetik als Ausdruck einer harmonisch-kosmischen Lebensgestaltung, was sowohl Daoismus und Konfuzianismus aufgriffen, während von den buddhistischen Richtungen fast nur die Chan-Mönche die ästhetische Gestaltung der Schriftkunst als Mittel der Meditation nutzten und verfeinerten. Wegen der technischen Handhabung des Pinsels verband sich die Tuschmalerei, die während der Song-Dynastie (960–1280) ihren kunstgeschichtlichen Höhepunkt erlangte, eng mit der Kalligraphie. Obwohl nicht alle Tuschbilder der Song-Zeit buddhistischen Inhalts sind, prägt die aus der buddhistisch-geistigen Tradition und der „Innenschau" gewonnene Pinselführung die Ästhetik. Darstellungsthemen sind sowohl inhaltlich eindeutig auf den Chan-Buddhismus bezogene Bilder – z. B. Parabeln oder Chan-Mönche –, aber auch Porträt- und Landschaftsmalerei. Charakteristisch für die Bilder mit Chan-Thematik ist dabei, dass sie zur Nachahmung anregen wollen, d. h. ihre Ästhetik will Vorbildcharakter für die aus buddhistischer Anthropologie und Kosmologie bestimmte Lebenspraxis haben.

Ein bekanntes Beispiel ist das Bild von Liang Kai aus der späten Song-Zeit zum Thema „Der Sechste Patriarch hackt Bambus". In subtiler Weise kommt die Bedeutung der alltäglichen Arbeit als integraler Teil des Chan-Weges zum Ausdruck. Auch die berühmten Ochsenbilder – als Parabel des Chan-Erleuchtungsweges – sind während der Song-Zeit entstanden: Die Serie von zehn Bildern beginnt damit, dass der Hirte seinen Ochsen verloren hat, weitere Bilder zeigen das Finden und die Erkenntnis, dass der Ochse nicht notwendig ist; das letzte Bild symbolisiert die vollkommene Erleuchtung; das Motiv der Ochsenbilder wurde in der Folge auch im koreanischen Son und im japanischen Zen beliebtes Sujet der Darstellung. Die Entstehung dieser „lehrreichen" Bilderfolge wäre ohne die Umsetzung und Verfeinerung chinesischer Ästhetik durch buddhistische Geistigkeit kaum denkbar. Wichtig ist – neben dem kunstgeschichtlichen Ertrag – an solchen Bildern der Transzendenz-Bezug. Chan-Mönche als „Maler-Mönche" haben damit die chinesische Kultur geprägt, wobei ihre Bilder und die kalligraphische Linienführung der Schriftzeichen den vordergründigen Kosmos überwinden und den Betrachter zur absoluten Wirklichkeit noch jenseits der „Welt der Formlosigkeit" führen.

Da die kalligraphische Gestaltung eines Schriftzeichens auch das Wort betrifft, ist ferner der ästhetische Aspekt der Lyrik zu nennen. Die Zusammengehörigkeit von Lyrik und Malerei wird daran sichtbar, dass in der ostasiatischen Kulturgeschichte eine Trennung zwischen „Literat" und „bildendem Künstler" kaum entfaltet ist; vielen „Maler-Mönchen" werden auch Gedichte zugeschrieben. Als Beispiel dafür kann man Su Shi (1037–1101) nennen, dessen literarische und künstlerische Leistungen zwar hinter denen früherer Künstler zurückblieben, der aber in den folgenden Jahrhunderten stark rezipiert wurde. Von seiner Kalligraphie ist wenig erhalten, seine lyrischen Lieder geben jedoch Einblick in seine Weltsicht. Ein Chan-Aspekt, der sein Leben und Werk durchzieht, zeigt ein Ideal des Gefühls der Leerheit des Menschenlebens und des „Rückzuges auf das Land". Dahinter stehen Skepsis angesichts der Fragen nach dem Ziel menschlichen Lebens in den Wirren seiner Zeit und ein Streben nach Befreiung und Entsagung, was er lyrisch formuliert (Li Zehou 1992, 301):

„Eintagsfliegen sind wir zwischen Himmel und Erde,
ein Körnchen in der Unermesslichkeit des Meeres.
Ich beklage die Kürze des Augenblicks, der unser Leben ist,
Und beneide den Großen Strom um seine Unerschöpflichkeit.
Hast du den Wandel im Auge,
dann haben Himmel und Erde nicht einen Augenblick Bestand.
Hast du das Universum im Auge,
dann ist alles – und auch wir – unendlich."

Insgesamt strebte Su Shi auf der Ebene der Ästhetik einen schlichten und durch Natürlichkeit unaufdringlichen Geschmack an, gepaart mit einer Lebenseinstellung, die vom Rückzug aus der Welt geprägt ist, wobei seine Ästhetik vom Streben nach der chan-buddhistischen Erleuchtung durchdrungen ist. Dadurch wurde er für chinesische Malerei und Ästhetik bis in die Mitte der Ming-Dynastie (Ende des 13. bis in die erste Hälfte des 16. Jh.s) prägend.

Die Übernahme chinesischen Kunstempfindens der Tang-Zeit legt in der Nara-Periode den Grund für japanische Ästhetik, wobei noch in der Heian-Zeit im Zusammenhang mit Schreibkunst und Ästhetik von den „vier Schätzen" gesprochen wird, die man benötigt und die angeblich ein koreanischer Buddhist im 7. Jh. aus China nach Japan gebracht haben soll: den Pinsel aus Tierhaaren, ein Stück fester Tusche (aus Lampenruss und Leim), ein Stein zum Zerreiben der festen Tusche, Schreibstoff (Papier, Seide). Mit diesen Hilfsmitteln formt die Kalligraphie der Heian-Zeit ihre ästhetischen Schriften und Malerei, wobei die jeweils neu notwendige Zubereitung der Tusche das Schreiben rituell überhöht. Ferner ist eine stilistische Entwicklung bedeutsam: Das Eckige und Geometrische der chinesischen Schrift wurde aufgegeben, als japanische Kalligraphinnen ein in Japan in der frühen Heian-Zeit entwickeltes neues und vereinfachtes Silbenalphabet mit rund fünfzig

Symbolen verfeinerten, das besser geeignet war, ästhetische Nuancen zwischen Schlichtheit und Überladenheit zu vervielfältigen. Diese neue „Frauenschrift" war besser geeignet, in der Pinselführung zur Spontaneität zu kommen, die ein Wesensmerkmal der Zen-Malerei werden konnte, weil sie die Plötzlichkeit der Zen-Erleuchtung symbolhaft fassbar machte. Während der Heian-Zeit war die Beherrschung von Kalligraphie zugleich eine Grundbedingung für gesellschaftliche Akzeptanz, was nicht nur der Entfaltung der Zen-Malerei, sondern auch der Haiku-Dichtung wesentliche Impulse geben sollte.

Denn die ästhetische Beherrschung der Verwendung von wenigen Worten in passender dichterischer Form entspricht der optischen Gestaltung der Schriftzeichen, so dass sich ein harmonisches Ganzes ergibt. Analog zu China entwickelte sich aus der Kalligraphie auch in Japan die Tuschmalerei, die in der Ashikaga-Periode (14.–16. Jh.) ihren Höhepunkt erreichte. Die geistige Verknüpfung zur meditativen buddhistischen Praxis ist wiederum unübersehbar, da die präzise Gestaltung der Linie nur möglich ist, wenn die Hand von selbst aktiv ist, weil Geist und Körper in völliger Übereinstimmung und Harmonie sind. Die Themenkreise der japanischen Maler(innen) schließen an die chinesische Song-Zeit an; berühmte Zen-Maler Japans ließen sich von China nicht nur inspirieren, sondern gingen auch nach China, um ihre Maltechnik und Schulung im Zen-Geist dort zu verbessern. Als berühmtester japanischer Tuschmaler gilt Sesshu Toyo (1420–1506), der als Mönch und Maler im Zen-Kloster Shokokuji in Kyoto zu diesem Zweck eine Reise nach China (1467–1469) unternahm. Seine Natur- und Landschaftsbilder atmen dabei insofern Zen-Geist, als es ihm bildlich gelingt, die „Buddhanatur" als Wesenskern auch der Pflanzen und Landschaften darzustellen.

In Hinblick auf die Einbettung in ein vom Zen-Buddhismus geprägtes Weltbild muss auch die „wortgewordene" kalligraphische Ästhetik der Haiku-Dichtung erwähnt werden. Als Haiku bezeichnet man eine Form japanischer Poesie, die aus siebzehn Silben (5 + 7 + 5) besteht und die durch den Laiendichter Matsuo Basho (1643–1694) zur vollen stilistischen Blüte gebracht wurde. Erwähnt sei in diesem Zusammenhang jedoch, dass es schon seit dem 8. Jh. japanische Lyrik gegeben hat, deren frühe Zeugnisse von Frauen stammen, weil japanische Männer es zunächst für „gebildeter" hielten, sich des Chinesischen zu bedienen. Die enge Verbindung zwischen Haiku und Zen geht auf Basho zurück; ein sehr bekanntes Haiku thematisiert den Frosch, ein anderes den kahlen Ast (Suzuki 1994, 66.86):

> *„Der alte Teich, ah!*
> *Ein Frosch springt hinein –*
> *Der Laut des Wassers."*
> *„Ein kahler Ast,*
> *eine Krähe hockt darauf –*
> *herbstlicher Abend."*

Der Teich, ein springender Frosch und das Platschen des Wassers bzw. der herbstliche Ast mit der Krähe – vielleicht fragt man sich, worin hier die „Poesie" liegt, sicherlich kaum in der Isolierung der drei genannten Elemente. Die „Formgebundenheit" macht ein Haiku zur kürzesten Gedichtform der Literaturgeschichte, ein „gutes" Haiku entspringt zwar den Empfindungen des Dichters, spiegelt jedoch – anders als chinesische Gedichte oder auch der Pinselzug des Kalligraphen – diese Gefühle nicht direkt wider. Es geht mehr um die Ausdruckskunst und nicht um die konkrete oder intellektuelle Beschreibung eines Geschehens bzw. der Wirklichkeit, d. h. Frosch, Teich und Platschen usw. sind nur Bilder – die auch durch andere ersetzt werden könnten. Entscheidend für ein gutes Haiku nach Basho ist dabei, dass es von selbst entsteht, weil der Dichter andauernd sich um die Übereinstimmung mit der Natur und dem buddhistischen Kosmos bemüht. Aus diesem Streben „wird" das Haiku.

Der metaphysische Verständnishintergrund dieser Erklärung eines Haiku ist der Mahayana-Buddhismus mit der Lehre vom Alaya-vijñana, dem „Speicherbewusstsein". Darin sind alle Möglichkeiten wie in einem Speicher *(alaya)* gesammelt, die das „kosmische Unbewusste" ausmachen, aus dem religiöses Leben und Vorstellungen, Streben und theologisch-philosophischer Disput entspringen. Leitet man ein Haiku somit aus dem Speicherbewusstsein ab, so kann sein Inhalt weder intellektuell noch konkret-begrifflich sein; die Bilder, die ein Haiku liefert, wollen vielmehr die ursprüngliche Intuition so lebendig wie möglich vor Augen führen, eine Intuition, die die „Verbindung" mit dem „Urgrund" des Speicherbewusstseins ermöglicht. Insofern sind die Haikus von Basho und seinen Nachfahren, z. B. Yosa Busin (1716–1783), der als Dichter und Maler wiederum das Konzept der „Gesamtästhetik" zeigt, bildhafte Gestaltungen des Kosmos, um selbst dessen Formlosigkeit noch zu transzendieren.

Malen und Dichten sind buddhistisch-dogmatisch formuliert Ausdruck der Vorstellung des „Nicht-Anhaftens" an der Erscheinungswelt oder des Strebens, in seinem Tun nicht vom Ergebnis und der Wirkung beeinträchtigt, sondern ganz mit seiner Tat eins zu werden. Ästhetik, wie sie in Ostasien vom Zen-Buddhismus geprägt wurde, steht dabei – wenngleich in anderer Weise als die Architektur eines Stupa oder die anschauliche Darstellung im Rad des Werdens – ebenfalls im Dienste der Heilssymbolik.

2.4 Die „Gestaltung" der Natur

Der „unbelebten" Natur der sichtbaren Welt kommt in der buddhistischen Weltsicht kein Heilswert zu. Denn die Natur als Teil des Kosmos ist der Vergänglichkeit und dem Leiden unterworfen, so dass im Nirvana für sie kein Platz mehr ist. Tendenziell kann die Natur für den Menschen sogar insofern heilsbehindernd werden, als dieser durch ihre „vordergründige" Schönheit zum Anhaften verleitet wird. Zwar ist die Natur weder böse noch wird ihre Schönheit bestritten, aber der Mensch muss sich unter ständiger Kontrolle halten, um ihr nicht zu verfallen. Da jedoch einzelne Lebewesen in dieser Natur leben, bringt die Vorstellung vom Mitleid mit allen Lebewesen mit sich, dass man die Natur so gestalten und es sich in ihr so einrichten muss, dass sie selbst und der menschliche Umgang mit ihr nicht die Leidhaftigkeit des Daseins vermehren. Eine buddhistische Betrachtung von Natur schließt somit zweierlei ein: einerseits ihre Vergänglichkeit und die Notwendigkeit ihrer Überwindung, andererseits aber auch ihre bedingte Bejahung als brauchbares Mittel, das auf dem Erlösungsweg eingesetzt werden kann, woraus ethische Forderungen ableitbar sind. Insofern gibt es kein einliniges Verständnis und Verhalten bezüglich der Natur und der Umwelt, in der der buddhistische Mensch lebt.

Obwohl die Natur keinen Eigenwert besitzt, reden buddhistische Texte immer wieder in Bildern von Natur; bei näherer Betrachtung richten sich die Aussagen aber immer auf einen Aspekt, der die Natur transzendiert. Treffend in dieser Hinsicht ist die Schilderung des Reinen Landes im Sukhavati-Paradies im Sukhavativyuha-Sutra (von Glasenapp 1983, 147f):

> *„Sukhavati ist von mancherlei Wohlgerüchen erfüllt, geschmückt mit schönen Blumen und Bäumen, über welche schön singende, von Tathagata magisch geschaffene Vögel fliegen. ... Die Lotosblumen*

dort sind aus Edelsteinen und von riesigem Umfang. Es gibt dort keine Berge, sondern alles ist dort eben, wie eine Handfläche. Flüsse strömen ruhig dahin, ihr Wasser ist je nach Wunsch kalt oder warm. ... Die Wesen genießen keine stofflichen Speisen, sondern was für Nahrung sie sich wünschen, von der fühlen sie sich erquickt. In gleicher Weise erfüllen sich ihre Wünsche nach Düften, Musik, Schmuckstücken usw. Zu verschiedenen Tages- und Nachtzeiten wehen Winde, die lieblich duftende Blumen herabfallen lassen.“

Negative Seiten wie Dornen oder Unkraut fehlen in Sukhavati genauso wie das, was man als gefährlich empfindet; dieses Paradies ist jedoch nur vordergründig ein Abbild einer „idealen" Umwelt, die sich der zivilisierte Mensch macht. Denn es ist eine künstlich gestaltete Natur, die weder etwas mit der irdischen Natur gemeinsam hat noch selbst substanzielle Bedeutung als Natur hat. Vielmehr ist sie Mittel zum Zweck. Dies zeigen jene Beispiele, die die Einsamkeit der Natur oder des Waldes preisen, damit man dort in Abgeschiedenheit und Ruhe einen Ort für Meditation und Erleuchtung findet. Dabei geht es aber dem indischen Buddhismus äußerst selten um das Naturerlebnis, auch wenn eine gewisse naturbezogene Stimmung in der Meditationsanweisung in Shantidevas Bodhicaryavatara nicht zu übersehen ist (Steinkellner 1981, 101):

„In solchem Schauder vor den Lüsten möge man sich in den von Streit und Mühsal freien, friedvollen Gefilden der Wildnis entzücken an der Abgeschiedenheit! Die Glücklichen wandeln von lautlosen, lieblichen Winden des Waldes gefächelt auf reizenden Felsflächen umher, weit wie Palastterrassen und gekühlt vom Sandel der Strahlen des Mondes, und sinnen zum Heile der anderen. Solange er mag, wohnt er irgendwo, in einer leeren Behausung, am Fuß eines Baumes, in Höhlen, und frei von Verdruss über die Hütung von Besitz streift er ohne Rücksichten umher, wie er will.“

Diese Mahayana-Meditationsanweisung entfaltet sich in besonderem Maße im tibetischen und japanischen Buddhismus, um durch die Schilderung der Lieblichkeit und Schönheit der Natur zur Meditation zu führen; der japanische Zen-Buddhismus fügt einen zusätzlichen Gedanken an, so dass beispielsweise Dogen in seinem Hauptwerk Shobogen zu formulieren weiß, dass einen Berg oder Fluss zu sehen bedeutet, die Anlage zur

Buddhaschaft zu sehen. Aber die Naturbetrachtungen bleiben ambivalent, denn sie dienen immer auch der Bestätigung der Lehre der Vergänglichkeit und Unbeständigkeit: Die Natur wird im Wandel der Jahreszeiten gesehen, japanische lyrische Gedichte über die Schönheit der Kirschblüte oder über den abnehmenden Mond sind deshalb so beliebt, weil sie jene Grundstimmung der Vergänglichkeit einfangen können. Kirschblüte und Mond zeigen die Leidhaftigkeit der Welt, wenngleich in ästhetisch perfekten Bildern.

2.4.1 Die Natur als Garten

Die Gestaltung der Natur durch die Kunst des Blumensteckens, durch die Anlage von Zen-Gärten in Miniatur oder durch monumentale Gartenarchitektur ist irdisches Abbild des Paradieses des Reinen Landes, erhält aber auch eine theologische Grundlegung in der Thematik der Buddhaschaft der Natur, eine Themenstellung, die im ostasiatischen Buddhismus weit verbreitet ist. Allgemein zur Gestaltung der Natur im Garten ist dabei zu betonen, dass nicht jeder japanische (Kunst-)Garten zugleich auch Zen-Garten ist; hinsichtlich der „technischen" Ausführung kann man sagen, dass Kombination der einzelnen Elemente und die Reduktion der Inhalte und Formen auf das notwendige Maß die immer vorhandenen Grundkomponenten darstellen. Wasser ist für die Gestaltung ein dominierendes Element, sei es als kleiner Bach, als Wasserfall oder als Teich, kombiniert mit Hügeln und aufgeschütteten Sandflächen sowie Steinsetzungen aus unbehauenen Felsen. Dem Gartenbewuchs dient Buschwerk, erst seit dem Beginn der Edo-Zeit im 17. Jh. werden auch Graswuchs und Rasen in größerem Ausmaße zur Gestaltung der Gärten herangezogen. Allen japanischen Gärten ist gemeinsam, dass sie die Landschaft nachzubilden versuchen, wobei man drei große Typen – mit unterschiedlichen Bezugnahmen auf buddhistische Schulen – unterscheiden kann: Teichgarten, Trockengarten, Teegarten.

Die erste Blüte der Gestaltung und Deutung der Natur im Garten fällt in die Nara- und Heian-Zeit, als die Gartenarchitektur von adeligen Kreisen gepflegt wurde. Ältester Gartentyp ist der „Teichgarten", dessen Vorbilder in China liegen und der zunächst Ausdruck weltlicher Lebensfreude und weltlichen Prunkes war, verbunden mit dem höfischen Leben im Palast. Unter dem Einfluss des Reinen-Land-Buddhismus setzte gegen Ende des 1. Jt.s eine Neudeutung ein: Der Teichgarten wurde Abbild des Reinen

Landes, der dem Garten zugehörige Palast wurde dabei nicht selten in einen Amida-Tempel umgewandelt, die Gestaltung der blühenden Gartenanlagen diente der Versinnbildlichung und künstlerischen Nachahmung des Sukhavati-Paradieses in der irdischen Welt. So wie jenes Land die „künstlich" gestaltete Natur widerspiegelt, genauso soll der aus dem Amida-Buddhismus inspirierte Prunkgarten dies ebenfalls zu leisten vermögen. Diese Form der Gartengestaltung und Gartenarchitektur wird mit dem aufkommenen Zen-Buddhismus zwar nicht ersetzt, aber die dominierende Gartengestaltung gewinnt im Geiste des Zen ab dem 13. Jh. eine neue Form, indem die „Trockengärten" entstehen, die man als die „typischen" Zen-Gärten bezeichnen kann.

Die wesentliche Neuerung dieser Gärten besteht darin, dass das Element Wasser weitestgehend durch Steine, geharkten Sand und Kiesstrukturen ersetzt wird, wobei im Extremfall die Reduktion so weit geht, dass für solche Gärten nur noch Sand und Steine verwendet werden, indem auch Wasserstrukturen oder Sträucher „versteinert"-symbolisch dargestellt sind. Auffallend ist, dass in einem solchen Garten weder bearbeitete Steine noch beschnittenes Buschwerk verwendet werden, so dass darin die Symbolik der Durchdringung der ganzen Natur durch das Buddha-Sein gut fassbar wird. Je stärker die Reduktion der „natürlichen" Welt in einem solchen Garten fortschreitet, desto größer wird der „Arbeitsaufwand" des Zen-Mönches, die Gartenwege und Sandstrukturen jeden Tag neu zu gestalten, was einerseits die Integration der Arbeit in den Zen-Weg illustriert, andererseits aber auch den ganzen Garten zu einem Meditationsbild oder Mandala machen kann, dessen Betrachtung (und Bearbeitung) zur Verinnerlichung des Kosmos führt. Obwohl dies auch im Teichgarten immanent der Fall ist, kommt es in den Zen-Trockengärten ungleich deutlicher zum Vorschein. Die Entwicklung des Tee-Weges innerhalb des Zen führt schließlich zur Entstehung des dritten Gartentyps, des Teegartens. Dabei handelt es sich nur mehr teilweise um eine „Landschaftsnachahmung", denn der Teegarten ist eher ein langgestreckter Weg, der zum Tee-Raum führt und der den Teilnehmer an der Teezeremonie meditativ einstimmen soll, indem er schrittweise in dieses Weltbild eintaucht.

Während in den Gartenanlagen blühende Pflanzen nur während der Heian-Zeit eine Rolle gespielt haben, wo sie gerne den Jahreszeiten entsprechend in Gruppen gepflanzt wurden, sind sie aus den „Zen-Gärten" geschwunden. Allerdings bleiben Blüten und Blumen im *ka-do*, dem „Blumen-Weg", auch im Zen-Buddhismus als Gestaltung der Natur und Symbolisierung der Vergänglichkeit des Kosmos präsent. Wichtig ist dabei, dass es bei dieser Form der „Zen-Kunst", die häufig auch als Ikebana bezeichnet wird, aus Zen-Perspektive nicht um „Blumen arrangieren" oder „Blumen stecken" geht, da dies den Akzent zu Unrecht auf die Aktivität eines handelnden Subjekts legt. In den aufkommenden Tee-Weg wird die Blumen-Kunst nicht nur integriert, sondern trägt auch zur Gestaltung des Tee-Raumes bei.

2.4.2 Das Weltbild des „Tee-Weges"

Als eine weitere Facette der „gestalteten Natur" kann man den japanischen Tee-Weg der Symbolisierung des Schönen inmitten des alltäglichen Grau betrachten, der zugleich Meditation über die Harmonie des Kosmos und die Ruhe im Nirvana ist. Heute kann man den Tee-Weg als die Schöpfung des Zen für den japanischen Laien bezeichnen, doch gilt dies erst seit der zweiten Hälfte des 16. Jh.s; damals erreichte die Teekultur in Japan ihren Höhepunkt, wobei sie sich in dieser Zeit von der engen Verbindung mit den Zen-Klöstern löste und ihren Geist auch in die bürgerliche japanische Gesellschaft einbrachte. Die Wurzeln der Teekultur Ostasiens reichen jedoch in die vorbuddhistische Zeit.

Die Teepflanze stammt aus Südchina, frühe daoistische Texte kennen den Tee als eine wichtige Zutat für einen Unsterblichkeitstrank. Im 4. und 5. Jh. gilt der Tee als beliebtestes Getränk der Bewohner des Yangtse-Tales, seit damals wird das chinesische Wortzeichen für Tee als *ch'a* wiedergegeben, was die sprachliche Wurzel des Kulturwortes „Tee" ist, das über Südasien und den Vorderen Orient in die europäischen Sprachen Eingang gefunden hat. Ursprünglich wurde der Tee nicht gebrüht, sondern gemeinsam mit Reis, Ingwer, Gewürzen oder Milch zu einem Sirup verkocht und mit Wasser verdünnt getrunken; diese Zubereitungsweise ist heute noch bei Tibetern und Mongolen üblich. Während der Tang-Dynastie kam es zur „Kultivierung" des Tees, u. a. zeugt davon das *Cha-king*, das „Buch vom Tee", des Lu Yü, der in zehn Kapiteln die „Teekunst" beschreibt. Die Integration des Teetrinkens in den Buddhismus setzt aber erst während der Sung-Dynastie (960–1280) ein, als die südliche Chan-Schule aus dem daoistischen Kontext die Teezeremonie übernahm, um vor einem Bild Bodhidharmas gemeinsam im Ritual Tee aus einer einzigen Schale zu

trinken. Dadurch wurden jene Grundlagen geschaffen, auf denen später der japanische Zen-Buddhismus mit dem Tee-Weg aufbauen konnte.
In Japan war Teegenuss seit der Nara-Zeit bekannt, wurde allerdings erst durch den Zen-Mönch Eisai populär; Eisai hatte von seiner Chinareise im Jahr 1191 nicht nur Teesamen mitgebracht, sondern auch den gesundheitlichen und für die Meditation nützlichen Aspekt des Teetrinkens betont. Das im 14. und 15. Jh. weit verbreitete gesellschaftlich-„profane" Teetrinken erfuhr schließlich durch Zen-Mönche eine Neubewertung und -strukturierung, wobei als Begründer der Teekunst des Zen der Mönch Murata Shuko (1423–1502) aus Nara gilt; nach ihm haben „Zen und Tee den gleichen Geschmack". Auf Grund des Studiums der chinesischen Teeliteratur schuf er eine Synthese zwischen chinesischer Teetradition und japanischem Lebensstil, in dem er vier Pfeiler des zen-buddhistischen Tee-Weges benannte: Harmonie, Ehrerbietung, Reinheit und Stille. Damit war der Schritt zur „Vergeistigung" und Integration des Tees in die japanisch-buddhistische Weltsicht getan, was weitere „Tee-Meister" noch vervollkommneten.
Unter ihnen ist Soeki Rikyu (1521–1591) hervorzuheben, dessen Bemühen um die Einfachheit im Tee-Weg wirksam geblieben ist. Er progagierte die Verwendung eines Teeraums, der einer einfachen Bauernhütte oder einer Mönchsklause entsprach, wobei die Einfachheit zugleich Ausdruck dafür ist, dass es in der Teezeremonie keine Standesunterschiede geben solle. Die vier von Murata Shuko benannten Elemente Harmonie, Ehrerbietung, Reinheit und Stille als Grundlagen des Tee-Weges wurden von Rikyu weiterentfaltet, wobei auf ihn folgender Ausspruch zurückgeführt wird: „Beim *cha-no-yu* geht es einfach darum, Holz zu sammeln, Wasser zu kochen und Tee zu trinken; sonst um nichts." Harmonie schafft eine Atmosphäre der Übereinstimmung, die aber nicht nur zwischenmenschlich (als chinesisch-konfuzianisches Erbe) zu verstehen ist, sondern auch die Raum- und Gerätkomponenten des Tee-Weges betrifft, d. h. diesen zugleich in den Kosmos einbettet. Dadurch ist der „Weg des Tees" *(cha-do)* bzw. *cha-no-yu* (wörtlich: „heißes Teewasser") eine streng genormte Zeremonie, die nicht an einem beliebigen Platz durchgeführt werden kann, sondern vorzugsweise im Teeraum stattfindet, der im Idealfall die Größe von viereinhalb Matten hat.
Diese Größe wird auf das Vikramaditya-Sutra zurückgeführt, demzufolge Vikrama den Bodhisattva Mañjushri und 84.000 Buddhajünger in einem

Raum dieser Größe begrüßt haben soll, zweifellos Ausdruck der Nicht-Existenz des Raumes für einen Erleuchteten; genauso soll der Teeraum als Meditations-„Zentrum" an den Weg zur Nicht-Existenz im Verlöschen erinnern. Mit dieser Sicht korrespondiert, dass der Gast, der sich dem Teeraum nähert, ruhig werden soll, als Samurai soll er auch sein Schwert niederlegen, um durch die schmale und niedrige Tür den Raum zu betreten, wodurch zugleich soziale Unterschiede symbolisch beseitigt werden. Der Hausherr fungiert als „Ritualmeister" (Teemeister), er begrüßt seine immer in der Fünfzahl geladenen Gäste, bietet ihnen Platz an, reicht jedem einzeln die Teeschale, wobei jeder Gast mit drei Schluck den Tee trinkt. Die Schale wird vom Trinkenden gereinigt, vom Gastgeber dem nächsten Gast weitergereicht, bis die Reihe um ist. Alles geschieht schweigend, erst dann beginnt ein Gespräch – über Tee-Utensilien, Teekeramik, Ästhetik; profane Themen spielen traditionell im Teeraum als buddhistisch gestaltete Natur zur Überwindung derselben keine Rolle. Kulturgeschichtlich interessant ist die Tatsache, dass in der Blüte der Teekultur in der zweiten Hälfte des 16. Jh.s, als das Christentum in Japan Eingang gefunden hat, Schüler des Tee-Weges auch unter den Christen zu finden waren, ein frühes Beispiel transreligiöser kultureller Wirkung. Ein anderer kultureller Aspekt der Teezeremonie ist ihr „Gebrauchswert". Teetrinken bedarf einer Schale, so dass die Herstellung von Teeschalen durch deren Verbindung mit der Zeremonie die „Gebrauchskunst" förderte. Keramik wird somit zum indirekten Vermittler buddhistischer Ästhetik, Harmonie und Einfachheit in den japanischen Haushalt, was auch nach der „Verweltlichung" des Tee-Weges – und der teilweise in ihn integrierten „Blumen-Kunst" – in Japan nicht endete.

3. Kultformen und Frömmigkeit

Alltägliches Leben, kulturelle Errungenschaften und Lehrinhalte mit volksreligiöser Interpretation fließen im Bereich der kultischen Praktiken recht häufig ineinander, wobei die Gewichtung, ob der jeweilige Schwerpunkt auf der Theologie, auf einem Kulturgut oder auf einer Lebenspraxis und Gewohnheit liegt, individuell äußerst unterschiedlich ausfallen kann. Dieses Ineinander und Nebeneinander macht Religionen aber immer zu lebendigen Organismen innerhalb einer Gesellschaft, wobei zwar dem Kulturhistoriker eine „offizielle" Lehre als Bezugsraster erkennbar bleibt, es ist aber unübersehbar, dass viele andere „Lehren" oft nicht minder von Bedeutung sind. Solche populäre und gelebte Formen des Buddhismus treten in der Regel ins Blickfeld des Beobachters. Neben autochthonen Traditionen in den buddhistischen Ländern findet man in Südostasien Elemente des Hinduismus, in Ostasien konfuzianische und daoistische Überlieferungen und in Tibet Aspekte der Bon-Tradition, die den Buddhismus auf der Ebene der Volksfrömmigkeit bereichern, die in Festen und Wallfahrten besonders gut fassbar wird. Solche populären Formen des Buddhismus werden im Regelfall nicht häretisiert, sondern durch die Unterscheidung „weltlich – überweltlich" klassifiziert: Das Überweltliche zielt auf den „Weg des Buddha", das Weltliche haftet an den populären Formen der Religion, die zwar letztlich nicht heilsbedeutsam, aber weltlich betrachtet durchaus nützlich sein können. In dieser Vielfalt prägen sie buddhistische Menschen und tragen auch zu verschiedenen innerweltlich-gesellschaftlichen Umsetzungen buddhistischer Weltbilder bei.

3.1 Der Buddha als Objekt der Frömmigkeit

Im Mahavamsa, der ceylonesischen „Nationalchronik", wird erzählt, dass der Buddha die Insel dreimal besucht haben soll: Ursprünglich war die Insel von Yakshas bewohnt, einer Dämonenklasse, was v. a. deutlich machen soll, dass die ursprüngliche Bevölkerung der Insel die Religion Buddhas nicht kannte; deshalb war es dem Verfasser des Mahavamsa angemessen, diese Bevölkerung zu „dämonisieren", ohne sie deshalb jedoch negativ zu bewerten. Bei seinem ersten Besuch im neunten Monat seiner Buddhaschaft hat Buddha die Dämonen von der Insel vertrieben, um den Platz freizumachen, damit seine Anhänger die Insel in Besitz nehmen können. Als sichtbares Zeugnis dieses Besuchs hinterließ er einige Haare als Reliquie, die im Stupa von Mahiyangana (in Zentralceylon) Aufnahme fanden. Fünf Jahre später kam Buddha erneut auf die Insel, da ihn zwei Naga-Könige einluden, um einen Streit zwischen ihnen zu schlichten. Als die beiden ihn kommen sahen, verehrten sie ihn und nahmen seine Botschaft an; diese Episode wird auf die Insel Nagadipa bzw. auf die Halbinsel von Jaffna an der Nordwestspitze der Insel lokalisiert. Als Erinnerungszeichen an seinen Besuch pflanzte der Buddha an dieser Stelle einen Baum. Schließlich besuchte Buddha im achten Jahr nach seiner Erleuchtung erneut die Insel, da ihn der Naga-König von Kelaniya (20 Kilometer außerhalb der heutigen Hauptstadt

Colombo) eingeladen hatte. Bei diesem Besuch wurde der Buddha bereits von seinen Mönchen begleitet, und es sollte auch der umfangreichste Besuch werden. Die „Rundreise" führte Buddha zunächst von Kelaniya auf den Adam's Peak, wo er seinen Fußabdruck als Reliquie hinterließ; danach setzte er den Weg Richtung Südosten fort, wo er u. a. Tissamaharamaya besuchte, ehe er über die Hauptstadt Anuradhapura, wo er längere Zeit meditierte, wieder nach Indien zurückkehrte.

Dieser Bericht des Mahavamsa aus dem 5. Jh. n. Chr. enthält keine historischen Fakten, aber neben seiner Bedeutung für das Selbstverständnis des Buddhismus auf Sri Lanka gibt er auch Aufschluss für das Verständnis von gelebter Frömmigkeit: Obwohl der Buddha in streng dogmatischer Sicht für den frühen Buddhismus, aber auch für die Shravakayana-Richtungen bis zum gegenwärtigen Theravada-Buddhismus nur ein „vorbildhafter" Mensch und Lehrer ist, der einen Weg zur Überwindung des Kreislaufs der Wiedergeburten gezeigt hat und dessen Lehre man befolgen soll, wird er trotzdem selbst frühzeitig Objekt der Verehrung. Teilweise ist diese Entwicklung von der hinduistischen Bhaktifrömmigkeit mit der Verehrung des Ishvara, des „Herrn" als persönlichen Gott, beeinflusst worden; die liebevolle und gläubige Verehrung dieses Gottes bringt Erlösung. Dieses innerhalb des Hinduismus neue und erfolgreiche Konzept, das in den letzten vorchristlichen Jahrhunderten aufgekommen ist, hat dabei insofern die beginnende Transzendierung Buddhas unterstützt, als er selbst eine Gestalt wurde, an die man sich hilfesuchend gewendet hat. Offensichtlich wurden diese Ideen zunächst von jenen Buddhisten, die sich um einen Stupa als Reliquienschrein sammelten, entwickelt.

Aber auch Orte oder Gegenstände, die mit dem Leben Buddhas (angeblich) zu tun haben, werden Fokussierungspunkte eines Kultes der personalen Verehrung des Buddha. Solche Punkte sollten sich im Laufe der Zeit bis zu Wallfahrtszentren entwickeln, wobei auch chronologische Stationen seines Lebens eingebunden werden, um auch als Fixpunkte für regelmäßige Memoria innerhalb eines Festkalenders zu fungieren. Die Abbildbarkeit Buddhas korreliert dabei mit der Entwicklung der Verehrung: Wenn der Bericht des Mahavamsa den Fußabdruck Buddhas erwähnt, den er auf Sri Lanka hinterlassen hat, so klingt hier noch eine frühe Phase der „Vergegenständlichung" an. Die ersten „Buddha-Abbildungen" waren anikonisch, d. h. zu frühen Darstellungen gehören kunstgeschichtlich die symbolisch-abstrakten Füße Buddhas, Abbildungen von Stupas und ein

Rad mit acht Speichen als Symbol des achtteiligen Pfades, der zum Nirvana führt. Solche Bilder bleiben noch der Lehre und nicht der Person Buddhas verhaftet: Man soll den Weg des Lehrers gehen, wie die Füße zeigen; man soll sich an den Lehrer und sein Werk erinnern, wenn man einen Stupa (als Grab- oder Reliquienhügel) sieht; man soll den achtfachen Pfad befolgen.

Die Bildinhalte betonen hier noch die jeweiligen religiösen Inhalte, wobei eine Verlagerung mit der kunstgeschichtlichen Entwicklung zur ikonisch-anthropomorphen Darstellungsweise des Buddha einsetzt. Beeinflusst vom hellenistischen Kunstschaffen entstehen im 1. Jh. n. Chr. in Mathura in Nordindien und in Gandhara im Süden des heutigen Afghanistan die ersten Buddhafiguren; beide Kunstzentren stehen auch im gegenseitigen künstlerischen Austausch. Sowohl geographisch als auch zeitlich fallen diese Kunstzentren in einen Bereich, in dem jene Strömungen Gehör fanden, die den Buddha langsam, aber stetig über ein bloßes Menschsein erhöhten. Das konkrete Buddhabild vermag dabei solchen Strömungen zusätzliche Impulse gegeben zu haben, denn in der Mitte des 2. Jh.s n. Chr. wird bereits die Funktion eines solchen Bildes erwähnt, demzufolge ein wahrer Schüler des Buddha sein Bild morgens und abends verehren und davor ein Licht anzünden soll. Damit ist die Buddhastatue zum Kultbild geworden, der Buddha selbst ist übermenschliches Verehrungsobjekt.

Die Theologie des Mahayana-Buddhismus mit der Entwicklung eines Systems von Buddhas, Bodhisattvas, Schutzgottheiten oder Dämonen fördert zusätzlich die kultische Verehrung solcher bildlicher Gestalten, was in den Klöstern und in dazugehörigen Tempeln zur Entstehung sogenannter Bilderhallen führt, aber auch einer reichhaltigen kunstgeschichtlichen Entwicklung innerhalb des Buddhismus Impulse gibt. Die Intensität und buddhologische Deutung der Verehrung mag schulspezifisch unterschiedlich entfaltet und begründet werden, aber über fast alle Schulen hinweg wird der Buddha Zentrum des Kultes. Will man hinsichtlich der kultischen Verehrung des Buddha Extrempole in der Vielfalt des Buddhismus benennen, so stehen auf der einen Seite zweifellos die ausführlichen Riten des tibetischen Buddhismus und die gläubige Hingabe an den vergöttlichten Buddha Amitabha in den „Reinen-Land-Schulen", den Gegenpol der anderen Seite bildet die ausgeprägte Skepsis der Richtungen des Chan-/Zen-Buddhismus mit ihrer Ablehnung Buddhas als Verehrungsobjekt.

Die Bedeutung, die dem Buddha somit als Objekt der Frömmigkeit zukommt, wirkt sich auch auf architektonische Besonderheiten aus, die der Verehrung Rechnung tragen sollen. Die Bilderhallen wurden schon erwähnt. In Thailand lebt das Sanskrit-Wort *vihara* „Kloster" zwar im Begriff *vihan* weiter, allerdings ist eine Bedeutungsverschiebung eingetreten: Ein *vihan* bezeichnet den Hauptschrein des Tempels mit jenem Buddhabild, das vorzugsweise von Laien als Objekt der Verehrung besucht wird. Die ideale Gestaltung von tibetischen Klöstern und Tempeln orientiert sich im Grundriss an der Mandalasymbolik, d. h. der Haupteingang weist nach Süden, das Hauptkultbild und der Altar des Buddha befinden sich im Norden; dies ist die Richtung des mystisch-mythischen Landes Shambala, wo nach tibetischer Tradition die historischen Buddhas verweilen, der Norden verweist aber zugleich auf den zukünftigen Buddha Maitreya. Auf die Raumverteilung der Klosteranlagen bezogen bedeutet dies ferner, dass die „profanen" Bauten im Südteil des Gebäudekomplexes angesiedelt sind, die „Kultbauten" im Norden, wenn die geographischen Gegebenheiten diese baulichen Wünsche zulassen.

3.2 Feste

Der buddhistische Kalender kennt eine eigene Jahreszählung, die mit dem Eingang Buddhas ins Nirvana im Jahr 544 v. Chr. beginnt; diese Chronologie stammt aus der Pali-Tradition Sri Lankas und ist v. a. in den Theravada-Ländern Südostasiens verbreitet. Historisch ist das Datum zwar nicht stichhältig, bleibt aber als Kalenderdatum prägend und erfreut sich in weiten Teilen der buddhistischen Welt zunehmender Akzeptanz. Im Jahr 1956 feierte man dementsprechend groß die 2500. Wiederkehr von Buddhas Nirvana. Mit dem buddhistischen Neujahrsfest im April 2000 begann daher das Jahr 2544 der buddhistischen Ära.

Grundlegend für einen Kalender sind „natürliche" und beobachtbare Rhythmen wie die solar bestimmbaren Jahreszeiten oder die Phasen der Sichtbarkeit des Mondes. In dieser Hinsicht werden auch die buddhistischen Feste strukturiert, wobei die Jahreszählung nur eine untergeordnete Rolle spielt. Da Jahreszyklen, die auf den Mondmonaten aufbauen (12 mal 29,54 = 354 Tage), mit dem Sonnenjahr (365,25 Tage) nicht dekkungsgleich sind, muss durch Schaltjahre, Schaltmonate oder Schalttage ein Ausgleich geschaffen werden. Dies wirkt sich auf den buddhistischen Festkalender aus, dessen Daten von den Mondmonaten und Mondphasen abhängen. Für die Hauptfeste ist dabei der Vollmondtag jeweils der chronologische Fixpunkt. Allerdings wird der „reine" Mondkalender insofern überwunden, als die Feste in einer besonderen Art „geschaltet" werden, d. h. entsprechend dem Sonnenkalender jeweils in dieselbe Jahreszeit verlegt werden.

Diese Jahreszeitenfixierung ist ein grundlegendes Charakteristikum des religiösen Jahres der Buddhisten, wobei die Fixierung sich an den jahreszeitlich-agrarischen Bedingungen Nordindiens orientiert: Buddhas Erscheinen fällt in den Mai (im Zusammenhang mit dem Einsetzen des Monsuns), die *kathina*-Zeremonien mit Geschenken für die Mönche fallen mit dem Ende der Regen- und Aussaatzeit zusammen, mit dem Ende der hauptsächlichen Reisernte im Februar/März korrespondiert ein weiteres Fest (Verdienst-/*punya*-Zeremonie). Solche Feste, deren zentrale Inhalte um das Leben des Buddha und um Ereignisse der frühen Gemeinde kreisen, stehen im Zentrum des Festkalenders. Ihre Termine werden durch die indisch-klimatischen Gegebenheiten bestimmt und buddhistisch auch außerindisch „universalisiert". Dieser Jahreszeitenzyklus funktioniert bei den auf den Buddha bezogenen Festen, die in das indische Agrarjahr eingebettet werden, problematisch erweisen sich aber die Termine der lokalen Neujahrsfeste, die als ursprünglich nichtbuddhistische Agrar- oder Jahreszeitenfeste zwar in den buddhistischen Kalender aufgenommen wurden, aber in den meisten Fällen nicht mit dem indischen Zyklus in voller Übereinstimmung stehen.

Solche Bedingungen verhindern verständlicherweise, dass es einen für alle Buddhisten normativ-harmonisierten Kultkalender gibt. Den Festen im Jahreszyklus kann man Feste hinzufügen, die vom individuellen Lebenszyklus abhängen: Gedenktage an Geburt, an die Ahnen, aber auch die Feier der Erinnerung besonderer Ereignisse, eventuell die Weihe des Haus(halt)es oder eines (Privat-)Tempels, die Wallfahrt in Erfüllung eines Gelübdes oder aus einem Bittanlass. Letzteres zeigt zugleich, dass der Übergang zwischen Festen und anderen Formen gemeinschaftlich oder individuell vollzogener Kulte fließend ist.

3.2.1 Feste im Jahreszyklus

Vesakh ist das buddhistische Fest schlechthin, wobei das Fest im Laufe der Geschichte immer stärker betont und mit zusätzlichen Festinhalten erweitert wurde. Das Fest wird bereits vom chinesischen Indien-Pilger

Fahsien (399–414) erwähnt, und es gehört zu den alten Festen, was auch seine schulübergreifende Akzeptanz erklärt. Fahsien bezieht es nur auf die Geburt Buddhas, erst im 12. Jh. werden die Geburt Buddhas in Lumbini, seine Erleuchtung in Bodh Gaya und sein Erreichen des Nirvana in Kushinagara die Festinhalte, die auf jeweils denselben Vollmondtag im Frühlingsmonat Mai datiert werden; lokale Unterschiede und Nuancen bezüglich der Festinhalte bleiben jedoch lange erhalten. In Thailand wird das Fest erst seit dem späten 19. Jh. überregional gefeiert, während beispielsweise Laoten bis in diese Zeit den Vollmondtag im Mai nicht mit den „Vesakh-Inhalten" verbunden, sondern den Besuch und die Verehrung von Buddha-Reliquien in den Mittelpunkt des Festtages gestellt haben. Heute gilt Vesakh als dreifach heiliger Tag, der zwar im Theravada-Buddhismus seine dominierende Stellung hat, aber auch von Buddhisten anderer Richtungen zunehmend als „Hauptfest" gefeiert wird. Wie stark das Fest – in historisierender Deutung – im Theravada-Bereich immer mehr überlagert wird und auch andere Inhalte anzieht, sieht man daran, dass Buddhisten (als Nebenanlass) auch die Geburtstage von Buddhas Frau Yashodhara, seines Lieblingsjüngers Ananda oder das Entstehen des Bodhi-Baums, unter dem Buddha seine Erleuchtung gefunden hat, auf einen Tag des Vesakh-Vollmondes terminisieren.

Entsprechend der Bedeutung des Mönchtums für die Theravada-Tradition sind Klöster Mittelpunkt des Vesakh-Festes, die Feierlichkeiten bestehen in Rezitationen aus buddhistischen Schriften und der damit verbundenen Darlegung der Lehre, die traditionellen Vesakh-Predigten in Thailand beispielsweise dauern die ganze Nacht, wobei die erzählende Predigt mit der Heirat von Buddhas Eltern beginnt und mit der Verteilung der Reliquien Buddhas nach seinem Tod und einem Ausblick auf die Gründe, weshalb der Buddhismus in seinem Mutterland verschwunden ist, endet. Rituell vermehrt sind die Feiern bei Vesakh durch Prozessionen um ein Buddhaheiligtum und durch Verehrung von Buddhastatuen mit Weihrauchopfern, Blumen und Kerzen; auch das Überreichen von Früchten oder Kleidern an Bedürftige oder der Besuch von Kranken gehört zu diesem Fest. Neben einer Buddhastatue ist ein Bodhi-Baum Mittelpunkt von Feiern, in Erinnerung an Buddhas Erleuchtung. Die Bäume werden mit bunten Fahnen und Farbbändern geschmückt, auf denen Mantren oder Wünsche geschrieben sind.

An Vesakh – wie an anderen Feiertagen – versuchen auch Laien jene zehn

Gebote einzuhalten, die im „Alltagsleben" nur den Mitgliedern des Ordens auferlegt sind: neben den fünf *shilas* (Nicht-Töten, kein Diebstahl, keine unerlaubte Sexualität, keine Lüge, kein Alkohol) sind weitere fünf Dinge zu unterlassen: Essen nach Mittag, Tanz und Musik, Schmuck, weiche Betten, Annahme von Gold und Silber. Die Befolgung dieser Mönchsregeln durch Laien zeigt, wie sich in diesem Hauptfest das Ideal der Mönchsgemeinde konkretisiert, indem im Rahmen des Festes jeder „Mönch auf Zeit" werden will, d. h. ein „Elite-Buddhist", was auch die Gemeinschaftsidentität zu stärken vermag. Gleichzeitig wird daran deutlich, dass über den Memorialcharakter hinausreichend Vesakh auch jenes Fest ist, das – analog zur Erleuchtung des Buddha – jedem Buddhisten als Hilfsmittel dienen soll, selbst in seinem Streben nach Erleuchtung weiterzukommen.

Außerhalb der Theravada-Tradition konzentriert man sich als Festinhalt auf das „Erscheinen" Buddhas bei der Geburt; am wenigsten ausgeprägt ist Vesakh unter japanischen Buddhisten. Das Geburtsfest Buddhas wird in Ostasien besonders durch eine Prozession der Buddhastatue und durch ein rituelles Bad der Statue gekennzeichnet; das Motiv des Bades ist dabei bereits in der Buddhalegende im Lalitavistara beschrieben: Zwei Naga-Schlangen baden den zukünftigen Buddha nach seiner Geburt (als übernatürliches Zeichen der zukünftigen Größe des Kindes), eine Szene, die in der buddhistischen Kunst gerne dargestellt wird und von ostasiatischen Buddhisten auch in den Festablauf rituell eingebettet ist. In Japan, Korea und China wird das Geburtsfest Buddhas nunmehr am 8. April gefeiert, klimatisch fällt es mit dem Frühlingsbeginn zusammen, so dass die reichhaltige Verwendung von Blumen in Japan dem Fest auch die Bezeichnung „Blumenfest" *(hanamatsuri)* gibt; symbolisch werden die Blumen als jener Garten gedeutet, in dem Buddha in Lumbini geboren wurde. Erleuchtung und Nirvana sind jedoch in den Mahayana-Ländern durch eigene Festtermine von Vesakh abgesetzt. Die Erleuchtung Buddhas feiert man am 8. Dezember (Bodhi-Tag; in Japan als *Jodo-e* bezeichnet) und sein „Verlöschen" am 8. bzw. 15. Februar. Letzteres wird von Mahayana-Buddhisten auf den 15. Februar 486 v. Chr. datiert, d. h. auch in der Jahreszählung weichen sie von der oben genannten südlichen Tradition ab. Hier kann man aber ebenfalls beobachten, wie ein buddhabezogenes Fest erweitert wird, indem etwa in Japan der Nirvana-Tag mit Gedächtnisfeiern für die verstorbenen Ahnen gekoppelt wird.

Eine weitere wichtige „Festperiode" ist die Regenzeit, die in Indien ca. drei bis vier Monate dauert. Da die klimatischen Bedingungen das Wandern der Mönche erschwerten, hielten sich bereits im frühen Buddhismus während der Regenzeit die Mönche in einem Kloster auf, das von Laien materiell unterstützt wurde. Diese zunächst äußerliche Gegebenheit wird Haftpunkt für die Entwicklung des Klosterlebens, da man sich während dieser Zeit intensiv der Meditation und der Beachtung der Lehre widmen konnte, zugleich sich aber auch für Laien die Möglichkeit bot, das Kloster zu unterstützen und dadurch „Verdienst" *(punya)* zu erwerben. Der äußerliche Einschnitt der Regenzeit ist zugleich ein Einschnitt im Fest- und Ritualkalender, da Beginn und Ende dieser Zeit besonders markiert werden. Dass dabei die Feier der Regenzeit heute auf den südlichen Buddhismus der Theravada-Länder begrenzt ist, hat eine doppelte Ursache: einerseits klimatisch, was aber nicht die Hauptursache ist, andererseits durch die Betonung des Mönchtums im frühen Buddhismus und in den Theravada-Traditionen.

Religiöses Verdienst erwirbt man sich in den Mahayana-Traditionen eben nicht primär durch die Unterstützung der Mönche, so dass für Riten, die mit der Regenzeit verbunden sind, in diesen Traditionen kein passender Platz ist, wodurch sich solche dementsprechend auch nicht entwickeln konnten. – Der rituelle Beginn der Regenzeit (pali: *vassa*, sanskrit: *varsha*) fällt in den Juli. Für den gegenwärtigen Theravada-Buddhismus kennzeichnend ist der Eintritt von jungen Männern als Mönche für die Dauer einer Regenzeit. Die derzeit geübte Praxis mönchischen Lebens ist dabei jedoch nur insofern eine Neuerung, als der bewusst vorübergehend gewählte Status als Mönch in früheren Epochen weniger ausgeprägt war; im grundsätzlichen Anliegen widerspricht aber die moderne Praxis nicht der älteren Tradition, da die Regenzeit als besondere Epoche zu werten ist, während der sich Mönche mit Fasten, Meditation und Dharma-Studium in besonders intensiver Weise um ihre spirituelle Entwicklung bemühten.

Zum Ende der Regenzeit im Oktober findet die *Kathina*-Zeremonie statt; sie ist schon in Texten des Pali-Kanons genannt, und bei dieser Zeremonie spielen Laien die Hauptrolle: Sie statten aus Anlass des Endes der Regenzeit die Mönche mit einer neuen ockerfarbenen Mönchsrobe *(kathina)* aus, die in feierlicher Prozession zum Tempel oder Kloster gebracht wird. Die Überreichung des Stoffes soll traditionellerweise in der Morgendämmerung geschehen, woraus die eigentliche Robe noch am selben Tag von den Mönchen selbst hergestellt wird. Anschließend wird die Robe zur Grenze des Klosterbezirks *(sima)* gebracht, wo sie vom Orden an einen einzelnen Mönch als dessen Besitz überreicht wird. Aufschlussreich ist bei dieser Zeremonie zweifellos die Funktion der Laien, wobei sich beobachten lässt, wie „Hoch-Buddhismus" und „Volks-Buddhismus" ineinanderfließen: Grundsätzlich lässt sich die Kathina-Zeremonie im Rahmen buddhistischen Denkens interpretieren, da die materielle Unterstützung der Mönche durch eine Gabe *(dana)* dem Laien Verdienst *(punya)* bringt, ein eigentlich alltäglicher Vorgang, der sich der Sache nach bei jedem Almosengang eines Theravada-Mönches, der von Laienanhängern mit Nahrung unterstützt wird, wiederholt.

Die Kathina-Zeremonie bekommt aber eine zusätzliche Nuance: Während der Regenzeit haben sich Mönche durch ihre spirituelle Praxis besonders entwickelt – und von dieser spirituellen Kraft hofft der Laienanhänger magisch etwas abzubekommen, wenn er in der Zeremonie am Ende der Regenzeit dem Kloster Stoff für die (neuen) Mönchsroben bringt. Daher kann man durchaus sagen, dass das rituelle Ende der Regenzeit in der Volksfrömmigkeit für Laien eine größere Bedeutung hat, um deren religiös-spirituelle Bedürfnisse zu erfüllen, als dies bei Mönchen der Fall ist.

Eine weitere Kategorie von Festen, die jährlich gefeiert werden und die ebenfalls ursprünglich einen historischen Bezugspunkt haben, sind sogenannte Patriarchenfeste, d. h. Feste, deren Ausgangspunkt ein buddhistischer „Heiliger", ein Bodhisattva oder ein Schulgründer ist. Dabei ist zu berücksichtigen, dass diese Feste keineswegs allgemein buddhistisch, sondern oft nur auf einzelne Schulrichtungen beschränkt sind. Einige wichtige diesbezügliche Feste hängen mit großen buddhistischen Gestalten wie Padmasambhava, Tsongkhapa, Bodhidharma oder Shinran Shonin zusammen.

Padmasambhava hat im 8. Jh. aus Bengalen tantrische Riten nach Tibet gebracht und dort wesentlich zur Verbreitung des Buddhismus beigetragen. Im Gedächtnis an diesen Lehrer feiern tibetische Buddhisten seinen Geburtstag im Juni. Bekannt sind beispielsweise die Feierlichkeiten des Festes im Kloster Hemis (Ladakh). Das Fest dauert drei Tage, optisch geprägt wird es von Ritualtänzen; die Tänzer stellen mit z. T. grotesken Masken Götter und Dämonen des tibetischen Buddhismus dar, wobei die

Schreckensmasken auch die Aufgabe haben, im Rahmen des Festes die Dämonen zu vertreiben. Der Bezug zu Padmasambhava besteht darin, dass dieser durch die Verbreitung des Buddhismus die nicht-buddhistischen Dämonen überwunden hat. Eine besondere Verehrung Padmasambhavas ist seit dem 12. Jh. nachweisbar.

Da Padmasambhavas Buddhismus stark tantrisch ausgerichtet ist, spielt seine Wertschätzung, obwohl ihn alle tibetischen Richtungen verehren, besonders bei den Nyingmapa eine wichtige Rolle; diese Schule feiert eine ganze Reihe von mit Padmasambhava verbundenen Gedächtnistagen, so z. B. am 10. des ersten Monats seinen Rückzug von der Welt, am 10. des zweiten Monats seine Gelübde, einen Monat danach seine wunderbare Verwandlung von Feuer in Wasser. – Ein anderes im tibetischen Festkalender wichtiges Fest bezieht sich auf Tsongkhapa (1357–1419), der als Urheber der Gelugpa gilt und dem unterschiedliche Kulturleistungen für Tibet zugeschrieben werden; am 25. November gedenkt man mit einem Lichterfest seines Todes und am 22. Dezember seiner Geburt. In der Karma-Kagyü-Richtung kommt Milarepa (1040–1123) als Gründerfigur ein vergleichbares Andenken zu, das sich in einer allmonatlichen Puja mit Keksen, Kerzen, Räucherwerk und Blumen niederschlägt.

Für den Chan-Buddhismus spielt Bodhidharma eine wichtige Rolle. Bereits im indischen Buddhismus gilt er als 28. Patriarch nach Buddha, als traditioneller Gründer des Chan-Buddhismus wird er als erster chinesischer Patriarch gezählt; Wertschätzung bringen ihm auch koreanische und japanische Zen-Schulen entgegen. Im Jahr 520 soll er die buddhistische Lehre von Indien nach China gebracht und dort die spezifischen Meditationsformen des Chan entwickelt haben; in Erinnerung an diesen Lehrer bzw. seinen Tod feiern Chan-Buddhisten den 5. Oktober (bzw. den 5. Tag des 10. Mondmonats) jährlich als „Bodhidharma-Tag". – Ebenfalls zunächst mit dem chinesischen Buddhismus verbunden ist die Feier des Geburtstages von Kuan Yin, dem weiblichen Bodhisattva Avalokiteshvara am 19. Tag des zweiten Mondmonats. In „Fortsetzung" des Festes wird am 19. des 6. Monats ihre Erleuchtung und am 19. des 9. Monats ihr Eingehen ins Nirvana gefeiert. Ausgehend von China wird in der ostasiatischen Volksfrömmigkeit Kuan Yin (bzw. Kannon in Japan) als gnädige Gottheit verehrt, die um tüchtige Söhne und Töchter angerufen wird, die aber auch vor Naturkatastrophen zu schützen vermag.

Shinran Shonin (1173–1262) ist der Begründer des japanischen Jodo-Shin-

Shu, der „Wahren Schule des Reinen Landes". Aufbauend auf japanischen Gedächtnisfeierlichkeiten zu Ehren der toten Ahnen steht er wie andere Schuloberhäupter v. a. zu „runden" Gedächtnistagen im Mittelpunkt großer Feierlichkeiten; dementsprechend waren der 800. Geburtstag 1973 bzw. der 700. Todestag im Jahr 1962 Anlass, Tempel und Einrichtungen des Jodo-Shin-Shu zu renovieren; solche Feierlichkeiten übersteigen sogar den Rahmen der Schulrichtung. Innerhalb der einzelnen Richtungen dieser Schule wird Shinran monatlich jeweils am 16. Tag gefeiert, die Rezitation der „Hymne über das wahre Vertrauen" *(Shoshinge)*, die die Essenz von Shinrans Lehre enthält, erinnert die Gläubigen an den Schulgründer. Dieser Tenor prägt auch das sogenannte Ho-onko-Fest, das vom Haupttempel in Kyoto vom 9. bis 16. Januar jedes Jahres ausgerichtet wird. Eine andere Sub-Schule des Shin-Buddhismus, nämlich Higashi Honganj, feiert vom 21. bis 28. November, dem November-Termin folgen auch die Shin-Buddhisten des deutschsprachigen Raumes in ihrem Zentrum im Eko-Haus in Düsseldorf. Ho-onko ist ein Dankesfest für das Wirken Shinrans.

Während der Gedächtniswoche konzentrieren sich die Gläubigen vermehrt auf die Teilnahme an Zeremonien im Tempel, die v. a. aus der Rezitation von Werken Shinrans (seine Biographie *Godensho*, sein Hauptwerk *Shoshinge* sowie Briefe seines achten Nachfolgers Rennyo) und aus dem Hören von Predigten besteht. Traditionellerweise bevorzugen Gläubige an diesen Tagen vegetarisches Essen, was sonst keine Rolle spielt, weitgehend war wegen der häufigen Tempelbesuche auch das öffentliche Leben beeinträchtigt, kleine Geschäfte hielten geschlossen. Zu betonen ist, dass nach dem Verständnis der Gläubigen diese Feiern nicht primär der Erinnerung und Verherrlichung Shinrans dienen, sondern v. a. sein Werk und die Anrufung des Buddha Amida immer mehr bekanntmachen und in das alltägliche Leben integrieren sollen. Denn im Mittelpunkt des Buddhismus von Shinran (und schon seines Vorgängers Honen) kam es ja hinsichtlich der Amida-Verehrung insofern zu einer „Vereinfachung", als ausschließlich die Rezitation des Nembutsu in den Mittelpunkt des Kultes gerückt wurde; die „historischen" Informationen, die beim Fest von den Gläubigen über Shinran gewonnen werden, aber auch die Rezitation seiner Schriften liefert dabei den erklärenden Hintergrund, weshalb die Praxis des Nembutsu als einziger Kult heilsbedeutsam ist.

Wenn unter diesen „Patriarchenfesten" v. a. Feste aus Mahayana-Ländern und -Richtungen genannt wurden, so ist dies sachlich darin begründet, dass der Mahayana-Buddhismus mit seinem Bodhisattva-Ideal und der Verehrung buddhistischer Heiliger und Götter ein anderes Lehrkonzept vertritt, als dies in der südasiatischen Theravada-Tradition vorliegt. Theravada-Länder kennen ungleich weniger Gedenktage „großer Buddhisten". In Sri Lanka beispielsweise feiert man Mahinda, der in der Mitte des 3. Jh.s v. Chr. den Buddhismus auf die Insel gebracht haben soll; für die ceylonesische (National-)Geschichte ist dies durchaus ein wichtiger Traditionsstrang, doch ist es weniger ein „religiöser" als ein „nationaler" Feiertag. Zwar bietet sich auch hierbei durchaus die Möglichkeit, Mönche mit Gaben zu unterstützen, aber solche „Feiertage" bleiben in ihrer Bedeutung hinter den „buddhabezogenen" Feiertagen zurück. Deswegen haben sich die großen Gedenktage buddhistischer Heiliger in den Mahayana-Ländern stärker entfaltet.

Eine letzte Kategorie von Festen im Jahreszyklus sind Neujahrsfeste. Die Theravada-Länder feiern Neujahr entsprechend indischer Jahreszählung im April. Thematisch kann in jüngerer Zeit beobachtet werden, dass der Gedanke an einen „buddhistischen" Anfang nicht fehlt, d. h. man macht sich gute Vorsätze, im neuen Jahr besonders sorgsam auf den buddhistischen Pfad zu achten, wobei sich dieser Neubeginn auch in Rezitationen und Bitten um Gesundheit, Erfolg oder langes Leben niederschlägt. Dass die Neujahrsfeste ursprünglich wenig mit Buddhismus zu tun hatten, sondern aus vorbuddhistischen Traditionen stammen, wird mehrfach deutlich. So ist beispielsweise Songkran, das Neujahrsfest der Thai im April, durch Wasserriten charakterisiert, d. h. durch das Nassspritzen aller Festteilnehmer. Während die „offiziell-höfische" Version Wert darauf legt, dass Buddhastatuen und Mönche respektvoll mit Wasser beträufelt werden, konzentriert sich die Volksfrömmigkeit eher darauf, dass alle Festteilnehmer völlig durchnässt werden; letzteres ist dabei ein gutes Beispiel, wie Feste den hergebrachten „Anstandsrahmen" sprengen können und dennoch wieder in die Ordnung eingefügt werden, wie eine rezente Beschreibung des Festes im Nordosten Thailands zeigt: Junge Frauen sind die treibenden Kräfte dieser Wasserriten, deren „Opfer" Mönche sind, die so lange von den Frauen mit Wasser verfolgt werden, bis alle Teilnehmer völlig nass sind; als Abschluss kommen jedoch die Frauen – angeführt von einem männlichen Laien – mit Blumen und Räucherwerk zum Kloster zurück und bitten die Mönche um Vergebung.

Bemerkenswert ist, dass während Songkran Mönche auch in direkten

Kontakt zu Frauen kommen, was nach Ordensdisziplin und -regeln völlig verboten ist. Die Umkehrung dieser Normen macht deutlich, dass Songkran kein bodenständig buddhistisches Fest ist, sondern seine historischen Wurzeln in einem naturbezogenen Fest liegen, das das Wiederaufleben der Natur zu Beginn des neuen Jahres feiert, ursprünglich auch verbunden mit ritualisierten Sexualpraktiken und mit Bewässerungsriten; letztere sollten v. a. den für die Reiskultivierung benötigten Monsun herbeibringen. Die Umsetzung der „Wasserriten" in den buddhistischen Kontext ist eher oberflächlich geblieben, insgesamt ist das Thai-Neujahrsfest geprägt von Freude und Ausgelassenheit.

Das tibetische Neujahrsfest Losar und Mön-Lam, das „große Gelübde" bzw. „Gebetsfest", im Februar/März zeigen die Integration von vorbuddhistischer Orakelpraxis in einen Staatsbuddhismus der Gelugpa, wobei die buddhistische Form des Festes auf Tsongkhapa zurückgeführt wird. Nur auf diese Festversion soll hier Bezug genommen werden; die einzelnen tibetischen Richtungen haben nicht nur eigene Schwerpunkte, sondern auch eine Vielfalt von Feierlichkeiten, was nicht unerwähnt bleiben soll. Die tibetische Staatsorakelstätte in der Nähe der Hauptstadt Lhasa, die inzwischen im Exil in Dharamsala neu errichtet werden musste, war eine ursprüngliche Kultstätte des nichtbuddhistischen, schreckenerregenden Gottes Pe-har, der von Padmasambhava überwunden und „buddhisiert" wurde; Padmasambhava ersetzte den Opferkult für den Gott durch die fromme Hingabe der Buddhisten an ihn, die nunmehr dem Gott ihre Selbstbezogenheit „opferten"; im Gegenzug gewährte Pehar, der mit Hayagriva, einem schreckenerregenden Aspekt Avalokiteshvaras gleichgesetzt wurde, den Tibetern Schutz und Rat durch Orakel. Da auch innerhalb des tibetischen Buddhismus Pe-har als eine zu mächtige und furchtbare Gottheit gilt, der man nicht direkt begegnen möchte, nimmt im Neujahrsritual ein Bote Pe-hars von einem buddhistischen Mönch in Trance Besitz, wodurch der Mönch zum Medium und Sprachrohr des orakelgebenden Gottes wird.

Im rituellen Festgewand erscheint der Mönch vor dem Dalai-Lama, gibt auf staatsbezogene Fragen Antworten, die Ratschläge oder Warnungen vor Gefahren enthalten, ferner überprüft er die Minister auf ihre Zuverlässigkeit und schießt mit einem Pfeil auf einen Sündenbock aus Butter und Mehl. Diese Sündenbockfigur enthält alles Übel des vergangenen Jahres, das durch den Pfeil getötet wird; anschließend verbrennt man die

Figur. Die Grundsymbolik des Festes ist klar: Wenn man sich dem furchterregenden Gott rituell richtig nähert, ist er fähig und bereit, alle Gefahr zu bannen und zu vernichten. Dadurch hilft er seinen Verehrern zugleich für den Kreislauf eines neuen Jahres, was sich phänomenologisch gut in andere Neujahrsriten mit der Vernichtung des Alten (und Schlechten) einordnen lässt, verbunden mit der Erwartung des Neuen (und Guten). Während des Festes finden auch bunte Maskentänze statt, wobei die Maskentänzer Gestalten der buddhistischen Geschichte und Götter oder Dämonen darstellen; auch in diesen Tänzen kann mimisch-rituell die Überwindung des Bösen und des vergangenen Jahres dargestellt werden, um so Platz für den Neubeginn zu schaffen. Ein buddhistisch-tibetischer Zug innerhalb dieser Tänze ist dabei ein historisierendes Element, in dem der für die Einführung des Buddhismus in Tibet wichtige Disput von 792 zwischen dem Chinesen Hashang-Mahayana und dem Inder Kamalashila dargestellt wird, der unterlegene Chinese dabei nicht allzu wohlwollend.
Im Neujahrskontext fügt sich diese Episode zugleich in die Überwindung des Alten ein. Dennoch bleibt der buddhistische Überbau des Festes in geringem Rahmen, indem lediglich Werte wie Mitgefühl, Selbstlosigkeit und Friedfertigkeit der Mönche betont werden. Diese sind nur insofern spezifisch auf „Neujahr" bezogen, als die Beachtung solcher Werte die beständige Transformation des buddhistischen Mönches gewährleisten soll – als Wandel zum Neuen, der parallel gesetzt wird zum Wandel vom alten zum neuen Jahr. Hält man sich aber vor Augen, dass Wandel (bzw. negativ formuliert: grundsätzliche Unbeständigkeit) alltäglich geschieht bzw. zum Besseren geschehen soll, sieht man, dass diese buddhistische Deutung des Neujahrsfestes keineswegs die Grundlage des tibetischen Festes ausmacht.
Der japanische Buddhismus hat während der Nara-Periode (710–795) ausgehend vom shintoistischen Neujahr eine spezielle Neujahrszeremonie entwickelt, die bis in die Gegenwart lebendig geblieben ist und die schulübergreifend das buddhistische Neujahr für Japaner prägt. Die eigentlichen Riten beginnen um Mitternacht und dauern bis in die Vormittagsstunden des Neujahrstages, typisch für das Fest ist das rituelle Schlagen von Tempel-Gongs; dies geschieht insgesamt 108-mal, um die 108 Arten von Befleckung *(klesha)* zu beseitigen und sich davon für das neue Jahr und für den buddhistischen Pfad zu reinigen. Auch bei diesem Fest ist wiederum deutlich erkennbar, dass der aus dem Shintoismus

stammende naturbezogene Neuanfang in buddhistischer Sicht neu gedeutet wurde. Verbunden mit dem Fest werden Glückwünsche und Segensgebete für Erfolg und Gesundheit formuliert.

3.2.2 Vom individuellen Lebenskreis bestimmte Feste

Bei den vorhin genannten Festen ist schon mehrfach der Vollmondtag als Haftpunkt für ein Fest genannt worden; individuelle Gedenkfeiern wie Geburt oder Tod können dem zwar nicht Rechnung tragen, wohl aber steuerbare Termine der Lebensgestaltung, wobei erwähnenswert ist, dass es keine religiöse Feier einer Eheschließung unter den traditionellen individuellen Festen gibt. Ein wichtiger Einschnitt im Leben, den man als individuelles Fest bewerten kann, ist die Übernahme von Mönchsgelübden; der Eintritt in ein Kloster und die Wahl der Lebensform eines Mönches wird dabei gerne bewusst auf den Beginn der Regenzeit gelegt; die damit verbundenen Riten sind schon im Zusammenhang mit der Lebensführung von Mönchen und Nonnen zur Sprache gekommen, weshalb sie hier nur nochmals allgemein zu erwähnen sind. In gewisser Weise analog dazu gibt es ein anderes individuelles Fest, nämlich die Annahme eines buddhistischen Namens; dies ist insofern ein symbolischer Einschnitt im Leben des Einzelnen, als dadurch die bewusste Entscheidung zum Buddhismus ausgedrückt wird. Dementsprechend wird ein solches das Leben prägende Ereignis auch „festlich" begangen, wobei jedoch festzuhalten ist, dass es sich hierbei um eine „westliche" Neuerung handelt.

Die Feier einer Namengebung geschieht innerhalb einer buddhistischen Andacht, die Zufluchtnahme zu den „drei Juwelen" bietet ein wichtiges Element; ebenfalls betont man in dieser Feier, dass man die fünf Verpflichtungen für Laien befolgen will, und man erhält einen neuen Namen. Sprachlich orientiert sich dieser Name in der Regel an einer bestimmten Tradition: Buddhisten, die sich einer tibetischen Richtung anschließen, erhalten einen tibetischen Namen, der Theravada-Tradition zugehörige Schulen verleihen Pali-Namen (oder Sanskrit-Namen), Zen-Buddhisten etwa wählen japanische Namen. Solche „spirituelle" Namen (Dharma-Namen) werden praktisch nur gemeinschaftsintern verwendet, für die Öffentlichkeit bleibt der „bürgerliche" Name bestehen. Im Unterschied zum asiatischen Buddhismus, wo die Namengebung zwar im Gefolge der Geburt geschieht, aber keine ausgeprägte Ritualistik entfaltet, ist dies im westlichen Buddhismus ein ungleich zentraleres Ereignis, weil dadurch die „Annahme" des Buddhismus öffentlich bekundet und die eigene buddhistische Identität betont wird. Denn die Zufluchtnahme zu den „drei Juwelen" ist eigentlich nur eine „private" Entscheidung für den Buddhismus.

Da der Todestag nicht individuell bestimmbar ist, werden die Totengedenkfeier und die Durchführung des Totenrituals nach Möglichkeit auf einen günstigen Tag verlegt, der durch Orakelbefragung festgestellt worden ist, eine in Südostasien verbreitete Praxis. Hinsichtlich der Bestattungspraxis spielt in vielen Ländern die Tatsache eine gewisse Rolle, dass der historische Buddha nach seinem Tod verbrannt wurde; insofern ist Einäscherung in buddhistischen Kulturen relativ weit verbreitet, aber keineswegs die einzige Form der Bestattung. Bei den Buddhisten Tibets und Zentralasiens ist die Zerstückelung des Leichnams und die Aussetzung der Überreste zur Vernichtung durch Raubvögel die geübte Praxis; die in Nepal verwendeten Bestattungsarten (Beerdigung, Verbrennung, Übergabe des Leichnams an Flusswasser, Leichenaussetzung) werden hinsichtlich der Wahl der entsprechenden Art ebenfalls durch Orakel bestimmt.

Diese Vielfalt erlaubt den Rückschluss, dass die Bestattungsart kein entscheidendes Faktum ist, da mit dem Tod der Leichnam nur noch Materie ist, um die man sich zwar auf irgendeine Weise kümmern muss, aber eigentlich das Verlassen des Körpers für den Toten eher unter dem Aspekt bedeutsam ist, ob dadurch bereits der Eingang ins Nirvana möglich geworden ist, oder ob der Tod nur Durchgang zu einer neuerlichen Wiederverkörperung ist. Die buddhistische Einstellung zu Tod und Wiederverkörperung ist daher auch das zentrale Thema, das bei „Bestattungsfeiern" im Mittelpunkt steht, d. h. die aus Anlass der Bestattung rezitierten Texte orientieren sich daran, aber auch die (im weiteren Kontext der Bestattung) ausgeführten Riten lassen dies erkennen. Anhand einiger Beispiele aus verschiedenen buddhistischen Ländern (und Schultraditionen) sei dabei die Vielfalt der Riten illustriert.

In Sri Lanka werden Bestattungen durch Mönche durchgeführt, allerdings weniger in der Funktion als Priester, sondern mehr als Prediger, da der konkrete Todesfall die passende Gelegenheit bietet, Vergänglichkeit und Leiden ausführlich zu thematisieren. Ein erwähnenswerter Aspekt, der als Neuinterpretation des hinduistisch-brahmanischen Totenrituals zu gelten hat, ist die Bewirtung der Mönche eine Woche nach dem Tod, nach drei Monaten und aus Anlass des alljährlichen Gedenktages. Im hinduistischen Ritual kommt den Brahmanen die Aufgabe zu, durch ihre Tätigkeit das Schicksal des Verstorbenen zu verbessern, wozu sie u. a. bewirtet werden; bereits im frühen Buddhismus Sri Lankas wird diese hinduistische Vorstellung adaptiert, allerdings wird die Bewirtung im Sinne des Verhältnisses Laien–Mönche neu gedeutet: Ein Laie, der einen Mönch unterstützt (bewirtet), erwirbt sich Verdienst *(punya)*, das seinem eigenen Karman förderlich ist. Das im Kontext des Totenrituals und der Bewirtung des Mönches erworbene Verdienst bleibt jedoch nicht beim Laien, sondern wird auf den Toten übertragen, um ihm in seiner nächsten Wiedergeburt zu nützen.

In den Bestattungsriten Tibets gibt es drei Formen des Umgangs mit dem Leichnam: Beerdigung, Verbrennen, „Himmelsbestattung". Die beiden ersteren sind nicht dominierend, wobei ursprünglich geographisch-klimatische Bedingungen mitgewirkt haben. Der felsige und in den Wintermonaten zusätzlich hart gefrorene Boden kommt einer Erdbestattung nicht entgegen, dementsprechend ist Beerdigung nur für solche Menschen vorgesehen, die an einer Infektionskrankheit gestorben sind und deren Leichnam daher für eine Himmelsbestattung als ungeeignet angesehen wird. Die rituelle Verbrennung ist ebenfalls durch die natürlichen Ressourcen eingeschränkt, da Brennholz in der Höhenlage Tibets wertvoll ist, so dass lediglich hochstehende Lamas und spirituelle Führer mit dieser aufwendigen und teuren Art bestattet werden. Somit bestimmen zunächst äußere Gegebenheiten die Art des Totenrituals, wobei die Aussetzung der Leiche für die Geier sekundär als „Gabe" (und Versorgung) der Tiere gedeutet wird.

Dem trägt auch die rituelle Behandlung der Leiche insofern Rechnung, als, nachdem der Termin der Bestattung astrologisch festgestellt worden ist, der Leichnam einer Waschung unterzogen wird. Nachdem der so vorbereitete Leichnam zum Bestattungsort gebracht worden ist, wird ihm ein Mandala auf Brust und Bauch gezeichnet, und schließlich schneiden die Ritualspezialisten den Körper auf, trennen Eingeweide, Fleisch und Knochen; letztere werden zerstoßen und mit Gerstenmehl vermengt, damit sie den Geiern besser schmecken. Sollten die Geier das Fleisch verschmähen, so gilt dies als unglückliches Vorzeichen. Ein Teil des Fleisches wird an die schon am Bestattungsplatz anwesenden Geier verteilt, der Rest des Leichnams wird so am Boden befestigt, dass die Geier das Fleisch nicht davonschleppen können, sondern am Bestattungsort verzehren. Nach dieser ersten Fütterung der Geier öffnet ein Ritualspezialist mit einer Nadel den Schädel des Verstorbenen, damit sein Bewusstsein austreten kann; anschließend wird auch der Schädel zerschlagen, die Knochenreste mit dem Gehirn vermischt und den Geiern dargeboten. Mit diesem letzten rituellen Akt ist die Bestattung beendet.

Obwohl das Ritual der Leichenaussetzung in der Durchführung durchaus komplex ist, wird auch hier sichtbar, dass es weniger um die Bestattung geht, sondern dass buddhistische Werte und Lehren im Mittelpunkt stehen: Die Speisung der Vögel ist verdienstvolles Werk als geübtes Mitleid mit anderen Lebewesen; die Öffnung des Schädels für das Ausströmen des Bewusstseins dient dem Erlösungsstreben, damit der Verstorbene in einer für das Erreichen des Nirvana günstigen Gestalt wiederverkörpert werden kann. Die Aussetzung des Leichnams ist der letzte Akt im tibetischen Totenritual, wobei auch die ausführlichen Ritualanweisungen des „Tibetanischen Totenbuches" (Bardo Thödol) dazu dienen, schon vor dem direkten Prozess des Sterbens den Geist so zu schulen, um eine günstige Wiedergeburt zu erlangen.

Auch in Japan führt die Erinnerung an die Toten bzw. deren Versorgung zu verschiedenen Totenfesten, so z. B. das Ullambana-Fest (bzw. Obon), dessen Ursprünge sich bis ins 6. Jh. in China zurückverfolgen lassen. Festtermin ist meist der 13.–16. Juli, die „Festlegende" erzählt eine Vision von Maudgalyayana, der sieht, wie seine Mutter in der Hölle leidet. Daraufhin fragt er den Buddha, ob es eine Linderung für seine Mutter gäbe. Schließlich kann er seine Mutter retten, nachdem er Großzügigkeit an mehreren hunderten Mönchen geübt hat, die er mit Speise versorgt. Diese frühe, in indischer Tradition stehende Festlegende greift die Idee der Verdienstübertragung auf. Als „Fest der hungrigen Geister", die gespeist werden müssen, wird jedoch Ullambana/Obon immer mehr zu einem Ahnenfest, das durchgeführt wird, um die verstorbenen Vorfahren zu ehren. Zu diesem Zweck werden die Gräber der Toten besucht und gepflegt.

Die Verehrung der Ahnen verbindet sich im ostasiatischen Buddhismus unübersehbar mit dem nicht-buddhistischen Ahnenkult, zugleich stammt aus dem Bereich des Volksglaubens die Vorstellung, dass die toten Ahnen zurückkehren, um wiederum bei ihrer Familie zu verweilen.

Obwohl solche Gedanken schwer mit der buddhistischen Lehre der Unbeständigkeit und Vergänglichkeit, die im Tod mehrfach thematisiert wird, vereinbar sind, gewinnen Totenfeste als „Familienfeste" unter den individuell-lebensbezogenen Riten dennoch den größten Zuspruch. – Wie weit sich die Feier des Todes, verbunden mit dem Ahnen- und Familiengedenken, entwickeln kann, sei an einer aktuellen Tendenz innerhalb der japanischen Religiosität illustriert. Es ist zu beobachten, dass die Wertschätzung für buddhistische Begräbnisse abnimmt, denn es werden Stimmen gegen die Mitwirkung von buddhistischen Priestern, die aus Sutren rezitieren, laut; ein Kritikpunkt betrifft die hohen Kosten, die die Tempel und Priester für die Durchführung der Totenrituale verlangen.

Das Ansteigen der Kosten hängt mit einer geänderten Gesellschaftsstruktur zusammen: Traditionell finden Riten zu Ehren des Toten mehrfach noch nach dem Tod statt, Priester besuchen die Familie des Toten am 7., 49. und 100. Tag nach dem Tod und alljährlich am Todestag. Besondere Gedenkfeiern werden traditionell im 1., 3., 7., 13., 17., 23. und 33. Jahr ausgerichtet. Dieses Schema der Gedenkriten wird von den Priestern zwar nach wie vor befolgt, die Familien ihrerseits zeigen jedoch meist nur noch wenig Interesse an diesen Feiern, weshalb sie die Priester dafür nicht mehr beauftragen und bezahlen. Damit der Verdienstentgang für die im Tempel dennoch durchgeführten Totengedenkfeiern nicht zu krass ist, wird das (zukünftige) Honorar dafür nunmehr bei der Bestattung berechnet, was die Preise zum Missfallen der Hinterbliebenen in die Höhe treibt. Besonders jene Familien, die neu in eine Stadt zugezogen sind und daher zu dem geographisch ihrem Wohnsitz zugehörigen Tempel keine traditionelle Beziehung haben, sind kaum gewillt, die Kosten zu tragen, womit ein weiterer Wandel in den Totenritualen einsetzt: Solche Familien verzichten auf die Mitwirkung eines buddhistischen Priesters am Totenritual und wählen ein „nicht-religiöses Begräbnis".

Dabei geht es nicht nur um die Frage von „Religion", sondern es spiegelt sich hier eine gewandelte Einstellung zu den Verstorbenen wider. Durch das buddhistische Begräbnis wird der Tote unter die Ahnen des Haushalts eingeordnet, die „neue" Begräbnisform, die bereits der Sterbende für sich auswählt, betont hingegen, dass seine Nachkommen sich nicht an ihn als Ahne erinnern sollen, sondern an das, was er im Leben geleistet hat bzw. wie er gelebt hat. Dadurch wird der kollektive Ahnenkult nicht nur individualisiert, sondern auch stärker konkret personalisiert. Von dieser Art

des Begräbnisses ist es kein weiter Schritt mehr zu den „Begräbnisfeiern für Lebende" *(seizensô)*, d. h. ein älterer Mensch lädt zu seiner „Begräbnisfeier", die er bei bester Gesundheit als fröhliche Party feiert, wobei auf ein erfolgreiches Leben Rückschau gehalten wird. Zu Ehren des Lebenden lässt man das Leben Revue passieren, es werden zwar buddhistische Sutren rezitiert, aber auch Werke klassischer Musik (z. B. Mozarts Requiem) haben hier ihren Platz. Insgesamt sind diese „Begräbnisfeiern für Lebende" Feste für das eigene Leben, die durch die neue Ritualisierung als Fest im Lebenszyklus auch eine Antwort auf das Problem des Alterns und der zunehmenden Isoliertheit zu geben versuchen. Der Tod als kollektives Ereignis hat dabei an Bedeutung verloren, und um einen einsamen Tod zu verdrängen, sucht man nach Überwindung der Einsamkeit in der lebensfrohen „Begräbnis-Party".
In den Bereich individueller Feste und Feiern gehören schließlich noch religiöse Veranstaltungen, die einer persönlichen Frömmigkeit entspringen, wie beispielsweise die Stiftung und Weihe eines Heiligtums durch eine Privatperson; als „religiöses Werk" ist eine solche Feier im Kontext der Verdienstübertragung zu verstehen. Andere Beispiele sind etwa von Firmeninhabern in Japan ausgerichtete religiöse Feiern, die für die Sicherheit ihrer Arbeiter, für das Wohlergehen der Firma oder für die Erinnerung an die Ahnen der Firmenleitung durchgeführt werden. In Japan vermögen sowohl buddhistische als auch shintoistische Rituale diese Funktion zu erfüllen. Die Bedeutung und Form solcher Riten wird von der jeweiligen Lebensgeschichte motiviert und bestimmt. Durch diese Möglichkeiten wird die Zahl von Festen, die vom Leben des Einzelnen bestimmt werden, größer als die Zahl von Festen innerhalb des Jahreszyklus, ihre „Individualität" reduziert aber zugleich Verbindlichkeit und Akzeptanz außerhalb des familiären Rahmens.

3.3 Wallfahrten – die Kombination besonderer Orte und Zeiten

Das Sanskrit-Wort für Wallfahrt, *tirtha-yatra*, setzt sich aus den verbalen Bestandteilen *tri-* „überqueren" und *ya-* „unterwegs sein" zusammen, d. h. wer eine Wallfahrt unternimmt, ist unterwegs, um die Trennung zwischen der realen und der transzendentalen Welt zu überwinden, wobei der reale Ort und die reale Zeit Ausgangspunkt, aber keineswegs Ziel sind. Denn eine Wallfahrt bringt einen Buddhisten nur indirekt dem Nirvana näher, es kommt auf seinen Geist an, sich zu vervollkommnen, und dafür bedarf es nicht unbedingt der reellen Reise und Ortsveränderung. Wallfahrten mögen daher zwar als förderlich empfohlen werden, aber eine Verpflichtung dazu existiert nicht. Bei etwas anderer Akzentsetzung kann man auch sagen, durch die Wallfahrt sucht man den Buddha im Außen zu finden, aber wesentlicher ist es, den Buddha durch Meditation im Innern, in sich selbst, zu finden.

Dennoch gibt es beliebte buddhistische Wallfahrtsorte, v. a. solche Plätze, die mit den Reliquien Buddhas in Verbindung stehen, wobei der frühe Buddhismus in der Wertschätzung von Reliquien durch den Hinduismus inspiriert wurde. Buddha-Reliquien sind all jene Dinge, die entweder vom historischen Buddha selbst stammen oder von ihm benutzt wurden bzw. auf ihn zurückgeführt werden; wichtige und hoch verehrte Buddha-Reliquien sind u. a. die Zahnreliquie (heute in Kandy, Sri Lanka), eine Haarreliquie in der Shwedagon-Pagode in Rangun (Myanmar), Abkömmlinge des Bodhi-Baumes von Bodh Gaya, unter dem der Buddha seine Erleuchtung erfahren hat, oder der Buddha-Pada, der Fußabdruck Buddhas, den er bei seinem (legendarischen) Besuch auf der Insel Sri Lanka auf dem Adam's Peak hinterlassen hat. Letzteres leitet über zur Wertschätzung jener Orte, die Buddha während seines Erdenwandels besucht hat; dazu gehören besonders seine Lebensstationen in Lumbini, Bodh Gaya, Sarnath, Rajagriha und Kushinagara. Analog zur „Historisierung" von Wallfahrtsorten durch den Bezug zum historischen Buddha finden sich zahlreiche andere Wallfahrtsorte, die mit historischen Bodhisattvas oder mit transzendenten Buddhas bzw. Bodhisattvas verknüpft sind, wodurch der Rahmen des historisch-indischen Buddhismus überschritten werden kann.

Im ostasiatischen Buddhismus betreffen Wallfahrten in besonderer Weise heilige Berge, wobei die volksnahen Wallfahrten bereits vorbuddhistisch sind, jedoch mit Beginn des Buddhismus neu gedeutet wurden. Für China sind dabei v. a. vier „Wallfahrtsberge" zu nennen, nämlich Wu-tai (für Mañjushri, chinesisch: Wen-shu), O-mei (für Samantabhadra, chinesisch: P'u-Hsien), P'u-t'u (für Avalokiteshvara, chinesisch: Kuan Yin) sowie Chiu Hua (für Kshitagarbha, chinesisch: Ti-tsang). Auf dem Wu-tai wird besonders Mañjushri, der Bodhisattva der Weisheit, verehrt. Während dem 13. und 14. Jh., als China von Mongolen regiert wurde, setzte die überregionale Bedeutung des Berges als Wallfahrtsziel für Pilger aus Zentralasien, der Mongolei und Tibet ein, später kamen auch Pilger aus Korea und Japan. Der Wichtigste dieser Berge für Buddhisten ist Wu-tai im

Nordosten Chinas, der durch seine fünf Gipfel charakterisiert wird und seit der Wei-Dynastie (386–535) als buddhistisches Ziel galt, wobei ältere daoistische Traditionen überlagert wurden. Durchaus vergleichbar anderen Phänomenen der chinesischen Religionsgeschichte ist der daoistische Ursprung der Wertschätzung des heiligen Berges nie gänzlich geschwunden, so dass auch Anhänger des Daoismus zum Wu-tai ziehen, jedoch in geringerer Zahl als zu den „Fünf heiligen Bergen". Denn der Wu-tai gehört nicht zu den traditionellen „Fünf heiligen Bergen" des Daoismus, die in ihrer kosmischen Symbolik, indem sie das Zentrum (der Welt) und die vier Himmelsrichtungen bzw. die fünf Wandlungsphasen darstellen, seit 100 v. Chr. bezeugt sind.

In Japan finden wir zwei Typen von Wallfahrten: solche, die einen einzigen konkreten Ort als Ziel haben (z. B. einen Schrein oder einen heiligen Berg), und solche, die eine ganze „Wallfahrtsrunde", eine Reihe von Zentren, umfassen; dazu gehört beispielsweise die Wallfahrt zu 32 mit Kannon verbundenen heiligen Plätzen oder die insgesamt rund 1200 Kilometer lange Shikoku-Wallfahrt, die den Besuch von 88 Tempeln beinhaltet. Im größeren Stil aufgekommen sind solche strukturierten Wallfahrten in der Heian-Periode (9.–12. Jh.). Zunächst war das Wallfahrtswesen auf die Oberschicht konzentriert, erst ab dem 17. Jh. wird Wallfahrt für jedermann zugänglich, wobei neben der Vermassung auch negative Entwicklungen wie Kriminalität nicht ausgeblieben sind, v. a. die Shikoku-Wallfahrt war von diesen Entwicklungen betroffen. Berge als konkrete Wallfahrtsorte erfreuen sich im Shintoismus und im Buddhismus gleichermaßen großer Beliebtheit, so dass man beinahe sagen kann, dass alle Berge Japans heilig sind, wobei der Miwa und der Fuji besonders zu nennen sind. Beide sind fest in der Shinto-Mythologie und der mythologischen japanischen Nationalgeschichte verankert, wobei in die rituelle Verehrung des Fuji seit 701 auch der Buddhismus in nachrangiger Bedeutung eingebunden wurde, indem in jenem Jahr neben dem Shinto-Hauptschrein ein kleiner Tempel des Vairocana als Sonnenbuddha errichtet wurde. Die gemeinsame Verehrung dauerte bis zur offiziellen Trennung von Shintoismus und Buddhismus im Jahr 1868 an; seither ist die buddhistische Bedeutung des Fuji deutlich zurückgegangen, aber auch im Shintoismus spielt seit Ende des Zweiten Weltkrieges nur noch der Miwa als Ritualberg eine wichtige Rolle.

Das Wallfahrtswesen in Tibet – bedingt durch die naturgegebenen Erschwernisse der Wallfahrtsrouten – betont den Zusammenhang zwischen Schwierigkeitsgrad des Wallfahrtsweges und des damit erworbenen spirituellen Verdienstes, der aus der Wallfahrt fließt. Daraus resultiert auch die tibetische Praxis, Wallfahrtswege nicht im Gehen zurückzulegen, sondern durch Niederwerfung des ausgestreckten Körpers die ganze Wegstrecke zu absolvieren. Ferner sind tibetische Wallfahrten historisch von indischer, bereits hinduistischer Ritualpraxis beeinflusst, was sich in der Umwandlung der Verehrungsobjekte im Uhrzeigersinn *(pradakshina)* zeigt.

Dadurch nimmt (zumindest theoretisch) die Länge tibetischer Wallfahrtswege zu, da nicht nur das konkrete Verehrungsobjekt, sondern der ganze Wallfahrtsweg bereits zum Wallfahrtsziel gehört. Die bedeutenden Wallfahrtsorte in Tibet hängen mit den Anfängen des Buddhismus zusammen: der Jo-Khan-Tempel in der Hauptstadt Lhasa mit jener Buddhastatue, die von einer chinesischen Prinzessin im 7. Jh. nach Tibet gebracht wurde; das Kloster in Samye, das von Padmasambhava im 8. Jh. gegründet wurde; Shigatse mit dem Kloster Tashilhumpo, dem Stammsitz des Panchen-Lama. Neben solchen Wallfahrtszielen kennt der tibetisch-zentralasiatische Buddhismus imponierende Naturerscheinungen als Wallfahrtsstätten, allen voran den auch der hinduistischen Tradition vertrauten Götterberg Kailasha (tibetisch: Ti-se), in Tibet als Sitz der Schutzgottheit Cakrasamvara („der das Rad der Wiedergeburten hält") betrachtet.

Nach diesen überblicksmäßigen Ausführungen zu Wallfahrtsorten und Intentionen seien noch zwei Beispiele genannt, die zugleich geeignet sind, zu illustrieren, wie in Wallfahrt „Hochreligion" und „Volksreligion" einschließlich verschiedener „fremdreligiöser" Traditionen zu einem für die Praktizierenden sinngebenden Ganzen werden können. Als Beispiele seien das ceylonesische Perahära-Fest sowie die Wallfahrtssymbolik um den Kailasha gewählt.

Das Perahära-Fest in Kandy in Sri Lanka verbindet ein nichtbuddhistisches Fest mit einer alten Buddha-Reliquie, deren Existenz nicht nur dem buddhistischen Tempel einen besonderen Status verleiht, sondern auch das Fest wesentlich tangiert. Ausgangspunkt ist eine Zahnreliquie des Buddha, die nach der Einäscherung seines Leichnams übriggeblieben ist und die seit langem die berühmteste Buddha-Reliquie auf der Insel ist, wo sich ihre Existenz bis ins Jahr 371 n. Chr. zurückverfolgen lässt. Damals soll der Zahn im Haar einer Prinzessin versteckt aus Dantapura in Südindien nach Sri Lanka gebracht worden sein. In der damaligen Hauptstadt Anuradhapura wurde ein spezieller „Zahntempel" für die Reliquie errichtet, der Haftpunkt eines alljährlichen Buddha-Festes wurde, das seit dem frühen 5. Jh. bezeugt ist. Mit dem Besitz der Reliquie war nicht nur die Kompetenz für die Ausrichtung des alljährlichen Festes gegeben, sondern die Durchführung des Festes hatte zugleich Symbolcharakter für den Anspruch auf den Königsthron.

Im Laufe der Geschichte von Sri Lanka wurde die Zahnreliquie daher auch jeweils in eine neu gegründete Hauptstadt mitgenommen, zunächst nach Polonaruwa und schließlich Ende des 16. Jh.s nach Kandy, um im dort errichteten Zahntempel eine vorläufig letzte Bleibe zu finden. Der Kult von Kandy zeigt in besonderer Weise, wie die Reliquienverehrung in einen nichtbuddhistischen Kult und in das Wallfahrtswesen integriert worden ist, v. a. im Perahära-Fest, wörtlich der „feierliche Umzug". Dieses ab dem Neumond im Juli zwei Wochen dauernde Fest dürfte ursprünglich auf die Sommersonnenwende bezogen gewesen sein, zahlreiche Kultprozessionen und Opfer prägen den Festablauf. Im Mittelpunkt des Festes in Kandy stehen vier Schutzgötter der Insel: Upulvan (eine Vishnu-Gestalt), Kataragama (mit dem südindischen hinduistischen Skandha gleichgesetzt, auch mit Kriegen und Dieben verbunden), Pattini (eine wichtige Göttin der Vädda, der autochthonen Bevölkerung der Insel) und Natha (ein aus Südindien stammender Gott).

Natha wurde auf der Insel entweder mit dem Bodhisattva Maitri oder Avalokiteshvara gleichgesetzt, ein für den Theravada-Buddhismus Sri Lankas bemerkenswertes Vorgehen, indem vom Mahayana-Konzept der Bodhisattvas Anleihen genommen werden, um Natha irgendwie in den Buddhismus zu integrieren. Im Prinzip dient Perahära dazu, dass diese vier Schutzgötter der Insel Wohlstand bringen, was in einem hinduistischen Kontext entstand, ehe die Reliquie nach Kandy kam. Seit 1775 kam es zu einer wesentlichen Akzentverlagerung des Festes und der damit verbundenen Wallfahrt: Die Reliquie wird in den „Umzug" integriert, der in der Reliquie „lebende" Buddha wird selbst zum Schutzgott der Insel, der die vier anderen Schutzgötter sogar übertrifft und von dem nun Wohlstand und Segen für die Stadt ausgehen. Dass dabei der Buddha als segenbringender Gott fungiert, widerspricht zweifellos der Buddhologie der Theravada-Lehre, aber auf der Ebene des Volksbuddhismus nehmen die

Reliquie und der Buddha ganz klar die Funktionen der vier alteingesessenen Schutzgötter wahr.

Trotz dieser Neudeutungen und Gewichtungen bleiben die Wallfahrt und das Fest auch im buddhistischen Rahmen „richtig": Buddha als Schutzgott ist Mittler zu weltlichem Wohlergehen (so wie die Hindu-Götter), aber der Buddha und die Zahnreliquie vermitteln im Rahmen des Festes keineswegs den Weg zum Nirvana – diesen Weg muss jeder Wallfahrer selbst gehen, egal, ob er an Perahära teilnimmt oder nicht. Denn nicht der Umzug mit der Reliquie, sondern nur die Meditation (auf volksreligiöser Ebene beliebt, aber nicht unbedingt relevant: im Tempel vor dem Reliquienbehälter) führt den Pilger auf seinem „inneren Pilgerweg" weiter.

Die Bedeutung des Kailasha für Tibet als Wallfahrtsberg kann wie folgt beschrieben werden. Der Kailasha ist nicht auf den Buddhismus beschränkt, sondern auch Hindus, Jainas und Bon-Anhänger beziehen den Berg als „heilig" in ihre Geographie und Ritualistik ein. So bezeichnet die Hindu-Tradition den Kailasha als „Großen Meru-Berg", und Vyasa, der legendäre „Verfasser" des Mahabharata und „Ordner" des Veda, soll den Berg besucht haben. Durch die Gleichsetzung mit dem Meru wird der Kailasha für Hindus zugleich kosmischer Weltenberg und Göttersitz (v. a. Shivas und Parvatis). Für die Jainas ist der Kailasha jener Berg, wo der erste Tirthamkara, Rishabha, zur Erlösung gekommen ist. Dementsprechend ist der Berg ein Ziel, das man rituell auf seinem eigenen Streben nach Erlösung aufsuchen kann; in der kosmischen Geographie der Jainas steht der Berg im Mittelpunkt.

Die tibetische Bon-Religion verwendet meist die genuin tibetische Bezeichnung Ti-se für den Kailasha, eine Tradition erwähnt dabei, dass ein Bon-Priester den Besitz des Berges für seine Religion gegenüber Milarepa beanspruchte und von Milarepa verlangte, dass dieser sich der Bon-Religion anschließen müsse, wolle er auf dem Kailasha meditieren. Auf Grund seiner Zauberkräfte besiegte aber Milarepa den Bon-Priester und begründete damit die Bedeutung des Kailasha in der buddhistisch-tibetischen Tradition. Eine handbuchartige Beschreibung des Pilgerweges zum Kailasha hebt die Bedeutung des Berges für die verschiedenen buddhistischen Richtungen hervor, wobei die Erscheinung des Berges je nach spiritueller Entwicklung des Betrachters unterschiedlich ist: Dem Hinayana-Buddhisten gilt er äußerlich als Schneeberg, innerlich als Aufenthaltsort der 500 Arhant.

Dem tibetischen Tantrayana-Buddhisten erscheinen die beiden Gipfel des Berges äußerlich als zwei sich umarmende Göttergestalten, innerlich als das 62fache Mandala des Cakrasamvara; ferner gelten die drei Täler dem tibetischen Buddhisten innerlich als die drei Nervenkanäle des psychophysischen Nervensystems des Tantrismus (solarer, lunarer, mittlerer Kanal). In der weiteren Beschreibung des Pilgerweges sind Meditationshöhlen verschiedener wichtiger Gestalten des tibetischen Buddhismus genannt, z. B. der vorhin erwähnte Meditationsplatz Milarepas oder eine Höhle Padmasambhavas mit seinen Fuß- und Handabdrücken, an allen vier Himmelsrichtungen gibt es auch Fußabdrücke des Buddha und der 500 Arhant sowie verschiedener Taras. Der Pilgerführer illustriert dabei sowohl die Komponente von Wallfahrten, dass man mit „Reliquien" in Berührung kommt, legt aber mit der Betonung der „inneren" Erscheinung des Berges auch den Akzent darauf, dass die Wallfahrt den eigenen Geist entwickeln muss. Die dreimalige rituelle Umwandlung des Berges im Rahmen einer vollkommenen Wallfahrt verbindet diese inhaltlichen Aspekte.

Während der Umwandlung oder Ausmessung des Weges mit Körperlängen rezitiert man immer wieder die dreifache Zuflucht oder das Mantra *Om mani padme hum*, das Mantra für Avalokiteshvara, den Schutzpatron Tibets. Um den Geist auf der Wallfahrt zu schulen, widmet man diese „Andachtsübungen" dem Wohlergehen aller Lebewesen. Auf der Stufe der Volksfrömmigkeit erhofft man als „Frucht" der Wallfahrt zum heiligen Berg in erster Linie ein besseres Leben im Diesseits, eigenes Wohlergehen und Gesundheit und eine glückliche Wiedergeburt in dieser Welt oder einem buddhistischen Paradies. Aus diesen Gründen haben seit Jahrhunderten Pilger den Weg um den Kailasha auf sich genommen, im Jahr 1962 hat die chinesische Regierung Wallfahrten untersagt, diese seit 1981 aber wiederum für die ersten indischen und tibetischen Pilger zugelassen, wobei einige Jahre später auch touristische Unternehmungen folgten.

Wallfahrten dienen dazu, den „inneren Buddha" zu finden, wobei Wallfahrten als Kombination von Raum und Zeit einerseits eine gewisse Analogie zu Festen haben, da auch eine Wallfahrt einen Einschnitt in das alltägliche Leben bedeutet, so dass die Gewohnheiten des Lebens ruhen. Man widmet sich in den Tagen des Unterwegs-Seins vermehrt dem Streben, auf dem Pfad zum Nirvana weiterzukommen. Andererseits birgt der mit dem „Ortswechsel" der Wallfahrt vollzogene Einschnitt in die geordneten Bahnen des Alltags auch Gefahren in sich, an denen sich Kritik an der „äußeren" Wallfahrt entzündet. Die vorhin genannte Shikoku-Wallfahrt hat manchmal die Kritik hervorgerufen, dass sie dem buddhistischen Heilsweg eher abträglich als förderlich sei. Auch die Gruppe der sogenannten *thudong*-Mönche in Thailand, die regelmäßig unterwegs sind, um die buddhistischen Heiligtümer des Landes zu besuchen, muss sich gelegentlich gegen Misstrauen wehren. Zwar sind sie als Mönche angesehen, aber ihr nicht „ortsfester" und einem Kloster fest zugeordneter Lebenswandel lässt manchmal kritische Stimmen hören, die sie in die Nähe von Landstreichern rücken. Solche ambivalenten Einschätzungen von Pilgern erwachsen dabei aus der Ambivalenz des Heilswertes der Wallfahrt: Sie ist zwar ein Hilfsmittel, um den vom Buddha verkündeten praktischen Weg zur Erlösung zu fördern, aber zum Ziel führt nur die Verinnerlichung des Weges, indem das Unterwegssein transzendiert wird.

3.4 Aspekte volkstümlicher Religion

Bei den eben besprochenen Festen und Wallfahrten hat sich gezeigt, dass die buddhistische Lehre und die Lebensbedingungen immer auch in einem Kontext stehen, der von Zügen der Volksreligion geprägt ist. Nicht selten bietet dabei diese Ausformung von Religion zumindest vordergründig brauchbarere spirituelle Mittel in der Bewältigung alltäglicher Sorgen oder Wünsche, als es beispielsweise die Wahrheit von der Überwindung der Begierde als Ursache der leidvoll erlebten Bedürfnisse zu sein vermag. Es sind jene Bereiche, die man mit Zauberglauben, Amulettwesen, Dämonenfurcht und Astrologie umschreiben kann. Man sucht daher nach Gegenmitteln, um den Dämonen hilfreiche Götter entgegenzusetzen, die an der Seite des Buddha und der Buddhisten stehen. Auch Spezialisten, die Kompetenz in Fragen der Magie oder der Handhabung von Amuletten aufweisen, finden Wertschätzung, weil man von ihnen erwartet, dass sie Mittel kennen, die dazu beitragen können, den eigenen Heilsweg erfolgreich zu bewältigen.

Deswegen hat sich auch im Theravada-Buddhismus Südostasiens eine Spezialisierung mancher Mönche entwickelt, die mit dem Amulettwesen vertraut sind oder die hilfreiche Geister anzurufen verstehen, doch ist dies eine sekundäre Entwicklung, die den frühen Shravakayana-Schulen fremd war. Religionshistorisch ist wichtig zu betonen, dass Strömungen der Volksreligion und Volksfrömmigkeit auch theologische Entwicklungen hervorgerufen haben, Buddhas Lehre begrifflich besser fassbar und auch außerhalb einer kleinen elitären Gruppe verständlicher zu machen. Insofern ist zwar unübersehbar, dass zwischen systematischen dogmatischen Aussagen buddhistischer Denker und der Form, wie die buddhistische Lehre gelebt wurde, Diskrepanzen auftreten können, aber solche Unterschiede führten eher dazu, dass sich „Buddhologie" und „volkstümlicher Glaube" gegenseitig befruchteten, als dass sich ein unüberwindbarer Gegensatz zwischen diesen beiden Ebenen entwickelt hätte.

3.4.1 Das Wirken von Göttern und Geistern

Wie Buddha zum Objekt der Frömmigkeit – und nicht nur zum vorbildhaften Lehrer – geworden ist, wurde schon dargestellt. Die Bhakti-Frömmigkeit des Hinduismus hat dabei nicht nur dem „Glaubensbuddhismus" Impulse gegeben, sondern auch die Entwicklung der Dreikörperlehre und die Vorstellung der hilfreichen (transzendenten) Bodhisattvas beeinflusst. Die Dogmatik der Dreikörperlehre ermöglicht somit die Entstehung eines buddhistischen Pantheons, das zunächst von den Mahayana-Schulen seinen Ausgang genommen und in der Götterwelt des tibetisch-tantrischen Buddhismus seinen größten Umfang erhalten hat. Aber es darf nicht übersehen werden, dass solche Mahayana-Gottheiten schließlich auch von den Theravada-Buddhisten nicht negiert werden konnten. Wenn daher der Buddhismus in allen Schulen eine Vielzahl von männlichen und weiblichen Gottheiten, Geistern bzw. Dämonen kennt, so ist dies ein Ergebnis längerer Entwicklungen; der Anteil der Volksreligion an solchen Entwicklungen ist dabei nicht zu unterschätzen, wobei zugleich festzustellen ist, dass die meisten dieser Götter keineswegs einen buddhistisch erklärbaren Ursprung haben, sondern lokale Gottheiten – z. T. aus Hinduismus, autochthonen Stammesreligionen, Daoismus, Shintoismus oder Bon – entsprechend der religionsgeographischen Verbreitung der Lehre Buddhas in die Götterwelt aufgenommen und mit buddhistischen Funktionen ausgestattet wurden. Traditionelle Aufgaben dieser Götter blieben für ihre Verehrer weiterhin relevant, lediglich in dem Sinne umgedeutet, dass die Götter meist insofern „entmachtet" wurden, als ihre Unterstützung „nur" mehr für innerweltliche Belange hilfreich war.

Dogmatisch wurden sie als buddhistische Götter zu Wesen umgedeutet, die durch ihr *karman* in früheren Existenzen die Daseinsform als Gott ver-

dient haben, die aber unbeständig ist. Sobald das gute *karman* aufgebraucht ist, müssen diese Götter wieder zurück in den Daseinskreislauf und können damit letztlich ihren Verehrern für den Erlösungsweg keine Hilfe bieten, was aber ihrer Beliebtheit oder Schrecklichkeit wenig Abbruch tut. So ruft man sie an, um sie zu besänftigen oder um von ihnen beispielsweise Kindersegen, gute Ernte, Reichtum oder Gesundheit zu erflehen. Im südostasiatischen Bereich lassen sich drei große unterschiedliche Kategorien solcher transzendenter Wesen feststellen: Naturgeister, buddhistische Nats bzw. Devas und die 37 nationalen Nats aus Burma. Der letzteren Gruppe entsprechen in Thailand bzw. Laos die Phi. Die Naturgeister bzw. Nats/Phi sind in der Regel eher gefürchtet, so dass man sie mit Opfern beschwichtigen muss: Die „buddhistischen Nats" haben einen höheren Status in der Frömmigkeit und werden gelegentlich als „himmlische Buddhisten" betrachtet, die die irdischen Buddhisten schützen.
Die genannten Naturgeister nehmen manchmal Besitz von Frauen, die dann im Zustand der Besessenheit ekstatische Tänze ausführen und die Zukunft der Kinder (aber auch Föten) bestimmen. Man bringt diese Naturgeister auch mit der agrarischen Fruchtbarkeit in Zusammenhang, so dass ihnen für das Gedeihen der Felder Opfer dargebracht werden, was Männer praktizieren, obwohl sie sich „offiziell" gerne von ihnen distanzieren, indem sie betonen, dass die „richtige" Religion in der buddhistischen Meditation liegt und die Verehrung dieser Geister lediglich Frauengeschwätz sei. Der enge Naturbezug der Phi in Laos wird auch durch ihre Nähe zu Erdgottheiten ausgedrückt; zu Beginn des jeweils neuen agrarischen Zyklus werden sie mit einem großen Feuerwerk verehrt. Genauso nennenswert in diesem Zusammenhang sind die sogenannten Geisterhäuschen, die v. a. in Thailand unübersehbar sind. Der Hausgeist soll eine angenehme Bleibe in diesem Geisterhäuschen haben, so dass man ihm täglich kleine Gaben darbringt.
Das Geisterhäuschen ist nämlich jene Wohnung für den Baumgeist, die man für ihn errichtet hat, als er aus seinem Baum ausziehen musste, der aus Anlass der Errichtung des Wohnhauses gefällt wurde, um als zentraler Holzpfeiler das Wohnhaus architektonisch zu stützen. Letzteres zeigt noch einen weiteren Aspekt dieser Geister, nämlich dass ihre Bedeutung meist auf eine Großfamilie bzw. eine Dorfgemeinschaft beschränkt ist, aber dadurch dennoch ein Gefühl der Zusammengehörigkeit schafft. Daher spielen diese Geister auch bei Eheschließung und Geburt von Kindern

eine große Rolle, und für den „Hauptgeist" des Haushalts hängt jeweils eine frische Kokosnuss als Nahrung bereit. Die Beschwichtigung und Versorgung solcher Geister gehört somit zu den Lebensnotwendigkeiten, auch im Kontext des (dörflichen) Theravada-Buddhismus.

Als besondere Gruppe sind die 37 Nats zu nennen, deren kanonische Zahl und Nennung erst seit dem Ende des 18. bzw. dem Beginn des 19. Jh.s endgültig festgelegt wurde. Ursprünglich lag ihre Zahl bei 32, wobei diese Zahl ein Vielfaches der Himmelsrichtungen ist; dieser Zahl entsprechend war Niederburma mit der Volksgruppe der Mon im Spätmittelalter in 32 Provinzen eingeteilt, denen jeweils ein solcher Nat als Schutzgeist zugeordnet war. Durch die Hinzufügung des hinduistischen Gottes Indra und der vier Welthüter des volkstümlichen Hinduismus entstand schließlich die Gruppe der 37 Nats. Einzelne von ihnen gehen auf historische Personen zurück, die meist als politisch Verfolgte geendet haben. Indem sie in die Welt der Geister erhoben wurden, kommt ihnen eine Symbolkraft zu, die zeigen soll, dass politische Willkür der Herrscher nie das Letztgültige bleibt. Kultgesänge für diese Nats artikulieren daher auch gerne politische Themen, wobei sie als Instanzen gegen Ungerechtigkeit und Benachteiligung angerufen werden.

Die Integration solcher Geister, die zunächst nichts mit dem Buddhismus zu tun haben, führt zu den „buddhistischen Nats", die hierarchisch höher stehen als die anderen Geister. Unter ihnen nimmt Indra-Shakra den höchsten Rang ein, wobei er als ihr Herr zugleich eine Verbindung zwischen hinduistischer Kosmologie, lokalen Pantheons und dem Buddhismus herzustellen vermag, ähnlich wie unter der Bezeichnung Sakka in Sri Lanka. Charakteristisch für diese buddhistischen Nats, die auch als Devas bezeichnet werden, ist u. a., dass sie in den Pagoden Statuen haben, genauso wie als ihr Wohnort der Tushita-Himmel gilt, d. h. jener Himmel, in dem die Götter das Kommen des zukünftigen Buddha erwarten. Von diesem Himmel aus können sie den irdischen Buddhisten innerweltliche Hilfe bringen. Bemerkenswert ist in Südostasien, dass die buddhistischen Nats – wie schon ihr Anführer zeigt – vom Hinduismus beeinflusst sind, wie beispielsweise Thagya Min, der alljährlich zu Neujahr auf die Erde herabsteigt; die Wasserriten zu Neujahr finden ihm zu Ehren statt, wobei das überströmende Wasser noch einen Reflex der altindischen Mythologie um den ursprünglichen Gewittergott Indra bietet, der die Wasser freilässt.

Der rechte Augenblick des Herabsteigens von Thagya Min wird von brahmanischen Astronomen alljährlich präzis berechnet; diese Beziehungen der „buddhistischen Gottheit" sind wohl ein Erbe aus dem Königreich von Pagan, das für Einflüsse aus Indien äußerst offen war. Neben seinem Fruchtbarkeitsaspekt ist diese Gottheit zugleich der Schutzherr des burmesischen Buddhismus; denn sie hat ein Buch, worin alle guten und bösen Taten der Menschen verzeichnet sind, so dass sie die Welt vor dem Niedergang schützen kann, vor allem in der Periode der zweiten 2500 Jahre der Existenz des Buddhismus, während Buddha selbst der Beschützer des Buddhismus der ersten 2500 Jahre ist. In der politischen Umsetzung bedeutet dies, dass der Herrscher der irdische Repräsentant dieser Gottheit ist, letztlich ein ferner buddhistischer Nachklang des älteren hinduistischen Devaraja-Kultes.

Die mit Thagya Min vergleichbare Schutzfunktion hat in Thailand der Smaragd-Buddha, der als mächtiger und wohlwollender Phi für das Land verstanden wird. Seine Kultstatue aus Jade dürfte ursprünglich aus Indien stammen, wurde 1434 in Chiangrai entdeckt und zunächst nach Laos gebracht, ehe sie zwischen 1468 und 1551 in Chiang Mai residierte; die nächsten Jahrhunderte verbrachte sie zum Großteil in der laotischen Hauptstadt Vientiane (bis 1778), ehe sie über Thonburi im Jahr 1784 nach Bangkok gebracht wurde. Die verschlungenen Wege zeigen klar, dass dieser kleine Buddha als innerweltliches Heilssymbol und Schutzgeist zu gelten hat, auch das königliche Ritual, bei dem ihm drei den Jahreszeiten angepasste Kleider angezogen werden, ist brahmanischen Ursprungs. Insofern zeigen diese Beispiele gut, in welch vielfältiger Weise autochthone Vorstellungen und hinduistische Elemente die buddhistische Volksfrömmigkeit zu beeinflussen vermögen, wobei aber am Beispiel von Thagya Min oder vom Smaragd-Buddha die Volksfrömmigkeit durchaus auch eine halboffizielle Stellung in der Herrscherideologie zu gewinnen vermag.

Eine reichhaltige Götter- und Geisterwelt hat sich auch im tibetischen Buddhismus entwickelt, sowohl auf „offizieller" als auch auf „inoffiziell-volksreligiöser" Ebene. Auf Grund der Verflechtungen Tibets mit Indien lässt sich auch bei einem Großteil dieser Götter ein hinduistischer Ursprung erkennen, viele haben ihre letzten Wurzeln jedoch in der Bon-Tradition. Auffällig innerhalb der tibetischen Götterwelt ist zweifellos, dass eine nicht zu übersehende Gruppe in einer abschreckend-zornigen Form dargestellt wird, man bezeichnet sie als Krodha-Gottheiten. Ihr Ursprung geht in den meisten Fällen auf Nicht-Buddhistisches zurück, wobei ihr zornig-gefährliches Aussehen einen Reflex davon darstellt, dass sie ursprünglich Widersacher des Buddhismus waren, allerdings überwunden und somit in das buddhistische Pantheon integriert wurden. Für den gläubigen Buddhisten sind sie seither keine gefährlichen Wesen mehr, sondern durchaus hilfreich, da man sich an sie wenden kann, wenn man sich gegen Feinde wehren muss; in dieser Hinsicht wird für die Volksfrömmigkeit das abschreckende Äußere der Krodha-Götter transferierbar, da sie sich mit ihren negativen Aspekten gegen Feinde wenden und diese überwinden können. Zugleich werden sie dadurch aber die Beschützer des Buddhisten und der Religion, weshalb sie auch als Dharmapala („Beschützer des Dharma") fungieren. Ebenfalls Schutzfunktion für die Religion als Ganzes und für den Einzelnen besitzen in Tibet die vier Lokapala, die „Beschützer der Weltrichtungen", die die Welt vor dem Eindringen von Dämonen bewahren, aber auch das ethische Verhalten der Menschen beobachten.

3.4.2 Amulette und Orakel

Die Vorstellung vom Wirken von Geistern spiegelt sich in unterschiedlicher Form wider, so etwa kennt die Kosmologie, die im Rad des Werdens beschrieben wird, einen eigenen Existenzbereich der Hungergeister bzw. der unbefriedigten Toten; Ahnen, v. a. wenn sie eines unnatürlichen Todes gestorben sind oder nicht mit entsprechenden Riten bestattet wurden, können sich auf der Ebene des Volksglaubens auch zu gefährlichen Geistern entwickeln. Solche Vorstellungen erklären, dass es eine Reihe von Schutzvorrichtungen gibt, die Sicherheit und Wohlergehen vermitteln sollen, damit nicht schädigende Geister das irdische Leben unerwünscht beeinflussen. So ist es durchaus möglich, für die Anrufung einer Gottheit einen Zauberspruch zu verwenden, um Erfolg zu haben, wie folgendes Beispiel der Verehrung der Göttin Tara zeigt (Winternitz 1930, 79):

> *„Verehrung dem edlen Avalokiteshvara, dem Bodhisattva Mahasattva, dem Erbarmungsvollen, Verehrung der Tara! Folgender Spruch: Om, Tara! Rette! Hum, Hum, Hum! Die du dem gegebenen Wort treu bist! Erhalte! Mit allen Schmuckgegenständen geschmückte! Lotus! Lotus! Lotusarmige! Auf dem Lotus Sitzende!*

Lache! Lache! Die du der Dreiwelt Wunschgaben gewährst! Die du von allen Göttern und Dämonen verehrt wirst! Erinnere dich in Gegenwart der verehrungswürdigen Tathagatas! Halte, halte dein Versprechen! Du, auf die die großen Wesen hinblicken! Die du bunten Schmuck von Edelsteinen und Gold trägst! Om! Blicke herum, verehrungswürdige Tara! Hum, hum, hum phat! Heil! ... Om! Edelstein-Tara! Hum! Durch hunderttausendmaliges Hersagen (dieses Spruches) steht ihm die Edle zu Diensten und gibt ihm alles, was er sich wünscht. Ohne Zauberkreise, Baden und Fasten, nur durch bloßes Hersagen gelingt (der Zauber) und bringt jedes Unternehmen zum Erfolg."

Die Durchführung von Ritualen und Verwendung von Amuletten zu solchen Schutzzwecken kann vielfältig sein, so dass lediglich einige Beispiele genannt seien. Die sogenannte Pirit- bzw. Paritta-Zeremonie in Sri Lanka ist ein Ritual, das gegen alle Übel gerichtet ist, das durchaus buddhistischen Ursprungs ist. Denn im Zentrum dieser Beschwörung steht die Rezitation von Pali-Texten als Schutzzauber, als Exorzismus, zur Abwehr von Gefahren oder zur Erlangung bzw. Bewahrung von Gesundheit. Gleichzeitig können mit diesem Ritual auch Verdienste, die man erworben hat, auf einen anderen Buddhisten übertragen werden. Daher spricht auch nichts dagegen, dass die Pirit-Zeremonie von Mönchen durchgeführt wird. Führen hingegen Laien das Ritual durch, so lässt sich ein stärkeres Abgehen von dem, was als „rein buddhistisch" gilt, beobachten. Laien beschränken sich nämlich nicht nur auf kanonische Texte des Pali-Kanons, sondern es werden auch nichtkanonische und nichtbuddhistische Textpassagen rezitiert, verschiedene Götter werden angerufen und um Beistand gegen schädliche Mächte gebeten. Vergleichbare Austreibungsriten und Seancen, die Stärkung gegen Geister gewähren sollen, sind in Südostasien zu finden, häufig verbunden mit Amuletten.
Herstellung und Verkauf solcher Amulette sind als durchaus wichtige finanzielle Einnahmequelle mancher Klöster zu werten. Tigerzähne, Buddhastatuen, Tätowierungen, aber auch hinduistische Diagramme, um nur wenige Beispiele zu nennen, gelten als wirkmächtige Amulette, die gegen alles Unangenehme in der Welt zu schützen vermögen. Dementsprechend achtet man besonders darauf, dass das Amulett nicht zerstört wird, indem man etwa darauf tritt. Ein solcher „Fußtritt" würde den

Geist, der dem Amulett die Kraft gibt, beleidigen; in analoger Weise muss man vermeiden, direkt auf die Türschwelle zu treten, um nicht den Hausgeist, der in der Schwelle wohnt, zu verletzen. Um Amulette zu verstärken, verstärkt man sie durch Zaubersprüche, die teilweise auch zu unverständlichen Wort- und Silbenanhäufungen führen können, wie folgendes Beispiel zeigt (Winternitz 1930, 80):

> *„Wer folgenden Zauberspruch im Gedächtnis behält, der wird sein Leben lang nicht von einer Schlange gebissen werden und kein Gift dringt in seinen Körper ein. Und diese Zauberworte dürfen nicht in Gegenwart einer Schlange gesprochen werden, weil die Schlange sonst stirbt. Nämlich folgende:* [Es folgt eine Anhäufung großteils unverständlicher Wörter.] *Wenn, ihr Mönche, dieser Zauberspruch gegen Gift beim Zusammentreffen irgendwelcher Wesen gesprochen wird, dann ist alles so, wie es sein soll, nicht verschieden, nicht anders, wahr, nicht verkehrt, nicht falsch. ‚Dieses Gift soll ein Nichtgift sein, es soll zum Giftreicher gehen, es soll zum Beißer gehen, es soll ins Feuer gehen, es soll ins Wasser gehen, es soll auf das feste Land gehen, es soll in den Pfosten gehen, es soll in die Wand gehen, es soll in die Erde eingehen, zur Ruhe soll es gehen, Heil!'"*

Hinsichtlich der Schutzfunktion sind auch Orakelwesen bzw. Astrologie mit den Amuletten verbunden. Man will feststellen, welche Zeit günstig für ein Unternehmen ist, wobei man das eigene Orakel, das man in einem Heiligtum von einem Mönch erhalten hat, wie einen Schatz hütet, damit nicht ein Fremder eventuell mit einem Schadenzauber dieses Orakel negativ beeinflussen oder verändern kann. Genauso lässt sich in Tempeln immer wieder beobachten, wie vor einem Buddha-Altar ein Gefäß mit Stäbchen geschüttelt wird, so dass eines herausfällt und mit der Botschaft, die durch ein Stück Papier an dem Stäbchen befestigt ist, dem Fragenden Einblick in die Zukunft gibt. Ein wichtiger Aufgabenbereich für astrologisch bewanderte Mönche in Südostasien ist u. a. die Festlegung von günstigen Terminen, um einem Kind den Namen zu geben oder es zu entwöhnen, um eine Ehe zu schließen, um den exakten Zeitpunkt einer Mönchsweihe bzw. der Abhaltung einer Totenfeier zu bestimmen.

Die Bestimmung des günstigen Augenblicks mag dabei selbst politische Ereignisse beeinflussen. So begann z. B. 1930 die Bauernrevolte in Burma am 28. Oktober um 23 Uhr 23, da dieser Termin von einem „Astrologen-Mönch" als erfolgversprechend ermittelt wurde. Die Ausrufung des unabhängigen Staates Burma, die im Oktober 1947 von Großbritannien zugesichert worden war, geschah erst am 4. Januar 1948 um 4 Uhr 20, da dies der günstigste Zeitpunkt dafür war. Die Integration des Orakelwesens in den „Staatskult" des Buddhismus zeigt sich in besonders ausgeprägter Form in Tibet, wenn sich im Rahmen des Neujahrsfestes die Schutzgottheit Pehar jeweils in einem Mönch als Medium manifestiert und in einem rund achtstündigen Ritual Orakelauskünfte für das kommende Jahr erteilt.

Bei der Betrachtung von Volksfrömmigkeit stellt sich somit abschließend die Frage, wie die Integration derselben in den Buddhismus möglich ist. Dafür hat die buddhistische Dogmatik die Methode einer doppelten Wahrheit entwickelt. Es gibt eine Ebene der gewöhnlichen Wahrheit, nach der die Welt der Erscheinungen im konventionellen Sinn existiert. Darüber steht aber die Wahrheit in Verbindung zur überweltlichen Wirklichkeit, die wesenlos und „leer" ist. Auf der konventionellen Ebene der Wahrnehmung haben dabei die Götter ihren Platz, indem man sich an sie wendet, damit weltliche Sorgen beseitigt werden. Die dafür eingesetzten Mittel können äußerst vielfältig sein. Dies alles dient dazu, um auf der Ebene der „weltlichen" Wahrheit durchaus eine positive Lebensgestaltung zu finden, d. h. das Bild vom „weltflüchtigen" Buddhisten ist sachlich nicht völlig gerechtfertigt, da auf Grund der doppelten Wahrheit auch ein Buddhist die Aufgabe hat, sein eigenes Leben und das seiner Umgebung irdisch-positiv zu gestalten.

Denn wer in alltägliche Sorgen (auch materieller Art) verstrickt ist, kann nicht frei sein, um sich dem Weg der Erkenntnis zu widmen. Insofern ist die niedrige Wahrheit, die sich auf Weltliches bezieht, nicht schlecht, aber sie ist vorläufig. In dieser Vorläufigkeit haben auch die Praktiken der Volksreligiosität ihren legitimen Platz. Aber auf Grund der doppelten Wahrheit muss sie jeder einmal hinter sich lassen, indem er durch Meditation und Verinnerlichung den achtfachen Pfad zum Nirvana zu gehen versucht, auf dem Götter und Orakel nur noch Ausdrucksweise des Anhaftens an Vergängliches sind, so dass dies alles überwunden werden muss. Dennoch erlaubt dieser Weg, dass buddhistisches *dharma* und Versuche, mit beiden Füßen erfolgreich in der Welt zu stehen, nebeneinander existieren, so dass volkstümliche Praktiken nicht im Gegensatz zum Dharma stehen, da sie ihm vollkommen untergeordnet sind.

4. Lebenshaltungen

Der achtfache Pfad lässt drei „Themenschwerpunkte" erkennen, die für die Erlangung des Nirvana wichtig sind, nämlich Wissen, Ethik und Meditation. Alle drei Bereiche sind im Wesentlichen parallel und nicht sukzessive zu berücksichtigen, so dass buddhistische Lebenshaltungen davon bestimmt sind. Wissen, als Einsicht in die Unbeständigkeit der Welt und in die Möglichkeiten, wie man den Kreislauf der Wiedergeburten verlassen kann, hat dabei lediglich insofern einen gewissen Vorrang, als ohne dieses Wissen die konkrete Gestaltung des Lebens in Meditation und ethischer Gesinnung und Handlung nicht möglich ist. Inhalte dieses Wissens sind schon in früheren Abschnitten mehrfach zur Sprache gekommen, so dass hier lediglich die „praktische Umsetzung und Konsequenzen" in Meditation und Ethik zu behandeln bleiben.

4.1 Meditation

Rechtes Streben, rechte Wachheit und rechte Versenkung sind Teilbereiche der Meditation nach dem achtfachen Pfad. In einer allgemeinen übergeordneten Umschreibung kann man dabei als Meditation eine Reihe von – hinsichtlich der Durchführung unterschiedlichen – Übungen verstehen, die jedoch das gemeinsame Ziel haben, den Übenden zum Zustand der Erleuchtung zu bringen. Dies geschieht zumeist schrittweise, um das Bewusstsein zu beruhigen und zu sammeln, aber auch, indem der Übende sich dazu entscheidet, einen Übungsweg zu gehen, und deshalb seinen Erleuchtungsgeist *(bodhicitta)* erweckt. Durch die Praxis der Meditation soll der Dualismus überwunden werden, um letztlich zur Einsicht in die Nicht-Dualität aller vordergründigen Daseinsebenen zu gelangen. Dies ist terminologisch gut zu verdeutlichen. Wenn man vom europäischen Begriff Meditation, der vom lateinischen Wort *meditari*, „nachdenken", abgeleitet ist, ausgeht, so ist dieser Begriff geeignet, zunächst zu erklären, was buddhistische Meditation nicht ist, nämlich ein (intellektuelles) Nachdenken über die Lehre. Insofern ist das Sanskrit-Wort *samadhi*, womit das letzte Glied des achtfachen Pfades bezeichnet wird, sachlich zutreffender: *samadhi* bedeutet „Fest-zusammengefügt-Sein", d. h. auch Konzentration oder Ruhe. Buddhistische Meditation ist in ihrer Endform Ruhe und jener Zustand, wo alles zusammengefügt ist, so dass Dualitäten überwunden werden. Im Laufe der buddhistischen Geschichte und in den buddhistischen Richtungen haben sich verschiedene Übungstechniken entwickelt, die es ermöglichen sollen, diesen Zustand zu erreichen.

4.1.1 Achtsamkeit und Einsicht

Besonders in den Richtungen des Theravada-Buddhismus gehört es wesentlich zur Meditationspraxis, dass man sich der Meditation bewusst wird; die rechte „Wachheit" (sanskrit: *smriti*; pali: *sati*) aus dem achtfachen Pfad erinnert den Meditierenden, dass er seine ganze Lebensgestaltung auf das Heilsziel ausrichten muss, d. h. angefangen vom Atem bis zu alltäglichen Vorgängen muss alles insofern in der Meditation einen Platz haben, als man dies alles zunächst annehmen muss. Will man es verdrängen, so stört es sicherlich im unpassenden Moment die Meditation und verhindert den spirituellen Fortschritt. Dies erfordert kontinuierliche Übung, wobei das Majjhima Nikaya im Pali-Kanon von wenigstens sieben Jahren als erforderlicher Übungsdauer spricht, manchmal sind auch kürzere Zeitangaben gegeben, mindestens ist eine siebentägige Meditation notwendig. Es mag nicht von ungefähr kommen, dass die buddhistische Tradition betont, dass Buddha nach seiner Erleuchtung in Bodh Gaya zunächst ebenfalls sieben Tage in Meditation verharrte, was wohl als Umschreibung dafür verstanden werden kann, dass selbst die einmalige Erleuchtung einer „Festigung" in der kontinuierlichen Übung bedarf, was zugleich Vorbildwirkung für jeden Meditierenden hat. Eine Lehrrede des Buddha in Majjhima Nikaya umschreibt die Wachheit mit mehreren Beispielen so (Neumann 1956, 61f):

> *„Da begibt sich, ihr Mönche, der Mönch ins Innere des Waldes oder unter einen großen Baum oder in eine leere Klause, setzt sich mit verschränkten Beinen nieder, den Körper gerade aufgerichtet, und pflegt der Einsicht. Bedächtig atmet er ein, bedächtig atmet er aus. Atmet er tief ein, so weiß er ‚Ich atme tief ein', atmet er tief aus, so weiß er ‚Ich atme tief aus'; atmet er kurz ein, so weiß er ‚Ich atme kurz ein', atmet er kurz aus, so weiß er ‚Ich atme kurz aus'. ‚Den ganzen Körper empfindend will ich ausatmen', so übt er sich. ‚Diese Körperverbindungen besänftigend will ich einatmen, diese Körperverbindungen besänftigend will ich ausatmen', so übt er sich. … Weiter sodann, ihr Mönche: der Mönch ist klar bewusst beim Kommen und Gehen, klar bewusst beim Hinblicken und Wegbli-*

cken, klar bewusst beim Neigen und Erheben, klar bewusst beim Tragen des Gewandes und der Almosenschale des Ordens, klar bewusst beim Essen und Trinken, Kauen und Schmecken, klar bewusst beim Entleeren von Kot und Harn, klar bewusst beim Gehen und Stehen und Sitzen, beim Einschlafen und Erwachen, beim Sprechen und Schweigen."

Das Beachten und bewusste Wahrnehmen aller Lebenszusammenhänge ist eine Voraussetzung, um die Achtsamkeit auch auf die vier edlen Wahrheiten des Buddha lenken zu können, damit man sieht, wie alles voneinander abhängig ist, wie dies beispielsweise der zwölfteilige Lehrsatz vom bedingten Entstehen formuliert. Wenn der Meditierende dies erkannt hat, wird er auch fähig, sich vom Anhaften an der Welt zu trennen, da er dann weiß, dass nichts beständig ist, sondern durch den Wandel alles in der Welt leidhaft wird. Schritt für Schritt nähert sich der Buddhist durch die Beobachtung aller – und seien es noch so kleiner – Details in seiner Lebenshaltung an einen grundlegenden Lehrinhalt an, die Vergänglichkeit der Daseinsfaktoren.

Dies bedarf in der „Achtsamkeitsmeditation" der Theravadins eben nicht eines intellektuellen Studiums, sondern diese Form buddhistischer Weisheit kann nur in Meditation „erfahren" werden, d. h. es geht um Praxis und nicht um Lehrtheorie. Die Meditationsform, die durch den vorhin genannten Sutrentext ein hohes Alter beanspruchen kann, ist dabei in neuerer Zeit v. a. zunächst von Burma ausgehend als Theravada-Meditation wieder vermehrt gefördert und nach anfänglicher Skepsis seitens der Theravada-Mönche aus Sri Lanka auch von diesen wiederum aufgegriffen worden. Die Einsicht, die so durch Meditation vermittelt wird, bezeichnet man mit dem Pali-Wort *vipassana* (sanskrit: *vipashyana*), gerne als „Hellblick" oder „Klarblick" übersetzt; bildlich kann man es als Aufblitzen der Erkenntnis in die buddhistischen Heilszusammenhänge bezeichnen.

Die als *vipassana* bezeichnete Einsicht ist auch in Mahayana-Richtungen als Meditationspraxis und -stufe bekannt, allerdings führt ein anderer Weg dazu, denn *vipassana* bezeichnet in dieser Meditationspraxis das Erreichen der Einsicht, dass alle Dinge und Wesen „leer" *(shunya)* sind, wobei dies das Ergebnis von zwei „Techniken" ist, nämlich der meditativen Stabilisierung des Geistes in Konzentration und der Analyse der Erscheinungen durch logisches Denken. Konzentration und Analyse müssen dabei Hand in Hand gehen, und diese notwendige Übereinstimmung erfordert lange und geduldige Übung unter der Anleitung eines Meditationslehrers; die Notwendigkeit eines Lehrers für diesen Mahayana-Weg ist ein zentraler Unterschied zur Achtsamkeitsmeditation für *vipassana* im Theravada. Nachlässigkeit und Unregelmäßigkeit gelten dabei als größtes Hindernis auf dem Meditationsweg. Die Stabilisierung des Geistes setzt damit ein, dass man versucht, seinen Geist auf ein inneres Objekt zu konzentrieren, damit das Bewusstsein nicht beständig von wandelbaren Emotionen beeinträchtigt wird, um mit fortschreitender Übung Empfindungen und Gefühlsregungen schrittweise zu neutralisieren, so dass der ruhige Geist nicht mehr abgelenkt wird.

Für die Meditationspraxis hilfreich ist die Konzentration auf ein Objekt, das man sich bis in alle Details von Form und Farbe vorstellt, so dass man vollkommen mit dem Objekt vertraut wird, um dadurch den Geist nicht mehr durch Unerwartetes oder Unbekanntes ablenken zu lassen. Räumlich stellt man sich dabei vor, dass sich dieses Meditationsobjekt rund einen Meter vor den Augen befindet, wobei mit fortschreitender Meditationsfähigkeit das vorgestellte Objekt jeweils kleiner werden soll. Eine solche Hilfestellung dient dazu, dass sich einerseits das Bewusstsein immer klarer entwickelt, um dieses Objekt auch innerlich zu visualisieren; andererseits soll das Bewusstsein dadurch für eine immer längere Dauer hindurch ruhig werden, ohne von Äußerlichem abgelenkt oder erregt zu werden. Dennoch soll man sich auch in dieser Meditationsform nicht von den Erscheinungen abschließen, allerdings geht es nicht um die Achtsamkeit auf Äußerliches, sondern um ihre Analyse aus einem konzentrierten Zustand des Geistes.

In dieser ruhigen Geisteshaltung wendet man das Bewusstsein dafür an, die Leerheit der Erscheinungen zu erkennen, die man systematisch-logisch „begreift"; philosophische Grundlage dieser Daseinsanalyse ist die auf Nagarjuna zurückgehende Logik der Madhyamika-Schule. Philosophisch-rationelle Logik und meditative Konzentration werden so lange gemeinsam praktiziert, bis der Meditierende sich nicht mehr zwischen den beiden Polen hin und her bewegt. Diese „Unbeständigkeit" wird durch die Hilfestellung des Meditationslehrers immer mehr beseitigt, bis sich der scheinbare Widerspruch zwischen Konzentration und Logik in einer Nicht-Dualität auflöst und dadurch *vipassana* („Klarblick") entsteht, in dem erkannt wird, dass alle Erscheinungen eins mit der Leerheit *(shunyata)* sind.

Tantrische Meditationspraktiken bauen auf dem Mahayana-Konzept von Leerheit weiter auf, kennen daher auch die Bedeutung des Meditationslehrers oder Gurus, um zu Konzentration und Einsicht zu gelangen. Darüber hinaus wird in tantrischen Meditationspraktiken aber die Notwendigkeit betont, dass die Initiation in einen spezifischen Weg des tantrischen Buddhismus zunächst durch diesen Lehrer gewährleistet sein muss, ehe die Meditation erfolgreich ausgeführt werden kann. Die Initiation versetzt dabei den Praktikanten in einen Bewusstseinsstand, der höher und hinsichtlich der Erleuchtung bereits fortgeschrittener ist, als dies im alltäglichen Bewusstsein der Fall ist. Dadurch kann auch der Meditationsweg schneller zum Erfolg führen. Ein wichtiger Aspekt der Praxis liegt darin, dass der Meditierende eine Gottheit visualisiert, wobei der Meditationslehrer entsprechend der geistigen Kapazität des Schülers diese Gottheit auswählt.

Je deutlicher die Gottheit dem Meditierenden vor Augen tritt, desto besser kann er sich mit ihr identifizieren, wodurch er das Bewusstsein dieser Gottheit übernimmt und dadurch in seinem Bemühen um Konzentration und *vipassana* durch diese göttliche Hilfe ungleich größere Fortschritte macht, als dies ohne eine solche Identifizierung möglich wäre. Als Spezifikum dieser tantrischen Meditation kann gelten, dass die Identifizierung mit der „Meditationsgottheit" die gleichzeitige Meditation über Form und Leerheit der Gottheit ermöglicht, wobei der Meditierende seine eigene zukünftige Buddhaschaft während dieser Praxis zugleich vorwegnimmt, was wiederum auf sein Leben und seine Lebensgestaltung als potentieller Buddha zurückwirkt.

Meditation ist in den verschiedenen Richtungen zwar primär ein Weg der spirituellen Entwicklung und Vervollkommnung, doch wäre es verfehlt, sie ausschließlich als „vergeistigte" oder „weltferne" Haltung zu bewerten. Denn von der Meditation gehen immer Wirkungen aus, die das ganze alltägliche Leben – einschließlich der Ethik – beeinflussen. Insofern ist Meditation weniger eine „Kultform" als vielmehr eine „Lebenshaltung". Dadurch prägen aber Teilaspekte von Meditation auch buddhistische Kultur, wie im Folgenden noch beispielhaft zu zeigen ist.

4.1.2 Koans und Sutren als Meditationshilfen

Die spontane Erfahrung von Einsicht in die Leerheit oder in die Nicht-Dualität kann auf verschiedenen Wegen geübt werden, wobei die verschiedenen Meditationspraktiken lediglich Hilfsmittel dazu sind. Ein diesbezüglich recht bekanntes Hilfsmittel sind die sogenannten Koans im Chan- bzw. Zen-Buddhismus. Die Bezeichnung Koan bedeutet ursprünglich „öffentlicher Aushang, öffentliches Dokument" und stammt aus dem juristischen Bereich. Im Meditationskontext meint Koan entweder einen prägnanten Textteil eines Sutras oder den Ausspruch bzw. die Frage und Antwort eines Meisters. Das Entscheidende an der „Koan-Technik" im Chan und Zen ist dabei, dass sie zur spirituellen Entwicklung und zur Erlangung der Erleuchtung beitragen soll. Durch ihre rational-unlogische Aussage sollen Koans so sehr mit dem Meditierenden verflochten werden, dass Meditation und Erleuchtung „von selbst" ablaufen und nicht mehr intellektuell gesteuert werden können. Insofern verneint die Koan-Meditation den philosophischen Madhyamika-Hintergrund, der vorhin für die „logische Analyse" der Leerheit genannt wurde. Vielmehr geht es um eine plötzliche Erleuchtungserfahrung, die von Chinesen als *wu*, von Japanern als *satori* bezeichnet wird. In dieser Spontaneität bietet sich auch eine Brücke zur kalligraphischen Gestaltung und Verinnerlichung des Kosmos durch den Maler an, der mit seinem Pinsel und dem Schriftzug verschmilzt. Die Unterschiedlichkeit von Koans als Hilfen in der Meditation können zwei Beispiele aus dem Wu-men-kuan (Nr. 19; Nr. 1) zeigen:

> *„Chao-chou fragte Nan-chüan: ‚Was ist der Weg?' – Nan-chüan sagte: ‚Das gewöhnliche Bewusstsein ist der Weg.'"*
> *„Einst fragte ein Mönch Meister Chao-chou mit allem Respekt. ‚Hat ein Hund wirklich Buddha-Wesen oder nicht?' – Chao-chou sagte: ‚Wu.'"*

Das erste Beispiel ist durchaus verständlich, indem darin anklingt, dass Zen nichts Außergewöhnliches ist, sondern alltäglich praktizierbar ist. Alles kann Zen sein, da Zen eben Lebenshaltung ist. Für die unlogisch-paradoxe Sprechweise eines Koan ist das zweite Beispiel aufschlussreicher, wo die Antwort in keiner Weise auf die Frage Bezug nimmt, sondern versucht, das Bewusstsein so weit zu beeinflussen, dass es eben nicht mehr als Handhabe gebraucht werden kann, um die Erleuchtung intellektuell herbeizuführen zu versuchen. Eine Antwort wie das sprichwörtliche „Wu" will nicht Lösung eines Problems sein, sondern ist vielmehr Anstoß, Chan zu praktizieren und weiter nach Erleuchtung zu suchen.

Das plötzliche intuitive Aufblitzen der Erleuchtung und nicht die Logik ist das Ziel der Koan-Praxis, die besonders in der Form des chinesischen Linji-Chan bzw. des japanischen Rinzai-Zen die ostasiatische Kultur mitgeprägt hat. In literarischer Hinsicht sind von den rund 2000 Koans, die überliefert sind, v. a. zwei chinesische Sammlungen (mit ihren japanischen Versionen) hervorzuheben: das *Wu-men-kuan* (japanisch: *Mumonkan*) und das *Pi-yen-lu* (japanisch: *Hekigan-roku*). Im Pi-yen-lu („Niederschrift von der Smaragdenen Felswand") sind rund 100 Koans enthalten, die auf Hsüeh-tou Chung-Hsien (980–1052) zurückgehen und in der gegenwärtigen Zusammenstellung rund ein Jahrhundert später durch Ke-chin (1064–1136) um eine Einleitung erweitert wurden.

Die etwas jüngere Sammlung Wu-men-kuan („Die Schranke ohne Tor" bzw. „Zutritt nur durch die Wand") bringt schon im Titel den „Koan-Aspekt" zum Ausdruck; die Sammlung enthält 48 Koans, die von Wumen Hui-kai (1182–1260), dem wichtigsten Chan-Meister der Linji-Linie seiner Zeit, 1229 zusammengestellt und durch seinen japanischen Schüler Kakushin nach Japan gebracht wurden. Vom literarischen Aspekt her ist das Wu-men-kuan etwas weniger „anspruchsvoll" als das Pi-yen-lu, da manche Koans oberflächlich auch als amüsante Episoden erscheinen, die aber zugleich kulturelle Prägekraft haben. Die literarisch größere Komplexität des Pi-yen-lu schließt sich enger an die lyrische Poesie Chinas an, birgt aber auch die Gefahr in sich, dass es als „ästhetischer" Wortlaut verselbstständigt wird, so dass die unmittelbare Absicht des Strebens nach Erleuchtung in den Hintergrund rücken kann, eine Gefahr, die manche Chan-Lehrer ihren Schülern gegenüber betonten.

Obwohl zunächst Chan-Kulturgut, sind diese Werke wegen des Aspekts der Lehrer-Schüler-Beziehung über den Chan hinausgehend allgemein buddhistisch und auch im konfuzianistischen Kontext prägend geworden, da die Betonung der Lehrer-Schüler-Hierarchie gesellschaftliche Relevanz besitzt.

Eine entfernte Analogie zur Verwendung von Koans haben manche eher kurze Sutren, deren häufige Rezitation ebenfalls die unmittelbare Erleuchtung bewirken soll. Die Kürze solcher Text(passagen) ermöglicht, dass sie – analog zu Koans – kalligraphisch gestaltet werden, so dass sie

auch über die Ästhetik Einsicht in den Dharma bringen. Die beiden beliebtesten „Meditationssutren" sind das Diamantsutra bzw. das Herzsutra; beide Texte sind bereits in Indien entstanden und gehören in den größeren Rahmen der Prajñaparamita-Sutren, der Sutren der vollkommenen Weisheit.
Das Diamantsutra (sanskrit: *Vajracchedika-Sutra*, das Sutra vom Diamantenschneider) hat seinen Namen deshalb, weil die darin verkündete buddhistische Weisheit so scharf wie ein Diamant sein soll, der alle Begriffe und Unwissenheit wegschneiden kann, um den Meditierenden zum jenseitigen Ufer der Erleuchtung zu bringen. Die 32 Kapitel sind formal ein Gespräch zwischen Buddha und seinem Jünger Subhuti. Das Typische des Textes liegt darin, dass die verwendeten Sanskrit-Termini manchmal einen besonderen Sinn bzw. spirituelle Deutung erfahren, so dass sich der Text weniger der „Gelehrsamkeit", sondern eher der „Meditation" erschließt. Im Chan und Zen ist das Sutra beliebt, weil mit Nachdruck das „Paradox des Nichts" eingeschärft wird, wobei die Negationen des Sutra der Zen-Intuition dienen sollen. Einige Zeilen können dies illustrieren (Dumoulin 1985, 49):

> *„Der Vollendete ist nicht durch die Vollkommenheit der Merkmale zu erblicken. Denn die Vollkommenheit der Merkmale, die durch den Vollendeten verkündet ist, ist die Vollkommenheit der Nicht-Merkmale. ... Was von dem Vollendeten als Verdienstvorrat verkündet wurde, ist vom Vollendeten als Nicht-Verdienstvorrat verkündet worden. Buddha-Eigenschaften sind vom Vollendeten als Nicht-Buddha-Eigenschaften verkündet worden. ... Die Vollkommenheit der Erkenntnis nämlich, die vom Erhabenen verkündet wurde, ist durch den Erhabenen als Nicht-Vollkommenheit verkündet worden. ... Denn als höchste Vollkommenheit ist durch den Tathagatha diese Nichtvollkommenheit verkündet worden."*

Die erste chinesische Übersetzung des Sutra wird Kumarajiva zugeschrieben, die weite Verbreitung des Textes in China geht auf den sechsten Chan-Patriarchen Hui-neng (638–713) zurück. Er soll als ungebildeter junger Mann beim Holzverkaufen zufällig Verse des Sutra gehört haben und dadurch „erwacht" sein. Als er nach seiner Suche nach Erleuchtung schließlich zum sechsten Patriarchen geworden war, wurde der Text neben den Schriften des Patriarchen zur wichtigsten Lehrschrift des Chan,

wobei jedoch zweifellos auch die prägnante Kürze des Sutra eine Rolle gespielt hat. In ihm kommt eben jene Weisheit zum Ausdruck, die die Leerheit der Erscheinungswelt durchschaut und im Übersteigen von Begriffen zum Nichts als Mitte der Wirklichkeit vordringt. Die Intuition der Weisheit *(prajña)* der Leerheit ist ein Sehen als Nicht-Sehen, wie das Sutra immer wieder betont. Die „technische" Innovation der Erfindung des Buchdrucks in China im 8. Jh. brachte schließlich die Möglichkeit, das erleuchtungsbringende Wort zu popularisieren; dass das Diamantsutra das älteste erhaltene gedruckte Buch ist, das in der Höhle der 1000 Buddhas in Dunhuang gefunden wurde und aus dem Jahr 868 stammt, mag auf Zufall beruhen, ist aber doch typisch für die Wertschätzung dieses Sutra für die Meditation.
Das Herzsutra (sanskrit: *Prajñaparamita-hridaya-Sutra*) ist das kürzeste Sutra und wird – v. a. in Ostasien – von Mönchen und Nonnen fast aller Schulen beinahe andauernd rezitiert, wobei man sich eventuell dem bereits mehr als 100 Jahre alten Urteil von Max Müller anschließen darf, dass das Herzsutra von Laien in ostasiatischen Tempeln und Gebetshallen mehr verehrt als verstanden werden dürfte. Eine gewisse Präferenz der Zen-Schulen für dieses Sutra ist insofern verständlich, als ein Kernsatz des Sutra wie folgt lautet:

> *„Form ist Leerheit, und Leerheit ist ebenso Form.*
> *Form ist nicht verschieden von der Leerheit, Leerheit ist nicht verschieden von der Form.*
> *Was Form ist, das ist Leerheit, was Leerheit ist, das ist Form.*
> *Das gilt ebenso für Gefühl, Wahrnehmung, Willensimpuls und Bewusstsein."*

Die fünf Daseinselemente *(skandhas)* sind hier im Sinne des Mahayana-Denkens mit der Leerheit identifiziert, wobei solche Identifizierungen, wenn sie eine logische Analyse überschreiten, auch in der „a-intellektuellen" Chan-/Zen-Praxis ihren Platz finden. Das Sutra ist um etwa 350 n. Chr. in Indien entstanden und wurde bereits 50 Jahre später erstmals von Kumarajiva ins Chinesische übersetzt. Formal belehrt im Text Avalokiteshvara den Mönch Shariputra über die Leerheit bzw. das Nicht-Selbst. Intuitive Einsicht in diese Leerheit soll auch der Leser oder Rezitierende des Textes erfahren. Erwähnenswert ist dabei, dass das Sutra seit dem 7. Jh. als übelabwehrendes und heilbringendes Mantra verwendet wurde, ein Vorgang, der – entgegen des philosophisch anspruchsvollen Inhalts, auf den in den Klöstern Wert gelegt wurde – zur Verbreitung des Textes in Laienkreisen wichtig war. Gerade die Schlussformel verstärkt nochmals diese mantrenhafte Verwendung, wobei Daisetz Suzuki diese Schlussformel überhaupt als Koan versteht, so dass er den ganzen Text als koanmäßige Hilfestellung auf dem Weg zur Erleuchtung bewertet. Der Schluss lautet (von Brück 1989, 241):

„gate gate paragate parasamgate bodhi svaha
O Du, die gegangen ist, gegangen,
gegangen ans andere Ufer,
Du vollkommen ans andere Ufer Gegangene,
o Erleuchtung, Heil!"

Der letzte Satz ist nur interpretierbar, weniger übersetzbar, kommt doch darin der Versuch zum Ausdruck, Erleuchtung und Nirvana als Ziel zu umschreiben. Durchaus im Sinn eines Koans ist dies dem Intellekt nicht möglich; dementsprechend klingt auch jede Übersetzung des Satzes holprig, da diese Formel zum intuitiven Aufblitzen der Einsicht in die Leerheit der Form und in die Form der Leerheit führt. Ob dies dabei in der regelmäßigen Rezitation im Tempel oder in der kalligraphischen Gestaltung geschieht, wobei die Kürze der Formel dem Pinsel und der Tusche des Kalligraphen angemessen ist, ist weniger entscheidend.

Diamantsutra und Herzsutra als Rezitations- und Meditationstexte und kalligraphisch-verschriftete Worte erlauben noch einen Rückverweis auf die Wertschätzung des Titels des Lotos-Sutra innerhalb der japanischen Nichiren-Schule im 13. Jh.: *namu myoho-renge-kyo* „Verehrung dem Lotos-Sutra des wunderbaren Gesetzes", eine Formel, die in den Nichiren-Tempeln als *honzon* kalligraphisch dargestellt und der Kultgegenstand schlechthin ist. Die Betrachtung und Rezitation des *honzon* realisiert die letzte Wirklichkeit für denjenigen, der das *honzon* meditativ als Objekt wählt, um Einsicht zu gewinnen.

4.1.3 Kampfkünste als Meditationsformen

Wenn vorhin von Konzentration bzw. Ruhe als einer Komponente der Meditation gesprochen wurde, so geht es um die Beruhigung des Bewusstseins; ein solcher Zustand drückt sich aber nicht ausschließlich in äußerlicher Ruhe und Unbeweglichkeit aus, so dass auch Kampfkünste in ihrer in Ostasien entfalteten Form als Meditationspraxis und Meditationsweg beschreibbar sind, die – der Äußerlichkeit zum Trotz – Gewaltlosigkeit und ein Zur-Ruhe-Kommen des Bewusstseins auszudrücken vermögen. Die theoretische Grundlegung der sogenannten Kampfkünste liegt in der Regulierung und Kontrolle der Körper- und Lebensenergien (chinesisch: *ch'i*), um dadurch deren Wirkung auf den Körper und den Geist zu verbessern. Die Bewegung soll die Koordination von Geist und Atem mit den Körperextremitäten verbessern. Der Tradition nach soll diese Praxis im Shaolin-Kloster auf dem Berg Sung-shan (Provinz Honan) in besonderer Weise gefördert worden sein; das Kloster wurde 477 durch den chinesischen Kaiser Hsiao-Wen während der nördlichen Wei-Dynastie gegründet, berühmt wurde es durch Bodhidharma, der hier im 6. Jh. für die Entstehung des Chan mehrere Jahre gewirkt hat. Der Legende nach soll Bodhidharma für seine Schüler, die für schwierige Meditationsübungen nicht die körperlichen Fähigkeiten hatten, eine Mischung von Atemtechniken und Bewegungsübungen erfunden haben, die den körperlichen Zustand der Mönche verbesserten; historisch plausibler ist jedoch die Erklärung, dass die Mönche im Shaolin-Kloster bereits die im Daoismus beheimateten Atem- und Bewegungsübungen praktiziert haben. Wegen Bodhidharmas Bedeutung als erster Patriarch des Chan wird jedoch legendarisch mit ihm der Beginn dieser Techniken verbunden. Die kulturelle Bedeutung des Klosters ist nicht zu übersehen, um 700 hat es rund 1500 Mönche im Kloster gegeben, die Körperbewegungen als Mittel auf dem Weg der Meditation und der Läuterung des Geistes erfolgreich eingesetzt haben.

Die weitere Geschichte verliert sich bis ins 14. Jh. im Dunkeln, ehe das System der Bewegungen erweitert wurde, wodurch auch deutlich die „Kampfkraft" fassbar wird, die von den Mönchen ausgehen konnte: Erwähnt sei das Jahr 1674, als der Chang-Kaiser Kang-Hsi in seinem Kampf gegen Aufständische von 128 Mönchen des Klosters schlagkräftig unterstützt wurde; nach Niederschlagung des Aufstandes ließ der Kaiser jedoch auch das Kloster niederbrennen, um sich der Mönche zu entledigen. Der Legende nach sollen bis auf fünf alle Mönche ums Leben gekommen sein, wahrscheinlich konnte sich aber eine größere Zahl retten und die Bewegungs- und Kampftechniken über China verbreiten. Auch in den folgenden Jahrhunderten wurde das mehrfach wiederaufgebaute Kloster immer wieder in Kampfhandlungen verwickelt, so etwa 1928 im chinesi-

schen Bürgerkrieg. Populär wurde das Kloster seit den 80er Jahren des 20. Jh.s, als die Volksrepublik China begonnen hat, sich der Mönche des Shaolin-Klosters als Touristenattraktion zu bedienen.
In Japan wurden „Schwertübungen" von Mönchen etwa seit dem Jahr 800 unter der Bezeichnung Kumi-Tachi praktiziert, teilweise hatten einzelne Tendai-Klöster ihre eigenen Mönchsarmeen. Mit dem Aufkommen des Zen-Buddhismus wurde die Führung des Schwertes im Sinn des Zen neu interpretiert, da von einem Krieger dieselben „Techniken" bzw. Geisteshaltungen erwartet wurden wie von demjenigen, der Zen praktiziert: gelassen gegenüber Leben und Tod soll es für ihn kein Zurück mehr geben, wenn er den Schwert-Weg oder den Zen-Weg begonnen hat, wobei er durch Übung erkennen soll, dass die plötzliche Intuition zum erfolgreichen Kampf bzw. zur Wahrheit führt. Dadurch wurde eine Verbindung der beiden zunächst durchaus unterschiedlichen Wege möglich, des Bushido („Weg des Kriegers") und des Zendo („Weg des Zen"). Auch der weitgehende Verzicht auf prunkvolle Riten innerhalb des Zen fand Anklang bei Kriegern, genauso wie die Entschlossenheit und Konzentration auf den Kampf, wobei die „weltliche" Überwindung des Gegners die aus dieser Konzentration resultierende Wirkung ist, die von sich aus entsteht.
Will ein Krieger seinen Kampf richtig ausführen, darf er sich weder emotional noch intellektuell beeinflussen lassen. Da die Zen-Meditation diese Fähigkeiten förderte, entwickelte sich seit dem späten 13. Jh. über die Ashigawa-Zeit bis in die Tokugawa-Periode (1603–1868), d. h. in jenen Zeiten der japanischen Geschichte, die von Militärregierungen geprägt waren, eine „Koalition" zwischen Politik und Zen, so dass der „Zen-Geist" japanische Kultur nachhaltig zu prägen vermag. Die Verbindung von Kampf und Meditation formulierte der Rinzai-Mönch Takuan (1573 bis 1645) in seinem *Fudochi*, wobei er betont, dass im Zustand der Vollkommenheit aus dem Herzen des Kriegers bzw. Zen-Mönches alle Gedanken an die Haltung des Körpers und die Handhabung des Schwertes verschwinden. Für Takuan ist dies dem Zustand der Erleuchtung vergleichbar, denn wenn das Herz unerschütterlich ist, liegt die unbewegte Weisheit vor, die er schließlich mit der Beherrschung des Schwertes für den erfolgreichen Kampf koppelt.
Auch Takuans Zeitgenosse Miyamoto Musashi (1584–1645), der selbst Meister im Fechten mit zwei Schwertern war, fasste in seinem Werk *Gorinsho* („Buch der fünf Ringe") seine Erfahrung zusammen; das Buch

ist entsprechend der fünf Elemente buddhistischer Metaphysik in die Teile „Erde, Wasser, Feuer, Wind, Leerheit" gegliedert und geht in der Beschreibung von realen Kampferfahrungen aus. Aber es ist unübersehbar, dass der Kampf nur eine „weltliche" Technik ist, die auf geistige Schulung angewendet werden muss. Damit ist der theoretische Hintergrund geschaffen, der im 17. Jh. die Kriegs- und Kampfkunst zu einer übertragenen Lebensweisheit machte, die zur Erleuchtung führte.

Ein weiterer wichtiger Aspekt des Bushido ist die dafür nötige Disziplin, die sich innerweltlich in absoluter Loyalität und Untergebenheit gegenüber bestehenden Hierarchien widerspiegelt, was bis zum rituellen Selbstmord und zur Glorifizierung des Todes in Kriegerkreisen führen kann. Im *Hagakure* des Samurai Jocho (1659–1721) erreicht diese Vorstellung den Höhepunkt, wenn weder nach dem Zweck noch nach der Wirkung der Todes gefragt wird. Für Jocho bedeutet Bushido die entschlossene Bereitschaft zu sterben, deshalb soll man sich jeden Morgen und jeden Abend den Tod lebhaft vorstellen und immer dafür bereit sein. Dadurch erlangt man nicht nur Vollkommenheit im Bushido, sondern auch alle Pflichten im Leben vermag man dann in vollem Umfang zu erfüllen. In dieser Auffassung werden Tod, Zen und der Weg des Kriegers insofern eins, als sie ein Transzendieren des Todes und seiner Unkontrollierbarkeit ermöglichen.

Dadurch wird aber auch die Dualität von Leben und Tod aufgehoben; in dieser Geisteshaltung vermeidet ein Krieger – analog zu einem Meditierenden – das unstete Schwanken des Geistes zwischen den Erscheinungen und der Leerheit. Dadurch wird in den Kampfkünsten eine „Quadratur des Kreises" möglich, die auch den vordergründigen Verstoß gegen das Prinzip des Ahimsa in die meditative Lebensgestaltung einbeziehen kann.

Andere Kampfkünste lassen sich leichter in den buddhistischen Weg und die japanische Kultur integrieren, v. a. das Bogenschießen ist zur Meditationspraxis transformiert worden. Bogenschießen *(Kyudo)* zu Fuß oder zu Pferd war seit dem 6. Jh. bezeugt, wobei jedoch die Pferdekämpfer nie in den meditativen Kontext einbezogen wurden. Schützen zu Fuß kannten allerdings schon vor der Verbindung mit dem Zen Techniken zum richtigen Ein- und Ausatmen, wobei seit dem 13. Jh. neben den kriegerischen Komponenten des Bogenschießens auch die ästhetischen hinzukamen, zunächst noch ohne Beziehung zum Zen. Als die Schulung der Krie-

ger der beginnenden Kamakura-Zeit in der Kampftechnik zur Intensivierung des Kampferfolges mit dem Disziplinierungsaspekt des Zen verbunden wurde, führte dies zur Transformierung der Technik, indem diese nicht mehr Selbstzweck war, sondern von Zen-Mönchen einem neuen Ziel untergeordnet wurde.
Die Impulse aus der Zen-Meditation rückten – im Unterschied zu Zen und Schwertkampf, wo es um die Verschmelzung des Kämpfers mit der Waffe geht – die innere Distanz zur Waffe in den Vordergrund. Zwar wurde die Technik des Bogenspannens nicht unwesentlich, aber im Mittelpunkt des Zen-Bogenschießens stand nunmehr das Ziel. Darauf ist die ganze Aufmerksamkeit gerichtet; man will mit dem Ziel eins werden, das Spannen des Bogens ist nur eine unwesentliche Nebensache und Vorbedingung ohne Selbstzweck. Dementsprechend ist die erste Technik, auf die ein Schütze Wert legt, die Kontrolle des Atems. Der Atem beeinflusst das Bewusstsein, und nur der „richtige" Atem ermöglicht es, mit dem Ziel zu verschmelzen. In einem zweiten Schritt geht es um den Akt des Abschießens, wobei die Absicht, das Ziel zu treffen, den Schuss nicht beeinflussen darf. Der Augenblick des Schusses ist als plötzliches (intuitives) Loslassen so lange zu üben, bis er von selbst und „unabhängig" von der bewussten Steuerung der Hand geschieht. Dies ist möglich, wenn der Schütze immer ganz auf sein Ziel gerichtet ist, der Schuss ist nur eine Zwischenstation. Aufnehmen des Bogens, Atmung, Spannen des Bogens und Abschießen sollen dabei im Zen-Weg zu einem natürlichen Handlungsablauf verschmelzen, der nicht mehr vom Ziel ablenkt, so dass Bogenschießen sich immer stärker zu einem Meditationsweg entwickelt hat und ruhenden Charakter gewinnt. Atem und Spannen sind der lange, vorbereitend-meditative Weg, der kurze Schuss (ins Ziel) ist der Augenblick des plötzlichen Erwachens.
Auch wenn sich der Schuss nicht löst, so bleiben Aufheben und Spannen des Bogens dennoch Übung der Meditation; nicht jede Meditation führt automatisch zum Erwachen, sondern die Zen-Traditionen betonen ja immer wieder, dass Satori plötzlich geschieht. Zwar muss man sich dafür durch eigenes Bemühen *(jiriki)* in der Meditation anstrengen, aber das Erreichen des Ziels kann man letztlich nicht steuern.
Als dritte Kampfkunst im Kontext von Meditation ist der Karate-Do zu nennen, eine im Laufe des 15. Jh.s entstandene waffenlose Technik. Dem Ahimsa-Ideal Folge leistend wird dabei der Verteidigungsaspekt des

Karate-Do betont, so dass der Kämpfer den ersten Angriff vermeiden muss. Wie im Zen eine deutliche Meister-Schüler-Hierarchie besteht, indem der Schüler durch die Nachahmung des Meisters lernt und zugleich ihm dankbar ergeben ist, so obliegt auch dem Karate-Meister die Verpflichtung, dem Schüler den „Weg" zu zeigen, so dass der Schüler ihn vollkommen verinnerlicht, bis der Weg selbst zum Führer und Lehrmeister wird. Dann tritt der „äußere" Meister gegenüber dem „inneren" Meister immer stärker in der Hintergrund. In diesem Sinne praktiziert, dient daher ein traditioneller Karate-Do der körperlichen und geistigen Ertüchtigung, der Selbstdisziplinierung und Kontrolle, oder anders formuliert, man kann die Technik als eine „Meditation in Bewegung" umschreiben. Die genannten Kampfkünste lassen sich als besondere Formen der Meditation im ostasiatisch-buddhistischen Kontext bewerten, wobei die enge Beziehung zur Chan- bzw. Zen-Meditation nicht übersehen werden kann. Allerdings sind sie nicht Formen des Zen-Buddhismus, sondern mit Heinrich Dumoulin ist zu Recht zu betonen, dass sie v. a. eigenständige Künste geblieben sind, die in der ostasiatischen Kultur eine zentrale Rolle spielen. Im Kontext des Buddhismus ist dabei hervorzuheben, dass diese Kampfkünste dadurch aber fähig waren, wesentlich zur Popularisierung des Zen-Buddhismus v. a. in Japan in der zweiten Hälfte des 2. Jt.s n. Chr. beizutragen.

4.2 Ethik

Geht man davon aus, dass der Buddha nicht ein philosophisches System der Welterklärung, sondern eine praktische Erlösungslehre verkündet hat, so lässt sich buddhistische Ethik theoretisch als Anwendung der vom Buddha erkannten Wahrheiten über die Natur der Welt begründen. Da nach buddhistischer Auffassung das Karman auch einen psychologischen Aspekt hat, spielen Einstellung und Gesinnung eine große Rolle. Dadurch ist buddhistische Ethik nicht rein deskriptiv, indem das, was alle für gut heißen, auch als angemessen gilt, wie man etwas verkürzt die ältere Hindu-Ethik umschreiben könnte, sondern es ist eine Gesinnungsethik. Nicht nur auf die Tat kommt es an, sondern die Gesinnung ist entscheidend, egal, ob sie zur schlechten Tat führt oder nicht. Ein dem Buddha zugeschriebener Satz legt die Prinzipien des sittlichen Handelns fest: „Alles Böse meiden, das Gute tun und das eigene Herz läutern – das ist die Lehre aller Buddhas." Nimmt man die drei Elemente des Satzes ernst, so gewinnt man für ein buddhistisches Verständnis von Ethik, dass sie als Mittel zur „Läuterung des Herzens", d. h. als Hilfe zur Erlangung des Nirvana, nicht Selbstzweck ist. Wenn im 5. Jh. n. Chr. Buddhaghosa sein Werk *Visuddhimagga* („Der Weg zur Reinheit") mit einem ausführlichen Abschnitt über *shila* als Voraussetzung für die buddhistische Soteriologie einleitet, ist dies eine Position, die diesen Aspekt in einer Ausführlichkeit entfaltet wie kein einziger späterer buddhistischer Text. Der dem Buddha in den Mund gelegte Satz findet aber schon im „Ur-Buddhismus" insofern eine Entfaltung, als im achtgliedrigen Pfad die vierte edle Wahrheit von der Aufhebung des Leidens wie folgt lautet:

> *„Es ist dieser edle achtgliedrige Weg, nämlich: rechte Einsicht, rechter Entschluss, rechte Rede, rechte Tat, rechter Wandel, rechtes Streben, rechte Wachheit, rechte Versenkung."*

Ethisches Verhalten – Rede, Tat, Wandel – sind hier Vorbedingung zur Meditation; darin liegen Gemeinsamkeiten zwischen der Funktion von Ethik im Kontext der Erlösung bei Hindus und Buddhisten. Aber man sollte die Verschiedenheit nicht übersehen. Im Buddhismus gibt es von Anfang an eine Ethik, die der Überwindung des Leidens als grundsätzlicher Konstituente menschlicher Existenz dient; die deskriptive Seite der Ethik ist das Sekundäre, aber keineswegs unwichtig, weil ein „weltlich" unethischer Mensch nur schwerlich der Lehre Buddhas folgen wird. Deshalb lassen bereits frühe buddhistische Texte auch die deskriptive Seite erkennen, v. a. die sogenannten „fünf Gebote des Buddhismus" *(pañca-shila)* illustrieren dies:

> *„Ich gelobe, mich des Tötens zu enthalten.*
> *Ich gelobe, mich des Stehlens zu enthalten.*
> *Ich gelobe, mich des unrechten Wandels in Sinnenlust zu enthalten.*
> *Ich gelobe, mich des Lügens zu enthalten.*
> *Ich gelobe, mich des Rausches zu enthalten."*

Rausch ist in den ältesten Reihenbildungen der Gebote noch nicht enthalten, die somit nur vier solche Sentenzen kennen. Wichtiger ist aber, dass diese Aussagen eine normative und auf den Religionsstifter zurückgehende Rahmenbedingung geschaffen haben, die so weit gehalten ist, dass daraus in den verschiedenen Bereichen des Buddhismus eine konkrete deskriptive Ethik (als eine Art „Kommentar") entstehen konnte. Für die Entwicklung einer buddhistischen Ethik sind besonders auch jene zunächst im Mahayana betonten Konzepte wie Liebe, Güte *(maitri, metta)* und Mitleid *(karuna)* wichtig, genauso die sechs „Vollkommenheiten" *(paramita)*, zu denen u. a. Freigebigkeit *(dana)* und Zucht/Sittlichkeit *(shila)* gehören. Solche Mahayana-Ansätze haben später auch in den Theravada-Buddhismus Eingang gefunden bzw. wurden entsprechend adaptiert.

Dadurch entwickeln heutige Buddhisten aller Richtungen ethische Konzepte, die auf den Religionsstifter und seine „Daseinsanalyse", wie sie in den vier edlen Wahrheiten geliefert wird, rational zurückgeführt werden. Die Daseinsanalyse als Ausgangspunkt der Ethik könnte man als „vertikale" Dimension der Ethik betrachten, die sich auf innerweltliche Handlungsweisen als „horizontale Dimension" zur konkreten Umsetzung stützt. In einer möglichst allumfassenden Umschreibung ließe sich dabei buddhistische Ethik als „Achtung vor dem Leben" beschreiben, was in der Idealvorstellung von Ahimsa ausgedrückt wird. Davon sei im Folgenden daher ausgegangen, wobei daran anschließend diese Achtung vor dem Leben aus pragmatischen Gründen auf menschliches und nicht-menschliches Leben differenziert wird. Ausdrücklich sei dabei betont, dass eine solche Unterscheidung eine unbuddhistisch-eurozentrische Systematisierung ist.

Denn die anthropozentrische Orientierung, die in Europa bis vor nicht allzu ferner Zeit selbstverständlich war, ist dem Buddhismus fremd. Ausgehend von der Anthropologie und dem Rad des Werdens *(bhavacakra)* kann der Mensch *nicht* Maß aller Dinge sein, sondern auch „nichtmenschliche" Lebensformen gehören zur Kategorie Lebewesen. Diskussionswürdig ist dabei lediglich, in welcher Hierarchie die einzelnen Kategorien von Lebewesen zueinander stehen. Deutlich wird dies v. a. hinsichtlich der Pflanzen, denn es handelt sich dabei zwar um Lebewesen, aber sie stehen deutlich unter den Tieren und Menschen, obwohl man ihnen auch Empfindungen von Schmerz oder Freude zuschreibt, obgleich diese mit menschlichen Ausdrucksweisen nicht exakt beschreibbar sind. Trotz der hierarchischen Kategorien – von den Menschen über die Tiere zu den Pflanzen und Mineralien (mit jeweiligen Subkategorien) – sind für die Ethik zwei Aspekte hervorzuheben: Das Konzept der Wiedergeburt macht die Kategorien durchlässig, und der Mensch ist dadurch nicht die Krone der Schöpfung, sondern ebenfalls nur ein Lebewesen wie die anderen, allerdings mit dem soteriologisch ganz wesentlichen Vorteil, dass Menschsein diejenige Existenzform ist, aus der es möglich ist, zum Nirvana zu gelangen. Die anderen Lebewesen müssen zunächst die in dieser Hinsicht bevorzugte menschliche Form erlangen; dies darf aber nicht zum falschen Schluss führen, dass deswegen Menschsein absolut höher und völlig getrennt von den anderen Lebensformen sei. Auch dort, wo es in der ethischen Orientierung um den Umgang mit „nichtmenschlichem Leben" geht, steht daher nicht der Aspekt „nichtmenschlich", sondern der Aspekt „Lebe(wese)n" im Vordergrund.

4.2.1 Ahimsa als Achtung vor dem Leben

Das Wort *ahimsa* ist vom Zeitwort *han-* „(er)schlagen; verletzen" hergeleitet, erweitert um das Negativpräfix *a-*; die Wortbedeutung legt zunächst eine negativ-verbietende Semantik zugrunde, d. h. das „Nicht-Töten". Das Ahimsa-Ideal ist nicht im Buddhismus entstanden, sondern ist einer der bleibenden Beiträge des Jainismus nicht nur zur indischen, sondern in der Gegenwart vermehrt universellen Kulturgeschichte. Die „Extremasketen" des Jainismus haben als erste um die Mitte des 1. Jt.s v. Chr. die Vorstellung aufgegriffen, dass *alle* Formen des Lebens schützenswert sind und nicht verletzt werden dürfen. Für Jainas ist Ahimsa die Tugend schlechthin, wobei die Verletzung von Lebewesen v. a. deswegen so bedeutsam und negativ-wirkmächtig ist, weil es auf den Verletzer wirkt, indem es seine Erlösung verhindert.

Die Opposition gegen die Tötung von Tieren für vedische Opfer ist eine nicht unwesentliche Ursache in der Entstehung des Jainismus gewesen, auch polemisieren frühe Jaina-Texte bereits gegen den prinzipiell bis heute möglichen Fleischgenuss der Buddhisten. Die konsequente Befolgung des Ahimsa-Prinzips innerhalb des Jainismus markiert diese Religion nämlich als einzige durch einen strikten Vegetarismus, weil fleischliche Nahrung ohne Tötung von Lebewesen nicht möglich ist. Die extreme Wertschätzung von Ahimsa bringt der Jainismus auch dadurch zum Ausdruck, dass das erste und grundlegende Gelübde die Absage an die Verletzung von Lebewesen ist, ein Gelübde, das davon abhängig auch an die Spitze der Reihe der buddhistischen Gebote *(shila)* gerückt ist.

Von der zeitgleichen Geistesströmung des Jainismus nicht unbeeinflusst, gewinnt Ahimsa bereits im frühen Buddhismus seinen Platz auf dem Weg zum Heil, wobei Ahimsa von Beginn an zugleich auch ein Korrektiv gegenüber falschen Extremen wird, indem der Buddha – durchaus in einer Ahimsa-Gesinnung der Achtung vor dem Leben – seine Extremaskese, die nur noch „Selbstquälung" bedeutet, abbricht und einen „Mittleren Weg" lehrt. Ahimsa kann dabei durchaus als Maßstab interpretiert werden, der für das eigene Leben genauso gilt wie für das Leben anderer Wesen und dadurch für die Verwirklichung von Ethik Relevanz hat. Eine Engführung von Ahimsa auf ein Verbot des Tötens von Tieren wäre sicherlich verfehlt, denn richtiges Ahimsa-Verhalten betrifft die ganze Mit-Welt und Gesellschaft, wie dies ein politisch motivierter Text Ashokas zeigt (Schneider 1978, 107):

> *„Was in vielen Jahrhunderten früher nicht geschehen ist, solches ist heute gefördert worden durch die Dharma-Unterweisung des Königs: das Nicht-Töten von Tieren, das Nicht-Verletzen von Lebewesen, (ferner) gegen Verwandte anständiges Benehmen, gegen Shramanas und Brahmanen anständiges Benehmen, Gehorsam gegen die Eltern, Gehorsam gegen die Alten."*

Die politisch-gesellschaftliche Motivation der Verbote ist zwar nicht zu übersehen, aber gerade die Betonung, dass zu Ahimsa auch positive Inhalte wie richtiges Benehmen gegenüber Vorgesetzten und Älteren gehören, zeigt, dass Ahimsa eine Verhaltensweise betrifft, die das ganze Leben durchziehen und ethisch bestimmen soll. Im Kontext der indischen kulturellen Umwelt des Buddhismus ist es daher verständlich, wenn Pali-Texte betonen, dass das Nichtbefolgen des Ahimsa-Gebotes mit drei schlechten Handlungen zusammenhängt, nämlich Gier *(lobha)*, Zorn *(krodha)* und Sinnestäuschung *(moha)*; diese drei Begriffe finden sich beispielsweise auch in Patañjalis Yogasutra; wo sie vorherrschen, fehlen die ethischen Voraussetzungen für eine Yoga-Praxis, die zur Erlösung führen soll. Erst ein buddhistischer Mönch oder Laie, der sich vom „Durst" freigemacht hat, wie die zweite edle Wahrheit lehrt, vermag eine Gesinnung der Gewaltlosigkeit zu entwickeln.

Anders formuliert bedeutet dies zugleich, dass nur ein unerleuchteter Mensch, der noch in der Welt des Leidvollen verstrickt ist, Gewaltanwendung und ihre Folge kennt. Wer den buddhistischen mittleren Weg geht, kann Ahimsa zumindest ansatzhaft verwirklichen, auch wenn er sich in seiner Lebenshaltung immer erneut darum bemühen muss. Die vorhin genannten Werte des Mahayana-Buddhismus wie Liebe oder Mitleid zu allen Lebewesen bringt eine weitere Komponente für die Bedeutung von Gewaltlosigkeit ins Spiel: Die Sorge des Mahayana-Buddhisten für alle Wesen, damit sie glücklich und in Frieden leben können, schließt Gewalt gegen sie aus. Ausgehend von der buddhistischen Daseinsanalyse, dass alles leidvoll ist, so dass sich jeder individuell um Einsicht in das Leiden bemühen muss, um dieses zu beenden, soll der Buddhist auf gesellschaftlich-praktischer Ebene jene ethischen Qualitäten kultivieren, die eine weltliche Vermehrung von Leiden vermeiden. Dabei spielt Ahimsa als Gewaltlosigkeit oder Achtung vor dem Leben eine wichtige Rolle.

4.2.2 Solidarität mit menschlichem Leben

Ethische Verhaltensweisen gegenüber Mitmenschen können sich in vielfältiger Weise konkretisieren, beispielhaft sei dies hier im Bezug auf Partnerschaft und Sexualität, aber auch hinsichtlich der Möglichkeit, durch Arbeit ein würdevolles Leben zu führen, dargestellt.

Wie anhand der ambivalenten Einstellung zu Frauen schon gesehen worden ist, tendieren manche buddhistische Texte zu einer Ablehnung von Frauen – anscheinend aus Angst vor der Macht der Verführung, die angeblich von Frauen ausgeht und die einen Mann bei seinem Erlösungsstreben behindert. Daraus leitet der frühe Buddhismus ab, dass Sexualität zur Gefährdung des Heils werden kann. Diese Bewertung wurde in den Mahayana-Richtungen und im tantrischen Buddhismus zwar gemindert, dennoch ist bis in die Gegenwart die Vorstellung (und Abwertung) der Frau als Lustobjekt für den Mann nicht restlos geschwunden. Innerhalb des Tantrismus hat Sexualität insofern eine Sonderstellung, als sie und der Körper als „Sitz der Glückseligkeit" in den Pfad der Erleuchtung miteinbezogen werden. Für fortgeschrittene Tantriker wird die sexuelle Vereinigung zum Ausdruck der Aufhebung jeder Polarität; wo diese Zweiheit überwunden ist, ist auch das Leid überwunden.

Die Visualisierung der körperlichen Vereinigung mit der gegengeschlechtlichen Erlösungsgottheit wird im tibetischen Buddhismus in Meditation geübt, wobei spirituell qualifizierte Personen diese meditative Praxis auch mit einem menschlichen Partner real-körperlich ausführen. Durchaus ins Detail der Beschreibung gehende tantrische Texte heben zwar die Verehrung der weiblichen Partnerin bei der tantrischen Vereinigung hervor, wie Miranda Shaw zeigt, allerdings ist in der gelebten Praxis zu beobachten, dass relativ selten gleichwertige Paare bezeugt sind, sondern durch solche Praktiken Frauen benachteiligt, wenn nicht sogar missbräuchlich ausgebeutet werden können. Hier liegt ein Verhalten vor, das klar gegen das dritte buddhistische Gebot *(shila)* bezüglich der Vermeidung von unerlaubter Sexualität verstößt. Denn ethisch „richtige" Sexualität verlangt, dass durch sie keiner der beiden Partner Schaden verursacht oder erleidet, was in gleicher Weise für Männer und Frauen gilt. Dies gilt auch im Kontext der Ehe-Ethik, wobei es die Entstehung einer Laiengemeinde bereits in der Frühzeit der buddhistischen Geschichte erforderlich machte, die rigorose Askese in Frage zu stellen und den Wert der Familie zu bejahen, obwohl zugleich betont wurde, dass Sexualität und Ehe ein Musterbeispiel für das Verhaftetsein an die Welt sind.

Auf Grund einer solchen Einschätzung hat daher im buddhistischen Kontext die Ehe nie einen wirklich religiösen Aspekt gewonnen, sondern gilt als gesellschaftliche Übereinkunft, was sich u. a. auch daran zeigt, dass der Buddhismus praktisch keine Formen einer religiösen Zeremonie der Eheschließung kennt. Stellt man Sexualität und Ehe in den ethischen Kontext der Achtung vor dem Leben und der Solidarität mit allen Lebewesen, so ergibt sich, dass zwar Kinder angenommen werden, aber – weil Geburt ja den Kreislauf des Leidens verlängert – die Zeugung von Nachkommen kein Ehezweck sein kann. Allerdings ist auch in Beachtung des Ahimsa-Prinzips klar, dass Abtreibung aus ethisch-buddhistischer Perspektive abzulehnen ist. Wo sie – wie beispielsweise in Japan – beinahe als reguläres Mittel der Geburtenkontrolle vorkommt, versuchen Frauen, daraus resultierende karmisch-psychische Konflikte durch Reinigungs- und Sühneriten zu lösen. In den letzten Jahrzehnten wird von davon betroffenen Frauen das sogenannte *mizuko-kuyo*-Ritual durchgeführt; dieses Ritual ist in der Mitte des 19. Jh.s entstanden, um den Schutz des weiblichen Bodhisattvas Jizu für die Föten jener Frauen anzurufen, die eine Fehlgeburt erlitten haben, aber um zugleich auch die Frauen unter den Schutz des Bodhisattvas für eine zukünftige erfolgreiche Geburt zu stellen. Mit zunehmender Abtreibungsrate bekam das Ritual dabei eine neue Funktion, indem Jizu nun den Frauen in der Bewältigung eines Schwangerschaftsabbruches helfen soll.

Ein anderer ethischer Aspekt von Sexualität und Solidarität mit Lebewesen sei anhand der Thematik Prostitution in Thailand angesprochen. Positiv hervorzuheben ist zunächst, dass Prostitution von (männlichen) Buddhisten als Ausdruck des weltlichen Lebens angesehen wird, was zugleich bedeutet, dass Prostituierte nicht als religiöse „Sünderinnen" oder für die Hölle bestimmte Wesen sind; die angemessene Reaktion ihnen gegenüber ist vielmehr Mitleid *(maitri, metta)*, das so weit gehen kann, dass man aus Mitleid sogar negatives Karman einer Prostituierten auf sich nimmt, um ihr auf dem Heilsweg zu helfen. Obwohl eine solche Einstellung eine religiös bedingte Verachtung von Prostituierten einschränkt, ist sie für die weltliche Bekämpfung der Erscheinung nicht unbedingt förderlich, weil Prostitution eben vorschnell als weltliches Phänomen der Verhaftetheit an die Begierden hingenommen wird. Buddhistisch-ethisches Engagement muss daher einen anderen Ansatzpunkt finden, wofür Chatsumarn Kabilsingh einige Kriterien nennt. Man muss berücksichtigen, dass die Bildung der Prostituierten sehr niedrig ist und rund zwei Drittel von ihnen aus dem unterentwickelten und wirtschaftlich armen Norden und Nordosten Thailands stammen.

In buddhistischer Deutung dieser soziologischen Fakten kann man nun durchaus sagen, dass Prostitution aus der „Begierde" resultiert, aber nicht aus sexueller Begierde, sondern aus der vitalen Begierde, das Nötigste zum Überleben zu erhalten. Wenn „Begierde" nach den edlen Wahrheiten Buddhas eine Triebkraft für den grundsätzlich leidvollen Zustand der Welt ist, so ist dies in der Prostitution konkretisiert. Vor diesem Hintergrund versuchen daher Thai-Nonnen aus buddhistischer Perspektive, dieser weltlichen Konkretisierung von Leiden Abhilfe zu schaffen, die den buddhistischen Wert des Mitleids und der Übernahme schlechten Karmans insofern übertrifft, als die Möglichkeit zu einer neuen Lebenshaltung geschaffen wird. Dabei wird ein Vierstufenplan versucht, der auch als Hilfe für Frauen nach einer Vergewaltigung oder Abtreibung angeboten wird; man kann das Ganze als Reinigungsritual in vier Schritten auffassen: Einsicht in die eigene Situation, Zufluchtnahme zu den drei buddhistischen Juwelen, bewusste Entscheidung für den Wunsch der Veränderung, Treffen von konkreten Gegenmaßnahmen. Das Ziel dieser Riten ist zunächst die geistige Bewältigung der Prostitution (bzw. Abtreibung oder Vergewaltigung), um dadurch den Frauen wieder Selbstwertgefühl zu vermitteln. Erst wenn dieses neue Bewusstsein erlangt ist, wird die konkrete Umsetzung in neuen Lebensbezügen möglich. Obwohl Nonnen in der Thai-Gesellschaft noch einen schweren Stand haben, zeigt ihr Bemühen um solche buddhistische Re-Integrationskonzepte erste Erfolge einer konkreten Verwirklichung von Solidarität mit allen Lebewesen.

Wirtschaftliche Not und deren Linderung stellen – nicht nur bei den genannten Thai-Prostituierten – eine ethische Herausforderung dar, denn Achtung vor dem Leben bedeutet eben auch, grundsätzlich jene wirtschaftlichen Möglichkeiten bereitzustellen, die für die Befriedigung menschlicher Grundbedürfnisse notwendig sind. Obwohl für den Buddha Besitz als Verhaftetsein an Weltliches kein Wert an sich ist, wird der Erwerb von Besitz nicht negiert, und Buddhisten können Reichtum insofern auf dem Heilsweg einsetzen, als sie Almosen geben, fromme Stiftungen einrichten oder den Buddhismus in einer anderen Weise fördern. In einem gerne erzählten Gleichnis wird der rechte Umgang mit Wohlstand beschrieben, indem fast identische Bilder für Hölle und Himmel geschildert werden: Die Hölle ist in diesem Gleichnis jener Ort, wo alle vor vollen Töpfen sitzen, aber viel zu lange Löffel haben, um daraus essen zu können. Der Himmel hingegen ist jener Ort, wo ebenfalls alle vor den vollen Töpfen sitzen, aber mit den viel zu langen Löffeln sich gegenseitig zu füttern verstehen.

Wer Besitz oder Wohlstand nicht richtig zu nutzen weiß, für den ist er nutzlos. Denn trotz der Bedingtheit und Vorläufigkeit des Besitzes brauchen auch Buddhisten die Befriedigung elementarer materieller Bedürfnisse, so dass Arbeit und spirituelles Leben durchaus miteinander vereinbar sind. Das Bild eines „weltflüchtigen" Buddhisten ist sicherlich zu korrigieren. Denn erst wenn kein materieller Mangel besteht, kann das Bedürfnis zur Selbstverwirklichung entstehen, wobei westliche Buddhisten in diesem Zusammenhang – nicht zu Unrecht – gern auf das Beispiel Gautama Buddhas verweisen, der als Prinz Siddhartha alle materiellen Bedürfnisse erfüllt hatte, ehe er nach Erleuchtung suchte. Trotz der Betonung der Vergänglichkeit und des Leidvollen hat der Buddhismus von Anfang an ein Potential, die materiell-wirtschaftliche Welt in den Heilsweg einzubeziehen. Obwohl der Buddha selbst – soweit die auf uns gekommenen Quellen ein Urteil erlauben – nicht gearbeitet hat, mahnt er zur rechten Erwerbstätigkeit. Diese buddhistische Vorstellung stellt allerdings nicht nur zur Zeit der Entstehung des Buddhismus, sondern noch in der Gegenwart im indischen Kulturraum eher eine außenseiterische Meinung dar, während sie sich im ostasiatischen Buddhismus ungleich leichter durchsetzen konnte. „Ein Tag ohne Arbeit, ein Tag ohne Essen" – diese bekannte Sentenz hat der chinesische Zen-Mönch Pai-chang im 8. Jh. formuliert, wodurch Arbeit als wesentlicher Faktor endgültig in den Zen-

Weg integriert wurde, allerdings zugleich als Prinzip einer Arbeitsteilung und nicht als ein auf Gewinnmaximierung ausgerichteter Arbeitswettbewerb.
Für buddhistische Ethik lässt sich daraus einerseits ableiten, dass Wirtschaft – und zwar als Wohlstand für jeden, nicht nur für eine ausgewählte Sozialschicht – als Wert akzeptierbar ist und dass der „Motor" der Wirtschaft, nämlich die Arbeit jedes Einzelnen, zugleich Recht und Pflicht jedes Einzelnen ist. Es gehört daher auch zur Menschenwürde als Buddhist, die Möglichkeit zu haben, einer sinnvollen Arbeit nachzugehen – und dafür entlohnt zu werden, um die eigenen materiellen Bedürfnisse zu erfüllen, ohne sich deswegen von Arbeit „versklaven" zu lassen. Die „rechte Tat" als ein Glied im achtfachen Pfad zielt nicht nur auf die rechte Lebensführung allgemein, sondern schlägt sich auch in der Ausübung oder Vermeidung bestimmter Berufe nieder; Beispiele für ethisch unzulässige Berufe, die in buddhistischen Ländern weitgehend geächtet und abgelehnt werden, beziehen sich v. a. auf den Handel mit Menschen, auf das Töten von Tieren oder die Verwertung von Fleisch, auf Geschäfte mit Waffen oder mit berauschenden Substanzen. Denn solche Berufe verstoßen entweder gegen eines der fünf Gelübde oder gegen andere Lebewesen. Arbeit und ökonomische Aktivitäten sind eben so zu wählen, dass sie heilsam und dem Erlösungsweg förderlich sind, wobei ein zentraler Akzent darauf liegt, dass die eigene Arbeit andere Lebewesen nicht schädigen, ausnützen oder betrügen darf. Unter solchen Voraussetzungen soll aber auch der buddhistische Laie intensiv arbeiten, um sein Essen zu verdienen und Wohlstand zu erwerben, der es ihm ermöglicht, durch sein „rechtes Tun" direkt oder indirekt Arbeitsmöglichkeiten für andere zu schaffen.

4.2.3 Solidarität mit nichtmenschlichem Leben

Als Ausgangspunkt für einen ethischen Umgang auch mit nichtmenschlichem Leben ist auf den Wesenszusammenhang zwischen Tier und Mensch zu verweisen. Anders als im Hinduismus, der ebenfalls diesen Wesenszusammenhang kennt, spielen Tiere als göttliche bzw. dämonische Manifestationen eine eher untergeordnete Rolle, obwohl gelegentlich übermenschliche Wesen in Tiergestalt dargestellt werden. Allerdings ist dies eher eine äußere Form, die für den konkreten Umgang mit Tieren wenig bedeutsam ist. Wichtiger sind jene Bezugnahmen, die Tiere in den

Jatakas darstellen; manchmal tritt hier der Buddha selbst in Gestalt eines konsequenterweise guten bzw. edlen Tieres auf, das eine allgemein verständliche Ethik verkündet. Buddhistische Qualitäten des Erbarmens oder Mitleids mit anderen Wesen werden dadurch diesem Tier (und dem Buddha) in den Mund gelegt. Interessant sind auch solche Erzählungen, in denen ein Tier sich für ein anderes opfert, um beispielsweise den Hunger des Jägers nach Fleisch zu stillen. Manchmal enden die Geschichten damit, dass es dem betreffenden Tier gelingt, den Jäger zu überzeugen, dass er vom Fleischgenuss absehen soll; dadurch rettet das Tier schließlich das eigene Leben.

Dieses volkstümliche Erzählgut ist geeignet, den Ahimsa-Gedanken zu popularisieren und zugleich Buddhisten zur Sorge für Tiere zu motivieren, da eben Tiere in den Erzählungen solche Verhaltensweisen vorleben, so dass ein Mensch – will er nicht schlechter dastehen als das Tier – dieses Verhalten ebenfalls an den Tag legen muss. Ferner deuten solche Jataka-Erzählungen auch die mögliche Buddha-Natur in den Tieren an. Im älteren indischen Buddhismus war dies zunächst umstritten, wie eine Episode aus dem Mahavagga zeigt. Hier nimmt ein Naga, eine Schlange, menschliche Gestalt an, um dadurch buddhistischer Mönch werden zu können. Die Sache wird entdeckt und der „Naga-Mensch" muss die Mönchsgemeinde verlassen. Die Episode verdeutlicht die ursprüngliche Meinung, dass Buddha-Natur für Tiere nicht erreichbar ist, sondern dies nur Menschen zukommt. Im Mahayana-Buddhismus verbreitete sich jedoch die Vorstellung, dass alle Lebewesen an der Buddha-Natur Anteil haben, v. a. im ostasiatischen Buddhismus erreicht diese Vorstellung ihre volle Entfaltung. Diese Buddha-Natur der Tiere sollte daher auch den Umgang mit ihnen bestimmen.

Eine andere ethische Seite bringt die Umsetzung des Ahimsa-Ideals hinsichtlich der Tötung von Tieren. Diese Akzentuierung von Ahimsa reicht bis in die Mitte des 3. Jh.s v. Chr. zurück, ein ausführlicher diesbezüglicher Text stammt von Ashoka (Schneider 1978, 105):

> *„Diese Schrift über den Dharma ist auf Veranlassung des Königs geschrieben worden. Hier darf kein Lebe(wese)n zu Opferzwecken getötet werden. ... Früher wurden in der Küche des Königs täglich viele Hunderttausende von Tieren zur Bereitung von Fleischsoße getötet. Doch jetzt, da diese Schrift über den Dharma geschrieben*

ist, werden nur noch drei Tiere getötet: zwei Pfauen (und) eine Gazelle, die Gazelle aber auch nicht regelmäßig. Aber auch diese drei Tiere werden in Zukunft nicht (mehr) getötet werden. ... Überall sind durch den König zwei (Arten von) Heilbehandlung eingerichtet worden, Heilbehandlung für Menschen und Heilbehandlung für (domestizierte) Tiere. Und für Menschen und Tiere nützliche Kräuter sind, wo immer sie nicht vorhanden waren, überall auf seine Veranlassung beschafft und angepflanzt worden."

Die Umsetzung dieser Vorschriften hat dabei „geschützte" Lebensräume für Tiere geschaffen, was als Frühform eines buddhistischen „Tierschutzes" zu werten ist; ferner haben die Bemühungen Ashokas, die Qualen der Tiere zu mildern und erste „Tierkrankenhäuser" einzurichten, eine Sitte initiiert, die in der buddhistischen Welt bis heute weitergepflegt wird. Im Zusammenhang mit der Missionierung Sri Lankas durch Ashokas Sohn Mahinda wird berichtet, dass er die königlichen Jagdgefilde in der Umgebung der alten Hauptstadt Anuradhapura in ein Tierschutzgebiet verwandelte, in dem das Jagen verboten war – ein Verbot, das prinzipiell ebenfalls bis heute seine Gültigkeit bewahrt hat. Genauso hat sich bis heute eine Tradition gehalten, dass man in einer feierlichen Zeremonie gefangene Tiere, die zur Schlachtung bestimmt sind, freikauft, um sie wieder in ihrer natürlichen Lebenswelt auszusetzen.
So wurde beispielsweise in einem Zeitungsbericht in Hongkong im Jahr 1997 erwähnt, dass sich in einem der Schlachthäuser der Stadt ein Büffel so auffällig benahm und sich niederlegte, so dass die Arbeiter ihn nicht zur Schlachtung weiterführen konnten. Einige Arbeiter sammelten daraufhin – in der Überzeugung, dass der Büffel im Wissen um sein Schicksal weinte und sich niederlegte – Geld, um dieses Tier dem Schlachthof abzukaufen und es buddhistischen Mönchen zu schenken, die sich um solche Tiere kümmern. Dem Zeitungsbericht zufolge haben auf Grund dieses Ereignisses auch drei Arbeiter ihre Arbeit im Schlachthof gekündigt. Berufe wie Metzger, Fischer, Jäger, Gerber oder Lederverarbeiter gelten bis heute in buddhistischen Ländern als sozial äußerst tiefstehend, weil sie mit der Schlachtung und Verarbeitung von Tier(produkt)en zu tun haben.
Ein anderes Beispiel sei erwähnt: Im September 1997 fand in Oberösterreich eine – von Buddhisten mitinitiierte – interreligiöse Pilgerfahrt gegen

Massentierhaltung und Tötung statt. Neben Gesprächen und Meditation fand die Pilgerfahrt einen Abschluss in einem gemeinsamen Gottesdienst vor der Schweinefarm des Stiftes Kremsmünster, an deren Anschluss eine Gruppe der anwesenden Buddhisten den Weg zwischen der Schweinefarm und dem Stift als Pilgerweg zurücklegte – mit rituellen Niederwerfungen als Form der traditionellen buddhistischen Wallfahrt zum Heil aller Wesen. – „Realpolitisch" darf man natürlich nicht übersehen, dass v. a. kräftige Tiere auch als „Nutz- und Arbeitstiere" eingesetzt wurden und so durchaus zur „Leidvermehrung" beitragen konnten. Eine doppelte Rolle spielt zweifellos der Elefant: In der buddhistischen Literatur Sri Lankas gilt der Elefant als Tier, das im Krieg als äußerst wirksame Waffe einsetzbar war; als Symbol der Stärke ist er zugleich mit der königlichen Machtausübung verbunden, mit Prozessionen und Prunk im Zusammenhang mit dem Staatskult. Diese Komponenten finden wir auch in der altindischen, dem Hinduismus zuzuordnenden Literatur. Dieser Hinweis soll davor warnen, den Umgang mit Tieren in der buddhistischen Welt und Geschichte zu idealisieren.
Ein weiterer Aspekt der Einstellung zu Tieren ist der daraus direkt oder indirekt abgeleitete Vegetarismus. Zu betonen ist dabei, dass im Buddhismus nie ein völliges Verbot von Fleischgenuss formuliert wurde; auch Buddha hat seinen Mönchen „nur" verboten, Fleisch auf dem Almosengang anzunehmen, das eigens für sie geschlachtet worden war. Zwar benennt auch der frühe Buddhismus etwa im Majjhima-Nikaya Speisetabus (Neumann 1956, 381):

> *„Sämereien und Pflanzungen anzulegen, hat er [der Mönch] verschmäht. Einmal des Tags nimmt er Nahrung zu sich, nachts ist er nüchtern, fern liegt es ihm zur Unzeit zu essen. ... Gold und Silber nimmt er nicht an. Rohes Getreide nimmt er nicht an. Rohes Fleisch nimmt er nicht an. ... Ziegen und Schafe nimmt er nicht an. Hühner und Schweine nimmt er nicht an. Elefanten, Rinder und Rosse nimmt er nicht an. Haus und Feld nimmt er nicht an. ... Er ist zufrieden mit dem Gewande, das seinen Leib deckt, mit der Almosenspeise, die sein Leben fristet."*

Diese Speisevorschriften für Mönche und Nonnen stehen aber primär in einer allgemeinen Asketentradition, in der es noch nicht um Vegetarismus als Folge der Vermeidung von Tiertötung geht. Dennoch fördern auch solche Texte die Entwicklung des Tötungsverbotes, so dass der Mönch – und davon abgeleitet jeder vollkommene Buddhist – im Dhammapada (Nr. 405) folgendermaßen beschrieben werden kann (Neumann 1957, 698):

„Verwerfend jede Waff' und Wehr,
Nicht Tieren feind, nicht Pflanzen feind:
Wer weder tötet, weder schlägt,
Den heiß' ich einen Heiligen."

Ein Mönch („Heiliger") hat das Ahimsa-Prinzip zu beachten, woraus auch seine Lebensführung und Ernährung resultieren. Wesentlich spielt aber noch ein anderer Gedanke für die Propagierung und Förderung des Vegetarismus im Buddhismus eine Rolle, nämlich die Idee der in allen Lebewesen verborgenen Buddhaschaft. Wer ein tierisches Lebewesen tötet, der schädigt dessen Buddhaschaft, so dass eine Konsequenz daraus der Verzicht auf fleischliche Nahrung war.
Ahimsa und Buddha-Natur der Lebewesen verlangen von einem Menschen, der ernsthaft als Buddhist leben will, bei der Gestaltung seines Lebens sich um das Wohl aller Wesen zu kümmern, was letztlich auch unscheinbare Tiere miteinbezieht, und dessen Konsequenzen bis in den Alltag reichen; pointiert, aber durchaus folgerichtig, hat der Buddhologe Lambert Schmithausen darauf verwiesen, dass der Buddha heutzutage seinen Mönchen wahrscheinlich das Autofahren genauso verbieten würde wie vor zweieinhalb Jahrtausenden das Umherziehen während der Regenzeit: denn wie beim Wandern während der Regenzeit unbeabsichtigt Kleintiere zertreten werden, so finden auch beim Autofahren trotz aller Vorsicht Igel und Frösche auf der Straße und Insekten an der Windschutzscheibe den Tod. Sowohl der im Regen wandernde als auch der mit dem Auto fahrende Mönch bewirkt dabei zwangsläufig Leid für andere Lebewesen, so dass der Idealmönch als „Elite-Buddhist" letztlich das Autofahren unterlassen müsste. Der Vergleich ist zweifellos pointiert und sollte nicht als ethischer Maßstab verallgemeinert werden, er ist aber sicherlich geeignet, zu zeigen, dass Handlungsweisen nur dann ethisch sind, wenn auch die Folgen für unscheinbare (Klein-)Lebewesen mitbedacht werden.
Ahimsa als „Achtung vor dem nichtmenschlichen Leben" bezieht sich natürlich auch auf die Natur, wobei jedoch für Buddhisten der „Schutz

der natürlichen Umwelt" wenig mit einem ökologischen Bewusstsein oder einem Artenschutz bedrohter Tiere oder Pflanzen zu tun hat. Denn die Natur als Teil des Kosmos ist nach traditioneller buddhistischer Auffassung eher ein feindlicher Bereich, Naturfrömmigkeit oder größere Naturverbundenheit asiatischer Menschen – wie gelegentlich behauptet wird – entspricht kaum buddhistischen Grundlagen, auch wenn ostasiatische Mahayana-Richtungen in dieser Hinsicht positiver zur Natur eingestellt sind, als dies im frühen indischen Buddhismus der Fall war.

Aber auch in Ostasien ist es primär die ästhetisch geordnete Natur (z. B. in der Anlage der Zen-Gärten) als meditatives Symbol des Kosmos, die es zu schützen gilt, nicht die Natur grundsätzlich. Es wäre aber fatal, daraus den Schluss zu ziehen, dass für einen modernen Buddhisten die Vernichtung der Natur durch Industrialisierung und „Fortschritt" kein Problem wäre, da dies lediglich – auf moderne und drastische Art – bestätigen würde, dass es keine Beständigkeit gibt. Gegenüber einer solchen Sichtweise muss eingewendet werden, dass für das Naturverständnis noch ein weiterer Gesichtspunkt betrachtet werden muss, der dem Rechnung trägt, dass die „Natur" eben auch Lebensraum für andere Lebewesen ist. Deshalb ist die Schädigung der Natur zu unterlassen, da sie indirekt oder direkt auch Leidensvermehrung für diese Lebewesen bedeuten würde.

Die Sorge um die Bewahrung der Natur lässt sich somit durchaus buddhistisch begründen. Neue buddhistische Strömungen und Gruppen legen daher auch ihr Augenmerk auf solche Themenstellungen. Eine bekannte Gruppierung ist die Soka Gakkai, die „Studiengesellschaft zur Schaffung von Werten", eine japanisch-buddhistische Neugründung des 20. Jh.s. Ihr Gründer Makiguchi (1871–1944) betonte vom Lotos-Sutra ausgehend die gegenseitige Beziehung aller Menschen und Dinge, wobei das Einssein von Mensch und Natur von ihm mit dem Begriff *eshofuni* („Untrennbarkeit von Lebenseinheit und Umwelt") umschrieben wurde. Natur und Mensch müssen in gegenseitiger Harmonie stehen, weil sie voneinander abhängig sind. Um diesen Gedanken auch praktisch umzusetzen, wurde 1964 beispielsweise von der Soka Gakkai eine politische Partei gegründet, die u. a. „Umweltschutz" im Parteikonzept betont.

Andere Strömungen kann man mit dem Sammelbegriff „Öko-Buddhismus" zusammenfassen. Der Ausgangspunkt dafür war die amerikanische Westküste in den 80er Jahren des 20. Jh.s; der erste wichtige Vertreter dieses Denkansatzes war Gary Snyder, der zwischen 1956 und 1964 in

einem Rinzai-Tempel in Kyoto lebte, wobei die „Naturfrömmigkeit" des Rinzai ihn in der Propagierung eines buddhistischen Ökobewusstseins beeinflusst hat. Interessant ist dabei eine Änderung, die den buddhistischen Kontext bereits sprengt; Snyder erweitert nämlich den buddhistischen Zentralbegriff *sangha* insofern, als seiner Ansicht nach alle Wesen Teil dieses Sangha sind; so zählt er auch die indianische Bevölkerung Amerikas oder die Aborigines in Australien dazu, d. h. Völker mit echter oder angeblicher „Naturverbundenheit", von denen auch der Buddhist bezüglich eines harmonischen Lebens mit der Natur und einer Bewahrung der Natur lernen soll.
Aber auch andere Gruppen und Organisationen versuchen seit rund zwei Jahrzehnten, auf Grund einer buddhistischen Lebenshaltung ökologische Bemühungen in den Mittelpunkt ihrer Aktivitäten zu stellen; als Beispiele seien folgende Gruppen genannt: Die *Buddhist Peace Fellowship* wurde 1978 gegründet und geht davon aus, dass der Weg des Buddha ein Weg des Friedens und des Schutzes aller Wesen ist; daraus resultiert u. a., dass man den natürlichen Lebensraum der Wesen bewahrt. Die Zahl der Mitglieder beläuft sich auf einige Tausend und umfasst sowohl Europäer und Amerikaner als auch Asiaten. Eine andere Gruppe ist das *International Network of Engaged Buddhists*, eine Bewegung, die 1989 in Thailand begann, als 36 Personen aus elf Ländern zusammentrafen, um gemeinsam die Zusammenarbeit der buddhistischen Länder zur Erarbeitung von Lösungen für Probleme der Gegenwart zu finden. Als Hauptarbeitsgebiete dieser Gruppe kann man Themen wie Umweltprobleme, alternative Entwicklungsmodelle, aber auch gesellschaftliches Engagement nennen. Zu den geistigen Führungspersönlichkeiten gehören u. a. der Dalai-Lama, der Exilvietnamese Thich Nhat Hanh, der den Ausdruck „engaged Buddhism" in den 60er Jahren bereits populär gemacht hat, oder der 1993 verstorbene Thai-Mönch Buddhadasa Bhikkhu. Eine dritte Gruppe, die noch genannt werden soll, ist die *International Society for Ecology and Culture*, die ihren Ausgang Ende der 70er Jahre in Ladakh genommen hat und sich bemüht, das Verständnis für den Zusammenhang zwischen Umwelt, Kultur und Gesellschaft zu fördern.
Wenn man abschließend sagt, dass eine von Ahimsa geprägte Lebensauffassung einen schonenden Umgang mit der Natur ermöglicht, so schließt sich nochmals der Kreis zu einer buddhistischen Ethik insgesamt: Ahimsa ist zu propagieren und zu praktizieren a) auf Grund des Mitleids

mit allen Wesen, b) auf Grund der Angst vor negativen karmischen Auswirkungen von Gewaltanwendung und c) auf Grund der Befürchtung, dass Gewaltanwendung zur ethischen Abstumpfung dessen führt, der sie ausübt. Wenn diese Sichtweise das ganze Leben bestimmt, dann wird Ethik zu jener Lebenshaltung schlechthin, die Voraussetzung für Meditation ist, um auf dem Pfad zur Erleuchtung weiterzuschreiten.

C. Aktualität des Buddhismus

1. Die asiatischen Länder

1.1 Erneuerungstendenzen und Probleme in Südostasien

Eine zentrale Gestalt der buddhistischen Erneuerung im südostasiatischen Raum trat in den 80er Jahren des 19. Jh.s auf, nämlich Anagarika Dharmapala. Geboren 1864 in Colombo und in christlichen Schulen erzogen, kam er seit 1880 mit der theosophischen Bewegung und Colonel Olcott in Berührung, wobei diese Kontakte für ihn eine Stärkung seiner buddhistischen Orientierung bedeuteten. Bei einem Aufenthalt in Bodh Gaya im Jahr 1891 beschloss er auf Grund des renovierungsbedürftigen Zustands des Maha-Bodhi-Tempels an der Stelle von Buddhas Erleuchtung, sich nicht nur für die bauliche Restauration des Tempels zu engagieren, sondern überhaupt die Wiederbelebung des Buddhismus in seinem Heimatland zu initiieren. Zu diesem Zweck gründete er in Colombo die Bodh-Gaya-Maha-Bodhi-Gesellschaft, deren Hauptsitz bald danach nach Kalkutta verlegt wurde. Die Tätigkeit der Gesellschaft strebte ferner die Stärkung der Einheit der Buddhisten in allen Ländern an, wobei Bodh Gaya Mittelpunkt der buddhistischen Religiosität werden sollte.
Für die weitere Wirkung und Erneuerung des Buddhismus durch ihn ist noch ein anderer Aspekt hervorzuheben: Nachdem er 1890 in einem Kloster einen Text über Meditation gefunden hatte, publizierte er ihn und machte dadurch die Laienmeditation, die traditionell keine Rolle gespielt hatte, im Buddhismus heimisch, was sie bis heute geblieben ist. Genauso konnte Dharmapala im Jahr 1893 auf dem Weltparlament der Religionen in Chicago den Buddhismus einem westlichen Publikum präsentieren, ohne dort allerdings jenen nachhaltigen Erfolg zu erzielen, den Swami Vivekananda mit seiner Darbietung des Neo-Hinduismus hatte. Trotzdem darf nicht vergessen werden, dass Dharmapala, der bis zu seinem Tod

1933 unermüdlich missionarisch tätig war, jene Gestalt ist, die die buddhistische Erneuerung in Süd- und Südostasien in die Wege geleitet hat, so dass der Theravada-Buddhismus wiederum einen festen Platz in der öffentlichen Gesellschaft gewinnen konnte, wobei er v. a. in Sri Lanka bis in die Gegenwart als Nationalheld gilt, nach dem in jeder größeren Gemeinde wenigstens ein Platz oder eine Straße benannt ist.

Der wesentliche Kern seiner Reform besteht zweifellos in der Einführung der Meditation für Laien, was für Laien einen neuen – dem Mönchtum angenäherten – Status bedeutete; Dharmapala selbst machte diesen Status auch optisch insofern sichtbar, als er eine weiße (nicht gelbe) Mönchsrobe trug und sich im Gegensatz zu den ordinierten Mönchen auch nicht die Kopfhaare scherte, aber seine Lebensführung nach den Mönchsregeln ausrichtete. Auch Laien wurden von ihm aufgefordert, an Festtagen die Mönchsgelübde formell für 24 Stunden auf sich zu nehmen, um dadurch ihre bewusste Entscheidung für den Buddhismus zu symbolisieren. Zu betonen ist dabei, gerade hinsichtlich der weiteren Wirkung, dass die Hinwendung zum Buddhismus mit dem entstehenden Bürgertum besonders in Sri Lanka verbunden war, wodurch eine nicht unwesentliche gesellschaftliche Weichenstellung gegeben war. In der zweiten Hälfte des 20. Jh.s haben auch Buddhisten des Mittelstands in anderen südostasiatischen Ländern Impulse von Dharmapala aufgegriffen.

Mit der Unabhängigkeit Sri Lankas im Jahr 1947 ergab sich jedoch eine neue Situation, die eine Alternative zu Dharmapalas Wirkung darstellte. Die Demokratisierung brachte mit sich, dass die Idee der politischen und sozialen Verantwortung der Mönche, die während der Zeit der ceylonesischen Königreiche immer lebendig war, wieder auflebte, verbunden mit der Vorstellung, dass Buddhismus zugleich als singhalesischer Nationalismus gesehen wurde – auf Kosten der hinduistischen Tamilen, aber auch der Christen und Muslime. Einen deutlichen Ausdruck fand dies bereits in der Diskussion um die Nationalflagge, bei der von den Tamilen als Symbol der Adam's Peak favorisiert wurde, jener Berg, der Hindus, Buddhisten, Muslimen und Christen als Wallfahrtsort auf der Insel gilt.

Allerdings wurde der singhalesische Löwe, ein rein buddhistisches Symbol, in die Nationalflagge aufgenommen. Entscheidend für die buddhistische Politik wurde das Jahr 1956: Im Vorfeld der Parlamentswahlen unterstützten die Mönche eindeutig Solomon W. R. D. Bandaranaike und seine „Sri-Lanka-Freiheitspartei"; Ziel dieser Politik war einerseits, einen

Zusammenschluss des Sangha gegen den Einfluss der singhalesischen Christen und tamilischen Hindus im Staat zu bilden, weiters war anzustreben, Singhalesisch als Staatssprache und den Buddhismus als Staatsreligion einzuführen. Auf Grund dieses Programms wurde mit klösterlicher Unterstützung Bandaranaike gewählt, allerdings ging seine konkrete Politik in eine andere Richtung, indem er Buddhismus und buddhistische Kultur als nationale Grundlage, aber Sri Lanka als säkularen Staat betrachtete.

Dieses Programm war manchen Mönchskreisen zu wenig, so dass Bandaranaike 1959 von einem Mönch, der ihn ursprünglich unterstützt hatte, ermordet wurde. Seine Partei setzte daraufhin seine Gattin Sirimawo Bandaranaike an die Spitze des Staates, so dass die Nationalpolitik im Wesentlichen unverändert weiterverfolgt wurde. Auf Grund der doch nicht konfliktfreien Beziehung zwischen Orden und der Politik Bandaranaikes ist es zu einem Rückgang des offiziellen politischen Einflusses der Mönche gekommen. – Allerdings sind es in den derzeitigen politischen und militanten Auseinandersetzungen zwischen Singhalesen und Tamilen (Liberation Tigers of Thamil Eelam/LTTE), die v. a. im Zusammenhang mit dem „Friedensvertrag" zwischen Indien und Sri Lanka im Jahr 1987 und den Wahlen von 1988 an Heftigkeit zugenommen haben, vorwiegend Mönche, die von Zeit zu Zeit die politischen Führer der verfeindeten Parteien an einen Tisch zu bringen versuchen, um so wenigstens zu einer Entschärfung der brisanten Lage zu kommen. Diese Fälle des politischen Engagements über die National- und Religionsgrenzen hinaus sind aber nur in den seltensten Fällen von Minimalerfolgen gekrönt, wie gerade die erneute militärische Offensive der Regierungsarmee gegen die LTTE Ende der 90er Jahre gezeigt hat.

In Burma hat besonders die Kolonialherrschaft der Briten wesentlich zur Politisierung des Buddhismus beigetragen, was schließlich zur Gründung des unabhängigen Staates Burma führte. Während der Kolonialherrschaft wurden in Burma Engländer oder Inder mit Christentum, Hinduismus oder Islam identifiziert, so dass demgegenüber ein Nationalbewusstsein entstand, das den Buddhismus als Identitätsmerkmal der Burmesen betonte. Dadurch gingen Bestrebungen nach politischer Unabhängigkeit und buddhistischer Erneuerung Hand in Hand, eine Entwicklung, die zu Beginn des 20. Jh.s einsetzte. Als ein im Prinzip unwesentlicher, aber von der Wirkung her entscheidender Streitpunkt und Ausdruck des neuen

Selbstbewusstseins kann der sogenannte „Footwear"-Streit in Mandalay betrachtet werden: Am 4. Oktober 1919 wurden aus den Tempeln von Mandalay Europäer hinausgeprügelt, die sich seit langem geweigert hatten, beim Betreten des Heiligtums ihre Schuhe abzulegen, weil sie sich für besser hielten als die „bloßfüßigen" Einheimischen.
Diese Aktion, die sich an einer lange geduldeten Äußerlichkeit plötzlich entzündete, war Ausdruck des neuen Selbstverständnisses und der eigenen Würde; die Methode dieser Politik greift dabei z. T. auf Praktiken zurück, die auch die indische Nationalbewegung und Mahatma Gandhi mit der Kongresspartei etwa ein Jahrzehnt zuvor anzuwenden begonnen hatten. Ein prominenter politischer Mönch dieser Jahre war U Ottama, der auf Grund seiner politischen Tätigkeit die meiste Zeit zwischen 1924 und 1939 im Gefängnis verbrachte. Ein anderes markantes Merkmal der politischen Seite des Buddhismus ist der Bauernaufstand von 1930 bis 1932. Bedingt durch die schlechte Weltwirtschaftslage hatten die Bauern Niederburmas in diesen Jahren 41 Prozent ihres Bodens verloren. Ziel des Bauernaufstandes war nicht nur, die Armut zu beseitigen, sondern zugleich einen buddhistischen Idealstaat zu errichten, der sich an vorkolonialen, buddhistischen Werten orientierte. Um sich von der gegenwärtigen schlechten Welt zu trennen, wurde symbolisch auch eine neue buddhistische Königsstadt im Dschungel angelegt.
Die Richtung, die für den politischen Buddhismus Burmas aber am wichtigsten werden sollte, war die Synthese zwischen Marxismus und buddhistischen Ideen: Ab der Mitte der 30er Jahre wird vermehrt buddhistische Terminologie aufgegriffen, um damit marxistische Begriffe verständlich (und populär) zu machen. Der spätere Ministerpräsident U Nu widerlegt antisozialistische Einwände mit Hilfe buddhistischer Argumente, wenn er etwa sagt, dass wirtschaftliche Ungerechtigkeiten mit Gier, Hass oder Trug zusammenhängen und der Kapitalismus der Engländer Schuld an der Abwendung vom Buddhismus hat. Andere politische Denker dieser Zeit haben wenig Bedenken, die Gütergemeinschaft des Mönchsordens mit dem Sozialismus zu identifizieren, wofür sie auch die Zustimmung der Mönche finden.
Nachdem am 4. Januar 1948 die Unabhängigkeit des neuen Staates zum Tragen gekommen ist, bleibt der Marxismus als Deutungsmuster der irdischen Realität durchaus bestehen: Marxismus ist die niedrige Wahrheit, die zwar nicht das Problem vom buddhistischen Leiden löst, aber er kann

materielle Befreiung und Nutzen bringen; diese materielle Seite wird durch die buddhistische höhere Wahrheit überboten. Die Lehre dieser „doppelten Wahrheit" ist für die Regierung von U Nu charakteristisch, die versucht, religiöse Werte mit der sozialistischen Lehre zu koppeln, auch wenn U Nu sich als Konsequenz zur Niederschlagung des Aufstands der burmesischen Kommunisten im Jahr 1949 vom Materialismus distanziert. Bedeutsam für den Buddhismus in Burma sind ferner einige Gesetze U Nus zur Erneuerung des Ordens: Die klösterliche Gerichtsbarkeit für Rechtsstreitigkeiten über Klosterbesitz wird wieder eingeführt, eine Pali-Universität errichtet und eine Zentralorganisation der burmesischen Buddhisten geschaffen.

Die Verknüpfung zwischen dem Staat und dem Orden findet dabei einen Höhepunkt in der Abhaltung des 6. Buddhistischen Konzils (1954–1956) in Rangun, ein weiterer Höhepunkt ist die Erklärung des Buddhismus zur Staatsreligion am 26. August 1961. Als aber U Nu etwas später auch andere Religionen als gleichberechtigt anerkennt, wenden sich nicht nur politisierende Mönche gegen ihn, sondern auch Moscheen in Rangun gehen in Flammen auf; U Nus Sturz durch den Militärputsch unter General Ne Win 1962 war die Folge. Schon zuvor war von manchen Mönchsgruppen immer wieder gegen U Nus Politik opponiert worden; einzelne Gruppen waren v. a. in den Jahren 1956 und 1959 auch unter Anwendung von Waffengewalt aufgetreten, wobei Vereinigungen junger Mönche betont militant waren. Am Ende dieser Auseinandersetzungen innerhalb der Ordensgemeinden standen dabei zwei Gruppen, einerseits die sogenannte Sangha-Front, die die weltlichen politischen Gegner U Nus unterstützte, andererseits die Unions-Ordensliga, die auf der Seite U Nus seine Förderung des Buddhismus als Staatsreligion lobte; allerdings wurde durch die Gleichberechtigung der anderen Religionen das Verhältnis U Nus auch zur Unions-Ordensliga belastet, so dass U Nus Politik bezüglich des Buddhismus mit einem Fehlschlag endete. Die Machtübernahme der Armee unterdrückte den Buddhismus zwar nicht offiziell, brachte aber Einschränkungen: Bereits 1965 wurden die Pali-Universität und die Gerichtsbarkeit der Mönche wieder abgeschafft, auch der Status des Buddhismus als Staatsreligion wurde aufgehoben und Religion zur reinen Privatsache erklärt, was den Einfluss der Mönche aus der Politik ausschaltete.

Dennoch suchte auch die Politik von General Ne Win einen mittleren

Weg zwischen burmesischer Tradition und westlichem Sozialismus; dieser eigene politische und ideologische Weg Burmas, der zu einer relativ starken politischen Abkapselung nach außen in den 60er und 70er Jahren führte, war aber neuerlicher Ausdruck des burmesischen Selbstverständnisses und Nationalbewusstseins, wobei sich die Regierung jedoch wenig in die Belange der Orden einmischte. Erst 1979/80 begann eine neue Phase der Religionspolitik, durch die Mönche wieder verstärkt in die Öffentlichkeit kamen, auch die geistliche Gerichtsbarkeit der Orden wurde wieder konstituiert. Da die selbstgewählte internationale Isolierung von Burma in den 80er Jahren zu schweren wirtschaftlichen Problemen führte, kam es ab 1988 zu Unruhen, bei Wahlen 1990 konnte die Opposition – angeführt von der unter Hausarrest stehenden späteren Friedensnobelpreisträgerin Aung San Su Kyi – zwar einen deutlichen Wahlsieg feiern, blieb aber bis heute von der Übernahme der Regierungsgeschäfte ausgeschlossen. In der Folge kam es mehrfach zu Übergriffen von Militärs auf oppositionelle buddhistische Klöster, so dass Burma in den 90er Jahren mehrfach Schauplatz von Verfolgung und Unterdrückung des Buddhismus war.

Ein paar kurze Bemerkungen auch zur politischen Aktivität des Buddhismus in Thailand: Nachdem 1975 durch die Machtübernahme der Kommunisten in Kambodscha und Laos der Buddhismus in diesen beiden Ländern weitgehend eingeschränkt worden ist, blieb Thailand jener Staat in Südostasien, in dem der Buddhismus der Mönche sich derzeit am stärksten indirekt auf den Thai-Nationalismus auswirkt. Die politische Verknüpfung des Sangha mit dem Staat zeigt sich darin, dass der Orden praktisch eine Organisation ist, die im Wesentlichen vom Staat kontrolliert wird; bereits 1902 ist die geistliche Hierarchie nach dem Vorbild der Staatsämter organisiert worden. Da die thailändischen Reformorden (v. a. Dhammayuttika-Nikaya) großen Wert auf Bildung legten, wurde ein System von staatlichen Prüfungen für Mönche eingesetzt, was einerseits förderte, dass viele Kinder zum Zwecke der Ausbildung eine Zeitlang als Mönch leben, um nach beendeter Ausbildung das Kloster wieder zu verlassen, andererseits führte das auch zu einer engeren Verflechtung der Mönche mit der Staatsmacht.

Dadurch ergibt sich hier ein Wechselspiel zwischen Staat und Religion, so dass religiöse Angelegenheiten genauso wichtig werden wie Staatsangelegenheiten. Insofern war es fast logisch, dass in den Jahren 1955/56 – am

Ende der Periode der ersten 2500 Jahre des Buddhismus, die unter dem besonderen Schutz des Buddha selbst standen – politisch oppositionelle Erwartungen geschürt wurden, die das unmittelbar bevorstehende Kommen des Buddha Maitreya erwarteten, so dass Staat und Orden alle Hände voll zu tun hatten, diese Erwartungen zu bremsen und eine Gegenbewegung zu starten, derzufolge man sein eigenes Verdienst erwerben müsse, anstatt nur auf Maitreya zu warten, dass er einem helfe. – Hervorzuheben ist für Thailand im Kontext der politischen Tätigkeit der Mönche v. a. die sozialethisch ausgerichtete Tätigkeit vieler Mönche, die sich wesentlich auf die Entwicklung Thailands zu einem modernen Staat ausgewirkt hat. Seit dem Sturz der absoluten Monarchie (1932) und den darauffolgenden Reformen lassen sich immer wieder Versuche feststellen, die ein bürgerliches Ethos aus dem Buddhismus ableiten – analog zu Anagarika Dharmapalas Buddhismus-Interpretation auf Sri Lanka: Fleiß oder Zähigkeit werden als buddhistische Werte propagiert, die auch zu einem materiellen Ziel führen sollen, wobei Wohlstand nicht nur als Mittel für verdienstvolle Werke, sondern durchaus als eigenständiger Wert akzeptiert wurde. Arbeit um der Arbeit willen, was auf weltlichem Gebiet wie Handel oder Industrie zu auch erwünschten positiven materiellen Nebenwirkungen führt, kann genauso als Weg zum Nirvana angesehen werden wie Meditation. Es ist daher nicht verwunderlich, wenn solche Interpretationen des Buddhismus in der rituellen Praxis auch Zeremonien hervorbringen, bei denen Mönche elektrische Kraftwerke, Flugzeuge oder Fabriken segnen.

In den rund zwei Jahrzehnten, als in Thailand bis 1993 Militärrecht herrschte, war die Haltung der Mönche gegenüber der Militärregierung nicht einheitlich, sowohl Unterstützung des antikommunistischen Kurses (auch vor dem Szenarium des Sieges der Kommunisten in Vietnam, Kambodscha und Laos nach dem Vietnamkrieg) der Militärs als auch eindeutig oppositionelle Haltung und Unterstützung von Demonstrationen für mehr Demokratie kamen vor. Stärker als das politische Engagement war aber letztlich – durchaus in Traditionen stehend, die bis in die Mitte des 20. Jh.s zurückreichen – die inhaltliche Orientierung an einer buddhistischen Erneuerung. In dieser Hinsicht ist die enge Verflechtung der Mönche mit dem alltäglichen Leben und den Interessen des Staates aber nur durch eine schmale Grenze von der Säkularisierung getrennt, wobei der moderne thailändische Staat einerseits einen äußerst traditionellen Buddhismus bewahrt, gleichzeitig aber auch v. a. in der Oberschicht Grundlagen des *dharma* fraglich geworden sind, wie eine bereits 1975 gemachte Untersuchung deutlich zeigt: Hinsichtlich der Übereinstimmung der Grundaussagen des Buddhismus mit Wissenschaftlichkeit gaben von den 300 Befragten, die an Universitäten in Thailand tätig waren, nur drei Prozent an, dass die Aussagen über Nirvana bzw. über Wiedergeburt mit Wissenschaftlichkeit in völligem Einklang stehen; auch hinsichtlich der Karma-Lehre waren nur zwölf Prozent der Befragten dieser Ansicht. Andererseits hielt aber die Hälfte der Befragten die buddhistische Lehre der Unbeständigkeit alles Seins für äußerst wissenschaftlich.

Gleichzeitig ist bei den im Zusammenhang mit der Umfrage durchgeführten Interviews deutlich geworden, dass gerade die Lehre vom Nirvana starken Neuinterpretationen unterzogen wird, wobei versucht wird, trotz Skepsis den Buddhismus als Ganzes keineswegs in Frage zu stellen. Auf Grund der engen Verknüpfung zwischen traditioneller Mönchslehre und modernem Staatswesen ist in Thailand von allen Theravada-Ländern am deutlichsten greifbar, wie sehr der gegenwärtige Buddhismus herausgefordert ist, immer wieder nach Erneuerungen zu streben. Die vorhin genannten politischen Bewegungen haben ja eine wesentliche Ursache darin, dass sie von der Absicht geleitet sind, den Buddhismus wieder zur bestimmenden Komponente des Lebens zu machen. Als einer der auch international bekannten Reformer des Thai-Buddhismus sei hier wenigstens der Mönch Buddhadasa (1906–1993) genannt, der seit den 30er Jahren von seinem Kloster Suan Mokkh im Süden des Landes aus gewirkt hat. Buddhadasa versucht, den Thai-Buddhismus durch andere Religionen, v. a. durch das Christentum, neu zu beleben, indem er etwa den christlichen Gott mit der Lehre oder das Kreuz mit der Überwindung und Aufgabe des Selbst gleichsetzt, um so mit Hilfe der christlichen Sicht den Buddhismus neu zu deuten.

In manchen Punkten nähert sich Buddhadasas Sichtweise des Buddhismus deutlich an Gedankengut des Mahayana. Angeregt von den politischen Gegebenheiten Thailands ab den 70er Jahren rückt er vermehrt gesellschaftlich-innerweltliche Themen in den Mittelpunkt seiner Aktualisierung des Buddhismus. So deutet er die vier edlen Wahrheiten als bereits innerweltliche Erkenntnisse und stellt die Erfüllung sozialer Pflichten stark in den Vordergrund, da eine diesseitige Befreiung eine Voraussetzung

zung für das Eingehen ins Nirvana, das er übrigens ins Samsara einbezieht, ist. Ziel solcher Neubesinnung auf buddhistische Werte ist dabei für Buddhadasa, dass er damit von Neuem die buddhistische Vorstellung von der Gleichheit aller Wesen und von der Notwendigkeit der Einsicht, dass nur die Illusion von einem Selbst zu Unterschieden und Konflikten führt, propagieren will; denn aus der Befolgung dieser buddhistischen Lehren und Ideale ergibt sich innerweltliche Harmonie und ebnet sich der Weg zum Frieden.

Ausgehend von der eingangs erwähnten Maha-Bodhi-Gesellschaft sei nochmals der Blick auf Indien geworfen. Der Erfolg der Gesellschaft hat Bodh Gaya in den letzten Jahren zweifellos wiederum zu einem – symbolträchtigen – Zentrum des Buddhismus werden lassen, was äußerlich auch in der Errichtung von zahlreichen neuen Tempel- und Klosteranlagen fast aller buddhistischer Richtungen sichtbar ist. Ein Mitglied der Maha-Bodhi-Gesellschaft, dessen Wirkung für Indien hier als Beispiel genannt sei, war Rahul Sankrityayan (1893–1963). Geboren in einer nordindischen Brahmanenfamilie, wurde er mit 33 Jahren in einem Kloster in Sri Lanka als Mönch ordiniert, doch legte er seine Ordensweihe später wiederum ab, um sich vermehrt seinen politischen Tätigkeiten zu widmen, die er in neo-buddhistischer Sicht begründete; er war in der indischen Unabhängigkeitsbewegung aktiv, nahm auch an Mahatma Gandhis Satyagraha-Aktionen teil, später integrierte er marxistisches Gedankengut in seine Buddhismusinterpretation.

Erwähnenswert ist dabei, dass von Sankrityayan Buddhismus vollkommen lebensbejahend interpretiert wird und zur Verbesserung des Lebens im Diesseits führen soll, d. h. man soll auf Grund der Religion aus dem Leben das Beste machen, so dass Sankrityayan buddhistisches Handeln zum Zweck der Weltverbesserung propagiert, worin ein unübersehbarer Berührungspunkt zu marxistisch-materialistischen Konzepten liegt; das Nirvana wird in Sankrityayans Neo-Buddhismus zu einem innerweltlichen Paradies, das durch politisches Engagement zu verwirklichen ist. Grundsätzlich steht Sankrityayans buddhistisches Denken im Kontext modernistischer Aufbrüche der 20er und 30er Jahre in der buddhistischen Welt, seine Mitarbeit und Impulse in der indischen Unabhängigkeitsbewegung haben aber nicht allzu große Breitenwirkung erlangt; dennoch gehört Sankrityayan zu den „großen" indischen Buddhisten des 20. Jh.s, wenngleich als eigenwilliger Denker.

Eine andere Gestalt mit ungleich größerer Breitenwirkung ist Dr. Bhimrao Ambedkar (1891–1956), der aus einer der untersten Schichten der Unberührbaren in Maharashtra stammte, wobei Ambedkar als erster Unberührbarer im Jahr 1912 in Bombay einen universitären Abschluss erzielte. Seit der Mitte der 20er Jahre war er gesellschaftspolitisch tätig, geriet jedoch hinsichtlich der Frage der Verbesserung des Status der Unberührbaren in Indien in Konflikt mit Mahatma Gandhi. Nach der Unabhängigkeit Indiens wurde er 1947 Justizminister und wirkte entscheidend bei der Erstellung der Verfassung Indiens mit. Bereits seit Mitte der 30er Jahre wurde für Ambedkar klar, dass seine Zugehörigkeit zum Hinduismus nicht bis zu seinem Lebensende andauern werde, mehr und mehr sah er im Buddhismus die passende Alternative für sich und Indien gegenüber dem Hinduismus, um damit den Niedergang der Hindu-Gesellschaft auf Grund des Kastenwesens zu beseitigen.
Kontakte mit buddhistischen Reformern v. a. in Sri Lanka und Burma zeigten ihm die Funktion des Buddhismus für die nationale Erneuerung in diesen Ländern, so dass er seit 1950 die Unberührbaren zum Übertritt zum Buddhismus aufforderte. Ambedkar selbst nimmt am 14. Oktober 1956 offiziell „Zuflucht zum Buddha, zur Lehre und zum Sangha", wobei er der traditionellen dreifachen Zuflucht noch 22 weitere Vorsätze hinzufügt, die eine Absage an hinduistische Ritualistik und eine Betonung buddhistischer Lehren und Prinzipien beinhalten. In einer Aufnahmezeremonie für fast 400.000 Anhänger, die er im Oktober 1956 in Nagpur (Maharashtra) leitet, setzt er als Laie – eine wesentliche Neuerung gegenüber der buddhistischen Tradition Süd- und Südostasiens – seinen Aufruf an die Unberührbaren zur Bekehrung zum Buddhismus eindrucksvoll in die Tat um; obwohl er bereits am 6. Dezember 1956 stirbt, schließen sich bis Frühjahr 1957 mehr als vier Millionen Inder dem Neo-Buddhismus Ambedkars an.
Die Zahl der „Ambedkar-Buddhisten" Indiens ist seither mit rund 4,5 Millionen relativ stabil, ihr Hauptverbreitungsgebiet liegt im indischen Bundesstaat Maharashtra, das symbolische und geistige Zentrum dieser Erneuerung ist der Ort Dikshabhumi nahe Nagpur, wo in einem Stupa die Reliquien Ambedkars aufbewahrt werden. – Ambedkar als Erneuerer, Sankrityayan als Querdenker und Dharmapala als Initiator der Maha-Bodhi-Gesellschaft sind zweifellos äußerst unterschiedliche Gestalten buddhistischer Renaissance in Indien, doch ist es ihrer Tätigkeit

zu verdanken, dass der Buddhismus nach mehr als einem halben Jahrtausend in Indien wiederum zu einer lebendigen religiösen Option geworden ist, die sich auch vor innerweltlichem Engagement nicht verschließt.

1.2 China und Tibet

China hatte bis 1912 eine formelle Oberherrschaft über Tibet ausgeübt, was nach der Machtübernahme von Mao Zedong als Begründung für die Besetzung Tibets 1950/51 durch die chinesische Armee angegeben wurde. China ließ durch ein 17-Punkte-Abkommen mit dem 16. Dalai-Lama zwar das traditionelle Regierungssystem unangetastet und sicherte auch die unbehinderte Religionsausübung zu, doch seit 1954 griff die Volksrepublik China – zunächst in Osttibet – immer stärker in die Sozialstruktur ein und begann mit religiöser Einschränkung; ein erster Aufstand in Osttibet 1956 weitete sich 1958 nach Zentraltibet aus und erfasste am 10. März 1959 auch die Hauptstadt Lhasa. Die Niederschlagung des Aufstandes und die damit verbundene Zerstörung zahlreicher tibetischer Klöster und Kulturgüter war Auftakt zur systematischen Unterdrückung tibetischer Kultur durch China; am 30. März 1959 gelang dem Dalai-Lama die Flucht nach Indien, wo er in Dharamsala den Sitz einer tibetischen Exilregierung gründete.

Wie viele Mönche und Klöster es in Tibet vor der chinesischen Invasion gegeben hat, lässt sich nicht mehr exakt feststellen. Eine Zahl benennt für 1951 die Existenz von 6254 Klöstern, eine andere Angabe spricht jedoch nur von rund 3500. Auch hinsichtlich der Mönche variieren die Angaben weit, größere Klöster sollen aber bis zu 10.000 Mönche beherbergt haben, so dass die Gesamtzahl der Mönche vor der chinesischen Machtübernahme mehr als 100.000 betragen haben kann. Während des ersten Jahrzehnts der chinesischen Expansion nach Tibet sind rund eine Million Tibeter ums Leben gekommen bzw. aus dem Land geflohen. Die Errichtung der „Autonomen Region Tibet" im September 1965 schuf in der Folge die Grundlagen für die weitgehende Vernichtung tibetischer Kultur und Eigenständigkeit im Laufe der sogenannten Kulturrevolution; in deren Verlauf wurden nach chinesischen Angaben beinahe 80 Prozent der religiösen Stätten vernichtet und über 93 Prozent der Mönche zwangsweise in den Laienstand zurückversetzt, unter ihnen auch der Panchen-Lama.

In vielen Fällen ist dieser „Laisierung" der Mönche und Nonnen auch Gefangenschaft vorausgegangen. Soweit als möglich hat eine nicht unbeträchtliche Zahl von Tibetern versucht, der Unterdrückung durch Flucht über Nepal nach Indien zu entkommen, was aber zugleich zu einem Aderlass der geistigen Elite innerhalb Tibets geführt hat. Neben solchen direkt messbaren Eingriffen in die Struktur des tibetischen Buddhismus spielt auch die systematische Umsiedlung von Chinesen nach Tibet eine wesentliche Rolle, wodurch die tibetische Kultur immer stärker zur Minderheit im eigenen Land wird, verbunden mit chinesischer Repression und Kontrolle sowie wirtschaftlicher und politischer Bevorzugung der chinesischen Bevölkerungsteile in Tibet.

Nach dem Tod Mao Zedongs setzten Anfang der 80er Jahre einerseits langsam gewisse Lockerungen ein, die den Tibetern die Ausübung ihrer Religion im privaten Rahmen wieder ermöglichte, manche – touristisch relevante – Klöster und Tempelanlagen wurden in den 80er Jahren wiederum restauriert. Dass dabei aber von einer wirklichen Öffnung zur Religionsfreiheit für Tibet nicht die Rede sein kann, zeigt die Tatsache, dass parallel dazu immer wieder Mönche und Laien, die gegen die chinesische Überfremdung Tibets protestierten, festgenommen wurden, so etwa anlässlich der tibetischen Neujahrsfeiern 1987 und 1988; danach wurde die Feier des Mön-Lam-Festes, dessen Festinhalt das tibetische Nationalbewusstsein stärkt, überhaupt verboten. Der 16. Dalai-Lama ist – trotz seines Exils – für viele Tibeter Identitätsfigur und Hoffnungsträger; er stellte 1987 einen fünfteiligen Plan vor, der einerseits den Chinesen zwar die politische Oberhoheit über Tibet belässt, aber Menschenrechtsverletzungen beenden und den Tibetern innere Selbstständigkeit gewähren sollte.

Ein positives chinesisches Echo auf solche Vorschläge blieb bislang aus, seit Ende der 80er Jahre lassen sich sogar verstärkte Repressionen feststellen: Seit 1993 gibt es systematische Versuche einer „Umerziehung", ab 1996 begann China mit einer „Anti-Separatismus-Kampagne", in der Mönche und Nonnen aufgefordert werden, sich offiziell vom Dalai-Lama loszusagen. Gleichzeitig kommt es immer wieder zu Razzien, bei der in größeren Städten bzw. Klöstern nach Bildern des Dalai-Lama gesucht wird, die nicht nur beschlagnahmt werden, sondern deren Besitzer auch mit Gefängnisstrafen bzw. Arbeitslagern rechnen müssen. Solche Aktionen zielen nach wie vor besonders auf Mönche und Nonnen ab, die als Träger des klösterlichen tibetischen Buddhismus eine für China nicht unwesentliche Zielgruppe der Verfolgung sind. Nach Berichten aus der zweiten Hälfte der 90er Jahre wurden rund 4000 Mönche bzw. Nonnen aus ihren Klöstern vertrieben, beinahe 900 waren auch als politische Gefangene inhaftiert. Solche Akte der Religionsverfolgung bringen dabei mit sich, dass sich Tibeter, sowohl in ihrem Heimatland als auch im Exil, den Friedensappellen des Dalai-Lama zum Trotz in den letzten Jahren gelegentlich auch mit bewaffneten Aktionen gegen China wenden.

Die Einmischung in bzw. die Kontrolle Chinas über Belange des tibetischen Buddhismus sei noch anhand des Tulku-Konzepts aufgezeigt, weil hiervon hochrangige Religionsführer betroffen sind, deren sich China als Mittel seiner Politik bedienen will. Unter Tulku versteht man im tibetischen Buddhismus die bewusste Wiedergeburt eines hochrangigen Lamas. Durch die Überprüfung bestimmter Zeichen oder Merkmale wird dabei erkannt, dass jemand die Reinkarnation einer solchen zuvor verstorbenen Persönlichkeit ist. Innerhalb wichtiger Tulku-Linien stehen der Dalai Lama, der Panchen-Lama und der Karmapa. Die beiden letzteren betreffen aktuell auch direkt die China-Tibet-Problematik.

Das Amt des Panchen-Lama ist im 17. Jh. entstanden, als der 5. Dalai-Lama seinem Lehrer, dem Abt des Klosters Tashilhunpo, diesen Ehrentitel verliehen hat und ihn zur Inkarnation des Buddha Amitabha erklärte. Die Hauptaufgabe des Panchen-Lama bestand traditionell darin, nach dem Tod des jeweiligen Dalai-Lama dessen Wiedergeburt entsprechend der Tulku-Vorstellung in einem Kind zu erkennen. Der seit 1940 amtierende Panchen-Lama war nach der Besetzung Chinas nicht aus Tibet geflohen, wobei er teilweise Zugeständnisse an die chinesische Regierung machte, die ihn ihrerseits gerne politisch gegenüber dem Dalai-Lama ausgespielt hat. Direkt ins politische Tagesgeschehen zwischen der chinesischen Regierung und der tibetischen Exilregierung einbezogen wurde das Amt des Panchen-Lama, als der Amtsinhaber am 28. Januar 1989 verstarb.

Der Verwaltungsrat des Klosters Tashilhunpo wurde daraufhin von der chinesischen Regierung beauftragt, mit der Suche nach der Reinkarnation des Verstorbenen zu beginnen. Im März 1991 lässt der Dalai-Lama der chinesischen Regierung mitteilen, dass er bereit ist, eine Gruppe von tibetischen Lamas nach China zu entsenden, die sich an der Suche nach dem neuen Panchen-Lama beteiligen könnten; dieses Angebot wird von der chinesischen Regierung abgelehnt, der Abt von Tashilhunpo seinerseits ersucht später den Dalai-Lama um Unterstützung bei der Suche. Im

Februar 1995 wird der sechsjährige Gedhum Choekyi Nyima vom Dalai-Lama und vom Abt von Tashilhunpo als Tulku des letzten Panchen-Lama anerkannt. Nachdem am 14. Mai der Dalai-Lama auch offiziell erklärt, dass die Reinkarnation des verstorbenen Panchen-Lama gefunden sei, reagiert China insofern, als betont wird, dass nur die chinesische Regierung das Recht habe, den Panchen-Lama zu ernennen; zugleich wird eine erneute Kampagne gegen den Dalai-Lama und gegen mit ihm verbundene Mönche eingeleitet.

Dieser Konflikt führt in der Folge zur Verhängung einer sechsjährigen Gefängnisstrafe über den Abt des Klosters Tashilhunpo und am 29. November zur Präsentation von Gyaltsen Norbu (geboren am 13. Februar 1990) als eigenen Panchen-Lama, der durch ein Urnenlos aus drei Kandidaten erwählt wurde. Der vom Dalai-Lama anerkannte Panchen-Lama wird an einem unbekannten Ort festgehalten. Die Ernennung von Gyaltsen Norbu als Panchen-Lama durch die chinesische Regierung führt zu Protesten, die jedoch unterdrückt werden. Seither ist dieses zweithöchste Amt im tibetischen Buddhismus gespalten, wobei von chinesischer Seite der Panchen-Lama als politisches Instrument einer Tibet beschränkenden Politik missbraucht wird.

In jüngster Vergangenheit ist eine weitere „Doppelbesetzung" eines religiösen Amtes politisch relevant geworden, nämlich durch die Flucht des 17. Karmapa Ugyen Thinley Dorje, des Oberhauptes der Karma-Kagyü-Schule, aus Tibet nach Indien Anfang Januar 2000. Nach dem Tod des 16. Karmapas im Jahr 1981 oblag es vier hochrangigen Lamas der Schule, seine Wiedergeburt aufzufinden, wobei seit dem Ende der 80er Jahre Differenzen zwischen den vier Lamas nicht mehr zu übersehen waren. Im Jahr 1992 wurde schließlich im siebenjährigen Ugyen Thinley Dorje aus der osttibetischen Provinz Kham der neue Karmapa gefunden; er wurde zunächst vom Dalai-Lama anerkannt, am 27. Juni auch von den chinesischen Behörden akzeptiert und am 27. September im Kloster Tsurphu, dem traditionellen Hauptsitz der Karmapas, von Tai Situ Rinpoche, der maßgeblich an seiner Suche beteiligt war, inthronisiert.

Allerdings präsentierte Sharma Rinpoche, der zunächst als einer der vier Lamas ebenfalls an der Suche beteiligt war, am 17. März 1994 in Delhi, seinem Hauptsitz, seinen eigenen Kandidaten, nämlich den 1983 geborenen Thaye Dorje. Der Dalai-Lama, aber auch ein Großteil der tibetischen und indischen Buddhisten der Karma-Kagyü-Richtung haben diesen Kan-

didaten nicht anerkannt, wohl aber ein nicht unwesentlicher Teil der westlichen Anhänger dieser Richtung, die seither in zwei „Subschulen" getrennt ist. Politische Brisanz kam durch die Flucht des Karmapa Ugyen Thinley Dorje, deren Hintergründe noch nicht ganz geklärt sind.
Anscheinend hatte China in den letzten Jahren versucht, den Karmapa in Tsurphu zu einer tibetischen Identitätsfigur aufzubauen, die vom Dalai-Lama akzeptiert war und dadurch auch unter den Tibetern leichter Anerkennung finden konnte als der „chinesische" Panchen-Lama Gyaltsen Norbu, mit dem er mindestens zweimal zusammentreffen musste. Seine Flucht mag damit zusammenhängen, dass er sich dadurch dem vermehrten Zugriff und der Einflussnahme chinesischer Propaganda entziehen wollte. Unmittelbar nach dem Bekanntwerden seiner Flucht haben chinesische Polizeibehörden das Kloster Tsurphu abgeriegelt und mindestens zwei Mönche festgenommen, auch wenn offiziell versucht wurde, die Situation herunterzuspielen, wobei zugleich betont wurde, dass die Flucht des Karmapa von Kräften um den Dalai-Lama initiiert wurde, um China zu schaden. – Die Auswirkungen dieser Flucht sind momentan noch nicht abzusehen, klar ist jedoch, dass sie zweifellos Ausdruck der spannungsgeladenen Situation zwischen China und Tibet und der fehlenden Religionsfreiheit in Tibet ist.

1.3 Buddhistisch geprägte Neureligionen Japans

Japan gilt als klassisches Land und „Nährboden" für die Entstehung neuer Religionsstiftungen, zumal dort seit der Mitte des 19. Jh.s eine – noch ständig anwachsende – Zahl von Religionen entstanden ist. Die Zahl neuer Religionen *(shin shukyo)* beläuft sich inzwischen in Japan auf mehrere Hunderte, wobei v. a. einige buddhistisch geprägte das japanische Umfeld inzwischen auch verlassen haben und international bekannt wurden. Zu den allgemein wichtigen Charakteristika solcher Neureligionen gehören u. a. folgende: Sie übernehmen z. T. in synkretistisch-eklektizistischer Weise Elemente aus herkömmlichen Religionen, d. h. v. a. aus Shintoismus, Buddhismus und missionarischem Christentum. Genauso ist auf eine „Einfachheit" der Lehre zu verweisen , indem aus den meist komplexen philosophisch-theologischen Lehrsystemen besonders einige Elemente hervorgehoben werden; in analoger Weise ist zu beobachten, dass „Kult" und Ritualistik manchmal schlichter ausfallen. Auffällig ist ferner die Weltzuwendung, d. h. die Religionen bieten ihren Anhängern die

Hoffnung auf konkreten innerweltlichen Nutzen und Erfolg. Das Ansteigen der Zahl neuer Religionen fällt mit politischen oder weltlichen „Krisenzeiten" Japans zusammen; zugleich resultiert daraus eine konkrete Umsetzung religiöser Lehren in politischem oder sozialem Engagement. Damit hängt ein weiteres Merkmal zusammen, denn die neuen Religionen kennen eine engere Verbindung zwischen Religion und Leben, als dies bei etablierten Religionsformen der Fall ist, so dass solche Neugründungen deutlicher und konkreter auf gesellschaftliche Zustände reagieren (können). Solche Merkmale als Versuch der Klassifizierung zeigen, dass „neue" Religionen kaum sensationell neu sind; denn selbst die Tendenz zur „Vereinfachung" in Lehre und Ritus oder die stärkere Zuwendung zur Welt und zu Fragen nach dem innerweltlichen Nutzen in konkreten Lebenssituationen hat der japanische Buddhismus nie gänzlich geleugnet, allerdings metaphysischer zu begründen versucht, als dies in Neugründungen vielleicht geschieht.
Hinsichtlich eines konkreten religionsgeschichtlichen Hintergrunds einzelner neuer religiöser Richtungen ist festzustellen, dass die buddhistischen Neugründungen erst im 20. Jh. eingesetzt haben; dies ist einerseits historisch erklärbar auf Grund der Abwertung des Buddhismus als „Fremdreligion" zu Beginn der Meiji-Ära (am Ende der 60er und zu Beginn der 70er Jahre des 19. Jh.s), andererseits auch durch die „Reformbestrebungen" des Buddhismus in anderen buddhistischen Ländern. Als die wichtigsten buddhistischen Neugründungen sind *Nihonzan Myohoji, Reiyukai, Rissho Koseikai* und *Soka Gakkai* zu nennen, deren buddhistischer Hintergrund jeweils im Nichiren-Buddhismus liegt, wobei hier die methodische Frage zwischen „Neureligion" und religiöser Schulrichtung auch von der japanischen Forschung z. T. gegensätzlich diskutiert wird.

1.3.1 Nihonzan Myohoji Daisanga

Es ist das gemeinsame Erbe der aus dem Nichiren-Buddhismus genährten neuen religiösen Bewegungen und Religionen, dass sie japanisch-nationalistisch ausgerichtet sind, so dass sie vor Intoleranz – gegenüber anderen Buddhisten genauso wie gegenüber anderen Religionen – nicht zurückschrecken. Die 1916/1917 von Fujii Nichitatsu (1884–1985) gegründete „Große Gemeinschaft vom Tempel Nihonzan-Myoho", wie die Übersetzung des vollständigen Namens der Richtung lautet, war anfangs extrem nationalistisch ausgerichtet; man wollte die japanische Form des Buddhismus über ganz Asien wieder zurück nach Indien verpflanzen. Der Religionsstifter soll nach einem religiösen Fasten eine Vision des „Bodhisattva der Erde" (Jogyo-Bosatsu) des Lotos-Sutra gehabt haben, der ihn beauftragte, sich der Erlösung Japans zu widmen. Nach einer Chinareise gründete er über ganz Japan „Tempel des wunderbaren Dharma", um den Nichiren-Idealen nachzukommen. Während des Zweiten Weltkriegs kommt es zu einem entscheidenden Einschnitt, als Nichitatsu als Folge der von japanischen Armeeangehörigen begangenen Kriegsverbrechen begann, eine pazifistische Haltung zu propagieren, die ihn zwar ins Gefängnis brachte, allerdings die Nihonzan Myohoji völlig veränderte. Nach dem Krieg verband sich Nihonzan Myohoji mit der japanischen Friedensbewegung gegen Atomkrieg, Wiederbewaffnung und Rüstungsindustrie und gegen amerikanische Militärstützpunkte auf Japan. Heute ist diese japanische Nichiren-Richtung die einzige, die vollkommen pazifistisch ausgerichtet ist. Man kann sie wohl als „Neureligion" – und nicht bloß als eine Nichiren-Schule – bewerten, wobei dies zugleich die Problematik der exakten Grenzziehung zeigt: Eine buddhistische Richtung kann „Neureligion" sein, ohne sich vom Buddhismus zu trennen. Im Mittelpunkt der Religion steht das Lotos-Sutra, d. h. die Namensverehrung zum Klang des Trommelschlages, wobei die Trommel den Anhängern der Religion als Friedenstrommel gilt. Bevorzugte Kultstätten dieser Religion sind sogenannte Friedenspagoden, die an allen buddhistischen Orten errichtet werden, so etwa an zahlreichen Plätzen in Indien, aber auch an verschiedenen Orten in Europa. Die Errichtung dieser Pagoden ist eines der wesentlichen Kennzeichen dieser Religion.

1.3.2 Reiyukai

In dieser ebenfalls am Lotos-Sutra orientierten Gründung steht anfangs eine Frau, nämlich Kotani Kimi (1901–1971), die gemeinsam mit ihrem Schwager Kubo Kakutaro (1892–1944) im Jahr 1925 diese Bewegung ins Leben rief, als Folge der Krisenstimmung nach dem großen Erdbeben von Tokio im Jahr 1923. Neben dem Lotos-Sutra spielt der Ahnenkult – verbunden mit schamanistischen Elementen – eine nicht zu übersehende Rolle, dem trägt auch der Name Reiyukai „Vereinigung der Freunde der Geister der Verstorbenen" Rechnung. Der täglich ausgeführte Totendienst soll die Welt vor den (unbefriedeten) Geistern schützen und so zur

Sicherung des Friedens beitragen. Die Ausrichtung am Frieden ist mit Weltuntergangsdrohungen, aber auch Heilsversprechungen gekoppelt. Auf die Eigenständigkeit als Neureligion weist die Hervorhebung eines eigenen „Blauen Lehrbuches" hin, bei dem es sich um eine fast normative Sammlung von Texten des Lotos-Sutra und weiterer Lehrtexte handelt, die im Mittelpunkt der alltäglichen Gebetspraxis stehen.

In den ersten Jahren nach dem Zweiten Weltkrieg gehörte die Religion zu den zahlenstärksten Neureligionen in Japan, innere Probleme v. a. zwischen 1949 und 1953 – z. T. auch zweifelhafte Finanzgeschäfte von Kotani Kimi – haben die Gemeinschaft geschwächt, so dass mehrere kleinere neue Religionen daraus hervorgegangen sind. Nach eigenen Angaben gehören rund 2,5 Millionen Menschen der Gemeinschaft an. Das Hauptzentrum, das zugleich Meditations- und Wallfahrtsort der Richtung ist, befindet sich auf der Halbinsel Izu (Miroku-san), wo eine überdimensionale Statue des Buddha Maitreya, der sonst in Japan weniger verehrt wird, das zentrale Verehrungsobjekt dieser Religion ist.

1.3.3 Rissho Koseikai

Am 5. März 1938 entstand – als Folge der Trennung von der Reiyukai – die Dainippon Rissho Koseikai, die „Gesellschaft zur Errichtung von Gesetz und Gemeinde"; am Anfang dieser Neureligion stand mit Nagano Myoko (1899–1957) eine mit schamanistischen Fähigkeiten ausgestattete Frau, unterstützt von Niwano Nikkyo (1906–1999), der nach dem Tod von Nagano als Präsident die Leitung der Religion übernommen hat. Seit 1948 heißt die Gesellschaft nur mehr „Rissho Koseikai". Ab diesem Zeitpunkt nahm die Bewegung zahlenmäßig zu, wobei neben der Propagierung des Lotos-Sutra v. a. Sozialarbeit, Bildung und die Verbreitung eigener Publikationen forciert wurden. Seit 1964 befindet sich das Zentrum im Bezirk Nagano (bei Tokio), wo die „Große Kulthalle" mit einer riesigen Buddhastatue steht; ihre Fassungskapazität reicht für rund 50.000 Besucher, der Durchmesser der Halle beträgt 40 Meter, die Kuppel selbst ist 23 Meter und die Statue 7 Meter hoch.

Im Mittelpunkt der Lehrinterpretation steht neben dem Lotos-Sutra eine Rückbesinnung auf den „Urbuddhismus", d. h. auf das, was Niwano als Urbuddhismus versteht. Er hebt hervor, dass die Unbeständigkeit der Dinge nicht Grund für Weltflucht oder Askese sein soll, sondern dass darin der Kern einer positiven Weltsicht liegt: Leid und Vergänglichkeit der

Welt sind durch eigene Anstrengung zu überwinden, wobei sich alle um Harmonie bemühen müssen, was langfristig zum Weltfrieden und zu einer Verbesserung der Welt führen kann. Stärker als manche andere Richtungen ist die Rissho Koseikai auch auf „Persönlichkeitsentwicklung" ausgerichtet, indem der achtfache Pfad und die sechs Vollkommenheiten in individuell-psychologischem Sinn mitinterpretiert werden.

Es gehört zu dieser Persönlichkeitsentwicklung, dass der Mensch dann sein Glück gewinnen kann, wenn er wenig materielle und viele geistige Wünsche hat. Zur Förderung dieser Entwicklung ist in der Rissho Koseikai ein eigenes Ritual der Gruppengespräche entwickelt worden, das sogenannte *Hoza*, wörtlich „Sitzung", worin begangene schlechte Taten eingestanden und bereut werden; dabei sollen selbst die intimsten und persönlichsten Gedanken ausgesprochen werden. Der Leiter einer solchen Sitzung hat im Regelfall nur steuernde Funktion, da eigentlich alle an der Lösung der Probleme mitbeteiligt sind; allerdings kann der Gesprächsleiter mit Fragen und konkreten Befehlen durchaus auch in das Gespräch eingreifen, z. B.: „Sei nicht so hochmütig." – „Sie sind geizig!" – „Bekenne deinen Ehebruch!" Ziel des Hoza ist, dadurch zur Tilgung der Sünden und zur Reinigung des Herzens zu kommen, wobei die Teilnehmer am Hoza sich zwischendurch auch zu Vorträgen und Gebeten treffen. Die Bedeutung dieses Gruppengesprächs wird daran sichtbar, dass im Katechismus der Rissho Koseikai Hoza als das Herzstück dieser buddhistischen Laienbewegung benannt wird, wobei auch die missionarische Tätigkeit darauf aufbaut.

Denn jede Hoza-Gruppe (fünf bis zehn Personen) soll sich nicht nur regelmäßig treffen, sondern auch neue Mitglieder dazugewinnen, um sich in neue Gruppen zu „spalten", da eine regelmäßige Hoza-Gruppe nicht mehr als zwölf Mitglieder umfassen soll; die Beschränkung der Zahl hängt damit zusammen, dass ab einer gewissen Gruppengröße die „Seelsorge" und das beratende Gruppengespräch nicht mehr durchführbar sind. Da im Hoza alles ausgesprochen wird, hat diese Einrichtung – neben psychologisch positiven Aspekten – durchaus auch das Potential, der Rissho Koseikai eine straffe Organisation und Kontrollmöglichkeit zu geben.

Fragt man neben dem gruppendynamischen Aspekt nach dem buddhistischen Hintergrund des Hoza, so kann auf das *Pratimoksha*-Ritual als Bekenntnislitanei verwiesen werden, dem sich Mönche und Nonnen jeweils bei Neu- und Vollmond unterziehen sollen. Das Neue in der Rissho

Koseikai ist einerseits die Häufigkeit – Hoza kann jeden Tag stattfinden – und die Ausdehnung bzw. Verpflichtung auf Laien. Beide Aspekte sind dabei zugleich eine Konkretisierung dessen, was vorhin erwähnt wurde, nämlich dass neue buddhistische Religionen das alltägliche Leben direkter in die Religion einbinden, als dies bei etablierten Formen der Fall ist, und dass diese buddhistischen Bewegungen auf Laien ausgerichtet sind.

1.3.4 Soka Gakkai

Nichirens Reform-Buddhismus mit dem Mantra *Nam-Myoho-Renge-Kyo* ist der Hintergrund, vor dem im Jahr 1930 Tsunesaburo Makiguchi die Soka Kyoiku Gakkai gründete, deren Name unter seinem Nachfolger Josei Toda auf Soka Gakkai „Gesellschaft zur Schaffung von Werten" gekürzt wurde. Wegen der Opposition zum japanischen Staats-Shintoismus vor und während des Zweiten Weltkrieges und einer pazifistischen Einstellung wurde die Gesellschaft von Beginn an verfolgt, Makiguchi selbst starb 1944 in Haft. Ab den 50er Jahren festigt sich die Soka Gakkai als buddhistische Laienbewegung und Neureligion, die sich in einigen Punkten von traditionellen buddhistischen Vorstellungen unterscheidet. Dazu gehört – wie schon bei Nichiren – die Tendenz der teilweise militanten Verwerfung anderer buddhistischer Lehrmeinungen als Irrlehren, denn alles Unglück wird durch die falsche Religion veranlasst. Um die „falsche Religion" zu vernichten, hat Toda 1951 die – in jüngerer Zeit abgeschwächte – Konversions- und Verkündigungsmethode mit Namen *Shakubuka*, die „Einschüchterung bis zur Unterwerfung", propagiert.
Dabei geht es um ein aggressives Vorgehen, das im Kern bereits auf Nichiren zurückgeht, um fremde Lehren zu diskriminieren und das Befolgen der eigenen zu erzwingen; dabei ist man mit Strafdrohungen, auch gegen Mitglieder der eigenen Familie, nicht zimperlich. Trotz dieser Methoden hat die Zahl der Soka-Gakkai-Anhänger nach Einführung der Methode durchaus deutlich zugenommen, wobei – neben der nach dem Krieg in Japan erfolgbringenden Heilsversprechung bzw. Androhung (der Verlängerung) des Unheils für diejenigen, die sich nicht der Soka Gakkai anschließen – zweifellos auch die stark innerweltliche Ausrichtung positiv für die Akzeptanz dieser Neureligion gewirkt hat; dies schlägt sich u. a. im Streben nach Wohlstand, Bewahrung vor Unglück und Förderung von körperlicher Tüchtigkeit und Gesundheit nieder. Hinsichtlich der Wertetheorie steht an erster Stelle unübersehbar das Kriterium der Nützlich-

keit. Das tägliche Rezitieren des Lotos-Sutra und des vorhin genannten Mantra hilft, diese Ziele zu erreichen. Das Honzon, ein auf Nichiren zurückgehender Text mit Namen zahlreicher Buddhas und Bodhisattvas, ist auch in der Soka Gakkai zentraler Kult- und Verehrungsgegenstand der Gläubigen.

Makiguchi war der erste Präsident der Soka Gakkai, Daisetz Ikeda, einer seiner Nachfolger als Präsident, ließ im Jahr 1972 am Fuß des Berges Fuji den Haupttempel Shohondo vollenden und gab 1975 mit der Gründung der Soka Gakkai International den entscheidenden Anstoß für die Verbreitung dieser Laienreligion außerhalb Japans. Seit 1990 nehmen Spannungen zwischen der von Laien geleiteten Soka Gakkai und den von buddhistischen Mönchen geprägten Nichiren-Schulen immer mehr zu, so dass die seit der Entstehung der Soka Gakkai bestehende rechtliche und spirituelle Verbindung zwischen beiden Gruppen kaum noch aufrecht ist. Dadurch wird die Soka Gakkai formal immer mehr zu einer buddhistischen „Neureligion".

Der Name der Bewegung betont die Wichtigkeit der Erziehung und der kulturellen Werte, auch tritt v. a. Ikeda immer wieder mit friedensfördernden Anliegen der Soka Gakkai International an die Öffentlichkeit, wofür er 1983 den UN-Friedenspreis erhielt. Ikedas Verdienst ist dabei zweifellos, dass er die negativen Auswüchse des Shakubuka zurückgedrängt hat. In Japan selbst ist bereits 1964 die Komeito-Partei gegründet worden, um die innerweltlichen Ziele demokratisch umzusetzen; die Beziehungen zwischen Partei und Soka Gakkai haben sich seit den 70er Jahren zwar offiziell gelockert, bleiben aber bestehen. Durch die rund 17 Millionen Anhänger zählt die Bewegung weltweit zu den größten neuen Religionen. Im deutschsprachigen Raum – anders als bei den übrigen japanischen Neureligionen – ist die Bewegung mit Lokalgruppen seit Ende der 60er bzw. Anfang der 70er Jahre aktiv, bleibt aber mit etwa 2000 Anhängern in Deutschland und wenigen Hunderten in Österreich und der Schweiz – davon sind rund 15 Prozent Japaner – eine marginale Erscheinung.

2. Buddhismus in Europa

2.1 Die geistesgeschichtliche Rezeption im 19. Jahrhundert

Buddhismus und andere indische Religionen und Philosophien wurden in der europäischen Geistesgeschichte seit dem Ende des 4. Jh.s v. Chr. erstmals erwähnt, wobei sich diese frühe europäische Kenntnis auf wenige Gewährsleute stützte und in der Beschreibung kaum über einige isolierte Einzelheiten hinausging. Auch frühe Berichte von Missionaren über „indische Sitten" seit dem 16. Jh. sind nicht sonderlich aufschlussreich; als Beispiel sei lediglich Roberto de Nobili (1577–1656) mit seiner Schrift „Informatio de quibusdam moribus nationis indicae Madurensis Missionis institutum caeptum est et hucusque consistit" erwähnt, der im vierten Kapitel Buddhismus und Jainismus beschreibt, ohne dass er erkannt hätte, dass hier zwei verschiedene Religionen Indiens vorliegen, eine Beurteilung, die dem Jainismus noch länger widerfahren ist.
Auch die wissenschaftliche Beschäftigung mit dem Buddha im Westen zeigt im 18. und frühen 19. Jh. zahlreiche Missverständnisse, die heute nur noch wissenschaftsgeschichtlichen Wert haben: So wurde Buddha als Gott interpretiert und als solcher u. a. mit Merkur oder Wodan verglichen, auch der ägyptische Gott Buto wurde als Entsprechung zu Buddha gesehen, von dem man deshalb eine „weltweite" Verehrung vermutete. Mehrfach wurde der Buddha auch in das hinduistische Pantheon integriert. Erst in der ersten Hälfte des 19. Jh.s ist die Existenz Buddhas als historische – und nicht mythische – Persönlichkeit allgemein erkannt worden. Einen Neuansatz hinsichtlich der Indienrezeption stellt die deutsche Romantik dar, wobei sich die hier vorliegenden Ausführungen im Wesentlichen auf die Haupttendenzen der Buddhismus-Rezeption beschränken müssen, während die europäische Auseinandersetzung mit speziell hinduistischer oder allgemein indischer „Geistigkeit", wie sie Wilhelm Halbfass aufgearbeitet hat, unterbleiben muss.
In gewisser Hinsicht noch ein Vorläufer der Buddhismus-Rezeption ist Immanuel Kant (1724–1804). Er hat indische oder fernöstliche Philosophie nicht in seinen philosophischen Vorlesungen behandelt, sondern in der Vorlesung „Physische Geographie". Dabei besprach er die einzelnen Länder Asiens, behandelte „Land und Volk" und kam im Zusammenhang mit Sri Lanka, Tibet, Indochina, China und Japan auf den Buddhismus zu sprechen, wobei er zwischen Hinayana und Mahayana unterschied.

Mehrfach hob er „Besonderheiten" dieser Religionswelt hervor, so etwa die unscharf gefasste Seelenwanderung, mit der er sympathisierte, auch von der Ethik war er beeindruckt. Aus japanischen Reiseberichten entnahm er den Grundsatz buddhistischer Mönche, zum Guten anzuspornen und das Böse zu bestrafen, was auch seiner Sicht der Notwendigkeit der Belohnung des Guten und der Bestrafung des Bösen entspricht. Unzulänglich ist für Kant dabei die buddhistische Gottesauffassung, wobei er jedoch in der geographisch ausgerichteten Vorlesung auf dieses Thema nicht weiter in metaphysischer Hinsicht eingeht. Insgesamt bleibt somit die Beschäftigung Kants mit dem Buddhismus hauptsächlich deskriptiv, wobei seine Sympathie für diese Religion anklingt; allerdings wird Kants Philosophie davon nicht direkt berührt.

Zu den frühen prägenden Persönlichkeiten gehören die beiden Brüder Schlegel: Friedrich Schlegel (1772–1829) legte mit seinem Werk „Über die Sprache und Weisheit der Indier" (1808) das erste Buch in deutscher Sprache vor, das die indischen Sprachen, Literaturen und Geschichte auf Grund von Originalquellen darstellte. Auch wenn dies die einzige Arbeit F. Schlegels zu Indien blieb, da er sich dann nicht mehr in diese Materie vertiefte, ging von seiner Arbeit ein unbestreitbarer Anstoß aus. Sein Bruder August Wilhelm Schlegel (1767–1845) wurde für die Indienrezeption noch wichtiger; 1818 bekam er den ersten deutschen Lehrstuhl für Indologie an der Universität Bonn. Dadurch gelang es der Indologie, die Beschäftigung mit Indien auf eine solide philologische Basis zu stellen, obgleich diese – wie auch bei den etwas jüngeren Zeitgenossen der Schlegel-Brüder (z. B. Wilhelm Humboldt, Friedrich Max Müller) – mit einer romantischen Faszination für Indien verbunden war. Geistesgeschichtlich erwähnenswert ist die Tatsache, dass die „Indienromantik" durchgehend mit einer Kritik an der europäischen Gegenwart gekoppelt war. Soweit dabei die philosophische Indien- und Buddhismus-Rezeption, die z. T. von der indologischen zu trennen ist, betroffen war, muss erwähnt werden, dass die Philosophen des 19. Jh.s bereits zwischen den beiden Hauptströmungen Hinayana und Mahayana ansatzhaft zu unterscheiden wussten, wobei die angebliche „pessimistische Weltsicht" der Buddhisten die meiste Aufmerksamkeit der Philosophen erweckte, worin zugleich ein gewisses Gegengewicht zur „Indienromantik" lag.

Gegen diese Indienromantik wendet sich etwa Georg Wilhelm Friedrich

Hegel (1770–1831), der stärker einen „Eurozentrismus" erkennen lässt, d. h. für ihn war die europäische philosophische Tradition der Maßstab, nach dem auch die indische Philosophie zu messen war; denn für ihn geht die Weltgeschichte von Osten nach Westen, wobei Europa das Ende und Asien der Anfang der Weltgeschichte ist. Für seine Kenntnis des Buddhismus standen ihm dabei noch wenig Quellen (v. a. missionarische Berichte aus Ostasien) zur Verfügung, wobei die grundlegenden Studien des französischen Indologen Eugène Burnouf (1801–1852) für ihn etwas zu spät erschienen sind. Im Rahmen seiner Philosophie geht es ihm um die europäische Geistesgeschichte von Thales über Kant bis zu seinen eigenen Überlegungen, wobei der „Orient" nicht mehr als eine „Vorgeschichte" und Einleitung darstellt, da der „Weltgeist" vom Osten in den Westen führt; indisches Denken charakterisiert er dabei – im Unterschied zur europäischen „Dynamik" – als statisch. Wichtig ist jedoch Hegel in der Frage der Indienrezeption deswegen, weil seine skeptische Haltung Indien gegenüber als bewusste Kritik an der Romantik allgemein und an der romantischen Verherrlichung Indiens im Besonderen gesehen werden muss.

Ebenfalls in dieser Rezeptionsgeschichte sind Friedrich Wilhelm Joseph Schelling (1775–1854) und Arthur Schopenhauer (1788–1860) zu nennen; letzterer ist ungleich bedeutsamer. Schopenhauer beschreibt, dass seit April/Mai 1856 eine Buddhastatue in seinem Wohnzimmer steht, so dass „jeder beim Eintritt schon sieht, wer in diesen ‚heiligen Hallen' herrscht". Die mehrfache Wiedergabe buddhistischer Formeln in seinen Schriften zeigt, dass er offensichtlich dem Buddhismus innerlich nahegestanden ist, auch wenn man eine tatsächliche Religionsausübung kaum wird annehmen dürfen. Dennoch kann man sagen, dass sich kein anderer europäischer Philosoph so an Indien orientiert hat wie Schopenhauer, wobei zugleich die philosophischen Unterschiede zwischen Hegel und Schopenhauer eben aus dieser Stellung zu Indien resultieren. Obwohl er mehrfach seine Bewunderung über die sprachliche Schönheit und die Vorzüge des Sanskrit formulierte, hat er sich wie Hegel nie Kenntnisse dieser Sprache erworben, sondern hing von Übersetzungen und Sekundärliteratur ab. Mehrfach bezieht er sich in seinen Schriften – v. a. in „Die Welt als Wille und Vorstellung", obwohl die erste Fassung dieses Werkes (1814–1818) noch ohne Kenntnis des Buddhismus konzipiert wurde, wie er später betonte – auf das Nirvana, das er hauptsächlich als negative Vorstellung

sieht, die seiner Philosophie insofern nahekommt, als es ihm um die Befreiung von der Macht des Willens geht.
Wegen der radikalen Freiheit und Verneinung der weltlichen Erfahrung *(samsara)*, die er im Nirvana sieht, stellt er den Buddhismus über den Hinduismus, der ihm zu sehr mit mythologischer Spekulation überladen ist. Allerdings verwirft er den Hinduismus nicht, gerade im vedantischen *brahman*-Konzept sucht er Anklänge an seine Auffassung vom „Willen". Als grundlegende Position Schopenhauers kann dabei durchaus gelten, dass im Allgemeinen alle Weisen aller Zeiten immer dasselbe gesagt haben, oder dezidiert: „Buddha, Eckhart und ich lehren im Wesentlichen dasselbe; Eckhart in den Fesseln christlicher Mythologie; im Buddhismus liegen diese Gedanken unverkümmert durch solche Mythologie, daher einfacher und klarer, soweit eine Religion überhaupt klar sein kann; bei mir ist volle Klarheit." Insofern ist es konsequent, wenn Schopenhauer sich selbst gelegentlich als Buddhisten bezeichnet, womit er jedoch eine philosophische Ebene meint und nicht einen gelebten oder „religiösen" Buddhismus. Denn vergleichbar der frühen buddhistischen Literatur schildert auch Schopenhauer den leidvollen Zustand menschlicher Existenz und – ebenfalls analog zum Buddha – ist der begehrende „Wille" (wie die *trishna*-Vorstellung in den vier edlen Wahrheiten) die Ursache des Leidens. Daraus zieht er die Konsequenz, dass der Wille zum Leben zerstört und daher verneint werden muss, was er im Lichte des Nirvana deutet. Allerdings hat Schopenhauer keine radikal nihilistische Nirvana-Deutung, denn nur das Samsara wird bei ihm völlig negiert, und er unterscheidet zwischen relativem und absolutem Nichts.
Im Kontext der „Indienromantik" Schopenhauers ist erwähnenswert, dass er das Christentum (v. a. das Neue Testament) mit indischer Weisheit (und Einflüssen) verbindet und es dadurch vom Judentum und dem Alten Testament abgrenzt. Nach seiner Meinung sind – wie Sanskrit das Verständnis von Griechisch und Latein fördert – Buddhismus und Hinduismus eine Voraussetzung, um das Christentum zu verstehen, woraus zugleich resultiert, dass seine von Indienromantik beeinflusste Philosophie die „eigentlich christliche Philosophie" ist. Die pessimistische Weltsicht seiner Philosophie verbindet Schopenhauer mit dem „Pessimismus" des Buddhismus, auch wenn eine solche Wertung dem Buddhismus historisch nicht gerecht wird. Diese Sichtweise Schopenhauers ist jedoch in der westlichen Buddhismus-Rezeption lange wirksam geblieben, in-

dem man Schopenhauers Lehre mit Pessimismus gleichsetzte und mit dem Buddhismus identifizierte. Auch die zeitweilig verbreitete westliche Fehlbewertung des Buddhismus als „atheistische" Religion geht auf Schopenhauers Einfluss zurück. Trotz dieser Einschränkung kann Schopenhauer wohl mit Recht als *der* Wegbereiter des Buddhismus im Abendland bezeichnet werden.

Zu den durch Schopenhauer zur Beschäftigung mit dem Buddhismus angeregten Personen europäischer Geistesgeschichte gehörte u. a. Richard Wagner (1813–1883). Er favorisierte den Buddhismus, indem er eine – jedoch unvollendet gebliebene – Oper „Der Sieger" (1856) in Angriff nahm: Im Konzept dieser Oper wird Buddha vor seinem Pari-Nirvana noch einer letzten Prüfung unterzogen. Prakriti, ein Candalamädchen, liebt Buddhas Lieblingsjünger Ananda, der von Gefühlsregungen hin und her gerissen ist. Es gelingt Buddha, Prakriti zur Entsagung und zur Möglichkeit der Erlösung zu führen, so dass auch Ananda sie wie eine Schwester annehmen kann; der Buddha selbst geht daraufhin zum Ort seiner Erlösung. – Beeindruckt ist Wagner v. a. von der Idee der Reinkarnation; dies klingt etwa in der Charakterisierung von Prakriti an, wenn ihre unerfüllte weltliche Liebe zu Ananda dadurch erklärt wird, dass sie sich in einem früheren Leben bei einer Brautwerbung überheblich ablehnend gebärdete. Andere Gestalten in Wagners Werken sind z. T. ebenfalls davon gefärbt, beispielsweise in Lohengrin, Tristan und Isolde und im Parsifal, wenn auch in diesen Werken das Interesse am Buddhismus zu Gunsten christlicher Motive deutlich zurücktritt.

Insgesamt strebt Wagner eine Befreiung von der Kette der Wiedergeburten an, wobei das Streben nach Verlöschen bei Wagner unter dem Eindruck der Philosophie Schopenhauers entsteht. Allerdings ist zu betonen, dass es sich hier nur um *einen* Zweig in Wagners Denken handelt, wobei er sich im späteren Verlauf seines Lebens mehr dem Christentum annäherte. Schopenhauer ist aber der einzige Philosoph, der direkten Einfluss auf Wagner gehabt hat, wobei Wagners Wertschätzung des Buddhismus zugleich mit einer Kritik am Europa seiner Zeit gekoppelt ist, da er die europäische Kultur im Verfall bzw. in der Degeneration des arischen Urvolkes sieht.

Über die Philosophie Schopenhauers ist Wagner auch mit Friedrich Nietzsche (1844–1900) verbunden. Nietzsche seinerseits stand in Kontakt mit bekannten Indologen seiner Zeit, z. B. Ernst Windisch, mit dem er eine

Zeitlang zusammen studiert hatte, und mit Paul Deussen (1845–1919), mit dem er in Briefkontakt stand. Deussen ist der bislang einzige deutsche Philosoph, der einen Lehrstuhl für Philosophie hatte und gleichzeitig ein äußerst qualifizierter Indologe war. Über diese persönlichen Kontakte hinaus interessierte sich Nietzsche für die indologischen und buddhologischen Forschungen seiner Zeit, wobei buddhistische Anklänge bereits in der 1872 erschienenen Arbeit „Die Geburt der Tragödie" zu sehen sind. In konkreten Kontakt mit dem Buddhismus ist Nietzsche erstmals im Jahr 1865 in der Vorlesung „Allgemeine Geschichte der Philosophie" durch Carl Schaarschmidt in Bonn gekommen, im Herbst jenes Jahres lernte er beim Studium in Leipzig auch Schopenhauers „Die Welt als Wille und Vorstellung" kennen. Aus der Frühzeit von Nietzsches Begegnung mit dem Buddhismus ist erwähnenswert, dass der Begriff Nirvana noch positiv ist, z. T. mit naturidyllischen Erfahrungen gekoppelt.

Der spätere Nietzsche, der sich als „ersten vollkommenen europäischen Nihilisten" betrachtet, der den Nihilismus bereits hinter sich gelassen hat, blickt aus dieser neuen Position auf den Buddhismus und sieht sich als ein Buddha für Europa, d. h. aber zugleich als Gegenstück zum indischen Buddha. Da Begriffe wie „Gott", „Moral" oder „Ergebung" für Nietzsche nicht mehr brauchbar und die Entwicklung zum Nihilismus nicht mehr aufzuhalten ist, kann der Buddhismus als Mittel zum Zweck eingesetzt werden. Somit prophezeit und erwartet er zwar einen europäischen Buddhismus, aber eine buddhistische Kultur wird für ihn nicht das Endziel seiner Philosophie, sondern soll lediglich dazu dienen, letztlich auch die nihilistische Kulturstufe zu überwinden.

Diese erste Phase der Buddhismus-Rezeption im deutschsprachigen Raum hat auf Grund der Tatsache, dass die genannten Philosophen die abendländische Philosophie auch im nichtdeutschsprachigen Europa und in Nordamerika beeinflusst haben, ein deutliches Interesse am Buddhismus (und an indischer „Weisheit" allgemein) geweckt, das weit über eine religiöse Ausstrahlung hinausging. Dabei erfasste diese Phase der Vermittlung des Buddhismus in den Westen v. a. die intellektuelle Oberschicht – Philosophen, Künstler, Schriftsteller. Dementsprechend geschah die frühe Vermittlung des Buddhismus auch primär durch Bücher und durch Theater und Oper. Insofern ist die frühe Aufnahme des Buddhismus als Religion – trotz mancher Verkürzungen, die diese Rezeption gebracht hat, – ohne die genannten Personen der europäischen Geistesgeschichte kaum vorstellbar.

2.2 Impulse für die frühe religiöse Hinwendung zum Buddhismus

Die buddhistische Geschichte hat zahlreiche Beispiele der Verpflanzung des Buddhismus in verschiedene Kulturbereiche hervorgebracht, die auch zur Anpassung des Buddhismus an lokale Gegebenheiten führten. Was dabei in der älteren buddhistischen Geschichte möglich war, ist daher auch in der neueren Geschichte vollziehbar, so dass der Buddhismus im Westen eine neue Heimat finden konnte. Dies setzt – im religiösen Kontext – in den beiden letzten Jahrzehnten des 19. Jh.s ein, die dahingehend zu charakterisieren sind, dass es von einem akademisch-philosophischen Interesse zur religiösen Akzeptanz im Abendland gekommen ist.

Eine wesentliche Vermittlerrolle spielte dabei neben den vorhin besprochenen Philosophen die Theosophie: Nachdem seit 1865 eine Reihe von öffentlichen Disputen zwischen buddhistischen Mönchen und christlichen Geistlichen auf Sri Lanka stattfand, wurde der Text eines 1873 gehaltenen Gesprächs noch im selben Jahr veröffentlicht. Dieses Buch lenkte die Aufmerksamkeit von Colonel Henry Steel Olcott (1832–1907) auf den Buddhismus, und er gründete 1875 gemeinsam mit Helena Petrowna Blavatsky (1831–1891) die Theosophische Gesellschaft, die in der Folge häufig als „esoterischer Buddhismus" bewertet wurde. Ab 1884 war die Gesellschaft in Deutschland, ab 1897 auch in Österreich etabliert. – Nach einem gemeinsamen Besuch in Sri Lanka 1880 trennten sich die Wege von Olcott und Blavatsky, da Olcott die „Buddhistische Theosophische Gesellschaft" in Sri Lanka ins Leben rief, um dort das buddhistische Erbe zu bewahren. In dieser Hinsicht hat Olcott in den asiatischen buddhistischen Ländern Wesentliches zur buddhistischen Erneuerung beigetragen, die Aktivitäten von Anagarika Dharmapala waren von ihm inspiriert; genauso sei hier Olcotts „Buddhistischer Katechismus" erwähnt, der zunächst in englischer Sprache 1881 in Colombo und sechs Jahre später in Übersetzung in Leipzig veröffentlicht wurde.

H. Blavatsky distanzierte sich jedoch ausdrücklich von der Bewertung der Theosophie als esoterischem Buddhismus, auch wenn einige Berührungspunkte nicht zu leugnen sind. Denn trotz dieser Distanzierung sieht auch Blavatsky im sogenannten „prähistorischen Buddhismus" die Urform aller Religionen, so dass diese – in Form der Theosophie – allen nahezubringen ist. Insofern ist es verständlich, dass sowohl Blavatsky als auch Olcott 1888 offiziell in die buddhistische Religionsgemeinschaft aufgenommen wurden. Die Nähe zum Buddhismus wurde auch in späteren Jahren von den Leitungsinstanzen der Theosophie anerkannt, denn der von abergläubischen Beimengungen gereinigte Buddhismus ist ewige Wahrheit und göttliche Weisheit.

Diese Sichtweise stieß jedoch innerhalb der Theosophie v. a. auf den Widerspruch Rudolph Steiners; er trennte sich 1913 von der Theosophie und begründete die Anthroposophie, weil Steiner es für Europäer unvereinbar sah, buddhistischem Gedankengut einen solchen Stellenwert beizumessen. Annie Besant, die Nachfolgerin von H. Blavatsky, sympathisierte stärker mit dem Hinduismus als mit dem Buddhismus und betonte ferner, dass es der Theosophie nicht um die vordergründige Vermittlung des Buddhismus gehe. Dennoch ist nicht zu übersehen, dass die Theosophie am Ende des 19. und in den ersten beiden Jahrzehnten des 20. Jh.s Elemente des Buddhismus im Kontext einer religiös-spirituell ausgerichteten Gemeinschaft bekannt gemacht hat.

Ein wichtiges Ereignis für die Kenntnisnahme des Buddhismus im Westen in religiöser Hinsicht stellte das „Weltparlament der Religionen" in Chicago im Jahr 1893 dar, bei dem asiatische Vertreter den Buddhismus als einen Heilsweg neben den christlichen Religionen präsentierten. Zu nennen sind das Auftreten des Singhalesen Anagarika Dharmapala sowie des Japaners Shaku Soen (1859–1919), dessen Schüler Daisetz Teitaro Suzuki (1870–1966) einen wesentlichen Beitrag zur Popularisierung und Rezeption des Zen-Buddhismus im Westen lieferte. Die ersten „westlichen" Bekenner stammen aus dem Christentum, auffallend ist aber auch eine unproportional große Zahl von frühen westlichen Buddhisten jüdischer Herkunft. Nachdem buddhistische Originalquellen in Übersetzung in der zweiten Hälfte des 19. Jh.s stärker zu fließen begonnen hatten, gingen um die Jahrhundertwende auch die ersten Europäer in einen Sangha in ein asiatisches Land, wo sie Mönche wurden.

Der erste Europäer war Gordon Douglas, der 1899 als Ashoka in Colombo ordiniert wurde und 1905 in Burma starb. Bekannt ist der Engländer Allan Bennett McGregor (1872–1923), der in Burma 1902 als Mönch ordiniert wurde und den Mönchsnamen Ananda Metteyya annahm. Ein weiterer Europäer ist der deutsche Violinvirtuose Anton W. F. Gueth (1878–1957), der in Rangun 1904 als Mönch Nyanatiloka ordiniert wurde und den größten Teil seines Lebens dann in dem von ihm 1911 gegründeten Kloster Polgasduwa südlich von Colombo (Sri Lanka) verbrachte. Viele Europäer traten als Schüler in dieses Kloster ein, u. a. der bekannte deutsche buddhistische Gelehrte Nyanaponika (1901–1994). Obwohl diese europäischen Mönche in Asien lebten, ist ihre Ausstrahlung in den Westen bedeutsam.

Die Gründung der Theosophischen Gesellschaft und das Weltparlament der Religionen sind zweifellos Stationen, die zeigen, dass seit dem Ende des 19. Jh.s der Buddhismus zu einer religiösen Alternative im Abendland werden konnte. Bekennende Buddhisten, die für die als undogmatisch und ethisch überlegen betrachtete Religion offen warben, sind als Missionare im eigenen Land anzusprechen; dabei besteht zwischen Europa und den USA insofern ein Unterschied, als in den Vereinigten Staaten die frühen bekennenden (und missionierenden) Buddhisten v. a. Einwanderer aus China waren; der erste buddhistische Tempel war bereits 1853 in San Francisco errichtet worden. Japanische Buddhisten fassten zunächst auf Hawaii Fuß, das amerikanische Festland erreichen sie zum Ende des Jahrhunderts. Für die Entstehung des nichtasiatischen Buddhismus in Amerika ist das Weltparlament der Religionen nachhaltig wirksam.

Als weiterer Unterschied zwischen den USA und Europa in diesen frühen Jahren ist festzuhalten, dass europäische Buddhisten dem „südlichen" Buddhismus (Theravada) angehörten, während eben in den USA chinesische und japanische Mahayana-Richtungen existierten. Was ebenfalls für die neue religiöse Option sprach, war die Interpretation des Buddhismus als „Religion der Vernunft", die allein auf Einsicht und Erkenntnis beruhend und in Übereinstimmung mit den modernen Naturwissenschaften stehend betrachtet wurde. Dennoch blieben die Buddhisten noch nach der Jahrhundertwende ein kleiner – oft exotisch betrachteter – Kreis, manchmal war die Annahme der fremden Lehre auch eine intellektuelle Spielerei, zumal es in bürgerlichen Gesellschaftskreisen jener Zeit durchaus beliebt war, sich in „östliche Weisheit und Spiritualität" zu vertiefen. Während der ersten Hälfte des 20. Jh.s flaute diese „Indienromantik" zusehends ab, so dass die Entwicklung des Buddhismus auf kleine Zirkel beschränkt blieb. Erst etwa Mitte der 60er Jahre begann eine neue Komponente der Rezeption, indem man sich wieder vermehrt an östlichen Ideen orientierte. Meditative Praktiken und alternative Lebensstile gewannen in unterschiedlichen Verbindungen an Bedeutung, dementsprechend spielten in den 60er und frühen 70er Jahren Richtungen des Zen-Buddhismus eine wichtige Rolle im Westen; dazu kam der politisch bedingte Zustrom tibetischer Buddhisten.

2.3 Länderbezogene Entwicklungen buddhistischer Gemeinschaften im 20. Jahrhundert

Berücksichtigt man die gegenwärtige europäische Situation, so kann man mit Stephen Batchelor fünf Richtungen nennen, die sich in Europa großer Beliebtheit erfreuen: Es gibt in allen Ländern Gemeinschaften, die sich an traditionellen Theravada-Schulen, an Richtungen des tibetischen Buddhismus oder am Zen orientieren. Ferner findet man Gemeinschaften, die auf die von Nichiren geprägten japanischen Interpretationen zurückgehen, wobei v. a. die Soka Gakkai zu nennen ist. Schließlich kann man als fünfte europäische Richtung moderne westlich-buddhistische Orden bzw. Neugründungen zu einer eigenen Kategorie zusammenfassen. Neben dem Versuch einer solchen Kategorisierung darf nicht vergessen werden, dass durch Migration seit etwa drei Jahrzehnten auch eine zunehmend ansteigende Zahl „asiatischer" Buddhisten in Europa Heimat gefunden hat, die zahlenmäßig zweifellos den größten Anteil an Buddhisten in Europa stellt. Diese dürfen aber deswegen keineswegs als „europäische" Buddhisten vereinnahmt werden, da bislang die Gemeinden mit Buddhisten europäischer bzw. asiatischer Herkunft nur eher oberflächliche Kontakte zueinander halten.

Ein erster zahlenmäßig großer Zuzug von asiatischen Buddhisten setzte im Gefolge des Vietnamkrieges ein, als Vietnamesen als sogenannte „Boatpeople" nach Europa kamen; zwischen 60 und 80 Prozent von ihnen waren Mahayana-Buddhisten, die von wenigen Mönchen und Nonnen betreut wurden. In Deutschland wurde 1978 in Hannover die erste Andachtsstätte, die Vien-Giac-Pagode, errichtet, die in der Folge das religiöse Zentrum der vietnamesischen Buddhisten in Europa wurde, wobei derzeit etwa 70.000 Vietnamesen in Deutschland leben dürften. Auf Grund der politischen Situation in ihren Heimatländern sind Flüchtlinge aus Tibet und Burma praktisch in allen westeuropäischen Ländern zu finden, wegen der ehemaligen kolonialzeitlichen Verbindungen Frankreichs in den südostasiatischen Bereich ist besonders Frankreich ein beliebtes Zielland von südostasiatischen Flüchtlingen. Zahlenmäßig geringer ist der Anteil japanischstämmiger Buddhisten in Europa, die jedoch als Geschäftsleute und Studenten bzw. Akademiker der höheren Gesellschaftsschicht angehören und dabei teilweise auch Kontakte zu europäischen Buddhisten knüpfen, während die übrigen asiatischen Buddhisten eher eine Art „ethnisch-religiöser" Enklave bilden.

2.3.1 Deutschland, Österreich und Schweiz

Wenn hier von der Situation in Deutschland ausgegangen wird, so ist dies deswegen gerechtfertigt, weil bis zum Zweiten Weltkrieg die meisten buddhistischen Aktivitäten in Europa in Deutschland festzustellen sind und von diesem Raum nicht nur Impulse für die benachbarten deutschsprachigen Länder, sondern überhaupt für Europa ausgegangen sind. Auf Grund der ausführlichen Studie von Martin Baumann lassen sich schwerpunktmäßig folgende Phasen der Beheimatung des Buddhismus in diesem Land skizzieren.

Sucht man nach den ersten Kontaktaufnahmen im 19. Jh. ein konkretes Datum für den Beginn des Buddhismus, so kann man auf das Jahr 1888 verweisen, als Friedrich Zimmermann unter dem Namen Subhadra Bhikshu einen auf Pali-Quellen beruhenden „Buddhistischen Katechismus" verfasst hat; dieses Werk verbindet die Anfänge des deutschen Buddhismus inhaltlich mit dem Theravada. Auch der – im Zusammenhang mit Österreich noch ausführlicher zu würdigende – Karl Eugen Neumann ist hier zu nennen, der durch seine Übersetzungen aus dem Pali-Kanon theravadabuddhistisches Schrifttum weiten Kreisen zugänglich machte und so nachhaltig den deutschsprachigen Buddhismus, z. T. im Sinn der Philosophie Schopenhauers, beeinflusst hat. Ferner ist für diese frühe Zeit der Indologe Karl Seidenstücker (1876–1936) zu erwähnen. Er gründete 1903 in Leipzig den „Buddhistischen Missionsverein in Deutschland", der bis 1911 existierte und etwa 50 Mitglieder hatte. Charakteristisch für diesen und andere Vereine (z. B. Deutsche Pali-Gesellschaft; Mahabodhi-Gesellschaft) war dabei die Ausrichtung an den Pali-Schriften und die Abwertung des Mahayana-Buddhismus als eine verfälschte Form der ursprünglichen Lehre.

Ferner unterstützten deutsche Buddhisten, die in Theravada-Ländern z. T. in Klöstern lebten, diese Form. Obwohl der Großteil der Rezipienten noch der intellektuellen Schicht zuzuordnen war, bemühte man sich um eine Abgrenzung gegenüber der rein wissenschaftlich-intellektuellen Beschäftigung mit dem Buddhismus, indem man versuchte, auch das Leben nach buddhistischen Lehren auszurichten, weshalb etwa 1912 der „Bund für buddhistisches Leben" gegründet wurde; der erste Vorsitzende des Vereins, der Arzt Wolfgang Bohn, hatte ein Jahr zuvor auf seinem Anwesen in Dölau bei Halle die erste buddhistische Kultstätte in Deutschland errichtet. Der Ausbruch des Ersten Weltkrieges brachte nicht nur solche Aktivitäten zum Erliegen, sondern wirkte sich auch auf jene rund zehn deutschen Buddhisten aus, die in Nyanatilokas Kloster in Sri Lanka lebten, wo sie von den Engländern zunächst interniert und 1915 nach Australien verbracht wurden. Obwohl sie im folgenden Jahr die Erlaubnis erlangten, von Australien in neutrale Länder auszuwandern, von wo aus auch der Weg nach Deutschland grundsätzlich wieder offen stand, konnte Nyanatiloka erst 1926 wieder in sein Kloster auf Sri Lanka zurückkehren. Nach dem Ersten Weltkrieg wurde der Buddhismus nicht nur „praktizierte Lehre", sondern es entstanden auch die ersten westlichen Interpretationen, indem die Ansätze eines „Laienbuddhismus" deutlich wurden, im Unterschied zur bisher vorherrschenden Orientierung am südostasiatischen Mönchsbuddhismus. Äußerlich verlagerte sich der Schwerpunkt von Leipzig nach München. Der „Bund für buddhistisches Leben" wurde ab 1920 wieder aktiv, allerdings kommt es zu einer Polarisierung zwischen den Ansichten von Georg Grimm (1868–1945) und Paul Dahlke (1865–1928). Dahlke war 1900 in Sri Lanka mit dem Buddhismus in Kontakt gekommen und versuchte, v. a. in den letzten zehn Jahren seines Lebens, einen „Neubuddhismus" zu konzipieren, bei dem mit Hilfe der Naturwissenschaften die Lehre Buddhas europäischen Menschen zugänglich gemacht werden sollte; im Mittelpunkt von Dahlkes Interpretation stand die Frage des „Ich/Selbst"; im Jahr 1924 errichtete Dahlke in Berlin-Fronau das „Buddhistische Haus", in dem er selbst Andachten an Vollmondtagen leitete und das ein Anziehungspunkt für Buddhisten wurde. G. Grimm seinerseits gründete 1921 mit K. Seidenstücker die „Buddhistische Gemeinde für Deutschland", wobei Grimm für diese Gemeinde insofern prägend wurde, als er einen „Altbuddhismus" aus den Quellen des Pali favorisierte; Grimm war davon überzeugt, die ursprüngliche Buddha-Lehre wieder entdeckt zu haben, so dass er alle historischen Schulen als Abweichungen verwarf, was auch Dahlkes „Neubuddhismus" betraf. Den Höhepunkt der Polarisierung stellte dabei die Frage nach dem „Selbst" dar, das für Grimm – anders als für Dahlke – transzendentalen Charakter besitzt, also existiert. Diese sogenannte „Anatta-Kontroverse" bestimmte den deutschen Buddhismus der 20er Jahre. Als dritter Vertreter einer buddhistischen Richtung gründete der Berliner Martin Steinke (1882–1966) im Jahr 1922 die „Gemeinde um Buddha e. V."; Steinke war in China als Tao Chün ordiniert worden. Seine Aktivitäten vermochte er auch während der nationalsozialistischen Zeit fortzusetzen, bis er 1941 verhaftet wurde; nach dem Zweiten Weltkrieg wurde er jedoch wieder aktiv.

Die Machtübernahme der Nationalsozialisten erschwerte die Situation für Buddhisten, die als Pazifisten galten, so dass sich deren Tätigkeit im Wesentlichen auf Zusammenkünfte in Privatwohnungen beschränken musste. Buddhisten jüdischer Herkunft mussten bzw. konnten z. T. rechtzeitig das Land verlassen, so etwa Siegmund Feniger, der 1937 als Nyanaponika ordiniert wurde, oder auch Ilse Ledermann (1923–1997), später als Nonne Ayya Khema ordiniert; andere wurden jedoch hingerichtet.

Nach Ende des Krieges setzte die „Altbuddhistische Gemeinde" ihr Wirken trotz des Todes von G. Grimm fort, indem sie in verehrendem Rückbezug auf den Stifter an dessen Interpretation des „Selbst" festhielt. Weitere Aktivitäten unterschiedlicher Gruppen lassen sich v. a. in München, Berlin und Hamburg feststellen, so dass sich 1949 insgesamt zehn Gruppen zum „Deutschen Zweig der Maha Bodhi Society of Ceylon" zusammenschlossen; verschiedene organisatorische, nicht inhaltlich-richtungsmäßig bestimmte Zusammenschlüsse ließen schließlich 1958 die „Deutsche Buddhistische Union" entstehen, die seither den Buddhismus als Interessengemeinschaft vertritt. Nach der Teilung Deutschlands verschwand der Buddhismus auf dem Boden der DDR bis auf kleine Gruppen in Leipzig, Halle und Dresden vollkommen. Die 50er Jahre sind insofern erwähnenswert, als durch die Entstehung der ersten Mahayana-Gruppen das Bild des deutschen Buddhismus vielfältiger wurde.

1952 kam der Orden Arya Maitreya Mandala nach Deutschland, der vom Deutschen Ernst Lothar Hoffmann (Lama Anagarika Govinda, 1898 bis 1985) in Indien 1933 gegründet worden war. Der Orden baut auf tibetischen Traditionen auf, wodurch diese Richtung des Buddhismus erstmals in Deutschland an die Öffentlichkeit trat – noch vor dem später einsetzenden „Tibet-Boom" auf Grund der Flucht tibetischer Mönche in den Westen. Erstmals traten 1956 auch japanische Shin-Buddhisten in Erscheinung, als die „Buddhistische Gemeinschaft Jodo-Shin-Shu" gegründet wurde, zwar mit wenigen Mitgliedern, aber historisch insofern erwähnenswert, als dadurch auch die Präsenz einer japanischen Richtung schon vor dem später einsetzenden „Zen-Boom" in Deutschland festzustellen ist. Anfang der 60er Jahre dürfte die Zahl deutscher Buddhisten etwa 2000 betragen haben, wobei man noch einen Interessentenkreis von etwa 5000 bis 6000 Personen hinzurechnen darf.

Eine letzte Phase, die bis in die Gegenwart andauert, setzte Ende der 60er Jahre ein. Bereits 1964 hatte der Österreicher Fritz Hungerleider den ersten mehrtägigen Zen-Kurs in Deutschland abgehalten, es dauerte allerdings einige Jahre, ehe das Interesse an Zen deutlich anstieg. Japanische Zen-Meister wurden zu Kursen eingeladen, und es entstanden die ersten am Zen orientierten Gemeinschaften. Zugleich lieferte in diesen Jahren die Verbindung zwischen Zen und Christentum, die Graf Karlfried von Dürckheim (1896–1989) auf der Ebene der Meditation versuchte, und der „Zen für Christen", den der in Japan lebende Jesuit Hugo Makibi Enomiya-Lassalle (1898–1990) etablierte, einen wichtigen, aber zugleich umstrittenen Beitrag zur Zen-Rezeption. Die Hinwendung zum Zen hängt aber auch mit dem zunehmenden Interesse an „östlichen" Meditationspraktiken und Yoga zusammen sowie mit dem Suchen nach einer „Alternativkultur", so dass z. T. Zen auch zu einer Modeerscheinung wurde. Neben den genannten christlichen Vermittlern von Zen ist v. a. Taisen Deshimaru Roshi (1914–1982) zu nennen, der von seinem Zentrum in Paris aus Soto-Zen in Europa verbreitete. – Fast zeitgleich zum Zen fassten auch tibetische Schulen in Deutschland Fuß. Im Jahr 1973 traf der Dalai-Lama erstmals in Bonn mit deutschen Buddhisten zusammen, die nicht nur der Gelugpa-Richtung angehörten. Die Kagyüpa-Richtung wurde durch den Dänen Ole Nydahl (geboren 1941), der 1972 das erste westliche Zentrum dieser Richtung in Kopenhagen errichtete, bekannt gemacht. Das Oberhaupt dieser Richtung, der 16. Karmapa, besuchte im Winter 1974/75 erstmals die deutschen Buddhisten, auch Kalu Rinpoche (1903–1990) besuchte mehrfach Deutschland. Aber auch Sakyapa und Nyingmapa als weitere traditionelle tibetische Richtungen fanden Anhänger. Dass die tibetischen Richtungen in den 70er und 80er Jahren einen stärkeren Aufschwung erlebten als andere Formen des Buddhismus, hing mit dem Interesse zusammen, das die Gesellschaft für Tibet zeigte.

Anfang der 90er Jahre dürfte es rund 20.000 deutsche und 40.000 asiatische Buddhisten in Deutschland gegeben haben, wobei der überwiegende Teil der Gemeinden der westlichen Anhänger der Lehre Buddhas durch die „Deutsche Buddhistische Union e. V. Buddhistische Religionsgemeinschaft", wie seit 1988 die offizielle Bezeichnung dieser Dachorganisation lautet, repräsentiert wird. Dass im letzten Jahrzehnt des 20. Jh.s das Interesse weiter zugenommen hat, zeigt sowohl das Anwachsen der Gesamtzahl deutscher Buddhisten auf 40.000 Personen bis zum Jahr 1999, die in rund 500 Gruppen und Organisationen erfasst sind. Rund 45 Prozent dieser Gruppen orientieren sich am tibetischen Buddhismus, etwa 35 Prozent am Zen. Die restlichen 20 Prozent sind entweder nicht einer spezifischen Schule zuzuordnen oder orientieren sich an Traditionen des Pali-Kanons; dass letztere dabei eine Minderheit darstellen, hat die Verteilung der Schulzugehörigkeit gegenüber den Anfängen des Buddhismus in Deutschland völlig ins Gegenteil gewandt.

Es ist schon erwähnt worden, dass die frühe österreichische Entwicklung eng mit dem Namen Karl Eugen Neumann (1865–1915) verbunden ist. Er stammte aus einer zum Katholizismus konvertierten jüdischen Familie in Wien und beschäftigte sich seit 1884 mit dem Buddhismus. Im Jahr 1891 promovierte er in Leipzig nach einem Studium der Indologie, Religionswissenschaft und Philosophie, wobei er philosophisch deutlich von Schopenhauer geprägt war, was sein Buddhismusbild nicht unwesentlich bestimmte und auch in seiner 1892 begonnenen Übersetzung des Pali-Kanons spürbar blieb, so dass diese Übersetzung sprachlich durch eigentümliche Wortschöpfungen manchmal ungewohnt klingt, aber dennoch bis heute brauchbar geblieben ist. Neben Neumann gab es noch einige weitere namentlich bekannte frühe Buddhisten in Österreich, zu erwähnen ist Arthur Fitz aus Graz, der 1913 in Sri Lanka in den Orden Nyanatilokas eintrat und wohl der einzige Österreicher vor dem Ersten Weltkrieg war, der buddhistischer Mönch wurde; durch die Kriegswirren kam Fitz zunächst nach Thailand und 1920 nach Java, wo er verschollen ist. Trotz der frühen Anfänge des Buddhismus auch in Österreich ist die Zwischenkriegszeit eine Periode ohne große Aktivitäten, einige Kontakte bestehen jedoch nach Deutschland.

Erst nach dem Zweiten Weltkrieg kann von einer neuen Phase gesprochen werden, in gewisser Weise kann man die vereinspolizeiliche Anerkennung der „Buddhistischen Gesellschaft Wien" am 2. Dezember 1947 als einen neuen Startpunkt betrachten. Zu wichtigen frühen Mitgliedern der Gesellschaft gehörten Dr. Helmut Klar und Prof. Fritz Hungerleider; dieser war 1938 wegen seiner jüdischen Herkunft nach China geflüchtet, wo er in den folgenden zehn Jahren mit dem Buddhismus intensiv bekannt wurde. Die ersten Nachkriegsjahre ermöglichten wegen fehlender finanzieller Mittel kaum große Aktivitäten, auch beschränkte sich die gesellschaftliche Herkunft der fast durchwegs älteren Mitglieder eher auf gehobene Gesellschaftsschichten. Dennoch wurde in dieser Phase erstmals in Österreich deutlich, dass der Buddhismus nicht nur mehr als philosophisch-akademische Angelegenheit betrachtet wurde, sondern dass man auch eine praktische Umsetzung desselben in das Alltagsleben versuchte; einige Impulse für diese Neuorientierung gingen dabei von Fritz Hungerleider auf Grund seiner Erfahrung in China aus. Hungerleider, der schließlich zwischen 1955 und 1976 als Präsident die Buddhistische Gesellschaft leitete und sich auch erfolgreich um die Wiederauffindung des Grabes von K. E. Neumann am Wiener Zentralfriedhof bemühte, war in diesen Jahren die treibende Kraft für die österreichischen Buddhisten, deren Zahl allerdings in diesen Jahren kaum mehr als 30 betrug.

Inhaltlich war die Buddhistische Gesellschaft auf den Theravada-Buddhismus ausgerichtet, aber grundsätzlich für alle Richtungen offen. So begann Hungerleider nach einem Japanaufenthalt (1961) auch erstmals mit der Leitung von Zen-Seminaren, so dass man ihn als Ahnherrn des später einsetzenden „Zen-Booms" betrachten kann. In der ersten Hälfte der 70er Jahre beginnt sich langsam eine neue Entwicklung abzuzeichnen, nach der Umbenennung der Gesellschaft in „Buddhistische Gemeinschaft Österreichs" wurde im Januar 1975 erstmals der – zunächst erfolglose – Antrag auf staatliche Anerkennung als Religionsgesellschaft gestellt. Auch hinsichtlich der personellen Zusammensetzung der österreichischen Buddhisten setzte ein Wandel ein, da es seit den frühen 70er Jahren Ole Nydahl gelang, in seinen Vorträgen nicht nur die Karma-Kagyü-Richtung zu propagieren, sondern v. a. auch einen jüngeren Personenkreis für den Buddhismus zu interessieren.

Das Jahr 1976 markiert einen neuen Einschnitt: Nachdem Fritz Hungerleider als Präsident der Buddhistischen Gemeinschaft zurückgetreten war, wurde Dr. Walter Karwath neuer Präsident, der in den folgenden Jahren in organisatorischer Hinsicht einige Neuerungen herbeiführte; so wurden 1979 Räumlichkeiten im Zentrum von Wien angemietet, wo bis heute die wichtigsten buddhistischen Gruppen ihren Sitz haben, die in den späten 70er Jahren die buddhistische Vielfalt auch in Österreich voll zum Durchbruch gebracht haben. Wesentlich für die öffentliche Präsenz und Akzeptanz war aber, dass es Walter Karwath gelungen ist, im Jahr 1983 die staatliche Anerkennung der Religion als „Österreichische Buddhistische Religionsgesellschaft" zu erlangen, die seither als Dachverband den Buddhismus offiziell gegenüber dem Staat vertritt. Die staatliche Anerkennung bedeutet rechtliche Vorteile für den Buddhismus, v. a. ist dadurch die Erteilung von buddhistischem Religionsunterricht in allen Schulstufen als reguläres Unterrichtsfach möglich. Die Präsenz des Buddhismus in der Öffentlichkeit wird durch verschiedene buddhistische Kultbauten in Österreich illustriert, so wurde beispielsweise 1983 in Wien eine Friedenspagode errichtet, deren Bau von Mitgliedern der japanischen neo-buddhistischen Nihonzan Myohoji initiiert wurde; das Bauwerk ist insgesamt 28 Meter hoch und hat einen Basisdurchmesser von 16 Metern. Ein anderes symbolträchtiges Bauwerk ist ein rund sieben Meter hoher Stupa der tibetischen Tradition in Graz, der 1998 durch den Dalai-Lama eingeweiht wurde.

Die Verbreitung des Buddhismus in Österreich ist in Zahlen nicht mit letzter Sicherheit zu erfassen, da die Zufluchtnahme zu den drei Juwelen nicht automatisch die formelle Mitgliedschaft zur Österreichischen Buddhistischen Religionsgesellschaft beinhaltet; Anfang der 90er Jahre hat es schätzungsweise rund 5000 österreichische Buddhisten gegeben. Eine aktualisierte Schätzung am Ende des 20. Jh.s rechnet mit etwa 17.000 Buddhisten in Österreich, von denen rund 5000 aus Asien stammen, die aber nur gelegentliche Kontakte zu den österreichischen Gemeinschaften haben; etwa 10 Prozent der österreichischen Buddhisten sind auch als Einzelpersonen Mitglied der Österreichischen Buddhistischen Religionsgesellschaft. In organisierter Form gibt es insgesamt rund 27 Gemeinschaften bzw. Gruppen verschiedener Richtungen, von denen die Hälfte auch der Österreichischen Buddhistischen Religionsgesellschaft angehört; insgesamt setzen die einzelnen Gruppen derzeit in rund 50 verschiedenen Ortszentren Aktivitäten. Beinahe die Hälfte der Gruppen ist an tibetischen Traditionen, ein Drittel am Zen-Buddhismus ausgerichtet.

Die Anfänge des Buddhismus in der Schweiz in organisierter Form gehen bis auf das Jahr 1910 zurück, als der deutsche Mönch Nyanatiloka bei Lausanne eine kleine Einsiedelei errichtete, in der er im Oktober den aus

München stammenden Barthel Bauer zum Mönch ordinierte, anscheinend die erste in Europa durchgeführte buddhistische Ordination. Bauer ging im Dezember des Jahres unter dem Mönchsnamen Kondañño nach Colombo (Sri Lanka), als Nyanatiloka einige Monate später folgte, erlosch nicht nur diese Einsiedelei, sondern mit ihr auch weitere buddhistische Aktivitäten in der Schweiz bis in die 40er Jahre. Erst 1942 gründeten Max Ladner (1889–1963) und Raoul von Muralt (1891–1975) gemeinsam die „Buddhistische Gesellschaft Zürich", deren rund ein Dutzend Mitglieder sich einmal monatlich trafen. Charakteristisch für diese Frühphase des Buddhismus in der Schweiz waren aber weniger Mitgliederzahlen oder kultische Aktivitäten, als vielmehr die rege publizistische Tätigkeit von Ladner als Zeitschriften- und Buchherausgeber.

Einen Wendepunkt stellt das Jahr 1968 dar, als in Rikon bei Winterthur mit dem Bau eines klösterlichen Tibet-Instituts begonnen wurde, mit der Absicht, die rund 2000 tibetischen Flüchtlinge, die im Verlauf der 60er Jahre in der Schweiz aufgenommen wurden, kulturell und spirituell zu betreuen. Seit der Einweihung leben in dem Kloster tibetische Mönche (im Jahr 1998 waren es sieben), die Anziehungspunkt nicht nur für die derzeit rund 2400 Tibeter in der Schweiz, sondern auch eine Ausbildungsstätte für tibetische Mönche sind, wobei das Institut Rikon von Gelugpa-Mönchen geleitet wird, aber allen Schulen offen steht. Eine weitere Gelugpa-Einrichtung der Schweiz ist das Rabten-Choeling-Institut in der Nähe von Lausanne, das sich neben der Betreuung von Tibetern der vertiefenden Ausbildung von interessierten Buddhisten widmet, wobei dieses Kloster u. a. auch eine Gelugpa-Gruppe in Feldkirch in Österreich betreut. Weitere traditionelle tibetische Richtungen haben ebenfalls seit den 70er Jahren in der Schweiz Fuß gefasst, genauso sind seit jener Zeit am Zen orientierte Gruppen entstanden, wobei die größte diesbezügliche Gruppe die „Zen-Vereinigung Schweiz" als Schweizer Zweig der Association Zen Internationale von Deshimaru Roshi ist.

Durchaus analog zum übrigen deutschsprachigen Raum hat in den letzten zweieinhalb Jahrzehnten das Interesse an theravadabuddhistischen Traditionen zugenommen, teilweise dienen Einrichtungen der südostasiatischen Traditionen auch Flüchtlingen aus diesem Raum, so etwa gibt es in Zürich seit 1983 ein Khmer-Kulturzentrum, das rund 2000 in der Schweiz lebenden Kambodschanern einen kulturellen und religiösen Bezugspunkt liefert. Die etwa 9000 Thai finden in einem Thai-Kloster im Kanton Solothurn einen kulturellen und buddhistischen Bezugspunkt. Neben diesen „asiatischen" Klöstern gibt es gebürtige Schweizer, die sich zu den Meditationsformen der Theravada-Tradition hingezogen fühlen, wodurch ein indirekter Rückbezug zu den „beiden Anfängen" mit Nyanatiloka bzw. M. Ladner gegeben ist; zu nennen sind hier die auf burmesische Traditionen zurückgehende Sayagyi U Ba Khin-Gesellschaft (Bern) oder das Dhammapala-Kloster im Berner Oberland, das in der Tradition des Thai-Mönches und Reformers Ajahn Chah (1918–1992) steht und mit dem Amaravati Buddhist Centre in Großbritannien zusammenhängt.

Formal sind die Schweizer buddhistischen Gruppen in der 1976 gegründeten „Schweizer Buddhistischen Union" organisiert, der Ende 1997 insgesamt 28 buddhistische Vereine angehörten. Die Union sieht sich v. a. als Dachverband, der richtungsunabhängig die einzelnen Traditionen nach außen hin vertreten, aber auch nach innen die Zusammenarbeit zwischen den Gruppen fördern will. Hinsichtlich der Verbreitung lässt sich für die späten 90er Jahre sagen, dass rund 100 lokale Zentren oder Gruppen existierten, von denen praktisch die Hälfte an tibetischen Traditionen ausgerichtet war, je rund 20 Prozent sind Zen-Gruppen bzw. dem Theravada-Buddhismus zuzurechnen. Auf Grund weitgehend fehlender detaillierter Untersuchungen hinsichtlich der Gesamtzahl lassen sich bislang nur ungefähre Richtwerte mit relativ hoher Schwankungsbreite angeben; für die späten 90er Jahre rechnet Martin Baumann etwa mit 3000 bis 7000 gebürtigen Schweizern, die sich dem Buddhismus zugewandt haben, und mit rund 17.000 bis 21.000 Buddhisten, die aus Asien stammen und in der Schweiz leben.

2.3.2 Einige weitere europäische Länder

Im vorigen Abschnitt ist sowohl die Problematik der Erfassung von buddhistischen Gläubigen im Westen deutlich geworden, genauso aber auch die Tatsache, dass – zumindest was die drei behandelten deutschsprachigen Länder betrifft – gewisse vergleichbare Entwicklungen hinsichtlich der Verbreitung der großen Richtungen des Buddhismus zu beobachten sind, sei es deren Annahme durch Europäer oder deren Import durch Asiaten. Ersteres ist auf Grund der zunehmenden Globalisierung und des wechselseitigen Kontaktes, der keineswegs an Landesgrenzen Halt macht, zumindest teilweise erklärbar. Daher ist es nicht notwendig, in analoger Weise alle übrigen europäischen Länder ebenfalls in solch detaillierter Weise zu behandeln, sondern es seien hier nur noch einige Länder als Beispiele angeführt.

In Großbritannien wurde 1907 die „Buddhist Society" gegründet, wobei die englischen Buddhisten ein Jahr später durch Ananda Metteyya und drei buddhistische Mönche aus Burma „missioniert" wurden. Auch der Besuch von Anagarika Dharmapala im Jahr 1925 gab dem Buddhismus in England unbestreitbar Auftrieb. Dadurch war der englische Buddhismus in dieser Zeit vom Theravada geprägt. Zugleich war er eng mit der Theosophie gekoppelt, wobei bis in die 70er Jahre hinein der Buddhismus in Großbritannien häufig eklektisch blieb und daher schwer einer traditionellen Richtung zuzuordnen war; man betonte vielmehr, dass es sich um ein „*navayana*", d. h. ein „neues Fahrzeug", handle, in dem die verschiedensten (auch randbuddhistischen) Elemente Platz haben. Erst mit dem Zustrom tibetischer Mönche ab den späten 60er Jahren setzte erstmals eine bewusste Schulorientierung ein. Dazu gehört auch, dass seit den späten 70er Jahren v. a. zwei Theravada-Klöster entstanden, nämlich Chithurst Forest Monastery und Amaravati Buddhist Centre, beide von Ajahn Chah (1918–1992) gegründet. Dieser „englische Sangha" hat etwa 50 ordinierte Mönche und Nonnen.

Hinsichtlich der tibetischen Traditionen ist hervorzuheben, dass 1968 von Trungpa Rinpoche und Akong Rinpoche das erste tibetische Zentrum im Westen in Schottland errichtet wurde, das in der Tradition der Kagyü-Schule steht. Die Nyingmapa-Richtung ist durch die Aktivitäten von Sogyal Rinpoche in London überregional bekannt geworden. Unter den Zen-Richtungen Großbritanniens erwähnenswert ist der „Order of Buddhist Comtemplatives", gegründet von Jiyu Kennett Roshi, einer Engländerin, die zwar mehrere Jahre lang in Japan ausgebildet worden ist, ihren Orden jedoch an traditionellen chinesischen Chan-Klöstern orientiert. Im Jahr 1967 war Großbritannien auch Ausgangspunkt für eine westliche Neugründung, die „Friends of the Western Buddhist Order".

In Frankreich kann man den Buddhismus mit seinen verschiedenen Schulen als eine „neue Massenbewegung" betrachten, die insgesamt ca. 600.000 Anhänger umfasst; davon sind etwa 15.000 bis 20.000 Franzosen, die sich zum Buddhismus hingewandt haben, während die anderen aus ehemaligen Kolonialländern Südostasiens kommen, wobei die Theravada-Traditionen der in Frankreich lebenden Khmer, Laoten und Singhalesen dominierend sind. Trotz der ethnischen Unterschiede gibt es seit 1986 als

Dachverband die „Union Bouddhiste de France", die etwa 80 Prozent aller Richtungen und Gruppen gegenüber dem Staat vertritt. Große Aufmerksamkeit erfahren dabei die tibetischen Traditionen, v. a. die Kagyü-Schule genießt auf Grund des Engagements des 16. Karmapa (1923–1981) und von Kalu Rinpoche (1903–1990) große Popularität. Bereits im Jahr 1976 hat Kalu Rinpoche das erste sogenannte „Dreijahresretreat" für westliche Schüler in Frankreich durchgeführt; dabei ziehen sich Teilnehmer für drei Jahre, drei Monate und drei Tage zu Studien, Belehrungen und Meditationen von der Welt zurück, wobei ihnen am Ende dieser Ausbildung der Lama-Titel verliehen wird; dadurch erlangen sie die Berechtigung, selbst buddhistische Zentren zu errichten oder zu leiten. Diese über Frankreich hinaus wirksame Ausbildung hat in den letzten beiden Jahrzehnten das Wissensniveau europäischer Buddhisten nach der tibetischen Tradition deutlich gehoben.

Wichtige Zentren in Frankreich sind das Institut Kagyü Vajradhara Ling in der Normandie, ferner Dagpo Kagyü Ling in der Dordogne sowie La Boulaye in Burgund mit dem größten buddhistischen Tempel in Europa. Mit Frankreich ist auch die wohl wichtigste in Europa verbreitete Zen-Richtung zu verbinden, nämlich die Association Zen Internationale, die 1969 von Taisen Deshimaru Roshi in Paris gegründet wurde; die Vereinigung gehört der japanischen Soto-Schule an und hat etwa 90 Zentren in Frankreich und weltweit ca. 200; das derzeitige Zentrum befindet sich in La Genndronnière im Loire-Tal.

Als Beispiel für die Buddhismus-Rezeption in den Ländern des ehemaligen Ostblocks sei hier noch Ungarn angeführt. Den akademischen Ausgangspunkt der Befassung mit Buddhismus bietet der Orientalist Alexander Csoma de Körös, der – auf der Suche der Heimat der Ungarn in Asien – 1820 als einer der ersten Europäer Tibet besuchte und während seines siebenjährigen Aufenthaltes für seine Zeit Bahnbrecherisches für die Erforschung des tibetischen Buddhismus leistete. Seine auf Englisch veröffentlichten Forschungen wurden zunächst von den Engländern in Indien für politische Zwecke genutzt, in Ungarn selbst fanden sie erst rund 100 Jahre später Anerkennung, so dass die frühe ungarische Buddhismus-Rezeption im letzten Viertel des 19. Jh.s weitgehend darauf beschränkt war, was in Kreisen der intellektuellen Oberschicht von Wien nach Budapest vermittelt wurde. Anfang des 20. Jh.s propagierte Eugen Lenard (1876–1924) den Pali-Buddhismus durch sein zweibändiges auf Ungarisch verfasstes Werk „Dhammo" aus den Jahren 1911 und 1913, dennoch blieb der Buddhismus vor dem Zweiten Weltkrieg auf Einzelpersonen beschränkt.

Nach dem Zweiten Weltkrieg gelang es Ernö Hetényi, der 1953 in den Arya-Maitreya-Orden aufgenommen und 1956 mit der eigenständigen Leitung eines osteuropäischen Zweiges des Ordens betraut wurde, den Buddhismus „salonfähig" zu machen. Allerdings versuchte Hetényi, alle buddhistischen Aktivitäten unter dem Dach des Arya Maitreya Mandala zu kanalisieren und zu kontrollieren, wobei die von ihm angegebenen Zahlen von rund 500 Buddhisten überhöht gewesen sein dürften. Neben dieser Gruppe bestand zwischen 1967 und 1975 auch eine kleine unabhängige Theravada-Gruppe mit ca. 30 Personen als Zweig der Maha-Bodhi-Gesellschaft. Durch den politischen Umschwung in den Jahren 1989/90 und einem daraus folgenden liberalen Religionsgesetz wurde es religiösen Gruppen möglich, sich staatlich registrieren zu lassen. Unter den 46 im Jahr 1992 anerkannten religiösen Gruppen befinden sich dabei sechs buddhistische Gemeinschaften, die – abgesehen von dem Arya Maitreya Mandala – alle nach 1989/90 entstanden waren.

Von den tibetisch orientierten Gemeinschaften ist Karma Decsen Özel Ling (geistig betreut von Ole Nydahl) zu nennen, wobei sich der Interessentenkreis auf 200 Personen beläuft, wohl mit steigender Tendenz. Ferner gibt es eine Karma-Kagyü-Gemeinschaft und die „Gemeinschaft des heilenden Buddha", die als ihre Hauptaufgabe die Verbreitung tibetischer Heilkunst sieht. Für die Ausbildung ungarischer Buddhisten wurde im Jahr 1991 das „Buddhistische Institut" als religiöse Lehrinstitution nach Mahayana-Tradition errichtet, um in vierjährigen Kursen Dharmalehrer mit dem nötigen Wissen für die weitere Vermittlung des Buddhismus auszustatten. Als ein wichtiges Symbol der öffentlichen Präsenz des Buddhismus in Ungarn kann man den größten Stupa auf europäischem Boden bei Hevis am Plattensee ansehen; der Stupa, dessen Errichtung in den 90er Jahren auf die Initiative eines koreanischen Mönchs zurückgeht, ist 30 Meter hoch und liegt auf einem Hügel, an dessen Fuß sich auch ein koreanischer Tempel befindet.

2.4 Neugründungen für das Abendland

Grenzziehungen zwischen traditionellen Formen des Buddhismus, die im Westen ein neues Kleid bekommen haben, und Neugründungen sind nicht immer scharf zu ziehen, deutlich ist dies jedoch im Fall der „Friends of the Western Buddhist Order" (FWBO). Diese 1967 gegründete Organisation kann zweifellos als „ökumenischer Sangha" bezeichnet werden, die sich nicht an einer einzigen Tradition orientiert, sondern als westliche Gründung Elemente aus allen buddhistischen Schulen in sich integriert. Nach dem Selbstverständnis ihres englischen Gründers Sangharakshita (Dennis Lingwood) handelt es sich dabei um eine moderne buddhistische Bewegung in einer zeitgemäßen, dem Westen entsprechenden Gestalt. Der 1925 geborene Sangharakshita trat mit 18 Jahren der London Buddhist Society bei, kam im Zusammenhang mit dem Zweiten Weltkrieg nach Indien, wo er nach Kriegsende blieb und 1950 als Theravada-Mönch ordiniert wurde. In den 50er Jahren kam er dort mit tibetischen Flüchtlingen in Kontakt, was zu Einweihungen in verschiedene tibetische Richtungen führte; parallel dazu engagierte er sich auch in der von Dr. Ambedkar initiierten Konversionsbewegung indischer Unberührbarer zum Buddhismus.

Der Aufenthalt in Indien hat Sangharakshita somit mit den verschiedensten buddhistischen Richtungen in Berührung gebracht, ehe er 1967 wieder auf Dauer nach England zurückkehrte. Ein zentrales Anliegen, das Sangharakshita mit seiner Neugründung verfolgte, bestand darin, buddhistische Inhalte ins tägliche Leben des Einzelnen umzusetzen, was im englischen Buddhismus der 60er Jahre fast völlig unbekannt war. Die Verwirklichung buddhistischer Werte im alltäglichen Leben sollte dazu dienen, das Leben schon innerweltlich zu verbessern und eine neue Gesellschaft zu formen, die ein Praktizieren des Buddhismus erleichtert. Diese gesellschaftspolitische Seite der FWBO bringt die aktive Betreuung von Sozialprojekten an indischen Unberührbaren und Ambedkars Neo-Buddhisten mit sich, wo in den letzten Jahren auch deutliche Zuwachsraten für den Orden zu verzeichnen waren. Neben der Bedeutung der Zufluchtnahme und der Entwicklung einer „spirituellen Freundschaft" zwischen den Mitgliedern ist hinsichtlich der Struktur der Gemeinschaft zu betonen, dass Sangharakshita bewusst einen „Orden" gegründet hat, allerdings insofern in neuer Form, als er keine Unterscheidung zwischen Mönchen und Laien, Männern und Frauen oder Verheirateten und Ledigen macht. Ebenfalls neu ist die Überzeugung, dass jeder seine Lebensgrundlage verdienen muss, wobei der angestammte Beruf durchaus weiter ausgeübt werden kann, wenn er nicht die geistige Entwicklung behindert.

In Hinblick auf die spirituelle Freundschaft ist erwähnenswert, dass viele Ordensmitglieder in Wohngemeinschaften leben, wobei dieses Zusammenleben nicht nur tiefergehende geistige Kommunikation ermöglicht, sondern auch Vorbildwirkung für eine neue Gesellschaft haben kann. Seit 1997 hat die Betonung der spirituellen Freundschaft eine kritische Diskussion ausgelöst, da auf Grund dieser Freundschaft anscheinend manche Ordensmitglieder – mit Billigung Sangharakshitas – zu homosexuellen Praktiken gezwungen wurden und manche Aussagen den Eindruck zu erwecken vermochten, dass innerhalb der FWBO Homosexualität höher bewertet wird als Heterosexualität. Dieser Kritik wird von Mitgliedern der FWBO entgegengehalten, dass die FWBO zwar auch Homosexuellen einen spirituellen Weg bietet, da nicht eine bestimmte Form von sexueller Begierde gut oder schlecht sei, sondern es vielmehr ein buddhistisches Prinzip sei, sexuelle Begierde überhaupt zu überwinden.
In der Struktur und im Aufbau der Gemeinde unterscheidet man Freunde, Mitras und Ordensmitglieder. Freunde kommen mehr oder weniger regelmäßig, nützen das Angebot (Yogakurse, Meditation), haben aber nur ein lockeres strukturelles Verhältnis zum Orden. Durch eine einfache Aufnahmezeremonie kann man ein Mitra werden; von einem Mitra erwartet man die aktive Unterstützung des Zentrums und die regelmäßige tägliche Meditation. Gleichzeitig können Mitras an speziellen Studienkursen oder Retreats teilnehmen, ohne dass die Verpflichtung gegeben ist, sich später ordinieren zu lassen; man kann auch mit dem erreichten spirituellen Zustand als Mitra zufrieden sein. „Vollmitglied" im Orden wird man schließlich durch Ordination. – Derzeit gibt es ca. 50 größere Zentren der FWBO in 14 Ländern, das für den deutschsprachigen Raum bedeutendste Zentrum befindet sich in Essen, zu dem rund 500 Freunde gehören.
Eine andere überregionale Neugründung ist der Orden Arya Maitreya Mandala (AMM), dessen Gründer der Deutsche Ernst Lothar Hoffmann war, später Lama Anagarika Govinda genannt. Im Jahr 1928 ging er nach Sri Lanka, wo er sich der Gemeinde von Nyanatiloka anschloss; im folgenden Jahr trat er in Burma in einen Theravada-Sangha ein. 1931 kam er mit dem tibetischen Lama Tomo Geshe Rinpoche in Kontakt, was zur Beschäftigung mit der Mahayana-Tradition und zur Initiation in die tibetische Tradition führte. Im Auftrag von Tomo Geshe Rinpoche gründete Govinda im Oktober 1933 in Nordindien den Orden AMM, der das Ziel

hatte, die buddhistische Lehre in einer den sozialen Gegebenheiten angepassten Lehr- und Übungsmethodik zu vermitteln.
Nach dem Zweiten Weltkrieg wurde Govinda noch in weitere tibetische Traditionen initiiert, zunächst 1948 in der Linie der Drugpa-Kagyü, in den beiden folgenden Jahren bei einer Tibet-Expedition auch in die Nyingma- und Sakya-Tradition. Der Besuch des Deutschen Hans Ulrich Rieker im Jahr 1951 bei Govinda in Indien führte nicht nur zur Aufnahme Riekers in den Orden, sondern auch zur Gründung des „Westlichen Ordens AMM" im November 1952. Obwohl der Orden sich an keine geschichtliche Schule des Buddhismus anlehnt, bezeichnet er sich als „Vajrayana-Sangha", weil Govinda den Bezug auf Wesenselemente des Vajrayana als besonders fruchtbar für die heutige Zeit sieht. Der allgemeine Vajrayana-Bezug des Ordens ist auch insofern gerechtfertigt, als der Orden auf einer geistigen Hierarchie zwischen Lehrer und Schüler (*guru-cela*-Beziehung) und auf der Wichtigkeit von Initiation und Übertragungsbefugnissen beruht.
In der Praxis stehen tibetische meditative Elemente im Mittelpunkt, wobei Visualisationsmethoden den Zweck haben, das Visualisierte auch im Leben zu verwirklichen. Für die inhaltliche Bestimmung des Ordens ist auch der Name bedeutsam, Arya Maitreya, der „edle Bodhisattva Maitreya", ist das Leitbild des Ordens, d. h. Maitreya als zukünftiger Buddha verbindet für den Übenden Gegenwart und Zukunft. In der Organisation des Ordens kann man Freunde, Kandidaten und Ordensmitglieder unterscheiden: Der Zustand eines Kandidaten dauert drei bis sieben Jahre, ehe die Ordensinitiation erteilt wird; bevor jemand als Kandidat aufgenommen wird, ist wenigstens die einjährige Mitgliedschaft in der Freundesgesellschaft Voraussetzung; es steht aber den „Freunden" frei, ob sie Kandidat werden wollen oder nicht. Nach erfolgreichem Abschluss der Kandidatur, die eine „Schulungs- und Prüfungszeit" ist, kann man zum Vollmitglied ordiniert werden.
Ordensmitglieder haben drei Hauptaufgaben: Sie sollen die buddhistische Lehre im eigenen Leben praktisch umsetzen, anderen Menschen beim Verständnis der Lehre behilflich sein und auf Vajrayana-Grundlage religiöse Übungsmethoden der jeweiligen Person angemessen entwickeln. Die Übungsmethoden werden dem Adepten bei der Initiation in einer persönlichen Lehrer-Schüler-Beziehung übermittelt, wobei diese Beziehung als „geistige Wahlverwandtschaft" bezeichnet werden kann, bei der der

Guru dem Schüler – neben der Wissensvermittlung – auch zur Verringerung der Ichbezogenheit und zur Einsicht führen soll. Andererseits nimmt der Schüler den Guru zum Vorbild, das für ihn prägend und formend wird. Obwohl AMM ein Orden ist, bleibt wiederum die Verbindung von alltäglichem Leben und Lehre im Mittelpunkt, d. h. die Mitglieder bleiben in der Regel in ihrem vorherigen Beruf aktiv. In Europa bestehen lokale Gruppen u. a. in England, Deutschland, den Niederlanden und Ungarn; die Mitgliederzahlen sind nicht allzu groß, da es Lama Anagarika Govinda immer ein Anliegen war, stärker auf die qualitative als auf die quantitative Entwicklung der Mitglieder zu achten, wie er mehrfach betont hat.

Die beiden hier kurz vorgestellten „neuen" buddhistischen Orden sind in einer Hinsicht auch für den Buddhismus in Europa insgesamt aufschlussreich: Sie zeigen auf ihre Weise jeweils unterschiedlich, dass sich Religionen immer wieder wandeln können und müssen, wenn sie in eine neue gesellschaftliche oder kulturelle Umgebung kommen. Damit setzen aber diese beiden westlichen Beispiele aus der zweiten Hälfte des 20. Jh.s in organisierter Form nur jene Prozesse fort, die der Buddhismus seit seinen Anfängen in den einzelnen Gebieten Asiens praktiziert hat, wodurch die vielfältigen Schulen und äußerlich oft sehr divergierenden Erscheinungsformen entstanden sind. Dass solche Prozesse des Wandels auch die traditionellen buddhistischen Schulen erfahren, wenn sich Anhänger mit einem westlichen kulturellen Hintergrund ihnen anschließen, liegt auf der Hand. Die Geschichte des „Buddhismus in Europa" als einer „gelebten Religion", die über den Kreis einer völlig verschwindenden Minderheit von weitgehend auf sich allein gestellten Einzelpersonen hinausgeht, hat erst vor drei Jahrzehnten richtig begonnen. Insofern ist zu erwarten, dass sich die Formen buddhistischen Lebens in Europa in Zukunft noch wandeln und weiter spezifisch entwickeln werden, so dass der Buddhismus im 21. Jh. zumindest in Teilbereichen ein Faktor der europäischen Kulturgeschichte werden wird, der nicht mehr unberücksichtigt bleiben sollte.

D. Anhang

Glossar

Ahimsa: „Nicht-Tötung, Gewaltlosigkeit"; ethisches Grundprinzip im Buddhismus, aber auch im Jainismus und in den hinduistischen Religionen.

Amitabha: „der mit dem unermesslichen Licht", Name des in Sukhavati weilenden Buddha; in Japan als Amida bezeichnet.

Arhant: „Heiliger, Ehrwürdiger", Ehrentitel im frühen und im Shravakayana-Buddhismus für diejenigen, die von selbst den Zustand der Erleuchtung erlangt haben.

Ashoka: erster bedeutender überregionaler Herrscher in Nordindien, gekrönt 268 v. Chr., Förderer des Buddhismus.

Atman: „Selbst", bezeichnet eine fälschlich angenommene, beständige Individualität des Menschen.

Avalokiteshvara: Bodhisattva, der „gnädig (auf die Welt) herabblickt". In Ostasien wird dieser Bodhisattva in weiblicher Gestalt verehrt.

Bodhi-Baum: Baum, unter dem der historische Buddha seine Erleuchtung *(bodhi)* erlangt hat.

Bodhisattva: „Erleuchtungswesen"; Bezeichnung für jene altruistisch orientierten Wesen, die auf die eigene Erlösung verzichten, um alle anderen Lebewesen zum Nirvana zu führen; v. a. im Mahayana-Buddhismus ausgeprägt.

Bushido: „Weg des Kampfes bzw. des Kriegers"; in verinnerlichter Form in den japanischen Buddhismus integriert.

Chan, s. Zen.

Dalai-Lama: „Ozean der Weisheit", Ehrentitel für das Oberhaupt der tibetischen Richtung der Gelugpas; seit dem 17. Jh. mit der politischen Führung Tibets verbunden.

Dharma: speziell die Lehre Buddhas, allgemeiner ewiges Gesetz und Weltordnung.

Dipavamsa: „Inselchronik", buddhistisch gefärbte Nationalgeschichte von Sri Lanka.

Gelugpa: Anhänger der „Tugendschule", der jüngsten Richtung der vier großen tibetischen Schulrichtungen des Buddhismus; Oberhaupt der Gelugpa ist der Dalai-Lama.

Hinayana: das „kleine Fahrzeug", als abwertende Bezeichnung von Anhängern des Mahayana für frühe buddhistische Schulen verwendet, s. Shravakayana.

Huayan, s. Kegon.

Jainismus: mit dem historischen Buddha zeitgleiche indische asketische Bewegung. Derzeit gibt es rund vier Millionen Anhänger dieser Religionsform des indischen Subkontinents.

Jambudvipa: „Kontinent des Rosenapfelbaumes", in der buddhistischen Weltsicht und Beschreibung des Kosmos Mittelpunkt dieser Welt, s. auch Meru.

Jataka: „Geburt", Sammlung von Erzählungen über die früheren Existenzen Buddhas, z. T. auch in Tiergestalt.

Jingtu, s. Jodo-Shu.

Jiriki: die „eigene Kraft", mit deren Hilfe man die Erlösung selbst erlangen will, s. auch Tariki.

Jodo-Shu: „Schule des Reinen Landes", von Honen (12. Jh.) aus Elementen der chinesischen Jingtu-Schule weiterentwickelt. Sein Nachfolger Shinran entfaltet die Schule zur „Wahren Schule des Reinen Landes" (Jodo-Shin-Shu) weiter; s. auch Nembutsu.

Kadampa: im 11. Jh. entstandene Richtung im tibetischen Buddhismus, die „an die Ordensregeln gebundene Schule", später durch die Gelugpa abgelöst.

Kagyüpa: „Schule der Anhänger der überlieferten Gebote", eine der tibetischen Hauptrichtungen; im 12. Jh. entstanden, seit rund drei Jahrzehnten auch im Westen verbreitet.

Kanjur: Sammlung der tibetischen kanonischen buddhistischen Texte, zum größeren Teil aus dem Sanskrit ins Tibetische übersetzt.

Karman: Tat, Handlung und Wirkung einer Handlung, die die nachfolgende Geburt eines Lebewesens bestimmt.

Kegon: „Blumengirlandenschule", in der Mitte des 8. Jh.s nach Japan gebrachte Schulrichtung Chinas (Huayan), deren zentraler Text das Avatamsaka-Sutra ist, s. auch Tendai.

Koan: wörtlich „öffentlicher Ausspruch"; Meditationshilfe besonders im Zen, die – häufig in Form paradoxer Aussagen – zur plötzlichen Erleuchtung führen soll.

Lamaismus: gelegentliche, ältere Bezeichnung für den tibetischen Buddhismus.

Leerheit *(shunyata)*: wesentliche „Eigenschaft" alles Existierenden, in jüngeren Mahayana-Strömungen auch als Synonym für das Absolute bzw. Nirvana verwendet.

Madhyamika: die „mittlere Lehre", auf Nagarjuna (2. Jh. n. Chr.) zurückgehende philosophische Schule des Mahayana.

Mahasanghika: die „große Gemeinde", Bezeichnung für jene etwa im 3. Jh. v. Chr. aufgekommenen Strömungen, die den Laien gegenüber dem Mönchtum gleiche Bedeutung zumessen; in weiterer Entwicklung entsteht daraus das Mahayana.

Mahavira: Gründer des Jainismus, etwas älterer Zeitgenosse des historischen Buddha.

Mahayana: „Großes Fahrzeug", Sammelbegriff für buddhistische Schulen, die sich im letzten Jahrhundert v. Chr. zu entfalten begannen, charakterisiert durch eine zunehmende Transzendierung des historischen Buddha.

Maitreya: Name des zukünftigen Buddha, der in einer kommenden Weltperiode erscheinen wird.

Mandala: „Kreis", symbolische Darstellung des Kosmos, auch als Meditationshilfe verwendet.

Mañjushri: Buddha der Weisheit.

Meru: kosmischer Weltberg, nördlich von Jambudvipa gelegen, auch als Weltachse betrachtet.

Nembutsu: „Verehrung dem Buddha (Amida)", Meditations- und Anrufungsformel im japanischen Buddhismus des „Reinen Landes".

Nirvana: „Verlöschen" von Gier, Hass und Verblendung; Umschreibung für den endgültigen Heilszustand im Buddhismus.

Nyingmapa: „Schule der Alten", älteste tibetische Schulrichtung mit tantrischer Ausprägung.

Pali-Kanon: Sammlung der normativen Texte des Theravada-Buddhismus in der mittelindischen Pali-Sprache; gegliedert in die drei Teile

Vinaya-Pitaka (Ordensregeln), Sutta-Pitaka (Lehrtexte, Sutren) und Abhidharma-Pitaka (metaphysische Texte).

Paramita: „Vollkommenheit", geistige und sittliche Eigenschaften, die ein Bodhisattva entwickelt.

Pudgalavadin: Shravakayana-Schule, die die Existenz einer bestehenden Substanz („Person", „Seele") als Träger des Karman für die Wiedergeburten annimmt.

Rinzai, s. Zen.

Sakyapa: im 11. Jh. entstandene tibetische Schulrichtung.

Samsara: „Wanderung", Kreislauf von Geburt, Tod und Wiedergeburt, in den jedes Lebewesen bis zur Erlangung des Nirvana eingebunden ist.

Sangha: Sammelbegriff für die Gemeinschaft aller Buddhisten (im Mahayana) bzw. für den Mönchsorden (im Theravada).

Sarvastivadin: wichtige Schule des Shravakayana, in der die Realität der Daseinsfaktoren gelehrt wurde.

Satori: japanische Bezeichnung für die (plötzlich eintretende) Erleuchtung.

Shakya(muni): der „Weise aus dem Geschlecht der Shakya", herkunftsbezogene Bezeichnung des Buddha.

Shingon: esoterisch-tantrische Schule des japanischen Buddhismus, aus China (Zhenyan) im 9. Jh. eingeführt.

Shravakayana: „Fahrzeug der Hörer (des Buddha-Wortes)", Sammelbegriff für die frühen buddhistischen Schulen, bei denen das Mönchsideal im Mittelpunkt steht, s. Hinayana.

Shunyata, s. Leerheit.

Skandha: „Daseinselement"; aus fünf vergänglichen Skandhas setzt sich der Mensch zusammen, ihre Unbeständigkeit bewirkt, dass die Existenz leidvoll ist.

Soto, s. Zen.

Sukhavati: das „westliche Paradies" bzw. das „Reine Land" als Buddhaland, in dem eine Wiedergeburt Glück bringend ist, weil danach nur noch eine Geburt notwendig ist, um das Nirvana zu erlangen.

Sutra: wörtlich „Faden", Bezeichnung für lehrhafte Texte.

Tanjur: Kommentierung der kanonischen Schriften des tibetischen Buddhismus, s. Kanjur.

Tantra: System esoterischer Lehren und Rituale, um dadurch den Kontakt zum Transzendenten herzustellen. Ausgehend vom Hinduismus wurden diese Praktiken in der zweiten Hälfte des 1. Jt.s n. Chr. in den Buddhismus integriert.

Tariki: die „andere Kraft", durch die man zur Erlösung gelangt; s. auch Jiriki.

Tathagata: Ehrentitel für den historischen Buddha, wörtlich der „So Gegangene" bzw. „So Gekommene"; Bezeichnung für die kosmischen Buddhas im Mahayana.

Tendai: Anfang des 9. Jh.s in Japan eingeführte Schulrichtung des chinesischen Buddhismus (Tiantai), die das Lotos-Sutra als zentralen Lehrtext propagiert.

Theravada: „Schule der Ältesten", einzige Form der Shravakayana-Richtungen, die bis in die Gegenwart existiert, heute in Süd- und Südostasien verbreitet.

Tiantai, s. Tendai.

Trikaya: die „drei Körper" des Buddha *(dharmakaya, sambhogakaya, nirmanakaya)* in der Dogmatik des Mahayana.

Tripitaka, s. Pali-Kanon.

Vajrayana: „Diamantfahrzeug", Bezeichnung für den tantrischen Buddhismus Tibets.

Varna: „Farbe", Bezeichnung für die vier Gruppen der brahmanischen Gesellschaftsordnung („Kasten"); im Buddhismus ohne besondere Bedeutung.

Vijñanavada: „Bewusstseinslehre", eine der philosophischen Hauptrichtungen des Mahayana-Buddhismus, s. auch Madhyamika.

Vinaya: Ordensdisziplin, Ordensregeln.

Vipassana: „Hellblick", intuitives Erkennen der Merkmale des Daseins (Leiden, Vergänglichkeit, Nichtexistenz eines Selbst) auf Grund meditativer Praxis.

Yogacara, s. Vijñanavada.

Zen: Meditationsbuddhismus, bereits in Indien entstanden, in China (Chan) weiterentwickelt; charakteristisch ist die Betonung, dass die Erleuchtung unvermittelt erfahren wird. Derzeit sind die beiden Richtung Rinzai bzw. Soto am weitesten verbreitet.

Zhenyan, s. Shingon.

Literatur

a) Zitierte und genannte Übersetzungen

Edward Conze: Buddhist Wisdom Books. The Diamond and the Heart Sutra, London ²1975.

W. Y. Evans-Wentz: Das Tibetanische Totenbuch, Solothurn ¹⁷1995.

Otto Franke: Dighanikaya. Das Buch der Langen Texte des buddhistischen Kanons, Göttingen 1913.

Erich Frauwallner: Die Philosophie des Buddhismus, Berlin ⁴1994.

Karl-Heinz Golzio: Die makellose Wahrheit erschauen. Die Lehre von der höchsten Bewußtheit und absoluten Erkenntnis. Das Lankavatara-Sutra, Bern 1996.

I. B. Horner: Milinda's Questions, London 1964.

Friedrich Max Müller: Buddhist Mahayana Texts. Part II, Oxford 1894.

Klaus Mylius: Die vier edlen Wahrheiten. Texte des ursprünglichen Buddhismus, München 1986.

Karl Eugen Neumann: Die Reden Gotamo Buddhos. Bd. 1: Aus der mittleren Sammlung Majjhimanikayo des Pali-Kanons, Zürich 1956; Bd. 2: Aus der längeren Sammlung Dighanikayo des Pali-Kanons, Zürich 1957; Bd. 3: Sammlungen in Versen, Zürich 1957.

Nyanatiloka: Visuddhi-Magga oder der Weg zur Reinheit, Konstanz ⁶1993.

Hermann Oldenberg: Reden des Buddha. Lehre, Verse, Erzählungen. Mit einer Einführung herausgegeben von Heinz Bechert, Freiburg 1993.

Richard Schmidt: Buddha's Leben. Asvaghosa's Buddhacaritam. Ein altindisches Heldengedicht des 1. Jahrtausends n. Chr., Osnabrück 1972.

Ulrich Schneider: Die großen Felsen-Edikte Ashokas. Kritische Ausgabe, Übersetzung und Analyse der Texte, Wiesbaden 1978.

Ernst Steinkellner: Santideva. Eintritt in das Leben zur Erleuchtung (Bodhicaryavatara), Köln 1981.

Margaretha von Borsig: Sutra von der Lotosblume des wunderbaren Gesetzes, Darmstadt 1993.

Michael von Brück (Hg.): Weisheit der Leere. Sutra-Texte des indischen Mahayana-Buddhismus, Zürich 1989.

Helmut von Glasenapp: Pfad zur Erleuchtung. Das Kleine, das Große und das Diamant-Fahrzeug, Köln 1983.

Ernst Waldschmidt: Die Legende vom Leben des Buddha, Graz 1982.

Max Walleser: Prajñaparamita. Die Vollkommenheit der Erkenntnis, Göttingen 1914.
Moritz Winternitz: Der ältere Buddhismus nach Texten des Tipitaka, Tübingen 1929.
Moritz Winternitz: Der Mahayana-Buddhismus nach Sanskrit- und Prakrittexten, Tübingen 1930.

b) Gesamtdarstellungen und Nachschlagewerke

Christoph Auffarth / Jutta Bernard / Hubert Mohr (Hg.): Metzler Lexikon Religion. Gegenwart – Alltag – Medien, Bd. 1: Abendmahl bis Guru, Stuttgart 1999; Bd. 2: Haar bis Osho, Stuttgart 1999; Bd. 3: Paganismus bis Zombie, Stuttgart 2000; Bd. 4: Register und Materialien, Stuttgart 2000.
Martin Baumann: Buddhismus – Buddhism, Hannover 1999.
Heinz Bechert / Richard Gombrich (Hg.): Der Buddhismus. Geschichte und Gegenwart, München 1989.
Heinz Bechert u. a.: Der Buddhismus I. Der indische Buddhismus und seine Verzweigungen, Stuttgart 2000.
Michael S. Diener u. a.: Lexikon der östlichen Weisheitslehren. Buddhismus, Hinduismus, Taoismus, Zen, Zürich 1986.
Heinrich Dumoulin: Spiritualität des Buddhismus. Einheit in lebendiger Vielfalt, Mainz 1995.
Karl-Heinz Golzio: Wer den Bogen beherrscht. Der Buddhismus, Düsseldorf 1995.
Hans-Jürgen Greschat: Die Religion der Buddhisten, München 1980.
Hans Wilhelm Haussig (Hg.): Götter und Mythen des indischen Subkontinents (= Wörterbuch der Mythologie 5), Stuttgart 1984.
Gunapala P. Malalasekera / W. G. Weeraratne (Hg.): Encyclopaedia of Buddhism, Bd. 1ff, Colombo 1961ff.
Konrad Meisig: Klang der Stille. Der Buddhismus, Freiburg 1995.
Klaus Mylius: Geschichte der altindischen Literatur, Bern 1988.
Klaus-Josef Notz (Hg.): Das Lexikon des Buddhismus. Grundbegriffe, Traditionen, Praxis, Freiburg 1998.
Charles S. Prebish: Historical Dictionary of Buddhism, Delhi 1995.
Egidius Schmalzriedt / Hans Wilhelm Haussig (Hg.): Götter und Mythen Ostasiens (= Wörterbuch der Mythologie 6), Stuttgart 1994.

Hans Wolfgang Schumann: Buddhismus. Stifter, Schulen und Systeme, Olten [4]1985.

Hans Wolfgang Schumann: Buddhistische Bilderwelt. Ein ikonographisches Handbuch des Mahayana- und Tantrayana-Buddhismus, Köln 1986.

c) Literatur zu den einzelnen Abschnitten

A 1: Leben und Legende des historischen Buddha Gautama

Heinz Bechert (Hg.): The Dating of the Historical Buddha, 3 Bde., Göttingen 1991. 1992. 1997.

Johannes Bronkhorst: The Two Sources of Indian Ascetism, Bern 1993.

Richard Gombrich: Der Theravada-Buddhismus. Vom alten Indien bis zum modernen Sri Lanka, Stuttgart 1997.

Norbert Klatt: Literarkritische Beiträge zum Problem christlich-buddhistischer Parallelen, Köln 1982.

Keith R. Norman: Observations on the Dates of the Jina and the Buddha, in: Heinz Bechert (Hg.): The Dating of the Historical Buddha, Bd. 1, Göttingen 1991, 300–312.

Hans Wolfgang Schumann: Auf den Spuren des Buddha Gotama. Eine Pilgerfahrt zu den historischen Stätten, Olten 1992.

Claudia Weber: Wesen und Eigenschaften des Buddha in der Tradition des Hinayana-Buddhismus, Bonn 1994.

A 2: Buddhas Lehre vom Leiden und dessen Überwindung

Maria Boxberg: Leiden – ein Grundproblem menschlicher Existenz. Zur buddhistischen Erlösungslehre, Altenberge 1981.

Hans-Joachim Klimkeit: Der Buddha. Leben und Lehre, Stuttgart 1990.

Hajime Nakamura: Der Erlösungsprozeß im Buddhismus, in: Andreas Bsteh (Hg.): Erlösung in Christentum und Buddhismus, Mödling 1982, 88–111.

A 3: Vom Ideal der Mönchsgemeinde zur Buddhologie des Mahayana

André Bareau: Der indische Buddhismus, in: André Bareau / Walther Schubring / Christoph von Fürer-Haimendorf: Die Religionen Indiens III: Buddhismus, Jinismus, Primitivvölker, Stuttgart 1964, 1–215.

Brian Edward Brown: The Buddha Nature. A Study of the Tathagarbha and Alayavijñana, Delhi 1991.

Edward Conze: Eine kurze Geschichte des Buddhismus, Frankfurt 1984.

Edward Conze: Buddhistisches Denken. Drei Phasen buddhistischer Philosophie in Indien, Frankfurt 1988.

Willibald Kirfel: Symbolik des Buddhismus, Stuttgart 1959.

Étienne Lamotte: History of Indian Buddhism. From the Origins to the Saka Era, Louvain-la-Neuve 1988.

Christian Lindtner: Nagarjuna, in: Brian Carr / Indira Mahalingam (Hg.): Companion Encyclopedia of Asian Philosophy, London 1997, 347 bis 370.

David Seyfort Ruegg: The Literature of the Madhyamaka School of Philosophy in India, Wiesbaden 1981.

Ulrich Schneider: Einführung in den Buddhismus, Darmstadt 1980.

Bernhard Weber-Brosamer / Dieter M. Back: Die Philosophie der Leere. Nagarjunas Mulamadhyamaka-Karikas, Wiesbaden 1997.

A 4: Geschichtlich-geographische Entwicklung

Masao Abe: Buddhism in Japan, in: Brian Carr / Indira Mahalingam (Hg.): Companion Encyclopedia of Asian Philosophy, London 1997, 746–791.

Jacques Gernet: Buddhism in Chinese Society. An Economic History from the Fifth to the Tenth Centuries, New York 1995.

Karl-Heinz Golzio / Pietro Bandini: Die vierzehn Wiedergeburten des Dalai Lama, Bern 1997.

Richard Gombrich: Der Theravada-Buddhismus. Vom alten Indien bis zum modernen Sri Lanka, Stuttgart 1997.

Herbert V. Guenther: The Teachings of Padmasambhava, Leiden 1996.

Shinsho Hanayama: A History of Japanese Buddhism, Tokyo 1966.

Kanai L. Hazra: History of Theravada Buddhism in South-East Asia with Special Reference to India and Ceylon, New Delhi 1982.

Thomas Immoos: Ein bunter Teppich. Die Religionen Japans, Graz 1990.

Roger R. Jackson: Buddhism in India, in: Brian Carr / Indira Mahalingam (Hg.): Companion Encyclopedia of Asian Philosophy, London 1997, 318–346.

Christoph Kleine: Honens Buddhismus des Reinen Landes. Reform, Reformation oder Häresie?, Frankfurt 1996.

Hans-Dieter Kubitschek: Südostasien. Völker und Kulturen, Berlin 1984.

Whalen Lai: Buddhism in Chinese Philosophy, in: Brian Carr / Indira Mahalingam (Hg.): Companion Encyclopedia of Asian Philosophy, London 1997, 575–592.

Lewis R. Lancaster / C. S. Yu (Hg.): Assimilation of Buddhism in Korea, Berkeley 1991.

Jens Peter Laut: Der frühe türkische Buddhismus und seine literarischen Dokumente, Wiesbaden 1986.

Donald S. Lopez: Buddhism in Tibet, in: Brian Carr / Indira Mahalingam (Hg.): Companion Encyclopedia of Asian Philosophy, London 1997, 371–393.

Kwangsoo Park: The Won Buddhism (Wonbulgyo) of Sot'aesan. A Twentieth-Century Religious Movement in Korea, San Francisco 1997.

John Powers: Religion und Kultur Tibets, Bern 1998.

Baij N. Puri: Buddhism in Central Asia, New Delhi 1987.

Padmasiri de Silva / Trevor Ling: Buddhism in Sri Lanka and South-East Asia, in: Brian Carr / Indira Mahalingam (Hg.): Companion Encyclopedia of Asian Philosophy, London 1997, 394–413.

Walter Slaje: Nalanda – ein buddhistisches Kloster Altindiens als kulturelles Bildungszentrum, in: Hannes D. Galter (Hg.): Kulturkontakte und ihre Bedeutung in Geschichte und Gegenwart des Orients, Graz 1986, 111–126.

David L. Snellgrove: Indo-Tibetan Buddhism. Indian Buddhists and Their Tibetan Successors, London 1987.

Giuseppe Tucci / Walther Heissig: Die Religionen Tibets und der Mongolei, Stuttgart 1970.

John Villiers: Südostasien vor der Kolonialzeit, Frankfurt 1965.

Volker Zotz: Der Buddha im Reinen Land. Shin-Buddhismus in Japan, München 1991.

Erik Zürcher: The Buddhist Conquest of China, 2 Bde., Leiden 1959.

B 1: Menschenbilder

Tsültrim Allione: Tibets weise Frauen, München 1986.

Nancy Schneider Barnes: Buddhism, in: Arvind Sharma (Hg.): Women in World Religions, Albany 1987, 105–133.272–275.

Tessa J. Bartholomeusz: Women under the Bo Tree. Buddhist Nuns in Sri Lanka, Cambridge 1994.

Peter Gerlitz: Frau im Buddhismus, in: Michael Klöcker / Monika Tworuschka (Hg.): Frau in den Religionen, Jena 1995, 149–179.
Wendelgard Gerner: Das Bodhisattva-Ideal im Mahayanabuddhismus und seine Verwirklichung im Leben des ladakhischen Volkes, Frankfurt 1991.
Jürg Hedinger: Aspekte der Schulung in der Laufbahn eines Bodhisattva. Dargestellt nach dem Siksamuccaya des Santideva, Wiesbaden 1984.
Simone Heidegger: Die Frau im japanischen Buddhismus der Kamakura-Zeit, Copenhagen 1995.
Manfred Hutter (Hg.): Die Rolle des Weiblichen in der indischen und buddhistischen Kulturgeschichte, Graz 1998.
Chatsumarn Kabilsingh: Thai Women in Buddhism, Berkeley 1991.
Petra Kieffer-Pülz: Die Sima. Vorschriften zur Regelung der buddhistischen Gemeindegrenze in älteren buddhistischen Texten, Berlin 1992.
Isabelle My Hanh: Kinder, Küche, Karma. Die Frau im Buddhismus und Konfuzianismus. Zwischen Matriarchat und patriarchaler Ideologie, Bern 1995.
Diana Y. Paul: Women in Buddhism. Images of the Feminine in Mahayana Tradition, Berkeley ²1985.
Renate Pitzer-Reyl: Die Frau im frühen Buddhismus, Berlin 1984.
Dieter Schlingloff: Die Religion des Buddhismus. Bd. 1: Der Heilsweg des Mönchtums, Berlin 1962.

B 2: Weltbilder

Martin Brauen: Das Mandala. Der Heilige Kreis im tantrischen Buddhismus, Köln 1992.
Roderick S. Bucknell / Martin Stuart-Fox: The Twilight Language. Explorations in Buddhist Meditation and Symbolism, London 1986.
Daigoro Chihara: Hindu-Buddhist Architecture in Southeast Asia, Leiden 1996.
Max Deeg: Umgestaltung buddhistischer Kosmologie auf dem Weg von Indien nach China, in: Dieter Zeller (Hg.): Religion im Wandel von Kosmologien, Frankfurt 1999, 241–254.
Manfred Gerner: Architekturen des Himalaya, Stuttgart 1987.
Johannes W. Glauche: Der Stupa. Kultbau des Buddhismus, Köln 1995.
Willibald Kirfel: Die Kosmographie der Inder, Bonn 1920.
Christoph Kleine: Kosmologie und Soteriologie im ostasiatischen Bud-

dhismus, in: Dieter Zeller (Hg.): Religion im Wandel von Kosmologien, Frankfurt 1999, 255–267.
Heino Kottkamp: Der Stupa als Repräsentation des buddhistischen Heilsweges. Untersuchungen zur Entstehung und Entwicklung architektonischer Symbolik, Wiesbaden 1992.
Li Zehou: Der Weg des Schönen. Wesen und Geschichte der chinesischen Kultur und Ästhetik, Freiburg 1992.
Andrea Loseries-Leick: Das tibetische Mandala. Spiegelnetz der Welt, Graz 1995.
Kakuzo Okakura / Soshito Sen: Ritual der Stille. Die Teezeremonie, Freiburg 1997.
M. Okino: Vom japanischen Naturverständnis aus der Sicht des Buddhismus, in: Evangelische Theologie 53 (1993) 452–460.
Lambert Schmithausen: Buddhism and Nature, Tokyo 1991.
Daisetz T. Suzuki: Zen und die Kultur Japans, Bern 1994.

B 3: Kultformen und Frömmigkeit

Martin Baumann: Buddhismus, in: REMID (Hg.): Religionen feiern. Feste und Feiertage religiöser Gemeinschaften in Deutschland, Marburg 1997, 171–187.
Stephan Beyer: The Cult of Tara. Magic and Ritual in Tibet, Berkeley 1978.
Josef Kreiner: Heilige Berge Japans. Miwa und Fuji, in: Karl Gratzl (Hg.): Die heiligsten Berge der Welt, Graz 1990, 143–152.
Andrea Loseries: Kailasa. Der heiligste Berg der Welt, in: Karl Gratzl (Hg.): Die heiligsten Berge der Welt, Graz 1990, 81–118.
Klaus Sagaster: Grundgedanken des tibetischen Totenbuches, in: Hans-Joachim Klimkeit (Hg.): Tod und Jenseits im Glauben der Völker, Wiesbaden 1978, 175–189.
Manuel Sarkisyanz: Die Religionen Kambodschas, Birmas, Laos, Thailands und Malaysias, in: András Höfer u. a.: Die Religionen Südostasiens, Stuttgart 1975, 384–560.
Peter Schalk: Der Buddhismus aus der Sicht eines buddhistischen Kultes in Sri Lanka, in: Temenos 10 (1974) 79–113.
Peter Schalk: Der Paritta-Dienst in Sri Lanka, in: Heinz Bechert (Hg.): Buddhism in Ceylon and Studies in Religous Syncretism in Buddhist Countries, Göttingen 1978, 339–341.

Kamala Tiyavanich: Forest Recollections. Wandering Monks in Twentieth-Century Thailand, Honolulu 1997.

Hikaru Suzuki: Japanese Death Rituals in Transit. From Household Ancestors to Beloved Antecedents, in: Journal of Contemporary Religion 13 (1998) 171–188.

B 4: Lebenshaltungen

Heinz Bechert: Die Ethik der Buddhisten, in: Peter Antes u. a.: Ethik in nichtchristlichen Kulturen, Stuttgart 1984, 114–135.

Heinrich Dumoulin: Geschichte des Zen-Buddhismus. Bd. 1: Indien und China, Bern 1985; Bd. 2: Japan, Bern 1986.

Peter Gerlitz: Die Ethik des Buddha, in: Carl Heinz Ratschow (Hg.): Ethik der Religionen. Ein Handbuch, Stuttgart 1980, 227–348.

Ian Harris: Buddhist Environmental Ethics and Detraditionalization. The Case of EcoBuddhism, in: Religion 25 (1995) 199–221.

Manfred Hutter: Die Vorläufigkeit von „Menschenpflichten" für den buddhistischen Erlösungsweg, in: Zeitschrift für Evangelische Ethik 44 (2000) 33–42.

Padmanabh S. Jaini: The Jaina Path of Purification, Delhi 1979.

Chatsumarn Kabilsingh: Thai Women in Buddhism, Berkeley 1991.

J. Shawn Landres: Symbolic Subject, Subjected Symbol: Mizuko Kuyo, Gender and Social Order in Japan, in: Journal of Contemporary Religion 11 (1996) 57–67.

Peter Schenkel: Die Welt in uns. Überlegungen zu Buddhismus und Ökologie, in: Dialog der Religionen 3 (1993) 129–157.

Lambert Schmithausen: Buddhismus und Natur, in: Raimondo Panikkar / Walter Strolz (Hg.): Die Verantwortung des Menschen für eine bewohnbare Welt im Christentum, Hinduismus und Buddhismus, Freiburg 1985, 100–133.

Achim Seidl: Das Weisheitsbuch des Zen. Koans aus dem Bi-Yän-Lu, München 1993.

Miranda Shaw: Erleuchtung durch Ekstase. Frauen im tantrischen Buddhismus, Frankfurt 1997.

Daisetz T. Suzuki: Koan. Der Sprung ins Grenzenlose, Bern 1988.

Regina und Michael von Brück: Die Welt des tibetischen Buddhismus. Eine Begegnung, München 1996.

C 1: Die asiatischen Länder

Heinz Bechert: Buddhismus, Staat und Gesellschaft in den Ländern des Theravada-Buddhismus, 3 Bde., Wiesbaden 1966. 1967. 1973.

Peter Gerlitz: Gott erwacht in Japan. Neue fernöstliche Religionen und ihre Botschaft vom Glück, Freiburg 1977.

Manfred Hutter: Moderner Buddhismus in der Begegnung mit dem Christentum. Die religionswissenschaftliche und religionstheologische Bedeutung des Thai-Mönches Buddhadasa Indapañño, in: Jahrbuch für Religionswissenschaft und Theologie der Religionen 3 (1995) 7–26.

Daisaku Ikeda: Soka Gakkai. Its Ideals and Tradition, Tokyo [um 1977].

Charles F. Keyes: Structure and History in the Study of the Relationship between Theravada Buddhism and Political Order, in: Numen 25 (1978) 156–170.

Charles F. Keyes: Thailand. Buddhist Kingdom as Modern Nation-State, Boulder 1987.

Donald MacInnis: Religion im heutigen China. Politik und Praxis, Nettetal 1993.

Daniel A. Metraux: Soka Gakkai. A Japanese New Religion, New York 1988.

Johannes Laube (Hg.): Neureligionen. Stand ihrer Erforschung in Japan, Wiesbaden 1995.

Suchira Payulpitack: Buddhadasa's Movement. An Analysis of Its Origins, Development, and Social Impact, Bielefeld 1991.

C 2: Buddhismus in Europa

Philipp C. Almond: The Buddha in the West. From Myth to History, in: Religion 16 (1986) 305–322.

Philipp C. Almond: Buddhism in the West. 300 BD – 400 AD, in: Journal of Religious History 15 (1987) 235–245.

Ursula Baatz: Hugo M. Enomiya-Lassalle. Ein Leben zwischen den Welten, Zürich 1998.

Stephen Batchelor: The Awakening of the West. The Encounter of Buddhism and Western Culture, Berkeley 1994.

Stephen Batchelor: Buddhism and European Culture, in: Sean Gill / Gabin D'Costa / Ursula King (Hg.): Religion in Europe. Contemporary Perspectives, Kampen 1994, 86–104.

Martin Baumann: Deutsche Buddhisten. Geschichte und Gemeinschaften, Marburg ²1995.

Martin Baumann: Der Buddhismus im Abendland. Historische Entwicklung und gegenwärtige Präsenz, in: Religio. Revue pro Religionistiku 3 (1995) 17–41.

Martin Baumann: Geschichte und Gegenwart des Buddhismus in der Schweiz, in: Zeitschrift für Missionswissenschaft und Religionswissenschaft 82 (1998) 255–280.

Heinrich Dumoulin: Das Buddhismusbild deutscher Philosophen des 19. Jahrhunderts, in: Zeitschrift für Katholische Theologie 101 (1979) 386–401.

Wilhelm Halbfass: India and Europe. An Essay in Understanding, Albany 1988.

Manfred Hutter (Hg.): Buddhisten und Hindus im deutschsprachigen Raum, Frankfurt 2001.

Peter Riedl (Hg.): Buddhismus in Österreich. Sonderheft von „Ursache & Wirkung" – Zeitschrift für Buddhismus, Wien 1998.